Tanbou / Tambour

Revue trilingue haïtienne d'études politiques et littéraires
Revi ayisyen an twa lang sou keksyon politik e literè
Haitian trilingual review of political and literary studies

PO Box 391206, Cambridge, MA 02139-1206 • Tél: 617-331-2269
E-mail: Editors@tanbou.com

Voices of the Sun: Anthology of Haitian writers published in the review Tanbou
Les voix du Soleil: Anthologie des écrivains haïtiens publiés dans la revue Tanbou
Vwa Solèy pale: Antoloji ekriven ayisyen ki pibliye nan revi Tanbou

A trilingual edition / Une édition trilingue / Yon edisyon trileng

Éditeur / Editè / Editor: Tontongi
Trilingual Press

English Editor / Éditrice de l'anglais / Editèz angle: Jill Netchinsky

Design and layout / Konsepsyon ak konpozisyon / Conception et composition:
David Henry / Art Grant; www.davidphenry.com

**Kolaboratè koulyea ak ansyen / Actuels et anciens collaborateurs /
Current and former collaborators:**
Paul Laraque, Danielle Legros Georges, Idi Jawarakim, Franck Laraque,
Charlot Lucien, Kwitoya, Brian Sangudi, Max Lyncé, Marilène Phipps,
Patrick Sylvain, Emmanuel Védrine, Anna Wexler, Doumafis Lafontan,
Blondèl Joseph, Claire Schubb, Raymond Justin, Fréda Laurent

Trilingual Press

ISBN 10: 0-9745821-6-6
ISBN 13: 978-0-9745821-6-0
Library of Congress Control Number: 2008909402

Boston, Spring / Printemps / Prentan 2009
Printed in the United States of America

Voices of the Sun

Anthology of Haitian writers published in the review Tanbou

Les voix du Soleil

Anthologie des écrivains haïtiens publiés dans la revue Tanbou

Vwa Solèy pale

Antoloji ekriven ayisyen ki pibliye nan revi Tanbou

Volume / Volim I

Une édition spéciale trilingue sur / Yon edisyon espesyal trileng sou / A special trilingual edition on Jacques Roumain & Paul Laraque

Trilingual Press
Editor / Éditeur / Editè: Tontongi

Table des Matières / Table of Contents / Tablo Kontni

Poetry in English

Poems by Jean-André Constant

Poem by Melissa Beauvery: Diaspora. 103

Poems by Yvon Joseph

Poems by Tontongi

Pwezi an Kreyòl

Powèm pa Patrick Louis: Pouvwa. 112

Powèm ak esè pa Edner Saint-Amour

Powèm pa Charlot Lucien: Mari-Jàn Lamatinyè

Deuxième Partie / Dezyèm Pati / Second Part

Spécial Centenaire / Espesyal Santenè / Special Centennial: Jacques Roumain!

Winter–Spring 2008 / Hiver–Printemps 2008 / Ivè–Prentan 2008

Poetry in English

Pwezi an kreyòl

Poèmes en français
Poèmes de Bobby Paul

Poèmes et essais en français d'Edner Saint-Amour

Poèmes de Tontongi

Troisième Partie / Twazyèm Pati / Third Part

**Selections from earlier issues /
Sélections tirées des éditions précédentes /
Seleksyon ki soti nan nimewo ki pibliye anvan yo**

Poèmes choisis en français

Poems by Marilène Phipps

Poems by Brian Sangudi

Poems by Anna Wexler

Tanbou and Trilingual Press are non-commercial and not-for-profit enterprises run entirely by volunteer labor. The review is published thanks to the personal financial sacrifice of its editors and designer and the intellectual donation of its collaborators. We advocate freedom of expression and dissemination of knowledge and culture with no price to the recipient, as we believe that monetization of culture perverts its essence and serves as gatekeeper to keep out the less fortunate. Works published in *Tanbou* are donations for knowledge and culture sharing, while the authors maintain all the rights to their works.

All work presented in this anthology was previously published in the review *Tanbou* over fifteen years and is freely available on the review's website, www.tanbou. com. All proceeds from the sale of *Voices of the Sun* will go toward printing costs and continued production of *Tanbou* and Trilingual Press.

Tanbou et Trilingual Press (Presse Trilingue) sont une entreprise non commerciale, à but non lucratif, produite entièrement par l'effort volontaire. La revue est publiée grâce au sacrifice financier personnel de ses éditeurs et créateur, et à la donation intellectuelle de ses collaborateurs. Nous préconisons la liberté d'expression et la dissémination de la connaissance et de la culture sans aucun prix à payer par le bénéficiaire, sachant que la monétisation de la culture pervertit son essence et maintient en dehors ceux qui n'ont pas les moyens pour en jouir. Les travaux publiés dans *Tanbou* sont des donations au partage de la connaissance et de la culture, tandis que les auteurs conservent tous les droits de leurs œuvres.

Les textes présentés dans cette anthologie sont précédemment publiés dans le journal *Tanbou* sur une période de quinze ans et sont librement disponibles sur son site Internet, www.tanbou.com. Les recettes provenant de la vente de *Les voix du Soleil* seront acheminées pour couvrir ses frais d'impression et la continuelle production de *Tanbou* et de Trilingual Press.

Tanbou ak Trilingual Press (Près Trileng) se yon antrepriz ki pa komèsyal, ki pa pou fè pwofi, e ki pwodui antyèman pa travay volontè manm li yo. Revi a pibliye gras a sakrifis finansye pèsonèl editè l ak desinatè l yo, e gras tou a donasyon entèlektyèl kolaboratè l yo. Nou kwè e nou mande pou gen libète espresyon ak pwopagasyon konesans ak lakilti san ankenn lajan pa sot nan pòch moun kap benefisye yo a, paske nou konnen antre kesyon lajan nan lakilti koze pèvèsyon esans li e anpeche moun ki pa gen ase lajan jwi yo. Tout travay ki pibliye nan *Tanbou* se donasyon pou pataje konesans ak lakilti, e otè yo ret kenbe tout dwa otè yo.

Tout tèks ki soti nan antoloji sila a deja pibliye nan *Tanbou* sou yon peryòd de kenz zan e tout moun ka wè yo gratis sou sit entènèt li, www.tanbou.com. Tout resèt nou kolekte de vant Vwa Solèy pale ap sèvi pou kouvri frè enprimri l ansanm ak frè pou kontinye pwodiksyon *Tanbou* ak Trilingual Press.

Introduction

La revue *Tanbou* a été conçue à sa fondation comme une revue uniquement imprimée, comme furent nos quatre premiers numéros. Puis nous avons découvert les merveilles de l'Internet, qui permettent à une petite revue non soutenue ou contrôlée par les forces de l'argent, d'être lue par des milliers de personnes à travers le monde.

C'est dire que nous sommes très heureux de présenter aujourd'hui au public cette présente anthologie, format livre, des écrivains qui sont publiés dans la revue; elle combine les éditions de printemps 2007 et d'hiver–printemps 2008, avec des poèmes choisis dans d'autres éditions. Cette publication est le premier volume d'une série de production anthologique de la revue.

Nous sommes également heureux d'inaugurer la série avec deux des plus grands taureaux de la littérature du XXᵉ et du début du XXIᵉ siècles: Jacques Roumain et Paul Laraque. Le hasard a voulu que l'année de la mort de Laraque, 2007, coïncide avec l'année du centenaire de la naissance de Roumain, 1907.

Ce que nous voulons

Notre revue veut être l'expression écrite d'une conscience piégée, mystifiée et opprimée, mais qui entend maintenir le combat contre la domination de l'absurde. La revue existe depuis 1994 sous la forme imprimée; ce présent numéro (printemps 2001) est sa première parution également en version électronique. Nous publions en français, créole et anglais, sans toutefois recourir à la traduction d'un texte à l'autre, voulant créer dans la dynamique autonome de l'ensemble un rapport organique, dialectique, qui enrichisse les trois cultures. Ce processus implique, bien entendu, une vigoureuse critique d'à la fois l'eurocentrisme et le dualisme des discours anthropologiques traditionnels.

L'un des objectifs de la revue, c'est d'établir une *parité* dans le rapport de force entre les trois langues, particulièrement abolir les conditions subalternes et opprimantes dans lesquelles l'impérialisme culturel occidental a longtemps tenu la langue et culture créoles. Sachant aussi que fort souvent c'est le politique qui détermine le culturel, la revue est également un forum *politique* qui s'engage dans les grands questionnements et défis politiques que confrontent notre époque et nos peuples. Laisser la politique à l'ennemi ou à l'idiot, c'est de leur concéder le droit de diriger notre destinée. Naturellement, la revue entend aussi faire rire, jouer et jouir des multiples splendeurs de la vie.

Notez aussi que la revue est publiée grâce au sacrifice financier personnel de ses éditeurs, et efforts individuels de ses collaborateurs. Nous ne sommes soutenus par aucun groupe financier, gouvernement ou chapelle idéologique. Notre succès dépendra donc de la contribution de ceux de nos lecteurs qui voient dans nos efforts une entreprise légitime qui mérite leur participation.

Introduction

At its founding the review *Tanbou* was conceived as solely a print publication, as were our first four issues. Soon after, we discovered the wonders of the Internet, which allow a small review that is not supported or controlled by the forces of money to be read by thousands of people around the world.

Which is to say that we are very happy today to present to the public this present anthology, in book format, of writers published in the review; it combines the editions of spring 2007 and winter–spring 2008, along with selected poems from other editions. This publication is the first volume of a series of anthological production of the review.

We are equally happy to inaugurate the series with two of the giants of the 20th and beginning 21st centuries: Jacques Roumain and Paul Laraque. Fate has it that the year of Laraque's death, 2007, coincides with the year of the centenary of Roumain's birth, 1907.

What we want

Our review aims to embody a written, artistic expression of a consciousness that is trapped, mystified and oppressed but which still maintains the struggle against the domination of the absurd.

Although *Tanbou* was first launched in 1994, this issue (spring 2001) marks the review's debut in both electronic and print publication forms. Works are presented in their original English, Creole and French, without accompanying translations; we seek to create an organic, dialectical rapport from their autonomous, mutual interaction which we hope will enrich all three cultures. This process implies, of course, a severe critique of both Eurocentrism, and the hegemony of dualities as we see it at play in traditional anthropological discourses.

One of our objectives is to bring about a *parity* in the power relation between the three languages, most particularly, abolish the unequal and oppressive conditions in which the Western cultural imperialism has continually kept the Creole language and culture. Moreover, being aware that more often it is the political that determines the cultural, the review is equally a *political* forum which seeks to stay involved in the political questionings and challenges that our time and our peoples are confronting. Leaving politics to the enemy or to the idiot is like conceding to them the right to direct our destiny. Naturally, the review also wants to make people laugh, play and rejoice of the multiple splendors of life.

Please note that the review is published mainly thanks to the personal financial sacrifice of its editors, and individual efforts of its collaborators. We are supported by no financial group, government or ideological chapel. Our success will depend on the contribution of those who read us and who see in our effort a legitimate objective which deserves their support.

Entwodiksyon

Lè revi *Tanbou* te fèk fonde nou te anvizaje l inikman kou yon revi enprime, kouwè kat premye nimewo nou yo te ye. Men apre, nou vin dekouvwi bèl mèvèy Entènèt ki pèmèt yon ti jounal ki pa sipòte ni kontwole pa fòs lajan vin ka li pa plizyè milye moun atravè lemond.

Kidonk nou trè ere jodia pou n prezante bay piblik la antoloji sila a, sou fòm liv, ki reyini ekriven ki pibliye nan revi a; li konbine nimewo prentan 2007 la ak nimewo ivè-prentan 2008 la, avèk pou degi kèk powèm nou chwazi nan lòt nimewo. Piblikasyon sila a se premye volim de yon seri pwodiksyon antolojik revi a.

Nou kontan tou inogire seri a avèk de nan pi gwo towo nan literati xxèm e koumansman xxième syèk yo: Jak Roumen e Pòl Larak. Lachans favorize ane lanmò Larak, 2007, vin tonbe menm lè ak ane nesans Roumen, 1907.

Men sa nou vle

Joual la ta renmen vin ekspresyon ekri tout konsyans moun yo mare, zonbifye e oprime, men ki kontinye mennen konba a kont dominasyon absidite. *Tanbou* ekziste sou fòm enprime depi 1994, men nimewo sa a (prentan 2001) se premye fwa nou sòti tou sou fòm elektwonik. Nou pibliye an kreyòl, angle e franse, san ke nou pa tradui yon tèks ak lòt; nou ta renmen fè sòti nan ansanm twa lang yo kreye a yon relasyon òganik, dyalektik, ki anrichi toulètwa kilti yo. Pwosesis sa a mande tou pou nou pote yon kritik sevè kont ewosantrism (eurocentrisme), e kont tout diskou dualist—diskou youn-kont-lòt—antwopoloji tradisyonèl la ap maspinen sou nou.

Youn nan objektif revi a, se tabli yon *parite,* yon relasyon egal-ego, nan rapò-de-fòs e rapò dominasyon ki ekziste ant twa lang yo; nou ta renmen pi patikilyèman aboli kondisyon restavèk e opresif enperyalism kiltirèl peyi oksidantal yo mentni lang ak kilti kreyòl la. Konesan tou ke trè souvan se ajisman politik ki detèmine kondisyon kiltirèl, revi a vle ye tou yon revi politik ki angaje l nan gran keksyonnman ak defi politik pèp oprime yo e epòk nou an an jeneral ap konfwonte. Lese politik bay ennmi yo oubyen idyo yo, se kòm ba yo dwa pou yo dirije destine nou. Natirèlman, revi *Tanbou* a vle tou fè moun ri, jwe e pran plezi yo de tout bèl bagay nan lavi.

Remake tou ke revi a pibliye gras ak sakrifis finansye edite l yo e jefò pèsonèl kolaboratè l yo. Nou pa sipòte pa ankenn gwoup finansye, ni gouvènman, ni chapèl ideolojik. Siksè revi a depann donk de soutyen tout lektè l yo ki vle ba l jarèt paske yo wè nan li yon pwojè lejitim pou fè zonbi goute sèl.

Hommage / Homage / Omaj:

Pour célébrer la mémoire de Paul Laraque /

Pou selebre memwa Pòl Larak

To celebrate the memory of Paul Laraque

It is with great sadness we have learned of the death of the great revolutionary poet Paul Laraque on March 8, 2007, at 5 AM in New York City; he was 86 years old (September 21, 1920–March 8, 2007). He is survived by his children Max, Serge and Danielle, and his brother Franck Laraque, and many grandchildren and nephews and nieces.

One of the greatest poets of the twentieth and early twenty-first centuries, Paul Laraque united a beautiful and surrealist lyric poetry with political consciousness to «*changer la vie.*» For him poetry could be a "fighting weapon" on behalf of people struggling against class exploitation, foreign domination and cultural alienation, in the tradition of Jacques Roumain, Massillon Coicou, Louis Aragon, Nicolás Guillén, and Pablo Neruda.

Paul was one of the poets who welcomed Alisa and André Breton at Port-au-Prince airport during the Surrealist guru's first visit to Haiti in December 1945. He left Haiti in 1961 for New York City, USA, where his wife Marcelle rejoined him the following year. Young officer in the Haitian army in the fifties, he published subversive poems under the pseudonym Jacques Lenoir. Paul was deprived of his Haitian citizenship from 1964 to 1986 for opposition to the Duvaliers' dictatorship. He received Cuba's Casa de las Americas Poetry Prize in 1979 for his work *Les armes quotidiennes / Poésie quotidienne* ("Everyday Weapons / Everyday Poetry"). His published works include, among others, *Ce qui demeure* ("What has remained"), *Festibal* ("Slingshot"), *Camourade, Sòlda mawon* ("Maroon Soldier") and the anthology *Œuvres incomplètes* ("Incomplete Works"). He was co-editor (with Jack Hirschman) and one of the authors of *Open Gate: An Anthology of Haitian Creole Poetry,* Curbstone Press, 2001. With his brother Franck, he recently published the critical memoir, *Haiti: entre la lutte et l'espoir* ("Haiti: Between Struggle and Hope"), Edition Cidihca, 2004.

Besides his impressive and skillful handling of the French and Creole languages in his poems, we will retain from Paul Laraque an indomitable commitment to social justice and political liberation in ways that transcend specific historical conjunctures. He experienced political heartbreaks, including the dismantling of the Soviet Union and the unraveling of the Haitian popular movement, following the hopeful winds of 1986 and 1991, but he never showed signs of discouragement or despair. Until the very end he remained a champion of Haiti's independence and the cause of political equality and human liberation in general. Until the very end he believed that Haiti will one day be beautiful and nurturing to its people again, liberated from foreign domination, and its people free from class exploitation. He will be missed.

Pou selebre memwa Pòl Larak

Se avèk tritès nou apran lanmò gran powèt revolisyonè ayisyen an Pòl Larak desede jounen 8 mas 2007 la, a 5 kè dimaten, nan vil Nouyòk, alaswit yon long maladi; misye te gen 86 zan (21 septanm 1920–8 mas 2007). Misye siviv pa twa pitit li Max, Sèj e Danyèl, e frè li Frank Larak, e plizyè pitit-pitit e neve ak nyès. Pòl se youn nan pi gran powèt ventyèm e venteinyèm syèk la ki mare yon pwezi ki alafwa lirik, bèl e sireyalis avèk yon konsyans politik pou «chanje lavi». Pou li pwezi ka tounen yon «zam de konba» bò kote pèp kap goumen yo kont esplwatasyon de klas, dominasyon etranje e alyenasyon kiltirèl, nan tradisyon Jacques Roumain, Massillon Coicou, Louis Aragon, Nicolas Guillén, Pablo Neruda, elatriye.

Pòl Larak te youn nan gwoup powèt ki te akeyi Alisa e André Breton nan aewopò Pòtoprens lan pandan vizit istorik chèf sireyalis la ann Ayiti an desanm 1945. Misye kite Ayiti pou Nouyòk an 1961, Ozetazini, kote madanm li Masèl te vin jwenn li ane apre a. Lè li te jèn ti ofisye nan Lame Dayiti nan ane senkant yo, li pibliye powèm sibvèsif anba ti non Jacques Lenoir. Gouvènman Papa Dòk la te wetire nasyonalite li de 1964 rive 1986 akoz de opozisyon li kont diktati a. Li resevwa Pri Casa de las Americas an 1979 a Kiba pou liv li *Les armes quotidiennes / Poésie quotidienne*, e li se otè, pami lòt, de *Ce qui demeure, Fistibal, Œuvres incomplètes, Camourade, Sòlda mawon / Soldat marron*. Pòl se tou youn nan ko-editè (avèk Jack Hirschman) de liv bileng *Open Gate: An Anthology of Haitian Creole Poetry* («Louvri baryè: yon antoloji de pwezi kreyòl»—Curbstone Press 2001). Li pibliye an 2003 *La lutte et l'espoir* (Edisyon Cidihca), yon memwa kritik li ko-ekri ansanm ak frè li Frank Larak.

Anplis de trè bèl izaj li fè de lang kreyòl ak lang franse a, de lang misye matonyen avèk yon kout plim rafine, imaj nou retni de Pòl Larak se imaj yon nonm ki inebranlab nan angajman li pou jistis sosyal ak liberasyon politik mas ayisyen yo, nan yon manyè ki transande konjonkti istorik espesifik yo. Misye te esperyanse anpil desepsyon politik kè mare, san retire abolisyon Linyon Sovyetik e demantibilasyon mouvman popilè ayisyen an aprè van lespwa ki te soufle an 1986 e 1991 yo, men li pa janm montre ankenn siy dekourajman, ni dezesperans. Misye rete jiskalafen yon champyon defansè endepandans Ayiti ansanm ak koz pou egalite politik e liberasyon moun an jeneral. Misye rete jiskalafen yon nonm ki gen konfyans Ayiti ap yon jou vin bèl e nourisan ankò pou pitit li yo, libere de dominasyon etranje, e pèp la libere de esplwatasyon de klas. Misye ap manke nou anpil.

—*Tontongi* editè anchèf, March/Mas/Mars 2007

Nos adieux à un grand ami
—*par Tontongi*

C'est avec beaucoup de tristesse que nous avons appris la mort du grand poète révolutionnaire haïtien Paul Laraque, survenue le 8 mars 2007, à la ville de New York, à l'âge de quatre-vingt-six ans (21 septembre, 1920–8 mars 2007).

L'un des plus grands poètes du vingtième et du début du vingt-et-unième siècle, il a unifié une élégante et surréaliste poésie lyrique avec la conscience politique pour «changer la vie». Il a insisté tout au long de sa vie que la poésie peut être une «arme de combat» au service des peuples qui luttent contre l'exploitation de classe, la domination étrangère et l'aliénation culturelle, dans la tradition de Jacques Roumain, Massillon Coicou, Louis Aragon, Nicolás Guillén ou Pablo Neruda.

Il était parmi les poètes qui accueillirent Alisa et André Breton à l'aéroport de Port-au-Prince durant la visite historique du grand guru surréaliste en Haïti en décembre 1945. Jeune officier dans l'armée d'Haïti dans les années cinquante, il publiait des poèmes subversifs sous le pseudonyme Jacques Lenoir. Il fut forcé de quitter Haïti pour New York, États-Unis, en 1961, où il fut rejoint par sa femme Marcelle l'année suivante. De 1964 à 1986, le gouvernement l'a destitué de sa nationalité haïtienne pour son opposition à la dictature duvaliériste. En 1979, Cuba lui a décerné le prix littéraire Casa de las Americas pour son livre de poèmes en français *Les armes quotidiennes / Poésie quotidienne*. Ses œuvres publiées comprennent, entre autres, *Ce qui demeure, Festibal, Camourade, Sòlda mawon* («Soldat marron») et l'anthologie *Œuvres incomplètes*. Il fut l'un des co-éditeurs (avec Jack Hirschman) de l'anthologie bilingue (créole-anglais) *Open Gate: An Anthology of Haitian*

Creole Poetry («La barrière ouverte: une anthologie de la poésie créole haïtienne»)—Curbstone Press, 2001. En 2004, il a co-publié avec son frère Franck le livre de mémoires critiques *Haïti: entre la lutte et l'espoir*, Éditions Cidihca, 2004.

Outre son impressif et élégant maniement des langues française et créole dans ses poèmes, nous retiendrons de Paul Laraque un engagement inébranlable à la justice sociale et la libération politique d'une manière qui transcende les conjonctures historiques spécifiques. Il a connu maints déboires politiques, y compris la dissolution de l'Union soviétique et le démembrement du mouvement populaire haïtien, après les vagues d'espoir de 1986 et 1991, mais il n'a jamais montré aucun signe de découragement ni de désespoir. Jusqu'à la fin, il était resté un champion de l'indépendance d'Haïti, de la cause de l'égalité politique et de la libération humaine en général. Jusqu'à la fin, il croyait encore qu'Haïti redeviendra un jour belle et nourrissante pour son peuple, libérée de la domination étrangère et de l'exploitation de classe. Il nous manquera beaucoup.

Il était parmi les premiers écrivains à contribuer au tout premier numéro de *Tanbou*, publié au printemps de 1994, nous envoyant un poème créole «Tanbou libète» qu'il m'a dédié et un essai français «Hommage à Jean Métellus». Je le voyais tout au cours des années qui suivaient, en tout cas chaque fois que j'avais une chance, quand je visitais New York, de prendre le Brooklyn-Queens-Expressway pour Flushing où ils me recevaient, Marcelle et lui, dans leur appartement dans un immeuble de briques dans un quartier paisible. Marcelle avait toujours été très gentille, mais réservée, au moins comparée à la bonhomie contagieuse de Paul. On sentait qu'il y avait entre eux une communication profonde qui se nourrissait de leur grand amour l'un pour l'autre. Si vous le saisissiez dans ses moments d'exubérance, qui arrivaient presque toujours après un deuxième verre de whisky, il vous racontera tout le fresque romantique de sa cour à Marcelle. Le nom d'Hamilton Garoute, son grand camarade, revenait toujours à la conversation pour être l'ange providentiel qui présentait originellement Paul à Marcelle en 1950. Leur union aura duré quarante-huit années.

Après sa première sérieuse crise médicale en 2002, soit moins de trois ans après la mort de Marcelle survenue en novembre 1998, nous étions tous soulagés qu'il se fût vite rétabli, mais il disait à tout le monde qui voulait l'entendre qu'il ne voulait plus vivre sans Marcelle, sa «Mamour». On sentait le profond chagrin qui l'accaparait. S'il a survécu à Marcelle pour plus de huit ans, c'est dû essentiellement à son amour pour sa famille, pour ses enfants et petits-enfants, à son affection pour ses amis qui l'encourageaient à tenir le coup. Mais l'idée de la mort ne le faisait pas peur; il m'a dit un jour que l'une de ses plus grandes craintes, c'est, en survivant, de voir mourir les membres jeunes de sa famille et ses amis. La mort de son jeune frère Guy a été pour lui une terrassante tragédie.

Aux obsèques de Paul Laraque célébrées dans le parloir funèbre Yannantuono-Sharpe à Mount Vernon, New York, nombreux étaient les membres de sa famille et ses amis qui s'y rassemblèrent ce jeudi 15 mars 2007 pour saluer sa mémoire, dont son frère Franck, ses enfants Danielle et son époux Luigi Arena, Max et son épouse Elaine, son neveu Gregor, sa nièce Fabienne Laraque, sa petite-fille Kisha Saldana, certains venant en dehors des États-Unis ou dans d'autres États, comme par exemple sa nièce Mimi qui venait du Colorado, les fils de Guy Laraque Gilbert et Ronald Laraque qui venaient d'Haïti, ou Max Manigat et sa femme Nicole qui venaient de la Floride, de Papadòs, Jacques Antoine et l'auteur de ces lignes qui voyageaient de Boston, de Martial Bonhomme qui venait du New Jersey, ou Angelucci Manigat de Connecticut.

On voyait dans l'assistance de vieux camarades à lui dont Josaphat Large, Georges Jean-Charles, Jean Prophète, Célio Sanon, Lionel Legros, Max Kénol, Assely Etienne, Yves René, Denizé Lauture et sa femme Tricide, Jean et Géralde Duval, Max Garoute et sa mère Odette, respectivement fils et veuve d'Hamilton Garoute, André Dahoud avec sa femme et ses deux enfants, etc. Son petit-fils Marc Arena, fils de Danielle, poète lui-même y lisait un poème qu'il lui a dédié. Beaucoup des membres de sa famille et de ses amis exprimaient leur chagrin soit sous forme de poèmes, soit sous celle d'anecdotes ou d'autres réminiscences.

Sous le décor de son corps inanimé, allongé, détendu dans le cercueil, entouré d'un champ de fleurs multicolores, les témoignages peignaient un homme qui cherchait d'autres significations dans sa vie que la simple survivance; ils honoraient son passage parmi nous, parmi les hommes et les femmes engagés dans la lutte pour la vie, ses efforts pour changer la vie, pour affirmer la vie.

Franck Laraque, profondément frappé par la mort de ce frère aîné qui était aussi un ami, un alter ego, un *soulmate* et un compagnon de lutte, avait maintenu sa contenance avec une altière force d'âme. Il y a lu un poème de Paul et en fait certaines réminiscences. Depuis leur jeune âge à Jérémie, en passant par le temps où ils furent officiers non-conformistes dans l'armée d'Haïti, ils ont poursuivi pratiquement une même trajectoire qui s'étale et continue tout au long de leur exil aux États-Unis. C'est Paul qui a initié Franck au marxisme, à la lutte révolutionnaire pour changer la vie; à son tour Franck lui a inculqué la discipline de la praxis, l'importance des objectifs empiriques et de la *finalité* pratique de la Révolution: l'arrosage de la rizière, la construction des routes, des écoles, des cliniques, bref la construction empirique du changement révolutionnaire. C'est une grande perte pour Franck.

On ne peignait certainement pas un dieu, loin s'en faut, d'autant plus qu'il n'y croyait pas lui-même, mais sa générosité, son amour pour les autres, était incomparable. Un témoignage d'un ami parlait du temps où, jeune officier, on lui amenait un détenu accusé de vol. Quand apparaissait le suspect pour l'interrogation par l'officier en charge qui était Paul Laraque, il allongeait sa main à l'accusé et empoignait la sienne fortement. C'était évident qu'il n'était pas un officier comme les autres, enivrés par les impératifs de la loi et l'ordre du moment.

Il était différent, gentil, généreux et créatif, un grand homme d'idées, d'émotions et d'action qui croyait à la force de la praxis volitive comme génératrice de changement. Il croyait, surtout, qu'en dernière analyse le changement doit être existentiellement qualitatif, non affecté par les considérations mesquines. Jusqu'à la fin il restait fidèle aux idéaux de la révolution socialiste, la croyance en la possibilité de créer un monde libéré de l'exploitation de classe, de la domination étrangère et des carcans du sous-développement. Un monde réhumanisé, pratiquant la solidarité à toutes les instances des interactions sociales.

Jean-Paul Sartre a parlé de l'immortalité que peut atteindre l'écrivain dans le sens que ses œuvres, praxis politique et idéaux humanistes se passent de génération en génération, dépassant la finitude de son individuel être physique. Nous croyons de même pour Paul Laraque dont l'esprit de combat pour changer la vie ne mourra jamais.

—*Tontongi* Boston 17 mars 2007. Cet article est aussi publié
dans *Haïti-en-marche*, édition 28 mars au 3 avril 2007

Du côté de chez Hugues:
Se souvenir de Paul Laraque

—par Hugues St. Fort

Avec Paul Laraque disparaît celui que je considère comme la conscience d'Haïti dans la diaspora. En fait, j'aurais du écrire l'autre moitié de la personnification de la conscience d'Haïti dans la diaspora. Car ils sont deux. Deux frères: Paul et Franck Laraque. Leur dernier livre s'intitule: *Haïti: La lutte et l'espoir*, publié en 2003. Et ce titre résume ô combien leur trajectoire dans l'exil! Une trajectoire nourrie par la foi dans le mouvement patriotique haïtien et l'espoir jamais éteint de la victoire finale. Paul, en tant que poète, représentait la flamme et la passion de cet espoir jamais éteint. Franck, en tant qu'universitaire, représente (puisqu'il est toujours avec nous) le côté sage, raisonneur, explicite du couple qui se complète donc à la perfection. Ils ont marqué la longue lutte de la diaspora haïtienne à New York au cours des années 1960–1970 jusqu'au milieu des années 1980. Je dois dire que je ne les ai pas connus durant cette époque dite «héroïque» car je vivais alors de l'autre côté de l'Atlantique. J'ai fait leur connaissance grâce à des amis communs, chez Paul justement au début des années 2000. Depuis, j'ai essayé de revoir Paul aussi souvent que je le pouvais dans son appartement de Flushing, même si cela s'avérait parfois fort difficile.

La vie de Paul Laraque aura été marquée par trois caractéristiques essentielles: le marxisme, la poésie et l'amour. Le marxisme constitue le socle théorique de sa réflexion sociopolitique. Paul a cru au marxisme et à ses enseignements jusqu'à la fin de ses jours, même après l'implosion de l'Union soviétique et la disgrâce du communisme à travers le monde. Mais il n'a jamais été pour lui un dogme qu'il fallait suivre aveuglement. Paul Laraque a dit clairement qu'«il ne saurait y avoir de transposition mécanique des révolutions soviétique, chinoise, cubaine ou sandiniste à la situation d'Haïti». Par exemple, dans la pensée marxiste classique, l'alternative à une société fondée sur l'exploitation et divisée en classes est la mise en place d'une autre société où les moyens de production deviennent propriété commune. Dans cette société, les classes auront disparu et avec elles le besoin d'établir un appareil d'état qui fonctionne dans la réalité comme l'instrument du pouvoir au service des classes dominantes. Pour Paul Laraque, «en Haïti, le problème des classes se complique de la question de la couleur…» «Les grands propriétaires fonciers, maîtres des campagnes et les gros commerçants haïtiens, maîtres des villes, avec la complicité active des capitalistes étrangers, maîtres du pays, se sont tour à tour servis de la question de la couleur pour masquer la lutte des classes, pour retarder la prise de conscience de classe des travailleurs et se partager ainsi les privilèges économiques que procure le pouvoir politique.» Dans ces conditions, la problématique de la lutte des classes en Haïti devra impliquer que la question de la couleur agitée si souvent dans notre histoire comme essentielle soit subordonnée à la question de la lutte des classes qui deviendra «le moteur de la révolution qui devra balayer tous les exploiteurs (blancs, mulâtres et noirs)».

Marxiste jusqu'au bout des ongles, Paul Laraque s'est servi de la méthode de Marx pour examiner les grandes questions sociales haïtiennes: le préjugé de la couleur, l'exclusion sociale, le mépris de la langue créole, le rôle du vodou comme élément de la richesse culturelle d'Haïti.

La poésie constitue la deuxième constante de la vie de Paul Laraque. Il a été récompensé par l'attribution du Prix Casa de las Americas en français pour *Les armes quotidiennes/Poésie quotidienne,* en 1979 à la Havane. Paul Laraque a écrit que «la poésie est affaire de vie ou de mort». Car la poésie est sœur jumelle de la révolution. Il appartient à une lignée de poètes qui ont pratiquement disparu de la scène mondiale, Pablo Neruda, André Breton, Louis Aragon, etc., qui faisaient de la poésie leur raison de vivre et qui auront lié «à jamais poésie, amour et liberté». Paul Laraque croyait de tout son cœur en la poésie qui pouvait «transformer le monde et changer la vie». En 1999, les Éditions CIDIHCA à Montréal ont rassemblé tous les recueils de poèmes qu'il a écrits en français sous le titre *Œuvres Incomplètes* et en 2001, les Éditions Mémoire à Port-au-Prince ont rassemblé tous les poèmes créoles qu'il a écrits sous le titre *Lespwa.*

Troisième caractéristique essentielle de la vie de Paul Laraque: l'amour. L'amour d'Haïti et de la Caraïbe, certes, mais surtout l'amour de sa femme, Marcelle, dont la disparition en novembre 1998 le laissa inconsolé. Il ne se remit jamais tout à fait de cette perte qui devint pour lui une obsession. Voici ce qu'il écrit dans les dernières pages de *La lutte et l'espoir:*

Malgré l'affection et la solidarité, je demeure l'inconsolé

Je m'accroche à Marcelle pour me sauver du naufrage et pour mourir, comme elle, dans la dignité.

La parole d'abord, puis, peu à peu, l'écriture m'aident à évoquer ta présence.

Parler de toi, c'est presque te parler.

La dernière ligne du livre est cette phrase incroyablement belle de simplicité, de calme et d'espoir. La voici:

> *Je verrai toujours ton visage au bout de la nuit, annonçant l'aube de la vie nouvelle.*
>
> —*Hugues St.Fort* Hugo274@aol.com

Powèm pa Papadòs (Fritz Dossous)

Plent #1: Ròchnansolèy

(Ròchnansolèy se yon pyèsteyat ke m ekri an vè lib nan ane 1991 men ki te pibliye nan ane 1994. Mwen te dedye èv la bay gran powèt revolisyonè Pòl Larak, yon gwo powèt ki toujou enspire pou klere e lave je pipiti)

(Yon tikal ladan li)
Nou pase anpil move nuit
Je nou wouj.
Loray, tanpèt
Anpeche nou dòmi.
Lougawou banbile nèt alkole
Yo bat zèl
Pyafe sou do kay nou.
Anpil farinay lapli tonbe!
Mayi nou pwofite
Pouse flèch moute.
Anpil sezon sechès kanpe ankwa
Pou anpeche mayi nou pouse zepi.
Lajounen nan fè kous ak lannwit
Fè mont lavi kouri pi vit
Tinèg fi n blaze, pachiman
Lavyeyès akapare nanm nou
Fini tout vagabonday.
Ekzistans nou pase floummm
Pou granmesi lan sakpay
Bwèbyen san swe!
Malgre tout goumen
Malgre tout met men
Manzè Libète poko janm
Wonfle, dòmileve avè nou.
Libète cherikòt,
Map pote ou plent:
Zanmi Ròchnandlo debake
Yo vin privatize tout bagay

Yo rive privatize menm non moun.
Manman m te rele m Alsiyis
Yomenm yo rele m Ròchnansolèy
Depi jou sa a,
Map dòmi ta, leve bone.
Yo detere kòdlonbrit mwen
Avèk awogans yo deklare:
Moso tè sa se frenk pou yo
Yo vini plante Legliz yo
Otèl yo, Baz yo, Palè yo
Lekòl yo, mizè nou
Epi yo deside:
Yo se Wa
yo se Pap
yo se Leta.
Men yo pantan lè yo tande
Lan mitan lannwit
Vwa Powèt la kap kònen
Rele, babye, pwoteste
Pou lonbrit timoun nou yo
Ka rete antere nan timoso tè sila a!
Yo di mwenmenm ak Ròchnandlo
Se raytren Asko kap kouri
Nou youn pap janm kontre lòt
Menmsi nou bouti lan pwent letènite
Entelektyèl, mounsave, konesè di
Nou se 2 dwat paralèl kap fè kous.
Yo di ankò mwen se pitit deyò
Matchòkò, nen larim Pèletènèl
Malerèz teteplat zafèpabon
Ap souke sou bra
Ròchnandlo se pitit lejitim Pèletènèl
Ki toujou jwenn tout sa li vle
Mande, ekzije, desire.
Mezanmi, se pa kont
Mwen renmen chache
Lè m rete lwa bosal mwen
Moute lan tèt mwen
Mwen tonbe ponpe
Pyafe, pete lòbèy!
Wòl, bisnis Ròchnandlo
Se krabinen Ròchnansolèy
Se kase l pou l tounen pousyè.
Si map chante vwa m anwe

Se misye kape trangle m
Si map chante ak dlo nan je
Se yo ki foure twa dwèt lan je m
Si ou wè m kilbite, tonbe sou bouch
Se yo ki pouse m pa do
Si ou wè map kalonnen wòch
Se dèyè mechanste yo.
Ooo nou pap antre
Priye nan legliz yo ankò!
Yo pote yon bann ti bondye
Ki pa pale lang nou!
Lè nou di priye pou nou
Yo konprann se pi-ye nou!
Lè nou di benise nou
Yo konprann se betize nou.
Ooo nou pap antre
Priye nan legliz yo ankò!
Yo pote yon bann ti bondye
Ki pa pale lang nou!
Lè nou di priye pou nou
Yo konprann se piye nou!
Lè nou di benise nou
Yo konprann betize nou.
Ayibob!

—*Papadòs* (Fritz Dossous), 1994

Ochan pou Paul Laraque:
Sa kite rete / Ce qui demeure
—*pa Jean-André Constant*

yon vag lanmò depoze odè tete
ak lonbray gangans Marcelle
nan mitan maleng ou
il y a ton accord
avec tout le corps de la vie
désirée saine et humaine
il y a toi accroché
aux voix désaccordées
des exilés de la bêtise
se pa sèlman lapenn ou
nan simityè yon peyi
an somèy sou po do douvanjou

---

demeurent tes grands goûts
d'amour rouge pour le tout
des luttes aux grands desseins
comme les veines
de la liberté en conquête
ou le liquide sacré
de tes rives immortelles
wale ak yon moso solèy
ak tout lizay yon pèleren
kap fè lanmò filalang
sou zèl yon sèvolan grandoub
demeure le fil de tes nuits impossibles
dans la turbulence des îles agenouillées
et d'autres métaphores serties
dans le cynisme des grands voisins
wale ak kòlèt ou plen kòlè
ak yon koutodigo nan kè w
pou zago bèf kap fè akrèk
sou lestomak yon fanm
ki sanble ak yon zile
yon pitimi san gadò
yon kabrit lage nan yon rèv
restent tes rives ouvertes
y coulera tout le plasma
de ton amour
de tes amours
et les enfances nées de ton fleuve
y coulera tout le flot de ta course
vers la liberté en essence
ou rete tou kale
nan tout fant rèv libète
demeure l'essence
de ta poésie libre
en toute effervescence
tu demeures en essence

—*Jean-André Constant* Hartford, Connecticut 9 mars, 2007

Harvard rend hommage à Paul Laraque

—par Tontongi

L'Université Harvard à Cambridge, dans le Massachusetts, a rendu un très bel hommage au poète haïtien Paul Laraque, le vendredi 17 mai 2002 écoulé, à l'occasion du lancement à Boston de l'anthologie bilingue, *Open Gate,* dont Laraque est le co-éditeur (avec le poète nord-américain Jack Hirschman).

Publiée en été 2001, l'anthologie continue de faire sensation pour être non seulement la première anthologie créole-anglaise de la poésie créole jamais publiée, mais aussi par le fait qu'elle aligne un groupe bien choisi de poètes qui utilisent la poésie comme une arme de combat. Laraque l'a dit sans travers dans son introduction: «Nous avons mis l'accent sur la poésie militante en raison de l'affiliation progressiste de notre maison d'édition [Curbstone Press] et de notre lectorat, tout en donnant une image objective de la poésie créole haïtienne capable d'exprimer les plus profonds des sentiments humains et les idées les plus révolutionnaires.»

Organisée par l'«Haïti Initiative», un programme de focalisation positive sur Haïti animé par la professeur Jill Netchinsky au Centre Rockefeller pour les études latino-américaines à Harvard, la rencontre a été salutaire à bien des égards. En convalescence due à une crise d'anémie qui l'hospitalisait pour deux semaines en mars dernier, Paul Laraque ne pouvait pas venir en personne à Cambridge. Un enregistrement vidéo de lui y a été branché. La vidéo montre un Paul Laraque animé, peut-être l'une des rares fois joyeux depuis la mort, en 1998, de sa femme Marcelle, sa campagne de quarante-huit ans. Dans un éloge d'adieu qu'il a écrit à l'époque dans *Haïti-en-Marche* à la mémoire de Mamour—le surnom affectueux de Marcelle—, il implore: «Mamour, toi qui fus en Mars celle qui m'a délivré.»

Les poètes Max Manigat, Denizé Lauture et Patrick Sylvain, publiés dans l'anthologie, ont été invités à Harvard pour rendre leur hommage personnel au poète révolutionnaire. Manigat, un ami de longue date de la famille, présente un profil de Laraque où il rappelle à l'auditoire certains faits importants de sa trajectoire publique et personnelle: Laraque jeune officier de l'armée d'Haïti sous le gouvernement de Magloire publiant des poèmes subversifs sous le pseudonyme «Jacques Lenoir»; son exil d'Haïti par le gouvernement de Papa Doc en 1961; son engagement en exil dans la

---

lutte politique pour changer la vie en Haïti; le lauréat en 1979 du Prix Casa de las Americas décerné par Cuba pour ses poèmes rebelles en français; la mort de sa femme en 1998, etc. (une perte dont Manigat avait observé l'ampleur désolante chez son ami). Il faut dire aussi que Manigat a joué un rôle central dans la publication des *Œuvres Incomplètes* de Laraque en 1998, et dans celle de l'anthologie.

Denizé Lauture, qui rencontrait Laraque beaucoup plus récemment que les autres (1993), relate l'amitié profonde qu'il a sitôt ressentie pour Laraque et qui s'est tout de suite développée entre eux. Il a lu pour l'auditoire deux émouvants poèmes qu'il a écrits pour lui et Marcelle. Dans le premier, «l'arbre de la belle Marcelle», il dit d'elle: *«le souffle puissant de ton cosmos poétique / rendra belle Marcelle immortelle / dans un poème-fleuve d'un demi siècle d'amour.»* Dans le poème pour Laraque, il compare celui-ci à une «raque» ou «rak bwa» dont les feuilles et fleurs et *racines «sèmeront pour toujours la poudre de l'espoir et de la justice.»* Manigat et Lauture avaient fait le voyage en auto de New York pour venir apporter leur hommage. Quant à Patrick Sylvain, il a projeté la vidéocassette de Laraque qu'il a lui-même filmée, et dans laquelle on voit Laraque et Danticat lisant tour à tour des poèmes bilingues de Laraque. Sylvain y a aussi lu des morceaux choisis d'un essai qu'il prépare sur les poètes et écrivains qui ont influencé son univers poétique: entre autres, Pablo Neruda, Walt Whitman, Yusef Komunyakaa, Carolyn Forchés, René Depestre, Paul Laraque.

Chantre de la poésie créole qu'il défend comme un catéchisme, Sylvain indique dans le texte lu le rôle important que joue la poésie dans toute société, et qu'en dépit de la défaveur dans laquelle les Nord-Américains tiennent la poésie politique, comment, chez Laraque, la poésie et la politique vivent dans une relation d'interéchange qui va de soi et qu'il cultive délibérément et sans en sacrifier l'élément esthétique. Il n'est peut-être plus naturel aujourd'hui de voir Laraque et Depestre dans un même chapitre; Depestre, qui a renoncé les plus généreuses et libératrices de ses idées de jeunesse, tandis que Laraque reste jusqu'à la fin fidèle à celles-ci: essentiellement l'idée que la révolution socialiste humaniste soit le meilleur remède aux maux et déprédations de l'exploitation capitaliste, de l'inégalité sociale et de la domination impérialiste.

La mort de Mamour l'avait beaucoup accablé. Comme il l'a dit à notre délégation d'écrivains venus à Queens, New York, une semaine auparavant pour le vidéofilmer pour la rencontre à Harvard, bien que la perte de sa femme ne lui ait laissé aucun goût à la vie, il décide qu'il ne se suiciderait pas, mais il ne ferait non plus rien pour allonger sa vie outre mesure. Toujours, nous dit-il, il veut rester intéressé aux choses du monde; le fait même de nous recevoir chez lui, à cet instant, en pleine discussion sur la politique, l'histoire et la littérature, en fait la preuve, a-t-il affirmé.

La délégation en question était composée de Patrick Sylvain, Edwidge Danticat, Dumas Fils Lafontant et l'auteur de ce reportage. Laraque était très heureux d'apprendre que Danticat serait de la partie: «C'est bien d'avoir une femme parmi tant d'hommes», plaisantait-il. Laraque était évidemment ému d'être l'objet d'admiration de notre groupe, particulièrement des égards de la célébrée romancière, qui a été très ravie de matérialiser une visite qu'elle lui avait promise. Il était probablement, et surtout, heureux que ses œuvres et efforts continuent de susciter de l'enthousiasme chez les différentes strates de la créativité haïtienne.

Dans l'interview, Laraque soutient l'idée de l'existence d'une littérature haïtienne multilingue, citant l'exemple d'Edwidge Danticat qui écrit en anglais. Il n'a pas écrit en anglais, dit-il, parce qu'il ne se sent pas avoir la maîtrise suffisante de la langue. C'était intéressant de voir Laraque et Danticat dans un même salon, deux générations de créateurs haïtiens, apparemment à l'antipode l'un de l'autre quant à la finalité de la littérature, mais partagés du même amour des lettres, de la mémoire nationale haïtienne, de la beauté; Danticat affectueuse, déférente à l'endroit du grand poète, celui-ci paternel, généreux, respectueux envers la romancière. Il nous parlait de sa riche vie de combattant; la symbiose dialectique qu'il opère entre la littérature et la politique, nous racontant des anecdotes sur André Breton, Magloire Saint-Aude, Hamilton Garoute, Jean Brierre, l'armée d'Haïti, etc.

Ce qui est évident dans la vidéo—et davantage durant la visite chez lui—, c'est la remarquable loyauté d'un homme aux idées et idéaux politiques de sa jeunesse même au-devant des plus dévastatrices adversités historiques. Malgré en effet les déboires et désillusions qui accaparent l'idéologie et les idéaux socialistes ces dernières décennies (notamment la dénonciation de Staline par Khrouchtchev, l'existence des camps de détention en Union soviétique, l'effondrement de l'Union soviétique, la période spéciale à Cuba, etc.), Paul Laraque demeure jusqu'ici fidèle à l'idéal d'une société libérée de l'exploitation de classe, des préjugés racialo-ethniques et de la domination impérialiste: «Je ne le verrai peut-être pas durant ma vie, mais je demeure convaincu que le socialisme triomphera un jour,» dit-il avec grande émotion.

—*Tontongi* Boston, mai 2002, publié pour la première
fois dans *Haïti-en-marche,* mai 2002

Esquisse d'un regard sur Paul Laraque

—par Tontongi

J'ai lu le premier volume des *Œuvres incomplètes* de Paul Laraque publié en avril 1999 par les éditions CIDIHCA. Une compilation de ses poèmes français écrits depuis l'adolescence jusqu'à 1997, l'anthologie suscitera à coup sûr beaucoup d'intérêt. Pour rendre compte de ce livre, je pourrais reproduire *in extenso* la très belle préface de Franck Laraque, frère et compagnon de combat de Paul, qui y a décerné ce qu'il appelle «l'inlassable quête de dépassement» de l'auteur, qui «se manifeste singulièrement dans deux combats: la tentation surréaliste et l'option marxiste».

Après avoir d'abord relevé la «permanence de l'intégrité et du patriotisme» de Paul Laraque, un poète corps et âme engagé dans l'effort de synthèse entre la poésie et la libération politique, Franck met ensuite en relief sa trajectoire, qui va de la poésie tout court à la poésie révolutionnaire, et qu'il caractérise comme un continuel effort vers un «double dépassement: dépassement idéologique et dépassement poétique». Franck voit ce double dépassement comme une sorte de défi permanent que surmonte l'auteur contre non seulement l'abâtardissement de l'art poétique décoratif, respectueux du *statu quo,* mais aussi contre le camp idéologique dont il soutient l'objectif. Car, comme le dit Franck, «à l'intérieur [de la lutte révolutionnaire] demeure entier le droit à la création sans aucun contrôle bureaucratique de leaders en mal de pouvoir absolu et tyrannique». Franck pense que l'influence des penseurs «révolutionnaires et humanistes» comme Breton, Sartre ou Fanon a prémuni le marxisme contre l'absolutisme, l'empêchant de «se scléroser en un dogme rigide violant les droits humains sous le fallacieux prétexte de lutte contre le réformisme».

En effet, à lire les *Œuvres Incomplètes* de Paul Laraque, on voit le cheminement d'un poète qui veut créer un sens, un *continuum,* un ensemble cohérent dans un univers local et global dépourvu de sens. Sa poésie est une «arme miraculeuse» contre à la fois l'absurde, l'insanité et l'évanescence:*«seul demeure ce regard où renaît le sens du monde»,* dit-il. De la tentation surréaliste à l'option marxiste, sa poésie semble poursuivre une course effrénée vers un autre *état d'être,* non pas pour remplacer l'implacable réalité par un surréalisme *«inconséquentiel»,* ou par un dogme de chapelle, mais regrouper celle-ci avec le droit au rêve dans la quête de ce que nous appellerions l'espoir existentiel, qui est solidarité organique avec nos compagnons et compagnes de la vie.

Altérité d'être

Dans ma relation personnelle avec Paul Laraque et mon observation de sa vie militante, je suis toujours touché par sa générosité. Jean-Paul Sartre a conféré à la générosité l'insigne distinction d'être la plus haute valeur morale de l'individu, juste l'extrême contraire de la «mauvaise foi», le réflexe seconde-nature des bourgeois. La générosité laraquienne tire sa source de cet effort de dépassement dont a parlé Franck. Franck ne l'a pas explicité, mais le dépassement idéologique de Paul Laraque inclut en particulier le dépassement de ses origines bourgeoise et mulâtre. Remarquons que dans l'entendement haïtien, les deux reviennent au même, si tant que le richard noir devienne automatiquement un mulâtre de par la seule vertu de sa richesse monétaire. Paul n'est bien sûr pas un richard, mais c'est assez qu'il soit mulâtre et... éclairé.

À ma connaissance, Paul Laraque n'a jamais soulevé la question épidermique dans ses œuvres publiées, cependant on sent dans ses choix de héros politiques (Mackandal, Boukman, Toussaint, Dessalines, Péralte, etc.) et dans sa sympathie et parti pris idéologiques (solidarité avec la masse populaire noire) un désir de transcendance raciale entrecoupé d'un mépris irrémissible des prétentions de la classe bourgeoise/mulâtre. Ce parti pris ne l'empêche pas cependant d'être l'un des critiques les plus sévères du noirisme papadocratiste qui a autrement mystifié la société haïtienne.

Tout comme Jacques Stephen Alexis par rapport au noirisme, l'option marxiste a en quelque sorte immunisé Laraque contre le poison mulâtriste, cette prétention de se croire meilleur, supérieur, «leader désigné», même dans une organisation militante. Il sert la cause comme un soldat parmi d'autres soldats. Quand, en 1984, j'écrivais dans *Haïti-Progrès* un article— «Poésie comme arme de combat»—, où j'exprimais mon admiration de ses œuvres, il me téléphonait quelques jours plus tard pour me remercier et offrir ses services à la communauté. Quelques mois plus tard, je l'appelai pour l'inviter à venir à Boston comme invité spécial d'une conférence sur la «Nouvelle stratégie révolutionnaire» que préconisaient à l'époque quelques jeunes militants haïtiens de Boston. Il accepta tout de suite, mais en me faisant comprendre, à demi-mot—par une sorte de connivence secrète entre hommes—, qu'il devait au préalable obtenir l'aval de Marcelle, sa femme. La veille de la conférence, il passait des heures, tard dans la nuit, à nous divertir, mon amie et moi, avec des histoires drôles sur sa vie et ses connaissances, à la façon pittoresque haïtienne. Durant la conférence, après une courte allocution très informée sur la conjoncture politique haïtienne d'alors et ses possibilités révolutionnaires, il nous lisait des poèmes créoles, choisis pour la circonstance. À la clôture de la conférence, on le voyait, animé, discutant avec les militants de Boston comme s'ils étaient de vieux amis à lui.

Il retournait à Boston en juin 1989, cette fois accompagné par Marcelle, pour soutenir le théâtre créole populaire, *Teyat Lakay*, de Fritz Dossous. Je prenais l'opportunité pour les inviter, Marcelle et lui, à une soirée de collecte de fonds pour un projet de construction d'une école populaire en Haïti. Relaxés et engageants, ils étaient l'âme de la soirée. Sitôt que le présentateur eût fini d'expliquer le projet aux invités, Marcelle, d'un geste déterminé, s'emparait de son sac à main, y tirait son carnet de chèques et écrivait un chèque pour deux cents dollars, une fortune pour leurs moyens. Nous remarquions qu'elle n'avait même pas consulté Paul au préalable, une façon de dire que cette obligation n'était pas négociable. Beaucoup d'activistes influents de la communauté haïtienne de Boston, comme Frantz Minuty, Carline Désiré, Lesly René, Idi Jawarakim, Yvon Lamour, Paul Farmer, Serge Valmé etc., étaient venus, chez les époux Yolande et Jean-Robert Boisrond, pour soutenir le projet et aussi pour rencontrer Paul Laraque, auquel ils présentaient des hommages affectueux.

La venue des Laraque à Boston coïncidait avec la semaine de répression, en juin 1989, du mouvement de contestation des étudiants chinois par le gouvernement communiste chinois, sur la place Tiannamen, à Pékin. À un moment de la rencontre, la discussion portait sur les événements chinois. Sauvage et systématique, la répression avait causé des milliers de morts et de blessés chez les étudiants, qui étaient essentiellement non armés. Débutées par des revendications spécifiques pour l'ouverture, le dialogue, le droit à la parole, et trouvant des sympathies dans à la fois la société civile chinoise et les ambassades occidentales à Pékin, les manifestations des étudiants devenaient de plus en plus massives et véhémentes, politisées à l'extrême, avec des mots d'ordre ouvertement pro-capitalistes, menaçant potentiellement la stabilité du régime. Les dirigeants chinois étaient divisés quant à la bonne politique à suivre: le «dialogue continuel», le «compromis stratégique» avec les étudiants, comme le proposaient quelques membres du leadership, ou alors la répression sauvage? Comme on le sait, cette dernière décision l'aura finalement emporté. Naturellement, les gouvernements anti-communistes de l'Ouest, les États-Unis en tête, voyaient dans les manifestants des alliés objectifs dans leurs efforts de déstabilisation des régimes communistes, surtout à un moment historique où le régime rival soviétique était moribond.

Pourtant, en dépit du bien-fondé des appréhensions du régime chinois, ma position dans la discussion était plutôt catégorique: dénonciation véhémente des répressions gouvernementales, selon le principe qu'aucun gouvernement n'a le droit de massacrer des manifestants non armés, quelle que soit la menace réelle qu'ils représenteraient pour sa stabilité. Certains d'entre nous estimaient que les moyens guerriers employés par le gouvernement chinois étaient disproportionnés, inhumains, et que d'autres formes d'engagement étaient possibles pour résoudre la crise. J'étais heureusement étonné de voir Laraque partager cette ligne de la discussion: pour une raison ou une autre, je le croyais beaucoup plus «dogmatique» qu'il ne l'était. Je découvrais ce soir-là chez lui l'affirmation d'une sorte d'humanisme congénital que la relecture de sa poésie rendait évident.

Comme l'a remarqué Max Manigat, un ami intime du couple, Marcelle—surnommée affectueusement «Mamour»—était le «poteau-mitan» de la famille et le «bâton-vieillesse» de Paul. Elle eut réussi la prouesse de susciter la flamme passionnelle, inspiratrice, de Paul tout en incarnant la base de renfort émotivo-matériel de toute la famille. À sa mort en novembre 1998, Paul était inconsolable. Pour surmonter sa douleur, il a publié dans l'hebdomadaire *Haïti en Marche* l'un des éloges les plus émouvants qu'un veuf ait jamais consacrés à la mémoire de sa femme: *«Mamour: toi qui fus en Mars celle qui m'a délivré».*

Poète rebelle et militant révolutionnaire, ces quatre dernières décennies de la vie de Paul seront consacrées essentiellement à la lutte pour le changement en Haïti et la cause de libération nationale du tiers-monde en général. Dès le temps où, jeune officier de l'armée magloiriste, il écrivait en secret des poèmes contestataires sous le pseudonyme «Jacques Lenoir»: *«mon pays mon peuple indolent et terrible / je veux que ma poésie te frappe au cœur / comme la lance d'amour plantée au sein d'une vierge»,* en passant par sa sympathie clandestine, en 1960, avec la grève des étudiants révoltés sous pleine dictature duvaliériste, et jusqu'à son vieil âge d'aujourd'hui, Paul Laraque aura vécu dans une continuelle *altérité d'être*, à la fois le pareil et l'autre, le même et le différent, l'officier supérieur de l'armée répressive, mais aussi le poète maudit qui complote en sourdine le renversement du système, membre à part entière de la noblesse mulâtre, mais aussi le militant anti-raciste qui préconise l'abolition des barrières racialo-ethniques, le théoricien marxiste qui analyse scientifiquement l'aliénation de classe, mais aussi l'amoureux romantique qui donne à manger de la crème à la glace à sa bien-aimée.

En 1986, il soutenait corps et âme le mouvement populaire qui renversait Baby Doc, mais gardait ses distances de la politique de clan des «leaders» politiques. L'analyse qu'il m'a faite à l'époque (février 1986) de la conjoncture historique se révèlera prophétique: un ensemble de coups d'État, de révoltes populaires, de contre-coups d'État, d'instabilité et d'interventions étrangères qui pourrait aboutir à la réaction néo-duvaliériste. «La révolution viendra après», concluait-il. En 1990–91, il soutenait très fortement le mouvement *lavalas* qui amenait Jean-Bertrand Aristide au pouvoir, mais prenait là encore ses distances envers l'orientation populiste et le réformisme symboliste du nouveau régime. Il dénonçait non moins éperdument le coup d'État militaire fasciste qui renversa Aristide et qui occasionna son deuxième exil à New York, en 1991. Son frère Guy Laraque, un autre poète de renom, y perdit sa vie, assassiné par les escadrons de la mort du pouvoir militaire. Il aurait pu dire, comme dans «Ce qui demeure»: *«Peu importe que mon frère meure / S'il y a des chances de décapiter le roi»,* mais malheureusement ce roi-là n'était pas prêt à être décapité. La mort de son frère l'avait beaucoup affecté. Pour situer Guy par rapport à Franck et lui, Paul m'a dit, textuellement: «Dans les rapports dialectiques de la politique et la littérature, Franck donne la priorité à la politique, Guy à la littérature, et moi, je tiens la balance égale entre les deux». Je pourrais préciser que Paul donne la priorité aux deux à la fois.

Son opposition active au régime putschiste ne l'empêchait pas, cependant, de critiquer l'approche accommodatrice d'Aristide envers la politique américaine, qui aboutira au retour humiliant de celui-ci en Haïti et à la deuxième occupation américaine. Dans plusieurs discours et articles publiés, Laraque dénonçait la politique étatsunienne en Haïti, mais ne passait pas à l'opposition contre Aristide: il n'entendait pas faire le jeu des putschistes revanchistes, toujours armés contre le peuple.

Poésie et révolution

Je finirai ce témoignage par quelques remarques d'ensemble sur la poésie de Paul Laraque. J'aurai l'occasion, après la publication des ses œuvres créoles, d'élaborer plus longuement sur ses œuvres poétiques dans leur ensemble. Pour maintenant, je me contenterai de quelques observations générales. D'abord, Je suis frappé par la similarité de ton entre la poésie de Paul Laraque, et celle de Jacques Roumain, de Pablo Neruda, de Louis Aragon et de Landgston Hugues, tous des poètes «engagés» qui associent l'élan poétique avec l'engagement politique. Certes, cette «association» est aussi discernable chez René Depestre, Aimé Césaire, Léopold Senghor, Nicolàs Guillèn ou Édouard Glissant, mais chez Laraque et les poètes plus haut cités, on la sent «organique», dialectiquement alimentée, interpénétrée avec le réel, avec en plus une exigence particulière, délibérée, pour *communiquer* avec les masses du peuple opprimé, dans un langage clair, libéré des élitismes.

Les métaphores laraquiennes, à l'instar des métaphores nérudiennes, sont faites non pour épater, mais pour *éduquer,* dans le sens freirien de *communion* entre les diverses parts de la vérité. Un effort à la communication horizontale. Informé et méfiant des pièges du réalisme-socialiste, qui peut lui aussi édulcorer le réel et neutraliser l'élan créatif pour des fins mystifiantes, Laraque invente un autre canal, que nous appellerions *l'écriture poétique organique* pour complémenter (et compléter) la praxis politique (ou vice-versa). Il n'a pas besoin de dire «Abas Duvalier!» ou «Abas l'impérialisme!» pour communiquer le malheur, il déplore simplement *«le crépuscule où s'est noyée l'aurore* [page 296]». Il n'a pas besoin de se déclarer «chantre révolutionnaire» ou crier «grenadiers, à l'assaut!» pour exprimer sa politique, il dit, sous une voix basse:

terre où résonnèrent les bottes du Yanqui
terre que les cacos sauvèrent de la honte
terre où le fleuve de la colère monte
terre où l'aube viendra après la nuit [page 261]

Plus loin dans ce poème, il dévoile son mépris du puritanisme hypocrite, tel un gamin qui n'a pas peur d'être pris dans l'acte:

terre de mangues douces comme des filles
terre ivre du vesou des guildives
terre des paysans machettes au clair
terre de l'amour dans l'eau courante des jours

J'illustrais un jour une republication d'un poème de lui, «Le sable de l'exil» (1983–85), dans un petit journal que j'éditais, *Revue Nouvelle Stratégie,* par la reproduction d'une photo d'un miséreux, assis l'air désolé sur l'abord de la plate-forme d'une bâtisse en mauvais état (le coude de son bras droit s'appuyant sur sa cuisse droite et l'avant-bras replié verticalement contre la mâchoire droite sur un grip de la main, selon la posture familière de la désolation); dans l'arrière-fond de la photo, une femme, l'air apparemment désemparé, s'appuie debout contre la partie extrême de la plate-forme. Le poème dit:

Détachée de l'édifice dont elle est l'un des sommets
notre chambre voguait
sur la vague des vents
arche que la nuit emportait
vers l'île lointaine
où se mêlent ciel et enfer

il continue plus loin:

(…) île séparée du reste du monde
île liée au reste du monde

(…) J'en ai marre
des rats de ta misère
des cafards de ta peur
des serpents de ta magie
des corbeaux de ton désespoir
des crapauds gluants de ta resignation
des crabes dévorants de l'exil

Il finit le poème par ces vers inespérés:

(…) du passé sur l'océan de l'avenir
et la rose délirante d'une femme debout
à l'ultime frontière
où l'aube est en train de vaincre la nuit

Je remarque que, tout comme «l'édifice détaché» n'est pas visible dans le poème, la maison délabrée n'est pas apparente sur la photo, la détérioration évidente de sa base fait imaginer qu'elle est condamnée à la décrépitude. Pourtant, tout comme «la rose délirante d'une femme debout / à l'ultime frontière» fait penser à la femme désolée de la photo, la résurrection de l'aube «en train de vaincre la nuit» du poème, renvoie, d'une manière inouïe, à la possibilité de réhabiliter et renforcer la bâtisse de la photo, par le seul fait qu'elle soit encore debout, résistante.

J'étais frappé par la ressemblance de fond de la photo avec le poème de Laraque. Le «réalisme» de la photo exprimait une certaine désolation, mais elle exhibait aussi une sorte de poésie cachée, discernable seulement par une attention particulière. Presque tous les poèmes de Laraque sont confrontés à cette altérité: poésie et contingence mixées dans un grand dessein pour la vie. Une poésie à la fois cosmique et terreuse.

Un court poème jusqu'alors inédit, «Que reste-t-il», écrit en 1996 et publié dans l'anthologie, dévoile presque tout Laraque. Le poème reprend la sorte de dualité rédemptrice qui sillonne toute son œuvre et qui transforme magiquement la déchéance à la renaissance, la destruction à la reconstruction, l'évanescence à l'éternité, le désespoir à l'espoir:

Sur les débris du songe
triomphent crime et mensonge
l'espoir crucifié
la flèche au cœur de la liberté
que reste-t-il
de notre avenir
sinon ressusciter

À l'instar du Christ ou du Phénix qui renaissent de la contingence mortelle, l'univers poétique laraquien ne connaît pas le néant; quant tout est perdu, reste encore la résurrection, la réincarnation, la révolution. Je me rappelle encore quand, au plus fort de sa peine durant la maladie de Marcelle, et aussi plus tard, tout de suite après sa mort, il mettait un point à réaffirmer sa conviction qu'Haïti sera un jour libérée, libérée des carcans du sous-développement, du tyrannisme, de l'exploitation néo-coloniale, une Haïti renée dans un socialisme humaniste et qui, comme le dit le poème «Un nouveau continent», unie avec les autres peuples, part *à la découverte d'un nouveau continent / où l'or soit partagé et règne la liberté»*. Il n'avait plus envie de vivre, me disait-il, après la mort de Mamour, sa compagne adorée de quarante-huit ans, mais son optimisme intrinsèque de la vie, son attachement au destin des hommes et des femmes, prennent toujours le pas sur la tentation du désespoir.

Dépassement ou conciliation?

J'ai rencontré Paul Laraque pour la première fois à New York, en 1977, dans une commémoration des soixante-dix années de naissance de Jacques Roumain où il était un des orateurs. Il entrecoupait ses remarques sur Roumain avec une analyse systématique de la répression macoute en Haïti et la complicité de l'impérialisme américain dans les malheurs du peuple haïtien. Il jouait de sa double vocation de poète et théoricien avec brio ce jour-là. En fait, il ne disait pas grand-chose sur la poésie, ses propos étaient essentiellement *politiques,* un regard sur l'Histoire, l'Actualité, le Réel. Cependant, on sentait dans l'émotion qu'il mettait à proférer ses dires, non pas le jésuitisme d'un démagogue, mais un poète qui entende attaquer la contingence existentielle, la *réalité-malouk,* avec des mots qui lui sont familiers. L'image que lui laisse Roumain, c'est la synthèse de l'art et la révolution, le rapport dialectique entre la sublimité et la justice sociale. Il appelait donc pour l'intensification de la résistance, pour la fin de l'oppression, pour l'instauration d'un autre ordre social, *«changer la vie»,* parce que, comme l'a dit Rimbaud, c'est la plus importante chose à faire.

Quelques années plus tard (1984), parlant dans l'hebdomadaire *Haïti-Progrès* de la polémique entre Tristan Tzara et André Breton sur le rapport entre le surréalisme et le communisme, Laraque affirmait, catégorique, que «cette querelle est [aujourd'hui] dépassée»; il appelait pour leur «conciliation» parce que tous les deux veulent remplacer l'ordre bourgeois par un autre état d'être, l'achèvement de la «Révolution à la fois dans l'art et dans la vie». À lire les poèmes sous les titres de «Ce qui demeure» et «Propos du sourcier»—que l'anthologie place dans la catégorie «tentation surréaliste»—, on sent déjà cette tension qui bouleverse son émoi:

(…) *J'aime l'esclave nègre*
Debout dans les siècles
Et sculptée dans l'angoisse
La main vers l'espoir [page 18]

(…) *Pour moi*
Si le rythme d'une main se meurt
Aile blessée
J'attends le bond d'un sein
Qui crève la face béate du ciel
Et l'inverse la calotte de merveilles
Jetant Paul crispé
De l'autre côté du miroir
(Jacob terrassant l'ange
Et l'échelle coupée) [page 35–34]

Quelques pages plus loin, dans «Propos du sourcier», un long «poème-prose», on lit: «*La forte tête du taureau domine l'incohérence des gueules ouvertes sur un cri que l'horreur a figé. Le chant rebelle a condamné le temps de barbarie et proclamé le droit à la vie*» [page 56].

Dans un passage plus loin, l'inter-influence entre la réalité et la surréalité s'avère de plus en plus imposante: «*Je te salue, ô glaive de la pensée, mais le temps est venu. Le geste d'encercler le poignet du réel reste la dernière chance. J'entends: sans te perdre d'un pas. Le feu même de l'épreuve et l'épreuve du feu*». Ou encore: «*le rêve a rejeté l'épave sur les rives du réel*», puis: «*Je me détache de moi pour naître moi-même*» [page 80].

En réalité, contrairement à ce que Franck Laraque suggère, il n'y avait pas vraiment coupure entre la tentation surréaliste et l'option marxiste, ni même un «dépassement», mais plutôt ce que Paul lui-même appelle une «*conciliation*» et que j'appellerais un «processus de raffinement des deux» qu'on voit déjà en marche dans les poèmes plus haut cités.

Malgré son admiration pour Breton et son rapport privilégié avec ce médecin devenu chantre enragé du surréalisme, Paul Laraque est plutôt «aragonien» dans à la fois sa poésie, sa fidélité au marxisme et son engagement personnel dans les luttes révolutionnaires du monde. On sait que Breton et le surréalisme «officiel» finiront par se démarquer, sinon des idéaux du communisme marxiste proprement dit, du moins de son incarnation historique. Tandis que, à l'instar de Paul Eluard et Louis Aragon, Laraque continue de voir dans le marxisme ni un dogme oppressif, ni une vérité révélée, mais plutôt un compas historique pour appréhender un réel fortement déterminé par l'oppression néo-coloniale et la lutte des classes. La poésie, pour eux, n'est pas concevable sans son ressourcement à l'Histoire, sans la sueur d'une collectivité en lutte. Connaissant à la fois les imperfections des systèmes politiques humains et les limites de l'activité de l'esprit, il répond, à l'exemple d'Aragon—par un engagement accéléré aux côtés des forces révolutionnaires du monde—, à la question que Maurice Nadeau s'est posée dans *Histoire du surréalisme:* «De quelle façon [la poésie] peut-elle trouver son point d'impact dans les choses, modifier le monde réifié des rapports sociaux…[dans] un ordre avant tout économique, social, politique et artistique que la pensée seule est impuissante à transformer?»

Contrairement à Depestre, il n'a pas besoin de dénoncer Cuba et le socialisme pour revendiquer sa liberté d'esprit: il la garde en entier même dans sa solidarité inconditionnelle avec les peuples opprimés. Solidaire de la révolution castriste et de sa résistance contre l'impérialisme américain, il n'a pourtant jamais dit un mot—ni pour la défendre ni pour la dénoncer—sur la politique répressive castriste contre la liberté d'expression. Il est assez mature pour savoir que Castro n'est pas Pol Pot, ni Staline. Dans un pays ravagé qui avait besoin de nourriture, d'écoles, d'hôpitaux, de décents habitats etc., il comprend bien pourquoi Castro ne s'encombrait pas outre mesure du droit à la parole oppositionnelle d'une petite bourgeoisie intellectuelle, d'autant plus hostile au régime révolutionnaire qu'elle est applaudie par les bien-pensants de l'Ouest et, souvent, manipulée par l'impérialisme. Certes, les deux ne sont pas inconciliables, ni mutuellement exclusifs, la liberté d'expression étant un droit aussi valable que les autres dans le socialisme. Mais il n'est pas difficile de comprendre que, dans le cas cubain, c'est une question de priorité: la censure indispensable de la guerre.

En outre, Laraque est convaincu que les bons sentiments ne font pas une bonne société, même s'il sait également qu'une bonne société doit inclure les bons sentiments. D'où ses efforts pour marier la poésie à la *praxis* politique. Pour lui, tout comme la poésie, la révolution est «miraculeuse», c'est-à-dire fruit d'un assemblage de *praxis* individuelles dans un grand courant collectif: *«Voici des peuples la grande assemblée / pour la récolte dans la rosée»* [page 153]. La révolution et la vie s'embrassant pour matérialiser nos rêves: *«mon rêve a pris racine dans le sol du réel / et ma voix pour t'aimer parle à l'univers»* [page 124].

L'écriture créole

Bien que la grande majorité de ses proses, poèmes et écrits politiques publiés soit écrite en français, Paul Laraque écrit *aussi* en créole, contrairement à la majorité des écrivains haïtiens de sa génération. Il lui a certes mis du temps pour en arriver là, mais il a le mérite de le faire depuis au moins les années cinquante, bien avant l'acceptation officielle du créole écrit par le gouvernement jean-claudiste en 1979. De plus, il écrit et prononce presque l'ensemble des ses *discours* politiques en créole, du moins depuis ces vingt-deux dernières années que je le connais. «Ayant opté pour le marxisme, il est apparu clair au poète qu'il se devait d'utiliser un langage moins sophistiqué pour atteindre un plus grand nombre de lecteurs et d'auditeurs», explique Franck Laraque. Parlant de *Fistibal,* le premier recueil de poèmes de Paul Laraque écrit entièrement en créole et publié en 1974, Franck a écrit: «Le talent réel [de Paul] prouve qu'il peut en français ou en créole créer des images inattendues et surprenantes»; le recueil, conclut Franck, «révèle le respect dû au créole comme à toute langue digne de ce nom».

Franck cite le très beau passage du poème «Lakansyèl»: *«son riban k'mare lan cheve lapli… son laso k'pase lan kou solèy / pou fè l tounen vin klere latè»* [notre traduction: *«un ruban qui s'enroule dans les cheveux de la pluie / un lasso autour du cou du soleil / pour l'amener à éclairer la terre»*].

Des années après *Fistibal,* Paul Laraque a aussi publié chez les Éditions Samba, un recueil de poèmes créoles, traduits en français par Jean Brierre, *Solda mawon / Soldat marron* (1987), qui dit beaucoup sur l'emploi qu'il a fait de l'écriture créole. Un passage exemplaire:

(…) *Sa ki konte*
se batay esklav kont mèt
boule kay koupe tèt
se batay tout esplwate tout koulè
kont tout esplwatè sou latè

(…) *Ce qui compte*
c'est la lutte de l'esclave contre le maître
brûlez les cases! coupez les têtes!
c'est le combat des exploités de tous les pigments
contre tous les profiteurs de la terre
[traduction française de Jean Brierre]

Dans un poème créole, «Tanbou libète», dédié à moi et publié dans la revue *Tanbou* en 1994, il reprend cet usage «guerrier» de la poésie créole:

Men-n ap bat tanbou
men-n ap frape solèy
dwèt nou se bagèt
chak kout tanbou se limyè
van ap souffle
loraj ap gwonde
chak kout tanbou se zèklè

Nos mains battent le tambour
nos mains frappent le soleil
nos doigts sont des baguettes
chaque son du tam-tam est la lumière
le vent souffle
le tonnerre gronde
chaque son du tam-tam est une foudre [Notre traduction]

Il termine le poème par ces vers prométhéens:

(…) tanbou sila a
se dife nan chan kann
tanbou sila
se tanbou revolisyon
se tanbou
libète

(…) ce tambour
c'est le feu dans les champs de cannes
ce tambour
c'est le tambour de la revolution
le tambour
de la liberté [Notre traduction]

Comme on peut le voir, la puissance poétique de ces poèmes n'est pas aussi «raffinée» que les vers français de Paul Laraque. S'ils ont une intonation beaucoup plus «didactique» et «messagique», c'est parce qu'il les voulait comme tels. *Solda Mawon* est publié en 1987, et «Tanbou libète» en 1994. Deux périodes historiques qui imposaient au poète une certaine exigence, une certaine urgence. Après la fièvre d'espoir suscitée par les événement de février 1986, le régime hybride de Henri Namphy, successeur des Duvalier en Haïti, affirmait de plus en plus ses tendances fascistes, trahissant les aspirations du peuple. 1987 était une longue année de combat, de luttes acharnées pour la démocratie et la justice sociale. Pour Laraque, il n'était pas question d'écrire des poèmes idylliques, c'était le temps de la poésie comme arme de combat.

Ainsi du poème «Tanbou libète» (traduit en anglais par Jack Hirschman sous le titre "Liberty drum"). Il a été écrit en 1993, soit sous plein régime fascisto-banditiste du coup d'État. On comprend dès lors les pressions «historiques» des états de fait répressifs du régime sur l'émoi révolutionnaire du poète. Là encore, ce n'était pas le temps pour la beauté des vers de splendeur, ni pour les bons sentiments: c'était le temps de la guerre. C'est le grand mérite de la poésie qu'elle puisse vivre son altérité selon les exigences du malheur ou du bonheur humain.

Conclusion

Il faut souligner ici un autre trait remarquable de la vie publique de Paul Laraque: le fait que, dès son premier exil d'Haïti, il semble cultiver un dégoût profond du «pouvoir», que ce soit le pouvoir gouvernemental ou le pouvoir de parti. Poète influent, opposant anti-duvaliériste de la première heure, sympathisant lavalassien, il n'a jamais cherché à utiliser son prestige pour jouer les conseillers du prince, ni les chefs de parti. Son engagement est avec le peuple, ses frustrations, ses aspirations, ses luttes et ses espoirs.

À soixante-dix-neuf ans aujourd'hui (1999), Laraque peut encore vivre pour plus de vingt ans, ou mourir demain; mais ce que nous retiendrons de lui et de ses œuvres, c'est cette sorte de passion permanente pour la cause de la libération nationale d'Haïti, son respect pour l'intelligence du peuple, la confiance qu'il a toujours gardée que demain sera meilleur au présent. Il a vécu tour à tour les dénonciations de Staline par Khouchtchev, la trahison des espoirs de février-1986, l'effondrement de l'Union soviétique, la «période spéciale» cubaine, le coup d'État anti-Aristide et anti-populaire, la deuxième occupation américaine d'Haïti, le piétinement par les lavalassiens des aspirations du peuple, et la mort de sa femme; mais il m'étonne toujours quand, au beau milieu de la peine, en pleine contingence historique, face au triomphalisme des puissances occidentales, il exhibe encore son rêve, son désir et sa confiance qu'Haïti sera un jour libérée, sa conviction que le socialisme humanitaire, égalitaire et libérateur demeure le futur de nos sociétés opprimées. Avec Laraque, l'image du poète comme faiseur d'époques et de rêves reste vivante.

Nous voudrions par cet écrit rendre hommage à un homme, pas à un dieu. Tout comme tous les autres humains, il est assumé que Laraque ait certaine-ment des défauts, commis des péchés et fait plus d'un mauvais jugement au cours de sa longue vie. Ce n'est pas ici notre propos. Nous voulions seulement féliciter un artiste qui a mené sa vie en gardant une loyauté exemplaire envers les idéaux du beau, du vrai, de la solidarité entre les gens et entre les peuples.

—*Tontongi* Boston, juin 1999

La poésie comme arme de combat

—par Eddy Toussaint

E n lisant dans la rubrique «Pratiques Culturelles» les réflexions de Paul Laraque sur les poètes post-indigénistes en Haïti (*Haïti-Progrès,* 8–14 août 1984), une chose m'a particulièrement frappé: la lucidité de l'auteur. En posant un regard à la fois critique et sympathique sur l'itinéraire poétique d'écrivains haïtiens «de l'intérieur» dont il ne partage pas l'orientation politique mais auxquels il reconnaît néanmoins des dons, voire quelque génie subtil, Paul Laraque a non seulement revalorisé le crédit intellectuel des écrivains concernés mais il a surtout régénéré le cadre rigide et manichéen d'une certaine tradition de critique littéraire. Nous allons essayer dans cette courte étude de comprendre le rapport entre la poésie et la praxis politique, comme nous le suggère le très bel article de Laraque.

Il était longtemps d'usage dans l'intelligentsia haïtienne de voir les intellectuels de la diaspora tenir en piètre estime, condescendants, ceux en Haïti, jugés trop carriéristes, pas assez engagés contre le mal duvaliérien. Si un Paul Laraque, un Morisseau-Leroy, un Jean Brierre ou un René Depestre exercent un réel magistère parmi leurs pairs de l'extérieur, ce n'est pas seulement parce qu'ils sont légitimement grands, c'est parce que, surtout, leur résidence géographique témoigne d'un refus catégorique de l'univers fasciste duvaliérien—l'exil, une fois de plus, s'identifiant au sublime de l'héroïsme contestataire, au *refus.*

En portant son attention et en témoignant sa sympathie aux œuvres de poètes haïtiens vivant en Haïti, comme il l'a fait d'ailleurs souvent en d'autres situations, Paul Laraque a fait d'une pierre deux coups: dénoncer la mésestime dont nous avons parlé plus haut et altérer l'hostilité de prévention que nourrissaient les créateurs en Haïti contre ceux de l'extérieur, jugés, eux, trop «écervelés», trop arrogants.

Dans seulement quatre colonnes d'une page de journal Laraque a tout tranché. Pour les amoureux de l'anthologie, ses remarques sur René Bélance, Magloire Saint-Aude ou Jacques Roumain, parsemées de petites phrases intelligentes sur les surréalistes, dont Breton, Eluard et Ponge, seront d'une grande utilité pour la compréhension de la trame existentielle de ces créateurs; pour les autres, il ouvre une nouvelle dimension de l'art engagé.

Quand pour situer le génie contradictoire de Bélance, Laraque nous a rappelés certaines habitudes quotidiennes et intellectuelles du poète, animé par *«la guerre et l'absence de la femme aimée, l'exploitation et la lutte, la misère et l'espoir»* nous avons compris que sa sympathie est réelle, sans forcing, car pour un poète qui au nom de la poésie confrontait André Breton lui-même, la poésie d'un collègue, comme il le dit de Bélance, dont le thème est *«un chant que la révolte traverse comme une flamme»* vaut bien une petite hérésie politique. Une chose est définitivement certaine: pour lui la poésie n'est pas seulement transcription esthétique de la réalité ou de l'absence de réalité, elle doit être d'abord et surtout moyen, communication, arme de combat. Les poètes haïtiens non-émigrés[1] remplissent-ils vraiment ce devoir de générosité et de solidarité, comme nous le suggère l'enthousiasme de Laraque?

Nous connaissons tous le rôle subalterne que Sartre, dans *Qu'est-ce que la littérature?,* a réservé à la poésie dans son grand projet de «littérature engagée», allant jusqu'à dénier à celle-là toute participation effective dans la praxis révolutionnaire. Il est vrai que la très belle étude de Sartre avait d'autres ambitions, mais la négligence sartrienne quant à la muse témoigne en gros plan de la condition de parent pauvre où a toujours été tenue la poésie quand il s'agit de ses relations avec la politique.

Quand le chroniqueur haïtien Dany Laferrière, dans sa rubrique «Carte Blanche» *à Haïti-Observateur,* a cru bon de blaguer sur la production littéraire de Paul Laraque, qu'il trouve trop mince en trente ans d'écriture, la réponse de celui-ci dans Haïti-Progrès a été substantiellement claire bien qu'indirecte, elle peut se résumer ainsi: *«Si je n'ai pas tant produit, poétiquement parlant, durant ces années, ce n'est pas que j'aie été paresseux ou ininspiré, c'est parce que la réalité politique m'exigeait un engagement autrement important»*[2]. Ces prises de position, à elles seules, révèlent un certain parti pris de choix moral et politique qu'il est d'un grand intérêt de souligner ici. Elles témoignent d'un sens des choses si perspicace que le poète, pour la première fois, se voit reconnaître et attribuer le rôle prépondérant d'acteur et d'inspirateur. Laraque a fort bien fait de nous rappeler la vieille querelle scolastique entre la poésie et la politique; les prétendues difficultés de communication entre ces deux expressions de la réalité humaine ont toujours été un casse-tête pour les inventeurs de grandes formules dont le long débat de la période surréaliste a marqué le point culminant. Or, l'ennui dans tous ces débats, c'est que chacun, selon sa priorité, semble placer la relation poésie/politique dans une dichotomie indépassable qui ne fait que refléter sa propre contradiction socio-existentielle. La querelle Breton-Tzara ou encore, dans une certaine mesure, celle entre d'un côté Aragon-Eluard et Breton-surréalisme officiel de l'autre, a été faussée dès le départ dans la mesure où les protagonistes concevaient la relation poésie/politique en termes de catégorie contre catégorie: le poète Breton embrassant au départ la Révolution contre la poésie pour décider ensuite que la poésie n'est pas bien servie sous la Révolution; les poètes Eluard et Aragon pariant éperdument sur la poésie accoucheuse de civilisation, pour ensuite très rapidement trouver que la poésie n'est pas une fin en soi; arme de combat, force créatrice, certes, mais seulement une arme parmi les armes, une force créatrice parmi la coalition et la fusion de forces créatrices indispensables au grand projet de construction d'une société nouvelle.

Les poètes haïtiens non-émigrés devaient être normalement les premiers concernés par la Révolution. Et ils le sont dans une certaine mesure, mais, là encore, il est démontré que la poésie, pour être totale, ne doit être rien de moins qu'une option délibéré d'une forme de combat et de communication. Il est des poètes, comme par exemple Ramon ou Garcia Lorca durant la guerre civile espagnole, qui font radicalement ce choix, non seulement dans leurs vers mais surtout dans leurs actes, mais il y en a aussi d'autres qui, humains parmi les humains, vivent leur trame existentielle dans un dilemme douloureux entre la tentation d'une totale liberté de cri et de révolte et l'implacable exigence de compromis entre celle-ci et la lutte pour la vie.

La question dès lors n'est pas de considérer si une de ces options est plus «poétique» que l'autre, mais, plus sérieusement, de cerner les diverses praxis vivantes d'une même poésie produisant et évoluant dans des conditions objectives différentes. En adoptant une telle approche, un degré supérieur de solidarité entre les poètes eux-mêmes peut être rendu désormais possible: l'obstacle habituel que constituent leurs différentes provenances socio-économiques devenant, pour la première fois, un grand débat ouvert fait de dialogue, de questionnement et de compréhension, et non pas de guerre verbale, comme c'est malheureusement souvent le cas. Car, en définitive, cette poésie à la fois de réclusion et de chevauchée, de cri ahurissant et de violence refoulée, de liberté totale et d'auto-censure tactique, bref, cette poésie exilée renferme un élément subversif si chargé de promesses libératrices que, pour la première fois, la dichotomie hypothétique entre la poésie et la praxis politique s'en trouve éliminée au profit de la réalisation de l'être dans sa totalité.

Seul un poète haïtien peut affirmer avec autant d'autorité, comme l'a fait Laraque, que *«la querelle Breton-Tzara est dépassée. Il ne s'agit plus de l'affrontement du surréalisme et du communisme mais, au contraire, de leur conciliation, j'entends: la Révolution à la fois dans l'art et dans la vie».* En effet, dans l'imagerie d'une certaine tradition critique, la poésie, quand elle n'est pas tout à fait asexuée, se voit auréoler d'un couronnement qui porte le piédestal si haut qu'on se demande si c'est bien de la poésie qu'il s'agit. Le poète, personnage d'un statut quasi-céleste, en vient à se complaire si volontiers dans ce rôle idéal qu'il perd pied dans la réalité, devenant un total étranger qui, désemparé, se réfugie finalement dans l'excentricité, la clochardise et, souvent, le suicide.

Oui, l'ancienne querelle catégorie-poétique contre catégorie-objective est aujourd'hui bel et bien dépassée, en ce sens que la poésie, loin d'être cet exercice de style et de luxe qu'on a voulu qu'elle soit, se révèle de plus en plus comme l'affirmation d'une conscience qui veut «changer la vie». Nos poètes, particulièrement les meilleurs d'entre eux, ont toujours refusé le départage de l'art et de la vie. Nous savons aujourd'hui ce que fait Paul Laraque quand il ne griffonne pas des vers3, mais il n'est pas inutile de rappeler que beaucoup de nos autres grands écrivains et artistes ne faisaient et ne font pas autre chose. De Jacques Roumain à Manno Charlemagne en passant par René Depestre, notre patrimoine culturel est riche de ces consciences déchaînées qui placent la solidarité humaine avant la divinité de l'art. Rappelons aussi que d'autres, comme par exemple Jacques Stephen Alexis, Gérald Brisson ou Richard Brisson, ont vécu cette solidarité avec un tel désintéressement qu'ils y ont laissé leur vie.

Dichotomie entre art et politique? Allons donc! Nous voyons pour notre part un immense horizon ouvert sur la symbiose entre les multiples éléments de la totalité humaine. Nous espérons seulement que la majorité des artistes et écrivains haïtiens, d'ici et de partout, [se défera] de leur prudence gênante et de leur complaisance facile pour embarquer dans le grand navire de conquête, de solidarité et de libération.

—*Eddy Toussaint* paru dans *Haïti-Progrès* du 21 au 18 septembre 1984

Notes

1. Nous aimerions plus convenablement les qualifier de poètes haïtiens «non-exilés», mais quand nous songeons aux conditions dans lesquelles ils produisent, à leur prudence forcée, à l'auto-censure qu'ils s'appliquent, souvent inconsciemment, nous sommes bien obligés de conclure qu'ils sont déjà des exilés, des «exilés de l'intérieur» ou «dans l'intérieur».

2. (NDR) Ironiquement dans trente ans de métier d'écrivain, avec une riche production d'œuvres à son actif, ce qu'on retient de Dany Laferrière c'est la caricature du Noir sursexué fétichisé par les Blanches.

3. En allusion à l'article sus-cité de Dany Laferrière «Une journée dans la vie de Paul Laraque» paru dans *Haïti-Observateur* de la même année (1984).

Bravo Pòl Larak
—pa Berthony Dupont

Ala bèl mouri bèl
Lè w mouri pwòp
Pwòp san okenn tach
Sou ou

Ala bèl mouri bèl
Lè w mouri gran
Gran san okenn repwòch
Gran san okenn madichon
Sou ou

Ala bèl mouri bèl
Lè w mouri gran
Gran tankou Jakwoumen
Gran tankou Morisolewa

Lè w mouri gran
Non ou rete avi
Nan kaye lavi
Lè w mouri gran
Non ou rete vivan
Nan memwa listwa

Ala bèl mouri bèl
Lè tout yon peyi
Tout yon pèp
Ap rann ou omaj
Lonmen non ou
Pasipala

Respè sa a
Lonè sa a
Se pa tout moun ki jwenn li
Respè sa a

Lonè sa a
Se pa tout moun k ap jwenn li
Bravo!
Ayibobo Pòl Larak!

Ou te yon konbatan onèt
Yon konbatan sensè
Yon konbatan konsekan
Ki pa janm chanje kan

Ayibobo!
Bravo Pòl Larak!
Ou fenk kare viv
Kanmarad
Ou fenk kare goumen
Kanmarad

Bravo!
Ayibobo Pòl Larak!

—Berthony Dupont

Paul Laraque: Powèm / Poème / Poem

Lakansyèl

S on riban k mare lan cheve lapli
s on senti tout koulè lan ren yon ti cheri
s on kolye maldyòk pou chase move zè
s on laso k pase lan kou solèy
pou fè l tounen vin klere latè

Lakansyèl plonje dèyè mòn
yo di l al bwè dlo
jouk lan tèt dlo
Ogoun gronde tankou banbou
Lasirenn al fè lanmou

De ti pwason monte anlè
pou gade larenn Simbi ap taye banda
chapo m tonbe lan lanmè
lè yon ti briz va vante
tout vwal batiman va glonfe

Lakansyèl s on baboukèt lan dyòl loraj
se lapè k ap pouse do lagè
s on kout kleren apre gagè
pou tout nèg bat tanbou
chante lwa ak danse vodou
s on sèpèt pou sakle malè
s on gwo konbit pou rache mizè
pou fè dlo kouri lan tout jaden
pou wou lan solèy jete zèklè
yon konbit jouk lan Ginen
pou jouk lòt bò lanmè
yon konbit tout kanmarad tout koulè
pou transfòme latè
pou tout mechan vin dou
pou chanje lavi nou

(powèm sa a te premye parèt nan revi *Optique* nimewo jiyè 1956, paj 55)

Rèv
(pou Masèl)

Oun ti nèg plonje
al gade Simbi anba dlo
bèl zanj ak gwo demon mele
yo louvri zèl yo tankou zwezo
tankou vwal batiman van gonfle
lalin klere zetwal file
ti nèg la pa remonte

Yon flanm dife

Jak Roumen mouri
kò l al pouri
anba tè
men n ap kenbe lespri l
tankou yon flanm
yon flanm dife
pou boule
tout move zèb
ki lè yo tounen sann
va nouri latè

Jak Roumen mouri
kò l al pouri
anba tè

men n ap kenbe lespri l
tankou yon flanm
yon flanm dife
pou klere
wout tout travayè
gason kon fanm
peyizan tankou ouvriye

Jak Roumen mouri
kò l al pouri
anba tè
men n ap kenbe lespri l
tankou yon flanm
yon flanm dife
pou boule
ak pou klere
yon flanm dife
ki pap janm mouri.

(ekri pou 70 èm anivèsè Jak Roumen)

Larenn Solèy

Pwològ

Sòlda mawon se jwèt timoun
ti gason k ap fè lago
pa lan lari men lan bwa
yon lago ki travèse listwa
Panyòl ap chase Kaonabo
blan franse ap chase nèg nwa
blan meriken ap chase kako
jandam ap chase malere
makout ap chase travayè
eskadron lanmò ap chase revolisyonè
fòs lòd ap chase libète

Sòlda mawon pa jwèt ti moun
lan bwa ak lan lari
kit ou jenn kit ou gran moun
Endyen tankou nèg nwa
nou tout ap sispann kouri
boule kay koupe tèt
nou tout ap fè geriya
lame malere kanpe
esklav ap chase mèt
ni eksplwatè ni eksplwate

demen se rèy libète

Larenn solèy leve

m mande kote li prale
solèy pa fanm
solèy pa gason
li gason
lè li konpè jeneral solèy
li fanm
lè li larenn solèy

larenn solèy leve
m mande kote li prale

li fè lanmou ak lannwit
pou l ban nou lalin
li fè lanmou ak lalin
pou l ban nou zetwal
li fè lanmou ak zetwal
pou jou ranplase lannwit

larenn solèy leve
m mande kote li prale

solèy fèmen je l
pou n sa reve
solèy louvri je l
pou n sa kanpe
pou kò n li pote chalè
pou lespri n li pote limyè

larenn solèy leve
nou konn kote l prale

devan estati Kristòf Kolon
a jenou
ak lakwa lan men l
sou yon solèy wouj kou woukou
yon bann Endyen ap pase

cheve yo long tankou krinyè chwal
k ap souri lan savann
cheve yo nwa tankou fè nwa
tankou lannwit san lalin
tankou lannwit san zetwal

po yo koulè siwo myèl
manyòk fin graje
kasav ap dore sou dife
mabi ap rafrechi lan kanari
medmwazèl yo dous kou myèl

---

yon fanm ap balanse
sou yon amak ki mare
lan de pye zabriko
tete l tankou de mango
yon lòt fanm ap danse

flè tout koulè bò isi
zoranj melon zannanna bò laba
zwezo ap chante lan pye bwa
Kaonabo ap fè lanmou ak Anakaona
ou ta di se paradi

yon kout lanbi pati
flèch li chire silans lan
lanbi reponn lanbi
sanba a sispann chante
tout gèrye kanpe

yon kout lanbi pati
flèch li chire silans lan
lanbi reponn lanbi
larenn solèy sispann danse
koki lanmè derape

yon jou konsa twa bato vin parèt ak yon bann moun
lòt koulè Yo pòtre moun ki maske Nou avanse pou
nou wè sa yo vle Nou ba yo manje Nou ba yo bwè
Nou ba yo dòmi Yo mande kolye Yo mande brasle
Yo mande bijou Yo mande lò nou Yo mande tè nou
Yo mande fanm nou Yo mande lavi nou

ala yon kwa Kolon pote pou nou

Panyòl pi mechan pase chen anraje Zam yo fè flanm
tankou zèklè Zam yo fè bri pase loraj Yo fout nou an
esklavaj Kaonabo kanpe Yo pote l ale Flèch pa kab
wè devan fizi Anakaona konsilte zemès yo sa lagè pa
fè diplomasi petèt va reyalize Pou sove pèp li Anakaona
deside jwe jwèt Ovando Li pare bèl fèt bèl chante bèl
danse pou selebre lapè Adye Bondye Yo bay chen
manje vyann Endyen Sanba mwen kote sanba m ale
Manman kote ou ye

devan estati Kolon
ak kwa nou lan bra li
sou yon solèy wouj kou woukou
yon bann Endyen ap pase

lan bòdmè Pòtoprens
lan Gran Ri Jeremi
kanaval an bote
lan mitan legzil m ap reve
lè m te jenn gason
fòk m te maske
pou m t al gwouye
lan bann baka

jodi a m degize an mwen menm
lè m te jenn gason
jodi a m degize an mwen menm
pou m al nan madigra

lan lavil Jeremi
kanaval an batri
yon chinwaz ap danse
larenn solèy leve

renmen plonje sou mwen
tankou malfini sou poul
tout fèy lan bwa tranble
loraj pote m ale

lanmou se bèt sovaj
fò nou aprivwaze l
nou menm tou nou se bèt sovaj
fò lanmou aprivwaze n

gason antre lan fanm
tankou kouto lan kè yanm
lanmou se mistè
tout latè kouvri ak flè

m tande yon kout tanbou
tanbou reponn tanbou
sanba rekòmanse chante
tout kòk batay kanpe

m tande yon kout vaksin
vaksin reponn vaksin

Anakaona rekòmanse danse
koki lanmè derape

Ayiti Kiskeya Ispanyola Sen-Domeng Ayiti
chanje mèt se chanje mizè

Yon jou konsa twa karavèl te dekouvri l'Amerik
Panyòl se bèt sovaj Yo met Po-Wouj yo ann esklavaj
Yon pè ki te gen bon kè mande padon pou Endyen
Li di mete chaj la sou do Afriken

Ak Kaonabo e Anakaona premye mouvman rezistans
koumanse ann Ayiti Kaonabo mouri sou dlo Yo pann
Anakaona Santo-Domingo Batay reprann ak Kasik Anri
ki rete lib jouk li Neg mawon mele ak Endyen mawon
Sòlda mawon mele ak esklav mawon jouk esklavaj aboli

Yon jou konsa yon pil bato rive Sen-Domeng pou retabli
lesklavaj Tousen kanpe Desalin kanpe Kristòf kanpe
Tout nèg kanpe Libète ou lanmò Fizi pran plas flèch
Bal pou bal Kannon pou kannon Libète kont esklavaj
Tout boulèt se pousyè

Bato ki te pati ak Kaonabo a se li ki vin pran Tousen
Louvèti Panyòl ou Franse tout se menm Tout se blan
Tout se kolon Tout se eksplwatè

Tousen te fè sa Spatakis pa t fè
Tousen te fè sa Kaonabo ak Anakaona pa t fè
Tousen te fè sa Makandal ak Boukman pa t fè
Tousen te fè sa Oje ak Chavàn pa t fè

men konplo fò pase wanga Franse pran Tousen
lan pyèj tankou Panyòl te pran Anakaona tankou
Meriken va pran Peralt

yo pote Tousen ale
men Desalin leve

sanba a di
sa li renmen lan lavi
se libète

sanba a di
sa li renmen lan lavi
se lanmou

sanba a di
sa li renmen lan lavi
se pwezi

pwezi pou chante libète
pwezi pou chante lanmou
pwezi pou chante lavi

libète pou fè lanmou
jouk li jou
jouk solèy leve

libète pou n fè sa nou vle
libète pou n jwi lavi
libète pou rèv vin reyalite

—Pòl Larak

Poème pour toi

dans mes deux mains
je tiens le livre de la vie de Jacques Roumain
ton souffle soulève tes seins
c'est ta beauté qui bouge
et c'est le douloureux espoir humain
qui de l'enfer d'aujourd'hui sauve demain
je songe je songe à Guernica
je t'enlace je t'enlace
et que demeure la voix de Lorca
le vent à perdre haleine s'étend sur la mer

droite comme l'épée de la lucidité
ô poésie folle de toutes les jungles traversées
l'ombre s'épouvante de la torche de Césaire
et la parole de Paul Eluard
tranchant le nœud du mal
confère à la dignité de l'art
l'évidence du cristal

je te mêle à ce qui m'est cher
tu es le sang dans la chair
tu t'attristes et souris dans les yeux des paysans
et ils sont l'oxygène de l'air
quand ton regard porte la lumière
de nos plus grands ciels d'été

je pense à l'homme que j'ai été
les vagues de la vie l'ont emporté
je renais à la racine de ton désir
ne dis pas que je délire
nous passerons la frontière Manchoue
que ce soit au Viêt-Nam ou au Congo
à Madrid ou à Santo-Domingo
que ce soit à Harlem ou au Cap-Haïtien
partout où la douleur comme un levain
fait gonfler notre colère

ah tonnerre de tonnerre
nous porterons la hache et le flambeau

ta lèvre est ma blessure
c'est le rouge de la première aurore
où agonisent les marchands d'or
le sang du peuple doucement bout
comme le cœur de l'eau à sa source
mais quand viendra le fleuve
rien n'arrêtera la marche des prolétaires
un soleil nouveau éclaire la terre

> —*Paul Laraque* paru pour la première dans la revue *Optique*, à
> Port-au-Prince, en 1954/56 sous le pseudonyme Jacques Lenoir

Poem For You

in my two hands
I hold the book of Jacques Roumain's life
while your breath lifts up your breasts
it's your beauty moving
and it's the painful human hope
which from today's hell saves tomorrow
I think I think of Guernica
I hold you I hold you
and the voice of Lorca shall remain
while the breathless wind expands over the sea

straight as the spear of lucidity
oh wild poetry of all crossed jungles
the shadow is frightened by the torch of Césaire
and the word of Paul Eluard
having cut off the evil knot
confers to the dignity of art
the evidence of crystal

I include you in my dearest pursuit
you are the blood in the flesh
you're saddened and smiling in the peasants' eyes
and they're the oxygen of the air
when your gaze carries the light
of our greatest summer skies

I think of the man that I was
who was taken away by life's storms
I spring up again from your desire's root
don't say I'm delirious

we'll pass the Manchu frontier
be it in Vietnam or in the Congo
in Madrid or in Santo-Domingo
be it in Harlem or in Cap-Haïtien
everywhere where pain as a leaven
has inflated our anger
ah thunder thunder of hell
we hold both the axe and the torch

your lip is my wound
it's the red of the first dawn
where lay dying the gold merchants
the people's blood slowly boiling
like the heart of the water at it spring
but when the river will come
nothing will stop the march of the workers
a new sun has brightened the earth

—Paul Laraque translated from the French by Tontongi.
This poem was first published in the review *Optique* in Port-au-
Prince, in 1954–56, under the pseudonym of Jacques Lenoir.

For... (a poem I'll write for the rest of my life)

(For Maria Alicia Rocha Lim first)

—par Marc Arena

When asked, "what's it for?"
say,

For death
'Til then
For the molecules we lose
And where they go
Say for life
For it all
The faces we've seen
The bodies we've passed
And passed on

For the suffered
For those now
With empty bellies
And hearts the size of hunger
And as persistently growing
For the joyous
For those who somehow
Smile amongst the bereaved

And offer all when there's nothing
So sound they silence

For the addicted
To the things man makes
To keep his family in cages
Whether through love or drug
They're interchangeable
Matter of fact for love
For what it does and what it can't do
For the tide of it
The swell
And the return

Matter of fact for hate
And the death of it
For when it is absolved
For being a product of loss
And the consumer of minds
For the mind
The way it grows
The synapses closed over time
And the firings that create
Both the real and the imaginary

For the real
For the sentient and the senses
For what is and isn't
The ability to discern between
Here and what's better
For what's better
Whatever we think that is
It may not be better than this
But for the effort to make sure
For that too

For the imagined
And those who dream
Who see the real as unfinished
And the dream as a blueprint
Who improvise utopia
For the Promised Land
For the bounty we have to offer
For the exchange and the barter
For the money, but never for that
So for the wealth, never money

For what?

For the impossible phrase
The cure we can't find
The inspiration that doesn't exist
And for the something we need
But can't define
For the what
The knowledge of not knowing
For that being better than knowing
And for the inexplicable noticed
And for when we know

For so much
For it all
For you and for us
For the abolishment of the I
And for the permanent we
For gravel
And sand the time it took
For walking upright
Opposable thumbs and the wheel

For names and bodies
The movements they make
The slow roll of hips
The pressure of lips
And the rhetoric they spit
Oh man for woman
Self-defined and the future
The fit and the puzzle we complete
For the wisdom and whatever
For everything she wants

For the child
For mine and for the growing
For the innocent and appreciative
Left alone in a cold world
But kept warm by the lived
For the end of this poem
Whenever it comes
For what it can't include
Which is everything but what's here
For the homage this is and can't be

—*Marc Arena* (grandson of Paul Laraque, son of Danielle Laraque)

Quelques textes par ou pour Paul Laraque
précédemment publiés dans Tanbou

Yon powèt nan Nouyòk

—pa Tontongi

Pòl Larak (Paul Laraque) pibliye nan mwa avril 1999 la yon antoloji tout zèv pwetik li nan lang franse sou tit, *Œuvres Incomplètes,* Edisyon CIDIHCA. Liv la gen 330 paj e li kouvri plizyè epòk nan pwodiksyon pwetik Larak: Apati de sa frè li, Frank Larak, ki prefase liv la, rele «epòk tantasyon sireyalis», an pasan pa epòk «opsyon marxis» la, jiska epòk «dènye sezon» an. Chapit ki titre *«La dernière saison»* an, ki konpile tèks misye ekri nan dekad ane '90 yo, se yon sòt «koudèy entrospektif e retrospektif» misye voye sou vi li e dewoulman istorik lit, katastròf ak espwa pèp ayisyen an. Ti powèm kout (1992) ki rele *«Que reste-t-il»* la devwale prèske tout Larak:

> *Sur les débris du songe*
> *triomphent crime et mensonge*
> *l'espoir crucifié*
> *la flèche au cœur de la liberté*
> *que reste-t-il*
> *de notre avenir*
> *sinon ressusciter*
>
> *Nan debri rèv nou tounen*
> *krim ak manti triyonfe*
> *espwa sakrifye sou lakwa*
> *flèch pyese kè libète*
> *ki sa ki rete*
> *pou avni nou*
> *si se pa resisite* [tradiksyon pa nou]

Piblikasyon antoloji a vini nan yon moman trè difisil nan vi prive Pòl Larak. An novanm 1998, misye te pèdi madanm li, Marcelle Pierre-Louis, ki te gen ti non jwèt «Mamour». Mamour te trepase apre de zan doktè te dyayostike kanse nan li. Koup la te ansanm depi karant-twit tan, maronnen youn ak lòt nan peyi lakay kou dèyè dlo. Lè w te wè yo ansanm, menm nan koumansman vyezaj yo, ou ta di se te de ti jèn pijon ki tap viv lanmou nan sezon prentan. Apre ekzil koup la e debakman yo nan Etazini, Marcelle te vin yon fonsyonnèz nan ONI (Oganizasyon Nasyon Ini). Kontrèman ak powèt-revandikatè mari li, ki ap toujou panse ak lit pèp e rele pou revolisyon, Marcelle te yon moun trè senp, ke w pap tande pale de li, men ki ap fè travay yo mache korèkman. Li te poto-mitan fanmi an, «baton vyeyès» Paul, daprè Max Manigat, jiskaske maladi kansè atake l an 1996. Natirèlman, Larak te enkosolab. Pou l te sipòte lapenn li, li ekri nan *Haïti-en-Marche* yon temwayaj sou «Mamour» ki se youn nan pi bèl memoryal yon vèf ka fè sou lanmò madanm li: *«Toi qui fus en Mars celle qui m'a délivré.»*

Youn nan gran merit antoloji a se lefètke li mete tout zèv pwetik an franse Larak nan yon sèl sak; men sa kite tou yon ti gou anmè nan bouch, paske nou ta renmen wè anmenm tan an antoloji zèv an kreyòl misye ansanm ak lòt ekri politik misye (ke editè yo anonse pou yon lòt tan e se sak fè yo rele antoloji a «Zèv enkonplè»). Nan prefas Frank Larak la, misye kapte esans Pòl Larak kan li di anpil moun admire «la permanence de l'intégrité et du patriotisme de Paul». Frank karakterize lavi Pòl tankou yon «double dépassement: dépassement poétique et dépassement idéologique». Depasman ideolojik la vle di jefò Pòl fè pou li ale kont enfliyans milye boujwa li te leve a; depasman pwetik la limenm, se kominyon souf pwetik misye avèk ideyal libète nan revandikasyon popilè yo; kouwè Frank di, lakay Pòl «demeure entier le droit à la création sans aucun contrôle bureaucratique de leaders en mal de pouvoir absolu et tyrannique». Frank panse ke enfliyans ekriven revolisyonè kouwè André Breton, Jean-Paul Sartre, Jacques Roumain oubyen Frantz Fanon anpeche marxism lan vin tounen yon «dogm rijid kap asepte vyole dwa moun».

Rosemary Manno, ki tradui liv bileng misye a, *Camourade* (1988), pran Larak pou youn nan pi gran powèt kap viv; e lè mwen te mande Jack Hirschman, yon gran powèt meriken tradiktè pwezi kreyòl ki prefase liv*Camourade* la, sa li panse de Larak, Hirschman reponn menm bagay li di nan prefas la: Larak se youn nan pi gran powèt ayisyen e etranje kap viv. Misye ap viv la a, nan Queens, Nouyòk. Kisa ki fè donk non Larak pa sou bouch tout moun kouwè non «Sweet Miky», Tino Rossi, Victor Hugo oubyen Frank Sinatra?

N ap viv jounen jodia nan yon tan antwopològ yo rele yon tan «memwa tronke», sètadi se bagay bonmas medya gwo peyi kapitalis yo ban nou ke nou pran pou bagay ki gen enpòtans. Selon mistifikasyon sa a, pèp ayisyen an ka tande pale de Madonna, Frank Sinatra, Michael Jackson, Brigitte Bardot, Monica Lewinsky oubyen O.J. Simpson, men yo pa gen ankenn ide kiyès Pòl Larak, Félix Morisseau-Leroy oubyen Cauvin Paul ye.

Premye fwa mwen rankontre Pòl Larak se te nan Nouyòk, an 1977, nan yon fèt komemorasyon swasantdizyèm ane nesans Jacques Roumain. Jou sa a, misye mawonnen konesans li de Roumain ak konesans dyalektik istorik marxis la nan yon pasyon pwetik ki rann sal la tranble ak aplodisman. Sa ki te tou remakab nan prezantasyon misye a, se lefetke li plase bèl diskou istorik la nan kontèks sa ki tap pase nan tan komemorasyon an, sètadi opresyon pèp ayisyen an tap sibi sou diktati krazezo divalyeris la, ke l te denonse ansanm avèk konplisite enperyalism meriken e franse nan sistèm malsite a.

Nan yon pòtre literè mwen ekri sou misye nan *Haïti-Progrès* an 1984, mwen pale de li kou youn nan gwo gladyatè literè ventyèm syèk la, sou menm pyedestal kouwè Mayakovsky, Jacques Roumain, Jacques Stephen Alexis, Aimé Césaire, Pablo Neruda, Jean Brierre, Félix Morisseau-Leroy, Paul Eluard, René Dépestre, Nicolás Guillén, Langston Hugues, Louis Aragon, René Bélance, elatriye. Pou yon moman Larak te antre an kontak avèk gwo palto mouvman pwetik sireyalism lan, Ezra Pond, André Breton, Paul Eluard. Diran vwayaj Andre Breton ann Ayiti an 1945, Breton te enpresyone pa raj revolisyonè powèm Larak yo. Li ekri misye pou li di l «mwen renmen powèm ou yo e mwen gen lafwa nan ou». An 1979, Larak te resevwa Pri La Casa de las Americas pou powèm li yo *Les armes quotidiennes / Poésie quotidienne*. Pri sa a se pi gran pri literè nan Kiba sosyalis; nan yon lèt Haydée Santamaria, yon konpayèl Fidel Castro nan Moncada e nan Sierra Maestra, ekri misye li lwanje zèv la kou yon zèv *«pleine de valeurs humaines et artistiques* [qui] *ouvrira de nouvelles perspectives pour l'interéchange qui nous unit à toute la région caraïbéenne».*

Pòl Larak koumanse pibliye pwezi depi lè li te yon ti jèn jan nan Jeremi, *«ville de lune et d'ouragans entre la montagne et la mer (…), ville martyre livrée aux couteaux des tueurs à lunettes noires».* Jèn ofisye nan Lame Dayiti nan zane 1950 yo, li te itilize non-de-plim «Jacques Lenoir» pou l te ka kamoufle kritik li sou opresyon ak enjistis pèp la tap sibi anba sistèm eksplwatasyon an. Genyen moun ki keksyone lefètke Larak te yon ofisye siperyè (kolonèl) nan lame malouk la ansanm ak wòl li antanke kapitèn diran epòk kritik 1956–1957 la. Gen kèk movèz-lang ki menm ensinye, pou yo difame misye, ke Larak te yon ti jan ta reskonsab de lanmò Jacques Stephen Alexis paske li te nan lame divalyeris la. Alòske verite keksyon an sèke Larak te gen tan retrete nan lame a (fen novanm 1960) e te deja menm ann ekzil nan Pòtoriko kay René Bélance (mas 1961) kan Alexis debake nan Mòl-Sen-Nikola ak kat kanmarad li an mi-avril 1961 pou l mennen lit ame kont rejim la; kèk jou apre asasen divalyeris yo kaptire mesye yo e touye Alexis (22 avril 1961).

Sou keksyon kriz politik ki te tabli nan peyi a diran evenman 25-me 1956 yo, yon kriz ki te atize pa rivalite ant fòs maglwaris, jumelis, dejwaris, fiyolis e divalyeris nan sen lame a (Armand, Cantave, Kébreau, elatriye), Larak di li pat pran pozisyon pou ni youn ni lòt paske li pat wè ankenn nan yo te adrese koz fondamantal kriz la: ki te lit ant klas dominan yo pou mentni e kontrole sistèm opresyon anti-pèp ki ekziste a. Diran grèv etidyan nan ane 1960 la, gen rimè ki te sikile grevis yo te gen senpatizan nan lame a, e tout moun te konnen Larak te youn ladan yo. Li te gen zanmi pami etidyan grevis yo ke l te konn frekante pèsonèlman. Rossini Pierre-Louis, ansyen depite Benè, ke Divalyeris yo te akize de trayizon, se tonton madanm misye. Larak di li deside pou l pran lekzil apre arestasyon Rossini Pierre-Louis; li te vin yon kat make.

Larak di nou lapenn li sèke menm lè li te ofisye siperyè nan lame a, preske tout asiyman li se te travay sou biwo; li pat gen kòmandman ankenn detachman ame. Sa te rann li difisil pou l te enfliyanse evenman yo, menm lè senpati li te pou opozisyon an. Kontradiksyon sa a vin ranfòse konfli avèk pwòp tèt li, sitou lè l reyalize li se sèlman youn nan «zwazo ra» nan lame a ki pa konronpi pa pouvwa. Sitiyasyon sa a, plis mefyans diktati divalyeris la anvè li, deside l asepte òf retrèt lame ba li a, e pran lekzil.

Kèlkeswa difamasyon dilatwa reyaksyonè yo ka simayen sou wòl Pòl Larak nan Lame Dayiti, e kèlkeswa erè li oubyen frè l Frank Larak te ka komèt, nou vle lese keksyon an bay listwa ak istoryen yo pou yo jije. Sa noumenm nou konnen ki sèten e ki eksplike admirasyon nou pou de frè yo, sèke yo toujou kenbe yon pozisyon dyanm, konsekan, pro-popilè, sou tout kriz politik ki konfronte pèp la diran karant dènye ane ki sot pase yo. Nan yon sans, powèt angaje ak militan Larak pran lepa sou ofisye-pasif Larak. Finalman, akoz pozisyon kritik (ansoudin) misye sou etadchoz madyòk nan peyi a, gouvènman Divalye a te pouse l nan lekzil. E depi lè sa a misye kenbe dyanm pami militan enbatab nan Dyaspora a ki kenbe flanbo pwotestasyon «pou lavi chanje» ann Ayiti.

Diran prè karant zane jouska jounen jodi a, misye, ansanm avèk frè li Frank Larak (yon ansyen ofisye lame, kounyea pwofesè nan Inivèsite Nouyòk, otè yon esè, *La Révolte dans le Théâtre de Sartre* e yon trete ekonomi politik, *Défi à la Pauvreté),* ap mennen yon travay politik de mouda: youn se sa nou ka rele travay akademik ak literè a, ki se yon travay edikasyon ak konsyantizasyon pou fè zonbi goute sèl; lòt la se yon travay *angajman dirèk,* yon *praxis konba pratik,* avèk yon optik revolisyonè, nan travay kap mennen chak jou pou kontrekare, demantibilile e chanje sistèm eksplwatasyon ak opresyon pèp ayisyen an e lòt pèp peyi tyèsmond yo ap sibi. Pandan plizyè dekad jouska jounen jodi a, de frè sa yo depanse enèji yo nan yon militans politik dinamik pou koz yo rele a «Dezyèm Endepandans» peyi Dayiti. Yon lòt frè yo, Guy Laraque, yon gran powèt romantik, te asasine pa rejim militè fachis la diran peryòd koudeta anti-Aristid la.

Anvan e apre lanmò Marcelle, Larak te pase tan li ant ekri pwezi, òganize zèv li, entimite avèk pitit-pitit li e entèvansyon detanzantan sou keksyon literati ak keksyon politik kap konfwonte epòk la. Misye ekri yon pakèt zèv literè, pwetik e kritik, men malerezman gen sèlman yon ti trokay zèv li ki konnen nan ti piblik letre a, pami yo *Fistibal / Ce qui demeure / Les Armes quotidiennes / Solda Mawon / Camourade*. Epitou, malgreke zèv sa yo koni nan Kanada, nan Kiba, an Frans e Ozetazini, yo pa koni nan pami pèp la ann Ayiti. Nou espere sòti an antoloji zèv Larak yo ap vin konble vid sa a.

Yon jou diran maladi Marcelle la, mwen mande Pòl kouman li ak Marcelle ap boule e sa li panse de pwòp mòtalite li, misye reponn an sitan Morisseau-Leroy ki te di l gran powèt ak gran batisè-batisez nan lemond yo ka «imòtèl» men yo pa «enmourab», eke l itilize dizon sa a pou l simonte pwoblèm pèsonèl li—«mourabilite» li—menm jan li abòde pwoblèm Ayiti, sètadi menm lè *reyalite* pwoblèm yo ta vle pouse l nan dezespwa, li kenbe espwa l dyanm nan posiblite chanjman e nan rèv li ke lavi ka pi bèl. Li di sa ba l fòs poul kontinye viv chak jou, apresye sa ki bèl nan lavi e kenbe konba a. Ane 1999 la fè Pòl Larak 79 van. Li reyisi jounen jodia yon eksplwa, yon fè ki ra nan istwa politik ayisyen: kote yon nonm kenbe konviksyon ideolijik li dyanm jiska laj 79 van—malgre tout chanjman konjonkti istorik yo, kote li viv denonsyasyon anti-stalinis Koutchyèv yo, demolisyon Inyon Sovyetik, pas difisil Kiba, espwa 7-fevriye 1986 e eleksyon Aristid te pote, e trayizon aspirasyon popilè a.

Pwezi e konsyans kritik nan zèv Larak

Nou ka karakterize zèv Pòl Larak kou yon jefò wonga alchimis pou marye bèlte atistik pwezi avèk konsyans kritik sosyal, sètadi bouyi souf emosyon l ansanm avèk konviksyon l pou tabli mèvèyman lavi nan sans pwojè liberasyon nasyonal pèp ayisyen an. Sa ki remakab tou ka Larak, e kontrèman avèk anpil lòt powèt ki rele tèt yo angaje, misye pa sakrifye bezwen mèvèyman souf pwetik la sou lotèl koz politik la: li fè yo jwenn ansanm-ansanm nan yon men-kontre dyalektik ki rann yo difisil pou youn viv san lòt.

Kouwè majorite ekriven ayisyen, Pòl Larak te prensipalman ekri an franse; men kontrèman ak majorite ekriven ayisyen jenerasyon li, li fè anpil jefò pou l ekri *tou* an kreyòl, ekzatteman apati ane 1970 yo. Kou nou ka wè nan powèm nou pral site la yo, misye ekri nan yon franse kòrèk ki gen enfliyans sireyalis nan plizye touni, men ki kenbe souf sansiblite latino-ameriken an yo rele «reyalism mèveye» a, ansanm avèk yon orijinalite nou ka rele «larakyen». Nan powèm «Glèbe» e «La porte ouverte» ki pibliye nan liv bileng *Camourade* (tradiksyon angle pa Rosemary Manno, 1989), Larak leve bèlte atistik ak keksyonnman ekzistansyèl pwezi li nan nivo gran powèt literati mondyal la. Ann site nan powèm «Glèbe» la:

«*Conspiration des éléments*
La pluie met à nu
L'os que blanchit le soleil
Sur le ciel haut
Pur comme un défi
L'homme noir jette sa voix
Clameur de vent
Ma sympathie résonne des protestations
Qui éclatent l'heure
Echo de mille lambis
Sauvés du grand silence blanc des lointains (…)»

«*Lanati konspire*
Lapli dezabiye
Zo solèy la blanchi
Sou plafon syèl la
Kon yon defi san malis
Nèg ginen leve vwa l
Van kap rele anmwe
Senpati m rejwi nan pwotestasyon
K ap fè tout lè rete
Eko mil lanbi k ap sonnen
Kont silans blan nan peyi pèdi (…)» [tradiksyon pa nou]

Larak louvri powèm «La porte ouverte» la pa yon vè ki eklate ak pwezi:

«*le glaive de feu a transpercé la nuit*
et celui qui vient du cœur ténébreux de la terre
écarte doucement le lourd rideau des ombres
la lumière se lève comme l'herbe dans les prés (…)»

«*Epe dife a dechalbore lannwit*
temerè a ki soti nan kè tenèb latè
pouse douseman gwo rido lonmb yo
pou solèy la leve kouwè zèb nan preri (…)» [tradiksyon pa nou]

Misye fini powèm lan pa yon metafò ki rekreye mèvèyman an, sètadi maryaj kosmik ant dans nibo ak pwezi siro-myèl ak konsyans sosyal nan yon alawonnmannan:

«*mon rève a pris racine dans le sol du réel*
et ma voix pour t'aimer parle à l'univers (…)»

«*rèv mwen se rasin zantray lavi*
e vwa m mande linivè pou l ban mwen men ou (…)»
[tradiksyon pa nou]

Nan powèm «Une seule voie», dedye pou memwa Jacques Roumain, misye di:

«*tu me dis liberté*
je vois cooperatives et charrues
usines et syndicats ouvriers
l'eau qui coule dans les champs
le peuple gagnant les rues
des écoles pour nos enfants

je vois la ville tendre au village
un bras nu comme un visage
une à une
les campagnes s'allument (…)» [Revue *Optique*, août 1955]

«*ou nonmen non libète*
mwen wè koumbit ak machin agrikòl
izin ak sendika ouvriye
dlo k ap koule nan chan
pèp ki desann nan lari
lekòl pou tout timoun

mwen wè vil la lonje bay vilaj la
yon ponyèt drese kon yon visaj
youn apre lòt
tout kanpayn yo limen (…)»
[Revi *Optique*, dawout 1955, tradiksyon pa nou]

Nan yon lòt powèm, «Le sable de l'exil», pibliye nan revi *Actes* an 1983, Larak abòde keksyon ekzil konpatriyòt ayisyen yo avèk sa nou ta ka rele yon «pasyon tris» sou peripesi Ayiti:

«*île abandonée*
sur les ailes écumantes des ouragans
chevaux affolés de l'apocalypse
les radeaux branlants de l'espoir
emportent tes enfants hallucinés
vers les nouvelles rives du malheur (…)»

«yo abandone zile a
sou tèt zèl plen limon ouragan
chwal nan laperèz apokalips
kanntè kap degrenngole ak lespwa
ki vire je pitit zile a nan jebede
nan nofraj sou nouvo plaj malè (...)» [tradiksyon pa nou]

Nan tristès Larak douvan «sab lekzil» pèp ayisyen tonbe a, misye lonje dwèt sou Ayiti pou l di li «gen ase» de tout *«rat mizè w yo / move-jan laperèz ou a / koulèv maji ou a / kòbo dezespwa w la / krapo malswen reziyasyon ou an / krab kap devore n nan lekzil».* Se domaj, nan powèm sa a, Larak mete lwa vodou yo nan kategori malediksyon *«ki lese anprent yo sou pousyè lavi m».* Men sa te konpreyansib nan kontèks kolè ak rejè total lekzil fè misye resanti sou tout sa ki pat prevni degrenngolay pèp ayisyen an nan *«frontyè ak lanmè / kouri kou moun fou de lanfè ak lanfè».* Sepandan Larak pa nonm k ap kite dezespwa fin pran lepa sou lespwa. Nan fen powèm lan, li mande pou *«kolè vin sekwe / (...) tout vètij èpòk asasen yo / sou tè revolisyon vin lave / k ap fleri pye bwa nouvo sezon an».* [tradiksyon pa nou]

Kouwè nou di piwo a, Pòl Larak ekri tou an kreyòl. Se domaj nou pa gen anpil travay misye an kreyòl; men li gen admirasyon nou pou lefètke li se youn nan ra ekriven jenerasyon li ki wè enpòtans pwodiksyon kreyòl ekri nan literati ayisyen. Li gen de liv li ekri toutantye an kreyòl, *Fistibal,* 1974 e *Solda Mawon,* 1987. Genyen tou yon *Fistibal 2* ki se yon edisyon bileng (kreyòl-angle) ki tradui an angle pa Jack Hirschmann. Ann site powèm «Larenn Solèy» tire nan *Solda Mawon:*

«larenn solèy leve
m mande kote l prale
solèy pa fanm
solèy pa gason
li gason
lè li konpè jeneral solèy
li fanm
lè li larenn solèy (...)
solèy fèmen je l
pou n sa reve
solèy louvri je l
pou n sa kanpe
pou kò n li pote chalè
pou lespri n li pote limyè
Larenn solèy leve
nou konn kote l prale (...)»

Ann site powèm titre «Solda Mawon» an:

«Lè Blan fin touye Endyen
Lè Blan fin touye Afriken
Nèg kòmanse touye Nèg
m kontre ak Moyiz neve Tousen
ke Tousen li menm touye
m kontre Chal ak Sanit Bèlè
ke Desalin touye
m kontre ak Desalin
ke Kristòf ak Petyon touye
m kontre ak Chalmay Peralt
ke Konze ak Yanki yo touye
m kontre ak Benwa Batravil
ke jandam meriken ak ayisyen touye
m kontre Aleksi ak Brison
ke Divalye ak Meriken touye (…)
sa ki konte
se batay esklav kont mèt
boule kay koupe tèt
se batay tout esplwate tout koulè
kont tout esplwatè sou latè (…)»

Ann site tou «Tanbou libète» yon powèm misye ekri an 1993, dedye pou otè pwofil sa a, ki tradui an angle pa Hirschman sou tit "Liberty drum":

«Men n ap bat tanbou
men n ap frape solèy
dwèt nou se bagèt
chak kout tanbou se limyè
van ap soufle
loraj ap gwonde
chak kout tanbou se zèklè (…)

tanbou loraj ap gwonde
tout nèg mawon kanpe
tout fanm vanyan ap danse
tanbou sila a
se dife lan chan kann
tanbou sila a
se tanbou revolisyon
se tanbou
libète».

Si pwisans pwetik powèm sa yo diferan de anpil lòt powèm Larak, e si ou wè li gen yon ton «didaktik» se pa ekriti kreyòl la ki koze l—dayè ekriti a trè bèl e senp—sa ki rann powèm yo si «mesajik», se ekzijans konjonkti politik la an 1987, kote rejim fachis militè Henri Namphy a te kontinye ap masakre pèp la nan lit pou demokrasi ak jistis sosyal nan peyi a. Larak te mande pou nouvo «solda mawon» yo vin pran plas Espatakis, Kaonabo, Anakaona, Makandal, Boukman, Oje ak Chavàn, Tousen, Desalin, Peralt, elatriye, pou kontinye revolisyon an. «Solda Mawon», se yon powèm «zam konba dirèk», yon powèm pou konfrontasyon, yon powèm pou lagè revolisyonè. Powèm «Tanbou libète» a, pibliye nan revi *Tanbou* an janvye 1994, te ekri nan moman menm putchis FRAPH yo tap masakre pèp lavalas la. Pou Larak pwezi pa gen wòl li nan lavi sil pa ka sèvi tou, lè moman an ekzije l, kou yon bayonèt ak ank. Ann remake tou kouman anpil powèt nouvèl jenerasyon an, patikilyèman nan literati kreyòl nan Dyaspora a—kou paekzanp Denizé Lauture, George Castera Fils, Patrick Sylvain, Maude Heurtelou, Kiki Wainright, Nounous, Kwitoya, Berthony Dupont, elatriye—ap kontinye pwojè maryaj pwezi ak libète Larak chante e sakre nan tout zèv li.

Max Manigat se òganizatè-editè prensipal *Œuvres Incomplètes* la. Lijwenn avèk kèk kanmarad kou Jack Hirschman, ansanm ak près CIDIHCA pou mete li deyò. Oganizatè yo te oblije fè yon vant solidarite ann avans pou finanse depans yo. Fòk nou di tou, sa fè mal apre preske de san zan lendepandans, Ayiti pa gen enfrastrikti edisyon, pwodiksyon e sikilasyon pou ankouraje ekriven yo (oubyen tout lòt atis ayisyen yo) pwodui zèv yo san ke nonsèlman lajan an pa sot nan pòch yo—ki souvan pi apovri yo—men sitou ki pote pwofi pou yo.

Nan yon sosyete ki si alyene nan povrete, eksplwatasyon, soudevlopman e zonbifikasyon; nan yon epòk ak «sivilizasyon» kote yo vle fè nou pran kaka chwal pou gato, kote tout sa nou adore, ki fè nou byen oubyen ki anbeli lavi nou vin devalorize nan sistèm bonmas kapitalis la; nan yon depèdisyon generalize kote lavi limenm se yon peripesi, kote eksplwatè yo vle dezimanize majorite espès imen an, jefò pou konsèvasyon e pwopagasyon zèv liberasyon lespri ak identite nasyonal pèp yo se yon zam konba ki trè estratejik.

Kouwè Pòl Larak kontinye di, pwojè pou Dezyèm Endepandans peyi Dayiti a se yon pwojè total-kapital ki ekzije pou goumen an mennen sou tout diferan fron pwoblematik opresyon an montre fas li. Pwojè liberasyon an mande pou pèp la kenbe pèsevere defann nanm je-klere li, sètadi goumen pou dwa nonsèlman pou l gen manje pou l manje ak kay pou l abite, men tou dwa pou l manifeste identite esans sa l vle, sa l kwè e sa l ye. Se youn nan pi gran viktwa yon pèp ka konkeri.

—*Tontongi* jen 1999, Boston

Paul Laraque avec sa petite-fille Kisha Saldana. *—photo par Tanbou, 1999*

Le bateau et le capitaine

Un bateau sans capitaine
aux mutins livrés
et de pirates assiégé
perd le nord
dans la tempête
et fait eau de tous bords

un capitaine sans bateau
lâché dans la jungle
son royaume perdu
escalade les nues
et le retour interdit
voyage autour de la nuit

un bateau sans capitaine
un capitaine sans bateau
se cherchent sur les eaux
entre l'aigle et les requins
qui dévorent nos enfants
se joue notre destin

le bateau démâté
a traversé l'orage
la révolte a brisé
les barreaux de la cage
le capitaine libère
les oiseaux de l'espoir

La saison des comptes

(à la mémoire de mon frère
l'écrivain Guy. F. Laraque,
assassiné sous Cédras)

* * * *

la femme qui passe avec son sourire
et l'homme qui cherche son ombre
se rencontrent au carrefour de Legba
mais ne se reconnaissent pas
que faire sinon t'égarer
sur les pas de l'aimée
forêt du petit Poucet
village d'Antoine-lan-Gommier les arbres
chantent comme les hommes
ou les hommes comme les arbres
à la tête de l'eau
sous les sept couleurs de l'arc-en-ciel
la Simbi donne du sel aux zombis
c'est la dernière fée qui restera

* * * *

se livrer au sommeil
pour que poésie s'éveille
Erzulie au bois dormant
sous l'arbre vert du serpent
samba de la nuit rouge
l'ombre du marron bouge
l'herbe que soulève le vent
est la chevelure de l'enfant
tué par son père
c'est la chanson que la nuit emporte
jusqu'à l'oreille de la mère
qui veille la porte
où est-ce l'enfant
qui a tué son père
et chante sa déraison

* * * *

Joseph au pays des merveilles
pays perdu
et retrouvé
merveille de l'adolescence
où s'aimer
dans la liberté

traverser le miroir
avec la clé des champs
mythe ou histoire
Ogoun tue les méchants

* * * *

les blancs ont débarqué
le petit soldat est tué
le pays conquis
les blancs sont repartis
les rois nègres
sont les loas de la mort
démasqués
les rois nègres
ne sont plus rois
seuls le sont les étrangers

* * * *

après la danse
les tambours sont lourds1
et les saints sont sourds
la femme a cassé les eaux
mais ne peut pas accoucher
il faut le couteau
pour que naisse la liberté
organisation et résistance
sont les seules clés de la délivrance
la révolution n'aura pas avorté

* * * *

contes à faire dormir debout
ou rêver les yeux ouverts
voici venir votre saison
la saison des comptes
le temps de briser notre croix
et ceux qui nous crucifient
le temps de sauver Haïti
le temps pour Bouki de récolter
le temps de changer le temps
et de transformer le rêve en réalité.

1. «apre dans, tanbou lou», adage créole signifiant «tel qui rit aujourd'hui, demain pleurera», employé par l'Ambassadeur américain, après les élections du 16 décembre 1990, avec autant de justesse que de cynisme.

—*Paul Laraque* Mount Vernon, le 13 février 1994

Ayiti ak Etazini

Repwodiksyon tèks konferans
Paul Laraque te fè pou «Lafanmi Selavi»
nan Nouyòk, an septanm 1994

S i n vle konprann sa k ap pase kounyea, se pou n keksyone istwa Ayiti. Li kab divize an 6 gran peryòd: peryòd endyen (anvan 1492); peryòd panyòl (1492–1697); peryòd Trete Rizwik-franse (1697–1804); peryòd ayisyen (1804–1915); peryòd amerikèn (1915–1934); e peryòd neo-kolonyal (1934–1994).

An 1992, nou te komemore 500 zan rezistans pèp Lamerik yo kont jenosid ak esklavay. Rezistans sa a te koumanse ak Kaonabo e Anakaona depi Panyòl debake; li kontinye ak mawonnaj kasik Anri, revòlt Makandal, enzireksyon jeneral esklav yo ak Boukmann an 1791, abolisyon esklavaj nan Sendomeng an 1793, reyinifikasyon tout peyi a an 1795 sou kòmandman Tousen Louvèti ki, kòm gouvènè-jeneral, mennen batay kont retablisman lesklavaj nan koloni an, anfen Endepandans Ayiti an 1804 ak Desalin. Apre Lendepandans, lòt mèt—gwo militè milat ak gran nèg nwa—ranplase kolon yo. An 1843–1844, peyizan pòv yo revòlte paske yo pat gen tè; chèf yo, Akao, poze 4 prensip ki toujou valab pou yon revolisyon demokratik an Ayiti: 1) Se travayè tè a ki pou mèt tè a (refòm agrè); 2) Se pou n pwodui sa n bezwen pou viv anvan n pwodui pou ekspòte (sifizans alimantè); 3) «Nèg rich se milat, milat pòv se nèg» (priyorite klas sou ras ou koulè); 4) Se sèl yon lame popilè ki kabab defann revandikasyon mas yo ak enterè peyi a (sou baz strikti ak enterè ekonomik ki la kounyea, klas rich e dominant yo met anplas yon leta, yon lame ak yon polis pou pwoteje lòd sosyal etabli a kont klas domine yo, klas pòv yo, klas travayè yo, sètadi kont enterè pèp la ak peyi a).

Nou konprann ke prensip sa yo sanble kou de gout dlo ak prensip kominis yo, men revolisyon peyizan yo te fèt an 1944 alòske Manifès Pati Kominis la parèt an Ewòp an 1947... An Ayiti, klas posedan yo, milat ak nwa, ki tap bat pou pouvwa a ak privilèj ekonomik yo, met tèt yo ansanm pou kraze «Lame Soufran» Akao a. Yo kontinye briganday yo jouk Okipasyon Militè Amerikèn an an 1915.

Premye bagay «Marin» yo te fè, se dezame pèp la e kreye yon «jandamri» oubyen yon twoup okipasyon *endijèn* pou ede yo kraze geriya Chalmay Peralt ak Benwa Batravil tap mennen kont Amerikèn yo. Lè yo fin «pasifye» peyi a, y ale, men yo kite yon leta neo-kolonyal ak pro-enperyalis pou kontinye fè travay yo san yo pa bezwen la ankò.

Depi anvan 1804, John Adams, prezidan ameriken, te di se ta yon move bagay pou Etazini si koloni franse nan Karayib la ta vin endepandan. Diferans esansyèl la, sèke endepandans Etazini te fèt pa kolon yo ki te mentni lesklavay kòm mwayen pwodiksyon richès peyi a, alòske endepandans Ayiti te fèt pa esklav yo menm. Pandan lontan, Etazini refize rekonnèt endepandans nou e se sou enfliyans li Ayiti pat envite nan premye konferans peyi endepandan Lamerik yo, malgre zansèt nou yo te batay nan Savana, malgre Desalin te ede Miranda, malgre Petyon te ede Boliva... Pita, Etazini fè sa l te kapab pou met men sou Mòl-Sen-Nikola kòm baz naval; anvan menm Okipasyon Militè a, li te voye yon Kòmando sezi rezèv lò Ayiti nan labak santral Pòtoprens—lajan li pa janm remèt nou. Se ak konplisite l, diktatè Trujillo touye yon bann travayè ayisyen an Dominikani an 1937. Etazini soutni rejim militè Maglwa a; li soutni dinasti makout Divalye yo kont pèp ayisyen an. An 1986, li voye avyon chèche Janklod Divalye pou mennen l nan ekzil dore ak lajan pèp la. Li fè lame divalyeris pran pouvwa a ak Nanfi pou frennen mouvman demokratik ayisyen an e anpeche l devlope an yon revolisyon ki ta kab met an kòz rejim kraze-brize opresyon politik la, ki limenm fè pati sistèm eksplwatasyon ekonomik kapitalis la. Se ak konplisite l ankò lame masakre pèp la pou anpeche eleksyon 1987 yo. Se ak konplisite l e konplisite lame ke Lafontan ak makout li yo tap pran pouvwa a an janvye 1991, si pèp la pat leve-kanpe. Se ak konplisite l, lame fè koudeta septanm 1991 lan. Se sou zòd li, OEA ak LONI fè dilatwa depi 3 zan pou pèmèt Sedras, Byanbi, Michèl Franswa ak gang atache yo toufonnen mas ayisyen yo e anpeche prezidan Aristid tounen an Ayiti.

Jodia, Ayiti ap travèse youn nan pi gwo kriz istwa l. Ameriken fout nou nan yon enpas, nan yon nas: swa diktati militè-makout la avi, swa yon okipasyon miltinasyonal. Men, m pap tonbe nan pyèj yo. M pou restorasyon «pwosesis» demokratik la an Ayiti; li pa kab fèt, si Aristid pa tounen, paske, kounyea, kòd lonbrik demokrasi a mare ak «Lavalas». Men mwen kont tout entèvansyon militè etranje, kit li ameriken kit li miltinasyonal, paske enterè Etazini ak lòt gwo peyi kapitalis yo an kontradiksyon avèk enterè pèp ayisyen: Y ap chache «maksimòm pwofi» ak travay pi bon mache, alòske mas yo bezwen travay byen peye pou chanje lavi yo. Se lespwa sa a Aristid te reprezante pou yo.

Mwen se youn nan premye ekriven ayisyen ki te rekonnèt Pè Aristid kòm entèprèt aspirasyon mas yo e defansè enterè peyi a. Men, lè l te vin kandida kòm prezidan, m te fè yon deklarasyon pou di mwen regrèt m pat kab swiv li sou teren eleksyon an pou kat rezon: 1) m pa fè lame Dayiti konfyans; 2) m pa fè Washington konfyans; 3) m pa kwè mas ayisyen yo te òganize ase pou pran pouvwa a, e si jamè yo te pran l, pou yo ta kab kenbe l; e 4) gwo feblès mouvman demokratik ayisyen an, sèke li pa ede mas yo prepare tèt yo pou yon lit ame, pou yon lejitim defans, devan yon mons ki pare pou devore yo. Men pèp la tounen zam eleksyon an kont klas dominan yo e kont enperyalis la. Li chwazi Aristid prezidan ak yon majorite 67%. Ayisyen tankou etranje, tout moun gen pou respekte volonte pèp la. Men lè w pa gen fòs ame popilè, lè lame tradisyonèl ak lapolis makout kraze menm brigad vijilans, ou oblije konte sou solidarite entènasyonal sèlman…

Nou pa dwe konfonn pèp ak gouvènman. Washington, pa ekzanp, pa reprezante enterè mas pèp ameriken an, li pa reprezante mas nwa ameriken yo kap viv nan «geto» ni Endyen natif-natal kap viv nan rezèv yo; li reprezante klas rich yo ak gwo konpayi kapitalis yo; se nan enterè moun sa yo Pantagòn ak CIA ap boule ni Ozetazini ni an Ayiti ni nan tout lòt peyi sou latè. Yo pap fè envazyon pou Aristid ou pou pèp ayisyen an, men pou pwoteje konplis yo: boujwazi konpradò a ki te bay kòb pou koudeta a, epi lame okipasyon endijèn la ki fè koudeta a. Gen yon gwo alyans, yon gwo konplo ant oligachi ayisyen an ak enperyalis yo. Lame ak makout yo, zenglendo, atache, FRAPH, elatriye… ap fè pwovokasyon sou pwovokasyon pou Ameriken fè envazyon vin pwoteje yo paske yo konnen sa yo fè, e yo pè jistis pèp la. Ameriken vle rekonsilyasyon: se politik jeneral yo. Nikaragwa, Elsalvadò, Mwayen-Oryan oubyen Afrikdisid montre toujou genyen de kan ame. Men, an Ayiti, pa kab gen rekonsilyasyon ant bouwo ak viktim. Fòk gen jistis anvan. Rekonsilyasyon a vin apre. Desten Ayiti pa lan men l ankò: li lan men Ameriken. Wè pa wè, avèk ou san envazyon, ap gen okipasyon. Fò nou pare pou konbat li an Ayiti, Ozetazini, o Kanada, an Frans, tout kote nou.

Jodia, batay pou demokrasi a pase nesesèman pa «Lavalas» ak yon mouvman pasifik, paske nou poko pare pou lit ame, e lit ame pa fèt konsa, san òganizasyon, san preparasyon revolisyonè. Men fòk nou aprann lè n fè erè; nou pap mache kont «Lavalas» men fòk n ale pi lwen ke «Lavalas». Fòk nou sonje «Chiapas». Fòk pèp la òganize pou l fè fas ak tout sitiyasyon, fòk li ka anplwaye tout mwayen pou defann tèt li e defann peyi a: pasifikman lè l posib, ak zam lè l nesesè. Se sa nèg yo konnen ki fè yo soti pou kraze tout rezistans anvan menm li òganize. Men listwa montre n ni Panyòl, ni Franse, ni Ameriken, ni militè, ni makout pa kab kraze kouraj ak rezistans pèp ayisyen. Te gen Kaonabo, te gen Makandal, te gen Boukmann, te gen Tousen, te gen Desalin, te gen Akao, te gen Chalmay Peral ak Benwa Batravil, te gen Jak Aleksi ak Jeral Brison, men sitou te gen e gen toujou pèp la, mas yo ki te aboli lesklavay, ki te ban nou 1804 e ki va ban nou dezyèm endepandans lan.

Ayiti pap mouri
si nou mouri pou li.

—*Pòl Larak* tèks konferans pou «Lafanmi Selavi»,
Nouyòk, 11 septanm 1994

N.B.: Dezyèm Okipasyon Militè Ayiti vin fèmen peryòd neo-kolonyal la. Lè fòs okipasyon endijèn yo tonbe nan yon eta dekonpozisyon ki pa pèmèt gouvènen ankò, kolonyalism lan, ak Ameriken an tèt, oblije rantre dirèkteman an aksyon pou l regle pwoblèm yo nan sans enterè enperyalis la. Malgre kèk aparans ki kab twonpe moun, kapitalis pa chanje: limenm ak eksplwatasyon se kif-kif-bouriko. Enperyalis, ki dènye louragan kapitalis la, pa kab chanje nonplis, se dominasyon etranje li ye: dominasyon ekonomik, politik, kiltirèl. Kolonyalis te konn pran tè w, apre li pran lespri w; enperyalis pran lespri w anvan l pran tè w. Se sak pase Larisi ak Lewòp Oryantal; se sa kap pase an Ayiti. M pat kwè m ta janm wè yon dezyèm okipasyon peyi m, men m pa pèdi lespwa nan pèp ayisyen. Batay dezyèm endepandans lan fèk koumanse.

Franck Laraque launches *Between Struggle and Hope* in Boston

—*by Tontongi*

An enthusiastic audience of Boston-area students, workers and intellectuals both Haitian and non-Haitian welcomed scholar-activist Franck Laraque to Boston, Massachusetts the weekend of April 10–11, 2004, at Northeastern University. The occasion was the launching of *"Haïti: La lutte et l'espoir (Haiti: Between Struggle and Hope),"* a collection of reflections and reminiscences by brothers Franck and Paul Laraque. The cultural forum was sponsored by Boston-based SEDRA (Center for Education and Research on Haiti), the review *Tanbou*, and Northeastern's African American Studies Department.

Following introductions by SEDRA's Jacques Antoine Jean and this writer, Franck Laraque went straight to the main points of the book, notably the parts about *«conscientisation économique»*, "alternative models of development," and exhortations to "build your communities

Paul and Franck Laraque in a reading in New York City, 2003

with your own resources." Panelists and audience members participated equally in the lively discussion that followed, which turned mostly on Haiti's need for a new model of development, and new perspectives on political change.

Along with brother Paul, Franck Laraque was once an officer in the Haitian army. Franck left the army in August 1957, amid the turmoil following the collapse of the Collegial Government. Soon after, he was exiled to New York City where he went back to school and became a professor of French literature at the City College of New York (CCNY), in high demand as a speaker for his advocacy of socialism and intellectual freedom. His doctoral thesis, "Revolt in Sartre's Theater," was later published in book form. The key to the charismatic "uniqueness" of Franck Laraque is the zeal and scrupulously documented expertise he employs in his development of a socio-economic critique of Haiti's underdevelopment problematic: he proposes a *new way of doing things*, a way which validates Haiti's tremendous physical, human and intellectual resources—instead of the current paradigm of charity and beggary.

"Haïti: La lutte et l'espoir (Haiti: Between Struggle and Hope"—Éditions CIDIHCA, 2004) has two parts. The first part, which covers Economy, Politics and Literature, is a compilation of essays by Franck Laraque that range from a plea for "economic consciousness" in Haiti, to the author's memoir of the Jeremie Massacre and ethnic prejudice in Haiti. The core of Franck Laraque's critique of the incompetence and corruption of the

dominant ruling classes and his advocacy for an alternative political project lies in his view that Haiti has ample resources that only need to be identified, counted, organized and utilized in ways that benefit the development of Haiti and the well-being of the Haitian people, especially the poorest sectors of the population.

The traditional Haitian practice of *Koumbit*—a cooperative practice which seeks the voluntary work of everyone in the community to help achieve a successful harvest—could be a useful model in devising mutually beneficial exchanges and strategic commercial collaboration between identified economic forces within Haiti and with other countries. This would benefit not only the powerful economic forces of the wealthy countries, as has been traditionally the case, but also the masses of the "peripheral" countries who will come to equate the need for higher production with the imperative of a more just society.

In effect, this way of seeing the Haitian problematic, with a perspective toward the long term, would necessitate a paradigmatic shift on two fronts: the intellectual and the practical. On the intellectual front, Haitians must come to the realization that a certain way of doing things has failed, and will continue to cause tragedy if they don't change it. For example, the rebels who took arms during the current Haitian crisis—they came from the Dominican Republic, invaded the Haitian Cap, joined with insurgents in other cities or towns, attacked Port-au-Prince, and almost took power—were following a typical 19th-century formula during which consecutive, bloody insurgencies and coups followed one after another, until the "international community," usually the USA, intervened and so on... The recent events were a *déjà-vu* in many ways. On the practical level, as Franck Laraque emphasized: "A realistic development project is understood as capable of taking place with the available human and financial resources, without the preliminary condition of a supposed indispensability of foreign aid."

For, despite all the clichés to the contrary, Haiti has tremendous human, natural and intellectual resources that only need to be recognized, explored, validated, developed and put to the enjoyable use of its people.

In his essays, Franck gives examples of small, local, and self-developed communities like Fondwa, or Pliché, in the southern Cavaillon section of Haiti, or peasant organizations such as the Peasant Movement of Papaye, in the northern region. Laraque does not believe that small community projects in themselves, even cumulatively, would make much of a difference in terms of the overall development of Haiti, which implies structural changes that such projects, however well-intentioned, cannot sustain. Still, small, locally initiated development projects can contribute to the political and economic consciousness process that Franck thinks is indispensable before any national project of development can take shape. It may seem surprising to see Frank Laraque expounding a politico-economic project that doesn't include a preliminary revolutionary change at the political level. But to read Franck Laraque's many other essays on the subject, and in private conversations with him, it's clear that he strongly believes that the very paradigmatic shift implicit in the prioritizing of the economic imperatives of Haiti—be it by small projects or governmental edicts—will change Haiti's "way of doing things" very profoundly.

The book's first section also features a moving tribute to Franck Laraque's late daughter, Marie-Hélène Laraque (1948–2000). She was an anthropologist by training who became a human right activist, joining the struggle of the Déné Indian communities in the North-West Territories of Canada. Poet in the secrecy of her private moments, Marie-Hélène wrote the poem "To Find a New Land" in which she extolled the beauty of the Haitian landscape, evoking memories of the "home of my ancestors" where she enjoyed freedom "unchallenged by the endless choices." We should mention also the striking profiles Frank Laraque offers of the great Haitian novelist, Marie Chauvet, who died in New York in 1973; of the poet Jean Brierre; and of his brother Guy, also a poet, assassinated in December 1991 by thugs from the regime that seized power following the September-30, 1991, coup d'État against Aristide.

Paul Laraque, Franck's brother and co-author, was not present in Boston for the event, but his spirit was represented by Lesly René, Laforèt Petit-Frère and Jacques Antoine Jean who read his poems from the bilingual, English-Creole anthology *Open Gate: An Anthology of Haitian Creole Poetry* (Curbstone Press, 2002) which Paul Laraque edited and other volumes (see *Boston Haitian Reporter* of May 2002). A revolutionary poet, he once corresponded with the celebrated French Surrealist guru André Breton, and was among the entourage of poets and intellectuals (René Depestre, Jacques Stephen Alexis, Théodore Baker, Gérald Bloncourt, Gérard Chenet, Pierre Mabile, etc.) who welcomed Breton in Port-au-Prince during his famous visit to Haiti in December 1945. This fateful visit was among the catalytic cultural events that triggered what was called the "1946 Revolution," which brought about the overthrow of Elie Lescot, the autocratic president, favorite of the Americans, who was the first "sovereign" president following the 19-year occupation by the United States.

Paul Laraque stayed in the Haitian army a few years longer than Franck, reaching the rank of colonel. Although relatively high in the army's hierarchy, he was assigned a desk job, in command of no military unit. He later complained of his "powerlessness" during the student strikes of 1960; rumor had it that the students had sympathizers in the army, and it was well known that Paul Laraque was one of them. For his part, he said he had friends among the students, and Rossini Pierre-Louis, the parliament leader whom François Duvalier accused of treason, was the uncle of Paul's wife. His sympathy for the strikers was not enough and he wanted to do more to help them, but he was isolated and had no military unit under his command—and those who had were either too coward to confront the tyrant, or very eager to heed his repressive order. Paul resigned, or more precisely was *encouraged* to resign from the army soon after, exiling to Puerto Rico in November 1960.

The second part of the Laraque brothers' book, "Culture and Revolution," consists of Paul Laraque's reflection on the dialectical rapport between politics and culture in Haiti. He asserts quite forcefully the importance of the Creole language as "the language of all Haitians, without any distinctions of social class, economic status, education, religion or color." He believes that the use and the celebration of the richness of the Creole language, due to its ostracism by the French-educated Haitian elites, has become part of Haiti's struggle and aspiration for freedom and social justice: "The discussions about the Creole will remain academic as long as the Creole remains separated from the class struggle." He quotes Amilcar Cabral who had said, "Only societies which preserve their culture are capable of mobilizing the masses and organizing them against foreign domination."

In this essay, Paul Laraque also lauds the vodou religion as "the most original attribute of the Haitian culture," defining it as "not only a popular religion, but also a way of life of the people which permeates what is integral to their work, their suffering, their hope, their struggle, their joy, and finally to the many representations of their collective sensibility as expressed in dance, song, folklores, painting, sculpture, oral and written literature." Karl Marx once said that religion is the "opiate of the people, and also the heart of an otherwise heartless world." Paul Laraque agrees: "...As any other religion, vodou is a form of alienation, meaning that it assigns to the gods and the loas responsibilities which belong to humans and society. It is an obstacle to the political consciousness, particularly to class consciousness." While it is true, as Laraque asserts, that Vodou could be "an escape from a cruel reality and toward an imaginary world created by misery and ignorance," it is also true—although Paul didn't say it—that in the Haitian historical context, Vodou has been a means of struggle, resistance and affirmative identity. And unlike Hinduism, Judaism, Christianism or Islamism which became dominating theological and cultural dogmas in their respective spheres of influence, Vodou for its part, despite the crucial role it played in Haitian national independence and identity, has never become dominant or dominating in Haitian society (notwithstanding the saying which goes that Haitians are 85% Catholic, 15% Protestant and 100% Vodouisant). Paul Laraque has, in the end, implicitly recognized the magisterial role played by Vodou as factor of "conscientisation" and resistance when he says: "The anti-superstition campaigns [...] took place just before the expropriations. Separated from their gods, the peasants could easily be dispossessed of their property."

Paul Laraque's poetry is like a volcanic lava surrounded by fertile, vivifying lands, a morning dew in hell. He believes that oppression and horror should be fought with all human energies and might. Just like the young, powerless, desk-assigned officer who wrote clandestine, incendiary poems under the pseudonym Jacques Lenoir, Paul Laraque believes that poetry can be both a marvelous dispenser of pleasure and beauty, and a weapon for the struggle to change life, a revolutionary instrument at the hands of the people: "My poetry tends to be an explosive mixture of love and liberty, dream and revolution, the cruelty of the present and the hope of the future. I believe that culture cannot be dissociated from history. Since the Spanish conquest with the cross and the sword, our hemisphere has been marked by native resistance against colonialism and genocide, by Black heroism against slavery, by peoples' struggles against imperialism, by masses' revolt for economic equality and social, political and cultural freedom." [extracted from a speech presented by Paul Laraque on Jan. 19, 2004 at a public meeting of the Haitian People's Support Project in Woodstock, NY, and later published in *Haïti-Progrès*]

Like this writer and many intellectuals of the Haitian left, both Paul and Franck Laraque supported Aristide in the beginning, when he symbolized, as a fiery activist priest at Saint Jean Bosco, the liberation dream of the Haitian people. Both Laraques supported the demand for his return to power to redress the rightist coup d'État of September 30th, 1991. But they nevertheless opposed the US military intervention and occupation decided by Clinton and Aristide in 1994 to bring about the return. They felt that, having not been freely decided by the people themselves, the foreign imposition of the return was an aberration and perversion of the democratic ideals the Lavalas movement was supposed to represent. During the most recent events in the Haitian crisis, the Laraques' position was critical of both Aristide's inert and corrupt government, and the Convergence opposition's "option zero" solution (based on an a priori resignation of Aristide, outside the constitutional regulation). Both Paul and Franck Laraque opposed the Franco-American intervention, the ensuing kidnapping of Aristide and the current de facto government of the country whose agenda is to appease the FRAPH killers, and not the national emergency mission that one would expect from a government in such a dire moment of the country's history. Both brothers would support the emergence of a real national unity government—Franck more explicitly—to build the necessary unitary strength to dismantle the occupation regime.

Paul's part of the book is also a tripartite homage to the three pillars of the Haitian progressive literary creed: Jacques Roumain, Anthony Lespès and Jacques Stephen Alexis. The first a novelist, poet and Marxist theoretician, the second a Marxist poet, the third a Marxist novelist turned revolutionary martyr; all three influenced Haitian literature in profound ways. Each, in his own respective way, reassigned the role of literature from the pedestal of elitist dogma and fantasies to the empirical experience of everyday life, encompassing all human emotions, from the tears of loss, horror and despair, to the joy of revolutionary change.

Today in their early eighties, and despite many personal tragedies (notably the passing of their brother Guy; of Paul's wife of 48 years, Marcelle; Franck's wife of 54 years Anne-Marie, and Franck's daughter Marie-Hélène), both brothers continue to be strong voices for resistance and change. Despite many political vicissitudes that range from the dissolution of the Soviet Union in 1989, the overthrow of Aristide's first popular government in 1991, Cuba's Special Period of 1989–1994, the "friendly" US marines' occupation of 1994, to the humiliation of recent months, both Paul and Franck continue to believe that the cause of justice, liberty, equality and human dignity is still worth fighting for. Paul concludes his essay on culture and politics with a reminder that both should be part of the same praxis to change life: "The defense of our popular culture and its qualitative transformation will be inseparable from the struggle for the Second Independence, for the civil and political liberties, for social equality and economic progress for all, beginning with the landless peasants and the unemployed workers who have nothing to lose but everything to gain from the revolution." A revolution which would bring about not only the satisfaction of the material needs, but also "love, art and freedom."

—Tontongi editor of the review *Tanbou* www.tanbou.com

*This article was first published in the May 2004 issue of the monthly *Boston Haitian Reporter.*

Poem by Paul Laraque

(excerpts from Solda Mawon, translated from Haitian Creole by Tontongi)

The Maroon Soldier

It's the life of a Jeremi boy
the legend of an old soldier
entwined with the history
of all Maroons of Haiti

where are you going little bird
I am going to Font Augustin
where are you going little bird
I'm spinning like a peg-top
all around Jeremi's streets

the children are playing
in Font Augustin
escaping chicks
when you catch a girl
your all body quivers

how marvelous hopscotch is
in Font Augustine
you open your arms like a wing
your dress opening in the sky
you leg becoming the light.

we're playing hide-and-seek
in Font Augustin
we hide together
our hearts are beating together
I wanna give you a kiss

escaping chicks
in Font Augustin
pass-her-the-hidden-charm, yes sire
and hold-it-for-me-too, yes sire
I am reminiscing of my youth

miracle or magic
the sea burst open to let Moses go
science fiction or technology
all doors can open without a key

in the heart of the night
a horse well accoutered
in the street galloping
without a horseman

in the middle of the crossroad
a pig with seven candles
lighted on its head's top
asks you where you're going

in the heart of the night
if you see a cute gal
you must not walk with her
she will sleep in the cemetery

in the middle of the crossroad
if you hear someone cry
it's master you know whom
who's beating the zombie

Alis crosses through the mirror
to reach the land of wonders
Jeni enters into a bottle
all dead walks in the dark

in the mango's fountain
there's no mango or fountain
but in the time long past
there was water

behind Doctor Oden's house
there are mountains covered with trees
behind Doctor Oden's house
the mountains stretch until the plain.

the children have assembled
to play Maroon-soldier
the children have assembled
to divide brave from coward

we run through the woods
we run through the mountains
I am a slave who broke the chains
I am a maroon slave

I don't know if I am brave
I don't know if I am a coward
I know only one thing
I don't wanna be enchained

I'm running I'm running
I bump into Cacique Henry
the first maroon of Haiti

before that
I met with Caonabo
whom the colons had killed
I met with Anacaona
whom Ovando had killed
a whole race
that the Spaniards had killed
that the Portuguese had killed
that the French had killed
a whole race
that the white colons had killed
a whole race
that the capitalist had killed

after that
I met Mackandal and Boukman
Oje and Chavannes
whom the French colons had killed
I met with Toussaint
whom Bonaparte had killed
a whole race
the whites had captured as wild beasts
a whole race
they had uprooted as a wild plant
a whole race
they put behind a cage
a whole race
they held under chains of slavery.
Soon as the Whites killed off the Arawacks
Soon as the Whites killed off the Africans
The Negroes started killing Negroes

I met Toussaint's nephew Moïse
whom Toussaint himself had killed
I met Charles and Sanite Belair
whom Dessalines had killed
I met Dessalines

whom Christophe and Pétion had killed
I met Charlemagne Péralte
whom Conzé and the Yankees had killed
I met Benoît Batraville
whom American and Haitian squad had killed
I met Alexis and Brisson
whom Duvalier and the Americans had killed

Whites kill Blacks
Whites kill Whites
Blacks kill Whites
Blacks kill Blacks
in every race
there's class struggle
in every society
there's exploiters and exploited
skin colors don't matter
what matters
is the struggle of slaves against masters
burning houses cutting heads
it's the struggle of exploited of all colors
against all exploiters on earth

I'm running I'm running
into Haiti's history
and into the history of all countries

in the time long past
there was a country
that was called Haiti
a long long past time

death has taken us in retail
before it takes us at wholesale
death is sucking us
before it swallows us

what a sorrow upon us
nothing has endured for us

we're eating misery
misery is eating us

we're eating shame
shame is eating us

we're eating the whip
the whip is eating us

we're eating death
death is eating us

what a sorrow upon us
nothing is left for us

a whole people has become children
children they are nursing to sleep
to keep them from being eaten by crabs
a whole people has become children

a whole people has become zombies
zombies they put to work
for a soulless clique's sake
a whole people has become zombies

a whole people has become boat-people
running from the river's flow
ending up at high seas
a whole people has become boat-people

a whole people has become prisoners
trading Haiti's dungeons
for Miami's concentration camp
a whole people has become prisoners

But liberty will not die
if you're ready to die for it
Karl Marx is talking with Toussaint Louverture
Lenin is chatting with Dessalines

Soon we become masters of our destiny
we shall have no more masters
Haiti will not die
if we're ready to die for it

(…) God will not save us
there's no savior to save us
what which will save us
is weapon and revolution

Queen Sun has risen up
Comrade General Sun has stood up
liberty will not die
if we're ready to die for it.

— ***Paul Laraque*** translated from Haitian Creole by Tontongi

Pale pale pèp

—*pa Doumafis Lafontan*

Entwodiksyon

Nan 202èm ane Bisantnè Ayiti, nou pran angajman douvan listwa pou elimine povrete ann Ayiti, kolon te batize Ispanyola, oun tach pou konplete ki mande volonte jelatin.

Konsidere, pa egzanp, difikilte nou rankontre diran plizyè vizit ann Ayiti nou andwa mansyone rate elektrisite, mank e move wout, ensifizans telekominikasyon, elatriye. San ezajere li ap pran Ayisyen 1,000 an pou bati enfrastrikti apwopriye Bank Mondyal ak Fon Monetè Entènasyonal panse nesesè pou Ayiti atenn nivo devlopman e kwasans peyi devlope. Fraz anwo an se konklizyon nou tire diran 25 an patisipasyon nan aksyon chanje leta, chanje lavi ann Ayiti. Kididonk, nou gade Ayiti ak zye inosan, nou apreyande reyèl e sosyal peyi nou an ak oun sèvo timoun.

Laba lavi

Tout moun konnen son apriyori pawòl Lekòl Ayisyen rele Oralti. Pou nou presize Lekòl defini kòm sa ki fasonnen panse-espri pami moun. Tradisyon oral sa a se pale oun pratik; ki vle di, «pratik enplike pale.» Dayè, se konklizyon sa a Glissant tire. Ansanm tèks oral «ak siy ekriti kacheɪ» te eksprime nan rityèl tankou dans e kont. Pi enpòtan puiske lanati te favorize Ayisyen plase li sou oun tè abondan, travay pat ni di, ni fatigan. Se sa istoryen tankou Beard rapòte. Epitou li di Ayisyen te pase plis tan ap fè syès, poze, elatriye. Lavi dous, fasil ak mwayen pwodiksyon atizay plastik, tankou potri, e kasav, se fas kache lavi tankou laba kay, lalin, solèy w pa wè ak je. Daprè Price-Mars, Diop elatriye, lavi di, manje nan syè fwon w nan lòd mekanik sa a te pran chè pami moun anviwonman an te mwen favorize. Kontinyite fonksyon verite de diferan monn: youn, monn ki vini pa bonè e lavi make pa don, avantay; e, de, monn ki vini pa malè e lavi make pa fot. Diferans lan pa rete la, pa egzanp, nan monn bonè se relasyon resipwòk tandiske monn fot se posesyon.

Èske nou dwe raple konklizyon Engels sou istwa? «Posesyon te rann endividi gaga.» Yo te tèlman egare bite Ayiti yo pèdi tout bon sans, e menm rive gen pretansyon posede moun!

Nijeryen e Beninwa ki te viv Travèse Mitan (Middle Passage) pat vwayaje senp. Yo te pote aspè kilti yo ki te siyifikatif, ki pat ka efase, e yo te chwazi, vle aji (testifye nan aksyon), pa bliye: ason, mit, kont, wayòm, e sèk. Pami mizik, mit, e sèk Esu Elegbara pou Yowuba e Legba pou Fon, te pi pwopaje, pa egzanp, Papa Legba pou Ayisyen, Laba pou Afriken-Ameriken, Exu pou Brezilyen, e Eshu-Elegua pou Kiben. Papa Legba louvri baryè linivè, oun milye revelasyon e don, moun Dafrik nan Nouvo Monn te kontinye sonje, pwopaje nan mizik e dans, enpwovize nan rit, sitou kont, e testifye bay pwòp jenerasyon ki tap vini apre, kòm chapant fèmen e kode pasasyon kilti. (Gates, 1988, paj 3)

Li parèt klè pakèt Nwit Twopikal nou pase ap tande kont nou te angaje nan «relasyon siyifikatif.» Kesyon istwa poze? Repons rakontè pote! Toude ansanm fòme sèk ale-retou kont esprime nan: «Se sa mwen t ale wè mwen retounen vini rakonte.» Koulyea, nou vini wè wayòm efè anglobe latè, lalin, zetwal, konsepsyon sibjektif (jan nou sijetize) patisipasyon nou nan linivè. Se diran sesyon Kont Nwit Twopikal Hurbon di: «W andwa pa pratike vodou w se vodouyizan.»

Nan seremoni lwa nou asiste nou remake pran lwa osnon mistè reprezante etadam w pa dekri ki andwa parèt tankou modèl kap fòme pou pi egzat moun w vini. An nou koute Hurbon: «Monn lespri ann efè makònen diferan domèn lanati. Li relye yo ant yo nan kosmos la… Trans mistik andwa parèt tankou patisipasyon egzistans nan lanati ki vini kosmos. Kò ounsi tranfòme an tanp e fè kò ak tanp linivè. Kòmanse la, pawòl vodouyizan libere. Pawòl li se menm ak linivè ki oun jan vini avan li e li ale ladann.» (Hurbon, 1987, paj 141). Dapre Bohm, «oun lòt altènatif posib,» de preferans *sèten.* «Men okenn moun pa gen oun modèl chanjman.» «Kòmkwa w aplike li bagay yo chanje.» *Voila! C'est comme ça.* Dalò, ki sa oun nonm, oun fanm dwe fè?

Pou reponn kesyon anwo a nou ankouraje w imajine fè e pèsonaj kont chante-istwa Ayiti ki ilistre nan Konba Vètyè a. Jan Laroche di: «Si Hegel te nan paraj la, li tap wè lespri monn2 lan kap kouri ak Kapwa-di-lanmò.»

18 Novanm 1803, w wè Lame Endijèn kanpe douvan Okap. Desalin pami grenadye yo gen bichèt lajwa. Grenadye yo ap tann moman pou yo «brave lanmò.» Desalin pwente yo Okap, dènye refij mons, Espedisyon ki benyen nan san moun. Brav Klèvo, Gaba, Do, Tousen, elatriye pral eksite admirasyon nou. Avan grenadye ale alaso, Desalin plase Klèvo kòmandan epitou li pase Kapwa lòd atake Bit Charye san kanp kous li. Revenan espedisyon Bonaparte pou reyenpoze posesyon moun byen fòtifye. Boulèt lanmò espedisyonè tiye chwal san kavalye pa rete kous triyonf destine moun. (Laroche 1981, paj 55)

Lespri 1803 se oun fè tankou nenpòt fè nan kilti popilè Ayisyen. Nou raple sa gen kèk ane Heisenberg ekri: «Lespri oun tan pwobableman konkrè tankou nenpòt fè syans natirèl e lespri a pote kèk karakteristik monn lan ki menm endepandan de tan, nan sans sa a yo etènèl.» Lespri sa a kondui moun bò estil atizay, e moun kap evolye nan atizay sa a rive esplike trè monn lan lespri pote.»

Se senp pou pansè Ayisyen atribye viktwa Revolisyon 1791 a fòs mistik, pou pi egzat mistifye, fè e pèsonaj yo. San dout se daprè oun bezwen senbòl pou pwopaje istwa sa a. Men pa reprezantasyon rityèl vodou yo mistifye moun, e andènye rezilta yo divinize tèt yo. Sou pwen sa a Nicholls fè oun bèl travay. Sepandan, nou pa gen dout konparezon ant Desalin, ki mete fen ak divizyon koulè pami Ayisyen, e Duvalier, ki pwone prejije koulè nwaris, pa posib. Daprè nou se pa chimen an sa puiske sou plan mistè, mistik, kolonis rivalize e depase Ayisyen byen fasil. Dayè, nan «Orphée noir,» Sartre raple avan lòd mekanik Ewòp tou te devlope fantom, elatriye; kididonk, se pou moun nwa ajiste yo. Daprè Sartre, Fannon di: «E menli se pa mwen ki kreye oun sans, sans lan te la, pre-ekziste, ap tann mwen. Se pa ak mizè move nèg mwen, dan move nèg mwen, grangou move nèg mwen, mwen taye oun flanbo pou mwen mete dife nan monn lan, men flanbo a te la, ap tann chans istorik la.» (Fannon, 1952, p 109)

Nou wè pansè nwaris, Negritid yo te pote kwa lafen, men puiske fòk Negritid te kontinye; yo plase espwa renesans nèg nan inite pwoletè mondyal. Gen zòt ki te tonbe nan pourisman, rakonte lejann nwa. Aaaa! Yo bliye leson filozofi pa verite absoli se mouvman an ki absoli.

Verite a sèke Ayisyen monte etaj siperyè sou chan batay, w pa ka nye jou sa chanje, e kolonis peye pou krim kont moun. Vle pa vle, wè pa wè nou se mèt tè Ayiti. Tankou Laroche di: «Desalin se ekselan pèsonaj pale ki reflete mouvman konkrè.» Pale konkrè sa a se oun premye etap. Koulyea, Laroche ankouraje w ale nan sosyete a; e, puiske w konnen lwa fondamantal Ayiti Desalin te dekouvri, w dwe aplike li nan tout domèn sosyete a3. Wa va wè sosyete a vini limenm. Oun lòt fwa nou site Bohm: «Otan chanjman ap fèt w va gade kote li pa fè sans, kote li enkoyeran epi li va chanje nan kreyativite.» «Pa kapab gen chanjman nan laperèz.» Laperèz se despotis, li pote despot.

Pale pale pèp

Pou Ayisyen deyò ki gade, reflechi, e wè anyen pa kenbe Ayiti li endepandan, e Ayisyen pa anba kòd, retounen Ayiti se pi gwo danje yo fè fas. W andwa wè retou sa a tankou eprèv inisye lavi fè fas lè yo pral nan Ginen. Daprè Laroche, wout nan Ginen pase anba dlo. Analoji kwayans popilè pa vle di ankouraje vodou pito se pou anbrase eleman mèveye e lekòl mèveye pou pale menm pale ak pèp la.

Jodia, kad Ayiti ki deyò men ki vle ale Ayiti sikwi depa a pran fòm oun sèk. Sobo tankou vwayaj limyè Sagan dekri. Lè w ale li wouj e lè w ap retounen li ble. Note ble e wouj se blazon Ayiti. Anplis, de koulè ble e wouj pa defòme reyalite lè w ap gade li. De koulè, Laroche di: «se pris Ayisyen.» Kididonk, jeni Ayisyen gade sa kap fèt answit jeni Ayisyen tire konklizyon.

Depi jou sou Desalin laperèz pran wayòm lan, e se despotis kretyen kap mennen. Pa gen jistis, se rèy mal ki tabli, moun ap soufri yo gen lapenn, e pa gen relasyon resipwòk. Jodia, Ayisyen dwe rejete tankou potestan yo (Manno Chalmay) lwa sikonstans ki pote ideoloji libète e pwosesis separe pouvwa. Tandiske pou bay Ayiti demokrasi, Petion kopye, dekalke konstitisyon 1791 Lafrans Montesquieu te esprime nan *L'esprit des lois*. Li twonpe; mwayen pwodiksyon pat chanje, e tout pitit Afrik te san tè.

Jan tout Ayisyen konnen pale franse pa vle di lespri. Se pou majorite moun, moun kapab, adopte Estanda Inivèsèl Moun. Nou wè moun Dafrik transpòte Ispanyola, te vle aji pou detèmine lavi yo yomenm. Premye aksyon yo se te libere yo de anviwonman Sen Domeng, koloni esklavajis la. Se sèlman istoryen ki nonmen volonte moun sa yo yo mawonnen. Yo ale nan mòn tabli kominote ki pat gen anyen pou wè ak kolonis e esklavajis. Tande byen, nèg andwa esklavajis tankou kolonis puiske afranchi te kapab posede esklav, men se sèl dezyèm gwoup lan: kolonis ki konpoze ak blan sèlman. Anfèt, jodia tou de gwoup yo, afranchi e kolonis, vin neokolonis.

Jefò pou chape anviwonman an depi Kasik Anri jouk Desalin se objektif orijinal ki pral vini sijetize (enfliyans entèn) nan tout moun koulè nan Sen Domeng. Pouswit libète pase etap anviwonman a etap entènn. Koute Boukman: «Bondye ki fè solèy, ki klere nou anwo, ki soulve lanmè, ki fè loraj gronde. Zòt koute, Bondye sila a kache nan nyaj. E la li gade nou, li wè tou sa blan fè. Bondye yo a mande krim. Pa nou vle byenfè, men Bondye, ki si bon, òdone nou Vanjans. Li va kondui nou. Li va ba nou asistans. Jete imaj dye blan ki swaf dlo nan je nou. Koute kè an nou ki rele libète.» (James, C.L.R. 1989, paj 87)

Oto-detèmine yo sèten se pou yo detwi, boule tout izin, plantasyon; ale viv nan mòn epi tabli echanj komèsyal nan pò. Malgre ensètitid chèf lame apre lanmò Boukman, «koupe tèt, boule kay» reflete lit endepandans nasyonal. Desalin te konnen afranchi pat wè tèt yo ki pral viv san kolonis nan oun peyi otonòm. Se poutètsa apre Lagè Endepandans, li di: «Mwen fè sa m te gen pou m fè. Ki mele m ak sa kontanpowen m pral di sou mwen.» (Carruthers, 1985, paj 81) E se pou Ayisyen pat demake pou pi egzak mawonnen pale konkrè ki fè ewo Bwaron Tonè te deklare: «Pou ekri ak endepandans nou nap bezwen po blan pou papye, zo tèt li pou ankriye, san li pou lank, e oun bayonèt pou plim. (Ak Endepandans 1e Janvye 1804)

Daprè Laroche: «Ak Endepandans Ayiti se premye zèv literè pèp Ayisyen.» E si w pouse odas pou w di se te erè, san dout w posede moun, oubyen ou se oun despot. Li klè si Sartre te li batistè Ayiti li tap konnen Ayisyen gouvène lòd mekanik lan. Kifè nou dezole pou li paske Ayiti pap janm lakou rekreyasyon pou kolonis banboche, e banbile. Tout jan Ayiti renèt li renèt nèt. Neokolonis andwa mete Ayiti anranka. Despot kretyen andwa vini okipe li. Yo pap janm, nou di w, yo pap jamè kapab nye sa nou fè e moun nou ye, doktrin pouvwa oto-detèmine, e teori sosyal ekilib e resipwosite.

Oun pase anrevi Oralti Ayisyen pwente diferan etap mistè.

Premyeman, Papa Legba, ann Ayiti oun granmoun kò rèd ak rimatis, diran seremoni yo rele li an premye e li montre sa ki rive lè w ensèten. Pi kaptivan seremoni ewo lavi listwa rapòte te Mòn wouj, lwen tout je kirye, Boukman pase dènye enstriksyon Revòl Jeneral. Annapre revòlte yo manke boule Okap rapyetè. Moman apre Revòl Jeneral, chèf yo debouche nan chimen kwa ensèten. Oun bann lach yo trayi mouvman endepandans lan. Yo eseye negosye e mande kolonis pou afranchize 400 nan yo. Kolonis derefize, yo desann chif la a 40. Kolonis vekse, e di yo se pou yo retounen nan esklavaj. Moman apre Tousen Louvèti rantre ak ekla sou sèn politik Sen Domeng. Pandan dizan Tousen Louvèti domine Sen Domeng. Desalin atribye defèt Tousen Louvèti a fantom libète ajan Fransè te pandye douvan je Tousen. Dezyèmman, lespri 1803, diran Konba Vètyè Lame Endijèn sou chan batay brave lanmò. «Grenadye alaso sa ki mouri zafè a yo nanpwen manman, nanpwen papa.» Espedisyon Fransè tounen pousyè. Laperèz retounen nan kan li, Espedisyon. Laperèz pa gen plas nan mitan moun. Granmèsi ewo ayisyen yo, Revolisyon 1791 te mete fen a mal, krim posedè moun. Dapre Carruthers: «Jistis ranplase mal, balans retabli.» Nou li Kou Istwa Filozi Hegel ekri nou pa aprann okenn kalite pi konkrè pase ewo ayisyen ki bat bouda kolonis fout li deyò Sen Domeng. Ayiti tap vanse tankou limyè si ekriven ayisyen te esplike kalite monn lan lespri 1803 te pote olye defann dwa makrèl politik. Konesans siperyèy Ayisyen yo se sou chan batay yo pwouve l. Ayisyen se rezilta sikonstans istorik, nan pale syantifik yo di «seleksyon natirèl;» ki vle di, viktwa lit natirèl ant Natifnatal, Kolonis, ki entwodwi Moun Dafrik san nou pa bliye pitit deyò Kolonis. Obsèvasyon lavi dedouble nan Ayisyen pa pedan se pale natirèl konklizyon listwa.

Twazyèmman, jeni ayisyen reflete pa remak Desalin lè espedisyon fransè tap vanse: «Tandiske espedisyonè kretyen tap vanse jeni irite, *agwe tawoyo*, nan fon lanmè, parèt; figi li soulve vag, move tanpèt, e men pisan li kraze, epapiye bato; lwa natirèl obeyi vwa fòmidab li; maladi, plèg, famin, dife, pwazon se gadyen konstan li. Men poukisa mwen konte sou asistans klima e eleman yo? Èske m bliye mwen kòmande oun pèp san tonbe komen, grandi nan advèsite, kouraj fyète li dezapwouve obstak e ogmante douvan danje? Kite yo vini, kowòt kriminèl!... Li tap pi bon pou yo tonbe nan fon lanmè, olye pitit irite Ayiti devore yo.» (Carruthers, 1985, paj 85) Lespri libere emèt nan Konstitisyon 1805 lan. Desalin bay lwa sosyete a bezwen. Granmèsi Konstitisyon an nou aprann lwa fondamantal peyi nou4; istwa nou, orijin nou, relasyon ant nou, elatriye.

Katriyèmman, Aksyon Resipwòk nan pale òdinè prete-remèt (boukante). «Pi gran kapasite plastik moun nan milye anbyan li se defans kont fòs ekstèn ki kapab detwi li. Nan jefò sa a devlope oun balans, oun mimetis byolojik pou adaptasyon moun a anviwonman, moun a moun.» (Price-Mars, 1998, paj 54) Se konsa nou wè kolonis te bay zansèt yo defi likide esklavaj; e, jodia, neokolonis ban nou defi elimine povrete. Nou kapab di mouvman liberasyon nasyonal Ayiti konnen plizyè goumen, pa egzanp, goumen kont Rigo, goumen kont pati ès la, goumen kont Espedisyon Fransè; e, dènye goumen kont povrete se oun goumen nap genyen. Ewo Ayiti prete Ayisyen fyète orijin yo, savwa yo; depeyize, deimanize, yo mennen oun lit ewoyik pou libète; e, malgre tout chatiman, tòti, koupe janm, bra, zòrèy, echafo, dife, chyen kanivò, yo te sèten iltim triyonf desten moun. Ewo ayisyen ap tann pitit tè a remèt yo: fyète ayisyen, lite tankou ewo, e sètitid nap pote viktwa.

Kilès, mwen di Sobo, se kilès ki kapab wè Laba Vi? Se paske Ayisyen pa sèten ki fè yo san pouvwa. Lè oun moun sèten li posede fòs pou pouse mòn. Ayiti se reyalis mèveye li pat kreye li pap detwi. Oun jou se Lekòl Ayisyen kap fasonen sèvo e kè Ayisyen; jou kou jodia politik depase, listwa kaba, tout Ayisyen pale pale pèp.

—*Doumafis Lafontan* otè a se oun manb Asanble
Atis Ayisyen nan Masachisèt ki ekri plizyè tèks kreyòl
pifò pibliye sou tanbou.com, e kreyol.org

Bibliografi

Alexis. J.S., (1955) *Compère Général Soleil*. Gallimard. Paris, France
Aristide, J.B., (1987) *In the Parish of the Poor*, Maryknoll, New York, NY.
Beard. J., (1991) Toussain Louverture: *A Biography and Autobiograhy*. Ayer Company, Publishers, Inc. Salem, NH.
Bohm, D., (1985) *Unfolding Meaning*. Routlege, London, England
Carruthers, J., (1985) *The irritated Genie*. The Kemetic Institute, Chicago, Il.

Césaire, A., (1983) *Cahier d'un Retour au Pays Natal.* Présence Africaine, Paris, France.

Présence de Jacques Stephen Alexis, (1956). CRESFED, Port-au-Prince, Haiti.

Diop, C.A., (1974) *The African Origin of Civilization.* Lawrence Hill Books, Chicago, IL.

Fannon. F., (1988) *Black Skin White Masks.* Grove Press, New York, NY.

Firmin, A., (2000) *The Equality of the Races.* Garland Publishing, New York, NY,

Fouchard, J., (1988) *Les Marrons de la Liberté.* Henry Deschamps, Port-au-Prince, Haiti.

Gates, H.L., (1988) *The Signifying Monkey.* Oxford, University Press. New York, NY.

Glissant, E. (1981) *Le Discours antillais.* Éditions du Seuil, Paris, France.

Hegel, G.W.F. (2003) *Introduction to the Lectures on the History of Philosophy.* Oxford University Press, New York, NY.

Heisenberg, W., (1999) *Physics and Philosophy.* Prometheus Books, Amherst, NY.

Hurbon, L., (1987) *Dieu dans le vaudou Haitien.* Éditions Deschamps, Port-au-Prince, Haiti.

James, C.L.R., (1989) *The Black Jacobins.* Vintage Books Editions, New York, NY.

Laroche, M., (1981) *La Littérature Haïtienne.* Éditions Lemeac, Ottawa, Canada.

Madiou, T., (1989) *Histoire d'Haïti,* Tome III, 1803–1807. Henri Deschamps, Port-au-Prince, Haiti.

Mars, J.P., (1998) *Ainsi parla l'oncle.* Imprimeur 11, Port-au-Prince, Haïti.

Marx, K., (1999) *The Capital,* A new abridgement. Oxford University Press, Oxford, NY.

Nerestant, M., (1997) *Anthropologie et sociologie à l'usage des jeunes chercheurs.* Editions Karthala. Paris, France.

Nicholls, D., (1979) *From Dessalines to Duvalier.* Cambridge University Press, New Brunswick, NJ.

Roumain, J., (1975) *Gouverneurs de la Rosée.* Éditions Fardin. Port-au-Prince, Haïti.

Sagan, C., (1980) *Cosmos.* The Random House Publishing Group, New York, NY.

Senghor, L. S., (1948) *Anthologie de la nouvelle poésie nègre et malgache.* Presses Universitaires de France. Paris, France.

Vernet, P., (1980) *Techniques d'écriture du créole haïtien.* Le Natal, Port-au-Prince, Haïti.

Notes

1. Edouard Glissant, otè *Discours Antillais*, fè konnen siy ekri kache nan pale Kreyòl.
2. «Nou te wè panse ki pran tèt li (limenm) parèt; li tante fè li konkrè. Premye aktivite li fòmèl; se sèlman Aristote ki pwoklame 'Nous' tankou panse panse. Rezilta a se panse ki pou li, e ki, anmenm tan, anbrase linivè, li transfòme an monn entèlijan. Nan enteleksyon, linivè natirèl e spirityèl entèpenetre tankou linivè amoni…» Dènye filozofi se rezilta tout sa ki vini avan; anyen pa pèdi, tout prensip yo konsève. Lide konkrèt (l'hegelianisme, N.D.L.R.) se rezilta jefò lespri depi byento 2500 an. «Thades fèt 640 an avan Jezi Kri – travay pi serye li pou li objektif limenm e pou li konnen li: Tantae melis erat, se ipsan cognescere menten. Travay lespri pou li konnen limenm, aktivite sa a se lespri, lavi menm lespri. Rezilta li se konsèp li konsevwa pou limenm; istwa filozofi konnen klèman lespri te vle sa nan istwa li. Travay lespri moun nan panse entèn paralèl a tout degre reyalite. Okenn filozofi pa pran douvan epòk li. Istwa filozofi se eleman ki pi entèn istwa inivèsèl.» (Alexis, 1956, paj 104).
3. Karl Marx, *Capital,* lè oun pèp dekouvri lwa natirèl sosyete li dwe aplike li sou sosyete a.
4. Konsititsyon 1805, Atik 12: Blan okenn peyi pa kapab pran tit pwoprietè e mèt.

Siyifikasyon 17-Oktòb pou noumenm Ayisyen

—pa Nounous

17 oktòb: yon dat, de sinifikasyon pou chak Ayisyen, sitou sila yo move lavi ap pilonnen kèlkeswa kote yo ye sou latèbeni. Se dat yo te touye Anperè a, se dat tou yo chwazi pou selebre sa yo rele «Jounen entènasyonal pou lite kont lamizè». Kidonk de dat kè kase: youn, kote nou ta dwe goumen pou efase yon povrete moral, epi, lòt la, kote y ap seye konbat yon povrete fizik…

Men, si gen povrete fizik moun sètoblije batay kont li, èske gen yon bagay ki ka fèt pou anpeche mizèrere sa a trese riban l nan poto jefò nou? Fè rasanbleman, chak ane, pou konbat lamizè, si se ta sa sèlman ki fèt, sa pa ta fin sa nèt. Paske batay sa a, se yon batay manch long ki mande anpil envestisman, ki mande yon travay chak moun sou pwòp tèt li, anvan menm li panse potekole ak lòt pou ede yo chanje lavi, transfòme pratik yo, pou finalman nou ta rive chanje baton an bout, nan ide demen vin miyò pou yon bann ak yon pakèt moun.

Lè yon moun kwè, di kou wòch, li dwe bati bilding richès li sou anplasman yon kolonn malere li fin plati, ki sa l ap fè, si se pa mizè l ap kreye? Men, si moun sa a pran konsyans, si l rive fè solidarite ak lajistis tounen yon chenn l ap ofri chak de bra pandye yon kretyenvivan lonje ba li, gen espwa omwen yon moso pwasenkant lan ka koumanse tyoule kò l sou do malerèz ak malere. Lè sa a, zòt k ap gade li ka di: «Men youn k ap goumen toutbon vre pou elimine tèt chaje nan lavi a…»

Lite kont fòm povrete sa a mande pou chak moun, kit li te kretyen, kit li te *payen*, pran mwayen nesesè pou soulaje soufrans yon lòt moun, san jijman, san l pa fè moun l ap sipòte a pèdi eskanp figi l. Si sila k ap ede a di li se kretyen menm, reskonsablite li pi rèd ankò nan sekou l ap pote a.

Lè nou gade byen, ki sa moun ki posede a jwenn an plis, lè li pase tan li ap fè medizans sou yon lòt ki pa genyen? Apa yon lespri deranje ki kwè li dwe jwenn kichòy, tout kretyenvivan ki gen bon jan lespri ka reponn: anyen! Paske sa ta dwe klè pou noutout: se pa sa ou genyen (sèlman) ki fè valè w, men se sa ou ye, se jan ou aji ak lòt moun nan antouray ou ki fè yo ka di si w se yon chòche, yon sèpida, osnon yon moun ki merite respè lòt.

Goumen kont povrete fizik sa a, nou wè li, se pa rete tann papa Leta, pè, pap, Bondye nan syèl, oubyen nenpòt ki lòt ankò, vin fè tout bagay nan plas nou: se travay pèsonèl nouchak, ann amoni ak tout sa ki vle kore nou, nan sa n ap fè, nan balize n ap balize teren difisil lavi a, pou fè jaden renmen lenzalòt la rive blayi danre l sou de ran pou tout sa ki gen souf yo byen vivan nan kò ak nan nam yo.

Pou konbat povrete fizik la, fòk ou pa wont di oubyen rekonèt sa ou ye, e ou pa rete nan ba tèt ou manti, plede ap pran pòz sa w pa ye. Si w konn sa w ye vrèman, petèt ou ka plis anmezi rive ri selon fòm bouch ou, non pa ri kare… lè bouch ou won kou yon boul. Petèt tou, lè sa a, ou ka rive evite anpil traka ki va pèmèt ou rive jwenn pi plis limyè ki va retire w nan tenèb sikonstans lavi a lage w la.

Fòk ou pre, lè gen mouvman k ap fèt pou kònen lanbi mekontantman dèyè gwo pwopriyetè richès yo, pou ou manifeste solidarite w ak tout lòt yo ki kanpe, k ap revandike epitou ki vle chanjman.

Fòk ou sispann di: «Koze bèf pa koze kabrit», sinon sa p ap ka mache. Ositou, ou riske wè bèf zòt k ap manje bon zèb vèt douvan je kabrit ou ki rete, limenm, bèkèkè ak ti kras ki rete a, lè zòt fin byen mennen opwen l ap riminen, nan fè koken, kote l pase.

Pou povrete moral la menm, depi ou anmezi poze keksyon sa a: «Kilès ki te touye Anperè a?», ou deja sou wout pou w wè se rayisman, yon manzè ki toujou koupe fache ak lanmou, ki refize ou ki pa ka konprann ki jan bon vivasyon se yon koze ki pèmèt anpil moun mache ansanm, san bri, san kont. Sou menm woulib la, nou ka di konbyen li nesesè gen bagay ki fèt pou elimine povrete sa a nan kè nou, panse, pawòl ak zak nou sitou. Sou pwen sa a, nou pa bezwen pale twò long. An n kite silans refleksyon an kase ti bwa nan zòrèy konsyans nou, pou ajisman nou sa marande kòl ak yon kalite renmen ki se va pi bon gid nou nan granchimen lavi.

Èske se viv n ap viv, lè se malè zòt ki fè bonè nou, lè se magouy ki se sèl fòs nou (menm lè nou gen, nan men nou, yon chaplè demokrasi, tankou yon sipètisyon, n ap woule toutan, yon fetich nou pandye nan chak rakwen vwa nou, alòs nou pa menm kwè sa pwòp tèt nou ap repete a)?

Èske yo rele sa viv, lè pouvwa se yon baton ki pèmèt nou, non pa eskive kou, men, bimen moun ki oze, pou pi piti, poze n de twa keksyon oubyen di nou se twòp atò? Jan nou wè l la a, si n byen reflechi, nou ta dwe gen lakrentif pou konnen nou dwe konnen kouman mèt chen an, bò kote pa l, ap toujou ranje l pou pase n yon chitatann pou bat nou te bat chen li san gade dèyè. Èske n pa deja wè, nan kout kat sa a, se sèk vyolans lan k ap kontinye louvri pi laj toujou?

Èske se viv n ap viv, lè nou deside pa patisipe nan sa ki konsène n, pou nenpòt ki pretèks, lè nou toujou la pou konstate se fòt yon lòt, se pa janm fòt nou, lè yon bagay rive? Zwazo nou fè pitit nan nenpòt ki nich (paske ti zwazo, ti zwazo… se byen pòv vye zwezo, se sa n ap repete, tankou sila tan lontan yo, jouskaske gòj nou bouke), men, lè nou pa ka kenbe konpa yo, nou di se fòt sistèm nan ki lese yo vole devandèyè, se fòt mal yo ki twò antchoutchout, se fòt femèl yo ki derefize manje grenn bwa gate sa nan tan flerezon, elatriye.

Èske si nou, noumenm ki konsène, koumanse idantifye pwoblèm yo aklè, san kraponnay, pa ta gen ti moso repons ki koumanse vini jwenn nou? Èske nou pa ta petèt pi alèz nan travay ki dwe fèt pou bare wout povrete a k ap chache pase douvan papòt nou? An noutout di wi a tout entèwogasyon sa yo, an nou pran desizyon pou eseye wè ki jan n ap fè bouche kèk twou nan kò bato nou, pou move dlo pa neye richès nouchak pote nan kòtòf nou.

Kon sa, nou ka mache libelibè nan manifestasyon 17 oktòb la, pandan n ap sonje gwo reskonsablite nou gen sou zepòl nou, si vrèman vre nou vle chanje sitiyasyon noutout, si reyèlman vre nou vle etenn tout fòm pòvrete k ap woule kò yo de bò nan zekla je nou, pandan n ap selebre sakrifis san

Anprè a te fè pou nou, menm si nou pa toujou pre pou sekoure vwa li k ap mande Chaloten nou, tanpri, kreye yon ti pasay pi nèf pou chwal monti li sou bitasyon an, tè eritay noutout la.

—*Nounous* oktòb 1999

Poetry in English

Poems by Jean-André Constant

The Creation Miracle

I remember vividly the creation tale
I was the only witness.
I remember having seen that man that hated women
and wanted to possess them all.
Then he created them as he wanted:
with long veils on their mind
hardly any hair on their vagina
and above all without any tongue in their mouth.
Since then, his fellows, many fellows keep creating:
life, death, men and women
as they want.

Some of them have created metallic and brainless men
and women without any tongue in their vagina
I keep recalling how that big man who created himself
started building giant walls in front of each eye
so nobody could see the face of life
as it was before creation
I was afraid that he saw me
I hid underneath his beards
I sucked his private part
and flew up to death
which he did not create

(March 16th, 2006)

Denying...

The night Mother Nature called on me for unity
I resisted from the bottom of my heart
who are my brothers and sisters?
those that devour misery with a sense of achievement?
those that welcome volcanoes
playing ornamental drums?
those that fall asleep on the volcano?
the desert spread within me
has become more and more precise

as a beautiful voice paints selfishness
with the roller of her illusions

we play the game as taught
for the benefits of our own prison
we collect friendships wherever
life looks like a mirror
that hides in her back
all the ugliness we hate

(May, 2006)

Playing the Fool...

My soul echoes
in the well of continuing discourses
on the color of justice
the definition of darkness
the length of the beggars' arms
post modernist thinkers' sexual orientation
the width of Zapatistas' teeth
the sincerity of inner and outer poverty

my soul suffers from the dirty peace
drown in barren pleasure
as well as sleepy and close sorrow
floating like waves of ideas
on silent feelings

sometimes long piercing beautiful lies
and similar articles displayed at the crossroad
have become legend
from their hidden echoes in hallow
they have called me to flee
the secret depth of fairness

a feeble indecency ferments
my mind with a sense of eternity

as of today
remote pains from deeper waters
have caught my flesh
their rays have deemed into my eyes
with cries screams for help
like justice lost in the wind
of human tragedies

(March 2006)

—Jean André Constant

Poem by Melissa Beauvery

Diaspora

I want to be like a Vigilante
That is distorting the habits of a TRADITIONAL society.
Freeing skeletons from closets
Reasoning spirituality and logic
I want my screams of *Ayibobo* and *Ashe Nago*.
To be seen and heard over city landscapes and mountainsides
Reaching the ones incognito and the shells that they hide in
Paske yo wont sak nan klozèt yo
They are ashamed of what resides in their closets
Paranoid facial gestures as they exit quickly from *Botanicas*
Yo wont
They are ashamed
I want to dig in their closet
Unleashing Legba, Ayizan, Dantor, Ogu, Simbi
They are victims of assimilation
Creole is not to be spoken in households
They are American now
While their Haitian mothers rot in the street of Miragoane
Yo bliye kote yo soti
They have forgotten where they came from
Did you forget the sacrifice of your mother to raise you
In the one room shack?
The naughty gyrating gestures of *Gede.*
The women in white head ties and dresses on Good Friday?
Experiences will not be told to anyone
Trying to forget where you came from
Ou dwe wont Diaspora
Ou dwe wont!
Culture is diminishing in your fingertips.

—*Melissa Beauvery* July 2006

Poems by Yvon Joseph

To Boukman

Ebony will, tower of strength,
Magnanimous Mapou tree,
Heart of fiery gold,
Your prowess will always be revered.
A man of great stature you were;

It is said you had only one leg,
Your bellicose nature cost you the other.
You'd rather be free,
Organizing your brothers,
Poisoning your masters, sowing freedom seeds all over,
Spreading fear among those who thought they owned
Your body and your soul.

You were never captured.
How did you lose your limb?

Nature compensated for it by adding to the
Size of your heart.
Swift, invisible and invincible were you;
The dogs chasing you saw in you another breed of loyal canine,
With an unwavering attachment to liberty.
How many dogs hounded you!
What vigorous chases they waged!
Yet your fiery eyes instilled fear in them.
How did you get captured?
You ethereal being, Maître Minuit,
Metamorphosed into a cheetah,
A jaguar, and elephant or a puma!
POOF! You evaded them!

Run, run, run, swift one-legged soldier!
Inject your resiliency into your people!
Erect other Boukmans in the fight against privatization,
Globalization, Neo-colonization, illiteracy,
Dirtying of Haiti by Haitians;
Fulfill the book,
Free your people everywhere!

Once Upon a Time

A majestic island, Paradise Lost, Columbus thought
He found.
Your mountains he thought were succulent bosoms,
Your plains, he saw as fertile grounds for greed, religion and
CIVILIZATION
A pimp, the good old Catholic Admiral became,
Raping you first.
His other cultured coons, drunken with veniality,
Followed, abusing you compulsively into
The new Millennium and beyond;
In the name of religion, democracy, humane interests...

LIES.
Napoleon's pride you were;
Thoughts of spending his winters under
Your mountainous wings
Crossed his mind.
Negrophobia kept him away.
He thought getting rid of L'Ouverture would pave the way
For his permanent ClubMed in Utopia.
The roots of the tree of freedom so deep,
Dessalines and his Indigenous Army with the colonizers' blood
Watered.
Defiant pumas of the New World,
Turned Napoleon's dreams into nightmares,
Realizing an inimitable feat,
In Haiti, Pearl of Black Power.

Your shores keep enticing low-lifers.
They came.
They ripped off your clothes, sullen you.
They walked all over you.

Beasts! They walk around with S&M and bestiality fantasies,
Gleefully watch their dogs rape the women.
Phallus M16s; phallus batons,
SAVAGES!
Their survivors live in infamy with all sorts of STDs
And children with inexplicable features.
Their despicable behavior is rationalized because "scientists" claim
"Rape is inherent to the Haitian culture."
Yet you call yourselves civilized and we are still dirty niggers?

Now, Survivors, does history repeat itself?
Prophecies get fulfilled.
Babylon will crumble!
Resilient, resourceful woman,
You survived the blows of time,
Scarred, traumatized, moribund,
Still rising from the ashes.
The children of Sisyphus will find purpose this time.
Once upon a time, the sun will rise again!

Ode to King Koupe

Majestic King,
Well-deserved title.
You did acrobatic moves with metaphors
The same way you toyed with the soccer ball.
Were you lousy with your use of onomatopoeia?
I disagree with grandma.
Metaphors you used as foreplay,
Painstakingly teasing the dimwitted,
Until your game reached its climax
And the Mandigo warrior in you started mimicking coital sounds.

Vulgar some called you,
Yet your genius they respected.
Parents banned your music from their children;
They still rocked to your rhythm during lovemaking.
Rude, coarse, funny, irreverent,
SENSUAL?
Misogynist Lover,
Preacher of Preachers,
Preachers despised you;
They envied your verve.
Secretly you moved them.
Athlete, bard, griot,
Bold, bald eagle, you soared.
Imagery maker, you invented a lexicon for lovers;
You angered some; yet you made others happy.

The Ivory Coast saw in you that long lost Patriarch.
HAIL TO THE KING!
Now You are grooving in the night shift.
I wonder what genre your orchestra cultivates.
You, Ti Manno and Bob Marley mixing the lewd with the political,
Mile Davis, blowing heavenly sounds,
Peter Tosh legalizes it all.
With Ti Roro pounding on the drums,
Dropping Nyabinghy beat.
Nemours and his nemesis still going head to head;
St. Peter, refereeing,
Left it up to Marvin Gaye
Who commissioned an archangel to send forth
Beethova as the Minister of Music in Haiti.
HAIL TO THE KING!
HE LIVES!

—Yvon Joseph New Jersey

Poems by Tontongi

The Bugs of Babylon

They lurk around streets corners
vampires from the torture chamber
to instill fear and mental disorder
and preserve the order.
They appear in various color shades
different seasonal shapes
anytime and anywhere
to manufacture pain
and rupture the quiet of the mood.
They use high-tech monitoring radar
to track the spirals of the soul
locate the inner sanctuary
the meaning of the non-said.
They know how to induce bankruptcy
on bills that are not paid on time
they use mathematical data-base
to pinpoint the journey of the fugitive
unveil what is not even yet there
prevent the inconceivable
penetrate the mystery of things.
They level to the ground a jazz club
and build across its long neglected road
a police headquarters to contain movement
halt the traffic of human praxis
redirect the libido's free course.
They engineer cyber super highways
inside all that is part of life
they invent new manage care concepts
to help the dying die on time
they make love through the Internet
for lack of empty space on Earth
they punch on computer keyboards
how one's destiny will unfold
they are God with greater aims.
They kill with no obvious weapons
through the invisibility of laser
through the magical lore of quantum
they are the demiurges of our time.
They change governments
peoples and neighborhoods

in small committees
from remote enclosure
they hire and fire
and downsize at will
they are in charge
they meet their goals.
They know how to transcend Bad-Life
they donate tax money to the cause
enjoy their returns like noblesse oblige
shrink the oxygen from the eco-system
build their vacation homes in heaven
happy in pollution free zone.
They close parties without warning
expel life from Ivy League colleges
compel the peasant to emigrate
to a world of concrete and glamour
killed Rimbaud by boredom
destroyed Verlaine with dementia
killed Malcolm X to prove a prophecy
until he became a Hollywood icon
they glorified Rambo as a new messiah
sacralized Martin Luther King as a king
only when he became a corpse
vilify Farrakhan as an Anti-Moses
but will surely anoint him in due time
they sell effigies of Marx and Che
and Malcolm to happy rich tourists
they detain in death row Mumia Abu Jamal
and elevate him as leader of the Radical chic
they sent Toussaint to die in solitude
on the Fort de Joux cold mountain
and called him Savior of the Good Master.
The bugs of Babylon are real and virtualized
they operate in air,
space, blood, penetrate
the subconscious and the non-existent state
as well as the material being
just like the scorpion's sting
they infuse in our veins a venom:
expectant fathers killed expectant wives
to collect lucrative insurance policy
mother kills two beautiful toddlers
to share with her boyfriend new freedoms
madman stores human flesh in the fridge

to achieve communion by default
despairing for losing his money on trading
angry man machine-gunned dozens of his consorts
after killing his own wife and their two progenies
a way of confirming money indeed matters
angry father injects HIV virus in son's veins
to lessen his child-support high cost.
The bugs of Babylon kill poetry
the lyrics is replaced by extra-sensorial codes
all is function, auction, impulse, sensation
ingrained in mortification
invading our most inner sanctum
with no loopholes in the deserted hell.
Boys killed classmates in cold blood
just to exit the traps of the non-exit world
one had killed his parents with great care
just before he blew his classmates' brains
to spare them the agony of his memory
he had seen his heroes of army generals
blow up whole villages and peoples
in far away lands fittingly magnified
under the glare of exciting media
and destiny was made by an act of folly
purity was the goal
the ultimate unction.
The bugs of Babylon
will defeat all attempts at remedial ideals
won't allow any disinfectant to succeed
in stopping their running of the game
their only Achilles' heel being their human source.
The bugs of Babylon
refuse entry to the refugee
deport the undesirable wretched
for being a believer too much
make Viagra for pleasure illegal
capital punishment for ganja possession
no place for the hormones
nor for family dysfunction
no essence for the being
just some charm
and some doctored image
that's a new millennium.
(Boston, 1999)

Elegy to Innocence

(written in the voice of and dedicated to six-year-old Elian Gonzalez
who, in November 1999, fleeing Cuba on a small boat, survived a
raftwreck on high seas where ten people died, including his mother)

The party and the happy faces
singing Guajira Guantanamera
turned suddenly to grim sky;
nice old Jorge was the first to go,
he left behind his harmonica
on the dry corner of the raft.
Mama held me tight but her grip
was feeling as feeble as my feet
which I had to keep together
to resist the sea's cold wind.
And the storm got angrier
Isabella and Marioletta,
Antonio and Gaspar were plunged
in deep water by a sudden whirlwind.
Mama kissed me with a long embrace
as she hid her face from my view
I didn't know it was her last kiss,
I thought she was playing a game.
Mama said "Stay awake and well"
just before the huge water flow
took her last hair away;
I thought she went to get a pump
to aspire the water from the boat.
Then everyone was gone
except for Mario and Tonyo
who were battling the storm
I was floating alone on the inner tube
Mama had laid me on before she went away.
Then I felt asleep and woke up the next day
in a grand brouhaha of all sort of people
speaking a funny language I could not understand,
some told me: "you are a good, a very good boy."
Some strangers took me to their house
and told me they loved me,
but I just wanted to see my Mama,
I just wanted to talk to my Papa.
My new relatives bought me
sweet chocolate cake and candies
and very nice smart toys I never saw before

they took me to an eerie place
which was made of all toys and nice games.
People held carnival in front of my house,
they held signs with my name in large letters;
but I just wanted to see my Mama,
I just wanted to talk to Papa.
I wanted my papa to tell me what happened,
I wanted all the noise to just go away,
I didn't know what to think or to feel,
I just missed my Mama
I just want to talk with Papa.

—*Tontongi* February, 2000

Anti-war demonstration in New York City in February 2003.

—*photo by Tanbou*

Pwezi an Kreyòl

Powèm pa Patrick Louis

Pouvwa

Nan politik kwabosal
Mal maske chaloska
Kandida ap fe grimas
Pou pran pouvwa
Pouvwa fè nèg siyen kontra
Nan fè nwa
Pouvwa fè nèg danse banda
Ak tyatya
Pouvwa fè nèg bwè pwa nwa
Nan paswa
Manje konfiti la lwa
Bwè kafe ak tou ma
Belijeran te nan maron
Swadizan pou dis zan
poutan se te majòjon
Nan taktik disparisyon
Toutwèl al nan gagè san zeponn
Li vle jwe foutbòl san kranpon
oblije voltije sou presyon
San fanmi, san direksyon
Tòti ap kouri maratonn
Vle fè bouyon eleksyon
Siye kontra sou nasyon
Fè kwè eleksyon se sèl solisyon
Manje fè chen dou
Pouvwa fe nèg sou
Avèk bèl diskou
Tankou moun ki manje boukousou
Ak doukounou.

—*Patrick Louis* ayzan2003

Powèm ak esè pa Edner Saint-Amour

Pwezi kòm dyalòg

Pwezi se yon dyalòg avèk mèvèy ki nan lanati. Mèvèy sa yo se tankou yon balansin ki ap fè ale vini ak nanm nou, kote divès eleman kou dlo, solèy, lalin, zetwal, flè, pyebwa, lanmè, latè, lanèj, bèl plenn, siklòn, loray, zèklè, volkan, tranblemandetè, bote fanm… elatriye; ka sedui moun, atire moun, fè espantan elatriye. Ak pwezi nou kab kite kè nou pale jan li vle. Se yon veritab mòd kominikasyon ant de mond, nanm osinon kè moun ak lanati limenm.

Pwezi se yon selebrason tout mèvèy ki genyen nan lanati. Nou chante yo, amonize yo jouk nou transfòme yo sou yon ton atizay bèbèl. Pwezi se tout manifestasyon senk sans nou ak lespri nou. Yon atitid kapital tout powèt dwe genyen, se konsantre enèji yo sou bèlte, yo vle kreye a osinon yo prale kreye a. Nan yon pil fason pwezi se yon moso konpansasyon. Li bay powèt la yon sans ki demontre li li akonpli yon bèl aksyon. Kidonk bote nan atizay literè se yon ideyal tout powèt ta dwe rechèche.

Rechèch yon ekriven nan sa ki rele atizay bèbèl la, pi patikilyèman nan pwezi, se yon aksyon ki gen divès aspè. Li varye daprè tanperaman powèt yo, gou yo, lekòl panse yo ye a, jenerasyon yo ap viv la, elatriye. Nan yon travay powetik, kèk powèt andwa chèche bote apati de rim ki nan liy pwezi a, yon lòt menm andwa ap travay sou amoni ki genyen nan son yo nan divès ki genyen nan tèks la.

Antouka sa depann de sa ki atire powèt la. Anfen, nou kapab di kreyasyon powetik se yon mizanfòm tout aspè atizay-bèbèl ki atire powèt la.

Konsepsyon pwezi

Pwezi, lè nap konsidere li nan yon sans laj, se yon fòm ekriti ki chita sou twa sipò ki se: imaj, presizyon ak konfizyon.

Pwezi kòm imaj: Pwezi se yon langaj imaje nou itilize pou reprezante yon reyalite. Apeprè menm jan nan yon fenomèn optik, kote nou pale de yon objè ak imaj li, epitou dekri yon moun ak foto li.

Pwezi kòm presizyon: Si nou vle pou moun konprann imaj nou sèvi pou nou reprezante reyalite a, li dwe klè oubyen ankò li dwe gen anpil presizyon ladann. Mesaj nou voye apati de ekriti a pa dwe vag, paske si tout enfòmasyon ki pase nan yon pwezi fèt vaykevay, li ap enposib pou nou etabli yon kominikasyon ak moun ki ap li tèks la. Nan sans sa a pwezi a gen definisyon li ki chita sou: sijè, lide, tit, tèm, estròf. Se sitou itilizasyon règ gramè yo ak mannyè yo aplike règ sa yo, ki rann yon moso pwezi presi.

Pwezi kòm konfizyon: Tèks pwezi a pa dwe vaykevay, men se pa yon rezon nonplis pou li trò presi. Lè nou ap ekri yon pyès pwezi, li dwe gen kèk pati ki pou rete kache, oubyen ankò konfi. Sepandan, depi lektè a byen konprann pwezi a ti moso abstraksyon sa a pa pe anpeche li sezi mesaj la. Nou pa dwe janm bliye sa, se kote kache osinon konfi a, ki kapab fè tout richès yon pyès pwezi.

Pou tout rezon nou te nonmen pi wo a, degre konfizyon an oubyen aspè kache a pral depann de powèt la. Nou dwe kouri di tou yon pyès pwezi pa dwe genyen tròp konfizyon ladan, paske li ap vin enposib pou yon moun pran konpreyansyon tèks la.

Si nou rive suiv demach teorik nou sot li nan tèks sa a, nou ap rive ekri sipèb pwezi kreyòl ki ap rann powèt ki ekri nan lòt lang yo jalou, paske pwezi se pa yon travay pale anpil nan langay nou abitye sèvi chak jou a. Pwezi se kreyasyon. Pwezi se atizay-bèbèl. Se responsablite ekriven an pou li sèvi ak branch atistik sa a kòm sa dwa pou li emèveye lektè li yo.

Rwa kanibal

Volonte rwa se sèl boul ki pou fè dekabès
volonte pèp se yon wont ki chita nan basès
Foul se koulèv mabouya fanmiy reptil
ki pa gen diyite pou kòmande yon vil
Depi se bagay ki soti nan mas
se yon sekrè ki pa gen modepas
Se tankou yon lang san règ gramè
yon senp lekti pouse rwa nan lagè
2
Pou yon pay ki fè laviray nan vil
rwa gen tan wè prizon ak lekzil
Tout sa ki bouje san zòd òdonans
gen tan merite pinisyon penitans
3
Rwa sa a se te sèl granmèt severite
ki pa konnen anyen nan sa yo rele pitye
Volonte rwa te tèlman gen pwisans
menm lajistis pa padone inosans
5
Rwa te renmen bwè san nan vè
tankou bèf kap bwè dlo larivyè
Pou yon senp ti erè ou defo
se te mare koupe tèt nan poto

6
Depi se moun ki rebèl menm an soudin
tonbe nan prizon pou tann giyotin
Si manman ou papa mande gras
pou tout fanmiy la se gwo disgras
Depi se sa ki rele feblès
fè wont pout tout lafanmiy altès
Moun dwe toujou rete fò
nan soufrans tankou lanmò
7
Tout bagay sa yo mennen nan yon tralye mo
ki se doulè, soufrans, zo, pousyè, tonbo
Epi wou wè, menm rwa ki te sevè
ogmante apeti pou tout vètè
8
Avèk rwa se yon reny dominasyon
ki ranpli chaje ak diskriminasyon
Avèk vètè diskriminasyon gen repo
paske li tabli yon rejim egalego
9
Nan tonbo yo kote mò kadav yo ye
kote moun sispan bouje ni panse
Vètè manje tout anba kout dan
milyonè tankou pòv endijan
10
Nan fòmasyon gouvènman anpi vètè
pa gen klas ni kas pou tabli fontyè
Li renmen lachè zo tankou san
ni kriminèl, ni konplis, ni inosan
11
Anplis, pa gen ni relijyon ni sèk
pa genyen pyès diskriminasyon sèks
Pastè, ate, rwa, bòn ou prensès
li bwè san tout avèk menm soulès
12
Nan tonbo kote mò pran repo
kote moun fini ak doulè mo
Grandèt kon sòyèt, gwo kon piti
vètè manje tout avèk menm apeti
(oktòb 2006)

Bay legen & Sajès malere

Dapre lang kreyòl gwo chabwak se Grandèt
pitit malere se Sòyèt dwe tout tan bese tèt
Se gwo chabwak ki genyen kontwòl
yo menm sèlman ki pou gen lapawòl

2

Gwo Chawak ki sou pouvwa toupwisan
bagay yo ale nan sans volonte yo sèlman
Tout fòm reyalizasyon se pòtrè dezi pa yo
daprè senaryo kap danse nan fon tèt yo

3

Wi yo genyen kontwòl sou tout bagay
sosyete, enfòmasyon, lajan, zam, batay
Pete deblozay pou reklame sa ki lejitim
se pitit malere Sòyèt kap tonbe viktim

4

Nan fab Lafontèn nou li byen klè
rezon sa ki pi fò toujou meyè
Menm nan lang kreyòl nou jwenn li tou
ravèt pa janm genyen rezon devan poul
Malere Pitit Sòyèt! Malere pitit Sòyèt
sispann viretounen sispann kraze tèt
Nou pa konn fè mirak dlo soti nan ròchpyè
dlo ki andedan nannan kokoye soti anba tè

5

Sa pa vle di nou dwe rete kanpe tankou zonbi
rete san fè anyen jouktan jounen an fini.
Sa vle di fè ti sa ou genyen pou fè san lahenn
kont pwòp tèt ou ni kont rwa ni kont renn
(novanm 2006)

Pwende

Nan chèche yon Granmèt Bondye
pou fè moun, moun san peche
moun tabli nan mitan yo baryè
ki kondui yo menm nan simetyè

2

Tout kote ki genyen dominasyon
genyen divizyon, gen diskriminasyon
moun pran youn pou sakreman
li pran lòt la pou aksidan.

3
Konsa moun kreye yon imajinè
avèk yon pwende ki sèvi repè
konsa Bondye ak Dyab ekziste
kwayans moun fè tradisyon pèsiste

4
Kreyasyon imajinè yon moun sèl
reyalite pou yon milyon moun mòtèl
konsa youn se pitit Bondye, Lapwovidans
lòt la menm se pitit Satan, rwa malfezans

5
Jezi Kri nan lanmou pou Bondye sèl rwa
te sakrifye tèt li nan penitans sou lakwa
nan chèche yon bòn vi
ki mennen nan paradi

6
Jida rete yon nanm damne sou latè
yon veritab trèt osinon yon mèsenè
paske li pa te vle suiv Jezi Kri
jouk nan dènye paj lavi li

7
Se konsa yon lit, yon kerèl
ki ta vle pèmanan, etènèl
nan mitan moun sou latè
ki kondui menm nan lagè

8
Se konsa nan chèche plis sekirite
moun konstui yon papa monstriyozite
ki kapab detui tout planèt la ansanm
avèk tout sa ki ekziste ladan n

9
Eske se pa menm rèv ideyal chimerik
ki pote Einstein envante bonm atomik
yon kapasite destriksyon san presandan
kap menase lavi moun tanzantan

Bliyesonje

Mwen pa gen memwa pou sonje
Lè de pye mwen te anpetre mare
Nan chenn tray kòve esklavay
Nan fè tout kalite vye travay

2
Mwen pa fout sonje kout baton
Nan men eksplwatè blan kolon
Mare nou kon krab nan sak pay
Pou vin fè travay tchoul esklavay

3
Mwen pa sonje lè kolon te mete an ronn
Pou bimen dèyè n ak kout frèt bayaronn
Ni mete de jenou atè devan blan kolon
Pou mande gras rele pitye mande padon

4
Mwen pa fout sonje pyès zile lagore
Kote yo te konn vann nou nan mache
Pou travèse lanmè vini sou tè lamerik
Fè vye kòve travay di kon mal bourik

5
Mwen genyen memwa pou mwen sonje
Lè m te rale fizi tankou sòlda andyable
Pou mwen te goumen kou michan toro
Avèk ti sòlda lame jeneral Rochanmbo

6
Mwen sonje jan m te konn fè lesefrape
Ak kolon, jan m te konbat goumen lite
Jouktan m te pran lendepandans libète
Libète chèmètchèmètrès pou tout etènite

7
Jan mwen te konn fè kolon vole gagè
Kouri tout boulin sove pran lanmè
Anba gwo michan kout fizi kanno
Ki sonnen reponn jouk nan syèl anro

8
Mwen fout sonje Kapwa Lamò
Lè li tap mache nan dan lanmò
Lè li te di: annavan boulèt se pousyè
Lè chwal ak chapo li te chavire atè

9
Mwen sonje Jan Jak Desalin
Lè li te kanpe djanm byen min
Li te di: si gen nèg ki pè mouri
Andedan fò a li mèt soti kouri

10
Paske jodi a nou fout jire
Paske jodi a nou sèmante
Se swa nou mouri antere
Osinon nou genyen libète

11
Mwen fout sonje Anri Kristòf
Kanpe rèd kou pye mango dòf
Lè li te di: map ba w vil la, se vre,
Men se lè li tounen sann dife

12
E menm sou sann dife byen cho
Nap goumen kou de michan toro
Mwen sonje lè m te move kou lyon
Nan tan lè m tap goumen kont kolon

13
Mwen sonje Peral Chalmay
Lè li te pran plenn lakanpay
Pou mennen gwo goumen
Kont lokipasyon blan meriken

14
Mwen pa sonje lè m tap mande padon
De jenou atè devan piyajè blan kolon
Mwen bliye jodi a tout imilyasyon
Nap bwè nan vè boutèy okipasyon

15
Mwen sonje moun kap lite yon fason
Pou peyi Ayiti ta genyen liberasyon
Mwen sonje jodi a tout moun kap lite
Tout moun kap lite san yo pa janm bouke

16
Pou nou rive genyen yon lane de mil kat
Ki sanble tèt koupe avèk milwisankat
Mwen sonje tout sa ki leve m byen m ro
Mete m chita kote yon bann gran ero
Ki te goumen pou fè solèy libète klere
Sou tout grandè lorizon chimen limanite.

(premye janvye 2001)

—*Edner Saint-Amour*

Powèm pa Charlot Lucien

Mari-Jàn Lamatinyè nan Krèt-a-Pyero (vèsyon abreje)

Desalin te di yo: blan an vin atake nou maten an
Jodi a se gason vanyan sèlman m vle wè kanpe kote m!
Sak vle tounen esklav blan franse mèt soti kounye a!
Sak vle mouri gason vanyan,
Sak vle mouri nèg lib, kanpe avè m.
Tout te reponn ak yon sèl vwa:
Libète ou lanmo! Libète ou lanmo!
Li te rale yon bwa dife bò poud kanon yo li te di:
M ap fout fè nou tout sote si Franse a rantre nan fò a!
Se te yon 24 mas milwisande,
12 000 solda lame Napoleon Bonapat
Vlope anba fò Krèt-a-Pyero
Desalin, Lamatinyè ak mil de san solda endijèn!
La mitray tap fè raj, e blan franse ki te fin fou ap atake
Gade yo wè dèyè mi fò a, yon fanm,
Epe l nan ren l, fizil nan men,
L ap kouri nan mitan sòlda nwa yo,
L ap bay bal, l ap bay poud, l ap bay kouray:
Sòlda, ki sèman nou fè papa Tousen?
Libète ou lanmò! Libète ou lanmò!
Twa fwa, nwa yo soti nan fò a
Pote lestomak yo bay la mitray Rochambo
Konm si yo te vin pase jeneral lanmò nan rizib
Twa fwa lenmi franse plonje dèyè yo
Men se te pou yo te tonbe anba yon vole mitray!
Atak yo kontinye lajounen kou lannwit,
Kadav fè pil sou pil anndan kou deyò Krèt-a-Pyero
Anndan fò a, yo manje zèb, yo manje vyann chwal
Yo bwè dènye gout dlo yo, yon souse bal lè pa gen dlo.
Fanm nan parèt devan Desalin, li di, Jeneral, eskize m
Nou konnen n ap mouri pou la libète
Men ki moun ki di fòk nou mouri tankou yon bann rat
Tankou lè zansèt nou yo te fèmen nan bato negriye?
Jeneral la te gade Mari-Jàn,
Li te sekwe tèt li pou jan fanm nan te gen fanm sou li:
Li di l: Fanm, kote mari w?
Lamatinyè te parèt, inifòm li tranpe ak san,
Misye tap tranble, kè l tap sote,
Paske devan Desalin, gason te tranble.
Lamatinyè—Wi Jeneral—M ap soti nan fò a

Mwen pral chèche sekou nan men Papa Tousen.
M ap voye yon siyal pou ou si mwen pa jwenn
Lè sa a, pran tout sòlda vanyan ou yo
Pran kouraj ou, pran fanm ou, fonse sou yo
Degaje ou soti nan Krèt-a-Pyero.
Sekou yo pat janm rive, men yon ti granmoun
Te pote siyal la, bag Desalin nan.
Mari-Jàn te gentan nan baryè a
Louvè l pou bay eskelèt sòlda yo soti deyò,
Kote Rochambo, la Libète e lanmò tap tann yo.
Lamatinyè soti nan fò a
Ak lonbraj kèk 800 vanyan gason dèyè li
Li fonse sou blan franse yo!
Gen yon fanm yo te tande kap bay lòd nan fè nwa a
Yo di vwa l sèlman te bay sak te fèb kouray,
Vwa l sèlman te leve sòlda ki te konnen yo te mouri…
Se te vwa Mari-Jàn ki te soti ak mari li, Lamatinyè.
Nan fè nwa a, yo wè zèklè revolvè kap tire
San kap vole tou rouj anba lalin,
Epe kap frape,
Yo tande bri kadav kap tonbe nan fè nwa a…
San yo pa janm konnen ak ki lame laviktwa vle kanpe!
Lè vwal lannwit la leve nan maten
Twou je kanon yo ak je tout sòlda franse yo
Leve gade sou mi fò Krèt-a-Pyero a
Yap chèche lonbraj nwa yo te vin pou masakre.
Yo pa wè yo; lè je yo bese a tè a
Lè yo gade konbyen jeneral yo ki blese,
Debèl, Bonè, menm Leklè
Lè yo gade kadav franse ki gaye nan plenn nan
San tout koulè, blan, rouj, blan ak nwa tranpe plenn nan,
Lè sa a yo reyalize vre
Ke Krèt-a-Pyero te vid tout bon vre
E li pat gen anyen pou li te bayo ankò:
Yo ta gendwa ranmase 200 ou 300 kadav,
Men ni nan Krèt-a-Pyero
Ni nan zile Sen Domeng
Pa tap janm gen okenn esklav ankò.

—*Charlot Lucien* jiyè 2005

Nòt: Referans istorik sou chif ak dat nou site yo: *Mémoires de Saint Domingue,* Thomas Madiou; *Les Jacobins noirs,* pa CRL James, sou teknik geriya Nwa yo; *Written in Blood* pa Robert, Nancy e Michael Heinl; *This Guilded African,* pa Wenda Parkinson; *The Stone That the Builder Refused,* pa Madison Smartt Bell (roman); e *Bibliographie haïtienne* pa Max Manigat.

Powèm pa Emmanuel Védrine

Se do l mwen wè

Se do l mwen wè
Sa, se kado mwen
Sou pretèks li pa gen tan menm sèjousi,
Pa menm yon alo pou di bonjou cheri
Tandiske l toujou gen w bèl souri nan vizaj li
Lè l li mesaj mwen yo
Kèk mo pou pete yon ekla ri oubyen pou pouse katchil
Kreyòl sa a, pa gen dout ke l, reve touche m
Tout kote l ta renmen:
Nan lye sekrè yo
Kote n ka tande senfoni zwazo yo
Nan mitan forè kote dlo yo ap plenyen
Nan plaj, pandan n ap jwe sou sab la
Dèyè gwo pyebwa nan mitan jaden yo
Imajinasyon yon souwè
Melanj yon rèv mouye
Paròl dous
Paròl rèv
Paròl an pil

Mantalite lakay

Mantalite achte konsyans ak kèk grenn dola
Mantalite anpwazonnen lòt pou nèryen
Mantalite bay lòt kout poud pou ti krik ti krak
Mantalite blan ap vin chanje Ayiti
Mantalite blan yo pral pot sinistre pou ede Ayiti
Mantalite Bondye bon bagay yo va chanje
Mantalite chache moun pou parene ti nèg pou esplwate yo
Mantalite chen manje chen
Mantalite dechoukay la poko fini
Mantalite egoyis
Mantalite fè bèl diskou zewo fot an franse epi anyen
Mantalite fè jako repèt lekòl san aprann panse ni kritike
Mantalite fè lòt tounen zonbi pou travay kòm esklav
Mantalite JMM (jan l monte l monte)
Mantalite JPP (jan l pase l pase)
Mantalite kalewès epi epi ret tann chanjman
Mantalite ki bò ou rete nan Pòtoprens
Mantalite ki siyati w
Mantalite kibò ou te lekòl

Mantalite kilès ki fanmi w
Mantalite koudeta tout tan pou pran pouvwa
Mantalite kraze Ayisyen pou fè wout pou blan
Mantalite kraze pou reye
Mantalite lespri koridò
Mantalite m ap ba w kout lang pou m monte
Mantalite m ap rale w desann si w ap eseye monte
Mantalite m pa t nan menm lekòl ak ou
Mantalite m pase nan gran inivèsite lòtbò dlo
Mantalite mwen pa kanmarad ou
Mantalite mwen pa moun lamas
Mantalite mwen pa nan ran ou
Mantalite mwen se moun lelit
Mantalite ou pa gen diplòm donk ou nil
Mantalite ou pa konn pale franse
Mantalite ou pa moun lavil
Mantalite ou pa t fè gwo klas
Mantalite ou se moun andeyò
Mantalite pa m pi bon
Mantalite pale anpil epi, epi anyen
Mantalite pale franse vle di lespri
Mantalite plenyen pwoblèm tout tan men san fè efò
Mantalite pran fwomaj pou lanin
Mantalite pran kaka poul pou ze
Mantalite rayisab
Mantalite restavèk
Mantalite sa k sot aletranje pi bon
Mantalite sa w panse w te ye
Mantalite san diyite
Mantalite se konsa m leve m jwenn bagay yo
Mantalite se lè m sou a mwen te rankontre w
Mantalite soulye peyi chire chosèt
Mantalite tann blan vin fè
Mantalite tann kwi devan blan
Mantalite tchoul blan
Mantalite tout moun sou blòf
Mantalite tout voum se do
Mantalite vann frè ayisyen ak blan pou jèm pistach
Mantalite y ap voye ban mwen

—*Emmanuel W. Védrine*

(Koleksyon: *Kri pou liberasyon* e *Koze Lanmou II*)

Powèm pa André Fouad

Ti kras pa ti kras

Rèv mwen neye
Nan jipon lakansyèl
Yon fanm lamatinik
Lavi pèdi branch
Tribòbabò,
Ti kras pa ti kras
M ap pèdi pye gwo dimanch

Kassa... Kassa

Kò w anvayi m
Nan mitan lannwit mwa desanm
Se plim je w ki tonbe
Fè m siyon
Se yon aksantegi m ap mete
Sou pwent zetwal marasa w

Tout pòt fèmen

Pòt fèmen
Tout rèv mele anba kout sizo lavi
Ti farinay lapli
Koumanse jwèt marèl li
Nan lari blèm blèm mwen
Pòt fèmen tout jou
Pawòl mwen son katedral doulè
Sou chak pòsyon chans mwen

M ap balanse

Lanmè a aswè a wete vwal li
Bay moso rèv mwen pase
Sou yon ti bout bwa
Yon ti bout bwa
Yon ti pikèt bwa
Yon ti bato Jekwazantwa
Yon ti bato Jekwazandye
Yon ti bato Lapennta
Yon ti bato Lanina
Yon ti bato Lasanntamariya
Yon ti bato bwat alimèt
Chante chante m

Se yon vibrasyon van peyi m
Sòti anwo
Sòti anba
Chante chante m
Se yon bèl
Se yon bèl istwa koulè ble
K ap jèmen anndan

Etensèl mo m yo

Se nan silans mo yo
Mwen grenpe al jwenn pawòl lannwit
Kite pou mwen
Flè bò chimen
Pran rakonte m sa yo ye
Tout mo yo sanble
Nan lakou rekreyasyon ekzistans mwen
Mizik mwen monte
Ak tout sa ki te rete
Chalè mo m yo monte
Nan plafon syèl la
Li kite bon jan flanm

Lòtrejou

Mwen pran lodè lapli
Nan divès koulè rèv mwen lòtrejou
Se te yon samdi
Samdi dlo benit
Si m pa twonpe m
Dlo-dlo
Kou-ri
Kou-ri
Kou-ri
Nan tout bon jaden m
Dlo dlo
Mezanmi
Se ti wout pou rèv mwen farinen
Fa-ri-nen

Lari m

Lari pa m layite zèl li
Angran angran
Se lanmò ki pran m daso
Daso!

Lari pa m
Se testaman lari zile yo
Mwen ranmase yo grenn pa grenn
Sou kaye dikte m
Lari son banbou rara k ap soufle
Lari pa m son lari
Ti lari k ap swiv mwen pye pou pye
Nan lonbray bri kanno fraz yo

—André Fouad tire de rekèy *Etensèl mo m yo,* 2006

Dizè, pawolye, jounalis kiltirèl, yon sanba: powèt André Fouad te fèt Pòtoprens, Ayiti. Li deja pibiye twa rekèy powèm, ladan yo *Bri Lannwit* tout moun te wete chapo pou salye. Li te pran pri dezyèm loreya nan konkou literè jounal *Haiti-Tribune* (Ayiti Tribin) nan peyi Lafrans nan kòmansman ane 2006. Nan aktivite jounalis kiltirèl li, li te konn anime yon emisyon kiltirèl sou televizyon Nasyonal Dayiti (TNH) epi kolabore ak jounal *Nouvelis* pi ansyen kotidyen nan peyi Dayiti.

Powèm pa Rodelaire Octavius

Viv tout nasyon ini!

Kite m pale tanpri
Kite m pale de sa m te soufri
Kite m pale de sa m te sibi
Kite m pale de diktati
Mwen ki grandi ann Ayiti
Mwen konnen byen sa sa vle di
Kite m pale tanpri
Kite m pale de Istwa
Yon nèg vanyan yo rele Mandela
Ki ann Afrikdisid te pase pou yon òlalwa
Paske li te vle egalite nan mitan blan ak nwa
Kite m pale pou sa ki pa ka pale yo
Kite m pale pou sa ki pa gen dwa pale yo
Kite m pale pou tout Frè m ak Sè m ki san papye yo
Ke yo fè tounen Zafra yo
Kite m pale pou tout militan dwa moun yo
Ke yo asasinen san lemonn pa menm gen tan konnen yo
Kite m mande jistis tanpri
Kite m mande jistis pou tout fanm nan lemonn
K ap sibi tout fòm imilyasyon
Tout kalite represyon

Kite m mande jistis tanpri
Kite m mande jistis pou tout timoun ki san fanmi
Kite m mande jistis pou tout timoun ki nan lari,
Ki nan grangou k ap mouri
Kite m pale de Gandhi
Ki san vyolans te defye diktati
Ki te vle yon Zend ini
Men yo te touye l menm jan ak King ak Kennedy
Ki mouri nan mitan gwo Etazini
Paske yo te vle hing-hang ant blan ak nwa fini
Kite m imajine tanpri
Kite m imajine lemonn san lagè ant Sèbi ak Bosni
San chirepit ant Izrayèl ak Palestin
Kite m imajine tanpri
Kite m imajine koupe fache ant Meriken ak Kiben fini
Kite m imajine lemonn san diskriminasyon ant gwo peyi ak ti peyi
Kite m imajine tanpri
Yon lemonn kote tout nasyon ini

—Rodelaire Octavius

Powèm pa Janvier Lesly Junior

Souf Koupe

Kadav lote sou do peyi a
Tankou mò ki pral jije douvan lannwit
Gade lanmò
Ki chita sou konsyans pèp la
K ap rele
Dodo zonbi
Dodo madodololo
Gade gade
Zonbi ki liyen louvri je l
Sou vye rèv nou
Konfyozo
Wòklò
Lakoz nou ponn
Vye lide
Nan listwa peyi a
Lang nou kondane rèv
Jouk anba letan
Kote simbi ap bat bravo
Lanvè landwat
Mizè

Grangou
Move vi
Vye pawòl
Vye lespwa pou demen
Vye fraz mal kanpe
Vye krache andikape
Tout fè n pentire avni peyi a
Sou tablo janmdebaliskad.
Nou bouke dòmi nan vye rèv
Nou bouke pran sant fènwa
Nou bouke bwè dlo anba ravi n pandye
Nou bouke tande vye vwa
K ap doumbala nan zòrèy zansèt yo
Nou bouke wè kadav k ap pran sant tè
Nou bouke wè moun sou moun
Nou bouke vale lang nou douvan midi
Nou bouke wè timoun kap pran so
Nan lari lamizè
Nou bouke fout!
M fout bouke viv nan rèv somèy!

—Janvier Lesly Junior

(Pòtoprens, 2 Nov. 2006)

Powèm pa Tontongi

Jak Nwa ak Jak Lawouze

(dedikase pou Pòl Larak ak Jak Roumen)

Jak Nwa ak Jak Lawouze
Se bonè wouj ak bonè blan
Se lit pou pèp vanyan manje
Ak goumen pou fè lavi chanje
Se mande pou Frankoriken kraze rak
Oubyen pou pèp gen gouvènman li vle.
Jak Nwa ak Jak Lawouze
Se de bò menm meday
Se rele anmwe pou debwaze silans
Oubyen batay pou dwa pou malfrene pale.
«Se yon move lè pou l ale»
Konpè Le deklare lè nouvèl te voye
Zetwal Nwa ta vle fè movèz wout
Se yon move lè pou l ale
Paske l pat bay bonmas makiyaj

Li pa sere koze pou sove lajan kache
Devan pèdisyon move zak malapri
Li pat janm pran losti sou lotèl Ozanfè
Li pat di jekwazandye si pa gen manje
Li pat pale kou Voltè pou mare baboukèt.
Se yon move lè pou l ale
Paske se lè pou lòt kesyon poze
Pousa k rete se sa nou tout vle
Se lè pou chan ble libere peyizan andyable
Ouvriye kap bourike pou lamizè dechouke.
Jak Nwa ak Jak Lawouze
Se lespwa ak lajwa
Bonè nanm libere
Ki vle sove lavi.
Se fè nwa ki tounen bèlte jou leve
Pye bwa ki plante sou mòn po tèt kalbas
Konsyans ki pa janm fatige mande sa k mye.
Jak Nwa ak Jak Lawouze
Se sèman pou demen vin pi jis
Angrè ak je klere pou fè mayi pouse
Fanm ak tifi ki louvri orizon
Pou chanje parèyman destine tout vivan
Dwa travayè pou l jere faktori
Pou bourik vin gen menm dwa ak chwal
Pou tout koulè ka tounen akansyèl
Pou souri vin koule sou tout bouch
Pou bèlte rekreye e imajinasyon enganme.
Jak Nwa ak Jak Lawouze
Se temerè ki ka lanse pyè pou fè jou louvri
Voye espedisyon pou dekwape malè
Pou di gen lòt bagay k ekziste
Jak Nwa ak Jak Lawouze
Se kenbe djanm flanm lanmou
Pou lavi gen bon gou.

—*Tontongi* mas 2007

Poésie en français

Au singulier pluriel

Dans ce
vide d'envie
sont le mot
des maux
la plainte
des complaintes
la douleur
des malheurs
l'écorchure
des blessures
la tristesse
des faiblesses
le crucifix
des idées fixes
et enfin mon Dieu
les soupirs du soir
sur la plage désertée
où viennent mourir
les vagues des yeux
aux refrains solitaires.

(2006)

Le poète

Il est venu
vous montrer
la beauté de la vie
mais vos yeux baissés
ne parlent pas
la langue de son désir.
Il est venu
vous donner
le bonheur de ses mots
mais vos mains fermées
ne comprennent pas
l'importance de son offre.

Il est venu
partager avec vous
sa grande joie d'aimer
mais indifférent
votre cœur lui tourne
froidement le dos.
Alors,
il repart
comme il était venu.
Il repart,
comme s'il n'était
jamais venu.

(2006)

Au pas! Au trot! Au galop!

Au pas!
Au trot!
Au galop!
Les parents
surtout les grand-mères
et les grands-pères
additionnaient avec joie
tant de charme et d'amour
toute la sainte journée à la sainte vie.
L'enfance et ses beaux souvenirs
une partie de notre vie qui enrichit
la mémoire de notre présent
bienfaits d'un passé récent
de ce que nous sommes
dans les heures
que charrie le temps
qui passe
passe
passe
et repasse.
Au pas!
Au trot!
Au galop!
Et c'était
les rires des marmailles
les pieds de nez
les petites querelles anodines
les indiens et les cow-boys

les dessins animés
les livres et les cahiers
et tout le bonheur
du bon vieux temps
qui encore
passe
passe
passe
et repasse.

À recommencer

Oui c'est toujours
à recommencer
la danse
cette folle danse de la mémoire
cette triste danse de feuilles mortes
que le vent d'automne
apporte
de bon gré
malgré elles
comme des ailes en liberté
sous la pluie vers l'oubli
dans l'oubli des regards
dans le deuil des heures
dans le murmure inaudible du silence
quand il se fait tard
quand on rêve hagard
ivre et blafard
quand les lèvres
se donnent sans fard
un baiser de l'envie à l'envi
un baiser presque mort
un baiser sans vie
oui c'est toujours
à recommencer
ces dimanches
de pain sur la planche
ces dimanches
sans repos
consacrés à la misère
des mains grand ouvertes
aux angoisses de la faim d'aimer
à la persistance des souvenirs
au visage d'un soleil pendu
à l'aube de l'Histoire de notre Race...

Les mots noirs

Les mots noirs que mon cœur aime,
au crépuscule ne sont plus les mêmes.
Ils ont le goût amer de la nostalgie,
ils ne se parent que de mélancolie.
Les heures dans leur chuchotement
au voilier qui flotte sur les vagues
calmes et belles les laissent indifférents
car seule leur tristesse est en vogue.
Ils disent haut dans la nuit blanche
que la solitude est franche
comme le temps qui s'effiloche
Sur les airs des douze sons de cloche
quand tout sourit au calme de la tombe,
quand dort la paix dans l'autre monde.

Au jour du poète

Avec rage
Il décrit
Ses hauts cris
Sur la plage.
Prononçant
Désespoir
Et déboire
Menaçant.
Mais, ô Père!
Aux enfers
Il ira
Quand le jour
Il mourra
Sans amour.

Bleu

BLEU
Bleu!
Bleu!
Bleu!
Non! Pas celui d'un ciel joyeux
qui lave son grand bonheur
dans la tiédeur de la mer des Antilles
aux premiers jours de printemps,
ni celui d'un œil rêveur
ni celui du sang indigo.

Bleu!
Bleu!
Bleu!
Souvenirs insulaires
des champs de coton
imbibé de sang noir
ceux des cannaies amères
des murmures des usines
de salaires de pitance
des chantiers de désolation
des camps de privation
et du catéchisme pour zombis.
Bleu!
Bleu!
Bleu!
triste prière de dégoût
une aventure de temps morne
des éternels soupirs de mémoire amère
qui vivent et meurent sans rédemption.

Demain soir mon amour

Demain soir ce sera la danse.
Je te prendrai dans mes bras
et nous danserons,
danserons tout autour
des contours
du poteau-mitan.
Le rythme des vagues,
nos râles,
rauques,
en rut
au sol dénudé,
traîneront nos deux corps
assoiffés de bonheur vers l'ivresse.
Et, au beau milieu du temple en feu,
un doux baiser placera au solstice
le rêve de cette grande soif.
L'été dans nos yeux,
en dehors du temps,
perdurera longtemps
dans nos gémissements,
dans nos ruades,
dans nos joies,

pour les caprices
d'un bonheur si attendu.
Nos souffles mélangés
ce soir seront, en douceur,
un long hymne
aux arbres,
aux fleurs,
à l'eau,
au feu,
et à la fertilité
de nos paroles qui se font chair.
Ah demain soir!
Demain soir mon amour,
nous serons au centre de nos sens,
je serai au beau milieu
de la plus douce des blessures,
et tu danseras,
danseras,
tout autour
des contours
de mon poteau-mitan.

Ô! Comme Icare

j'ai été trop près de vous
cherché un peu chaleur
touché la lumière
embrassé le feu
mais voici que pour vrai
je me suis brûlé les ailes.

Deux pas de...

À deux pas
la goutte d'eau
qui étanche la soif
toutes les soifs
ne provient
plus de nos yeux
ni du creux fissuré
de nos mains liées.
Elle se laisse couler
de nos mots unis
de nos peines partagées
de nos joies ressuscitées.

Elle donne sa fraîcheur
au calme de nos lendemains
à la senteur de l'Aurore
à la couleur de nos rires
à l'alternance de nos doux soupirs.
À deux pas
de la goutte d'eau
personnellement ma foi
je suis plus près de la Vie
plus près de La Femme
tout près du Rêve
et de la distance
qui nous sépare encore.
À deux pas
du trépas
il prendra son chapeau noir
il le placera soigneusement
sur la tête de ses maux
et se couvrira de calme
il embrassera son espoir
se passera du temporel
et sourira une dernière fois
à la vie
à l'envi
d'être bien
bien dans sa peau
pour une dernière fois
pour la dernière fois.
L'homme
le solitaire
le voyageur
le passager
bras ouverts
serein
il s'en ira
vers ses souvenirs
n'emportant avec lui
que l'épure de ses douleurs
et le sketch de ses rires.

—Bobby Paul 2006

Poèmes de Jean Saint-Vil

Et comme...
Et comme une ombrelle à fleurs
D'un mois d'août pluvieux,
J'ai ouvert les yeux
Pour capter ton regard.
Et comme les ailes d'un papillon
Egaré la nuit dans une masure,
J'ai ouvert les bras
Pour te prendre dans mes mains.
Et comme une paire de tenailles
Abandonnées sur un établi,
J'ai ouvert la bouche
Pour la poser sur tes lèvres.
Et comme un chef d'orchestre
Qui surveille les fausses notes,
J'ai ouvert les oreilles
Pour entendre tes soupirs.
Et comme la soufflerie d'une forge
D'un maréchal-ferrant,
J'ai ouvert mes narines
Pour renifler les creux de ton corps.
Et comme une femme
Pareille à toutes les femmes
Comme des triangles semblables,
Tu as ouvert ton corps
Pour m'emprisonner dans ton corps.

(7 juillet 2005)

Il n'y a plus de saisons
Honteuses, confuses
Les quatre saisons de la terre
Qui ne veulent plus dire leur nom,
Ayant perdu à leur insu les clés de leurs limites.
Pourtant, elles ne sont pas amnésiques,
Connaissant par cœur leurs réservations
Sur leurs billets aller-retour
Avec leurs dates d'arrivée et de départ
Sur la grande piste planétaire,
Où elles font la queue entre les balises
Pour atterrir ou décoller,
Les jours d'équinoxe et de solstice,

Ces souvenirs lointains et inoubliables
De leurs premières leçons de géographie.
Mais, je ne sache guère
Pourquoi elles se bousculent,
Débordant dans le désordre
Chaque fois sur leurs sœurs,
L'hiver bousculant le printemps en s'allongeant.
L'été reculant devant l'automne en se rétrécissant.
Et ainsi de suite
Dans le désordre croissant
Tout le long de l'année.
Tout le long des années.
Au fil de l'année.
Au fil des années.
Aussi, de par le monde
De plus en plus de gens
Disent-ils de plus en plus
Comme le refrain d'une chanson
Qu'il n'y a plus de saisons.

(25 juin 2005)

Le vent

Laisse filer le vent
Entre tes doigts
Et dans tes cheveux,
Qui sont trop légers
Pour lui barrer la route.
Le vent te caressera
De toute la douceur dorée
De sa fraîcheur
Jusqu'aux pores de la peau
Et balayera
Tes vêtements décolletés
Qui s'onduleront
En une nuée de plis
Et pourquoi pas
S'engouffrera
Dans une dépression tourbillonnaire
Qui ouvrira
Largement ta jupe
Comme un parasol
En plein midi.

Jouer avec tes sens

Regarder, à la lumière du soleil de midi, ta peau métallisée
Clignoter comme un phare à chacune de tes brasses
Sur le miroir fidèle et rutilant de la vaste surface lisse
De l'eau tiède et très claire de l'océan tranquille.
Entendre l'écho assourdissant qui bourdonne à mes oreilles
La galaxie de tes plaintes sans fin qui voltigent sans fin
Dans les sautes périlleuses de la manie dépressive
Qui, peu à peu, ronge les mailles du tissu fragile de ton âme.
Dire dans l'euphorie et à profusion,
À chaque occasion et en toute circonstance
Tes mots doux préférés pour t'émoustiller et te faire rêver
Comme dans d'épais nuages de champagne.
Toucher quand l'envie me prend
La grande pelouse noire de ton corps ô combien velouté
Sous ta jupe à taille basse quand elle s'envole comme une libellule
Au contact agréable des coussinets moelleux des dix doigts de mes
mains.
Sentir nuit et jour et à grande distance
Comme un animal fouineur de la savane sahélienne
Les fragrances soutenues de tes parfums capiteux, qui embaument,
Jusqu'à l'enivrement, le filtre à haute fidélité de mon odorat.
Jouir enfin jusqu'à l'apnée, aux cris et aux déchirements,
De la cité-jardin fleurie de tes sens aiguisés, quand elle explose
Dans le souffle impétueux des bourrasques incontrôlées
Qui s'élèvent en tourbillonnant des cellules soufrées de ma chair.

(13 juillet 2005)

La merengue

Une merengue dans une soirée.
Ça chauffe.
La salle s'enflamme si vite.
Si vite, tout le monde s'invite.
Si vite, tout le monde sur la piste.
Si vite, tout le monde dans la danse.
Si vite, tout le monde en transe.
Les uns face à face.
Les autres en solo,
Dans des pas magiques
Comme des tours de passe-passe
À vous couper le souffle.
Et la musique qui roule, qui enroule et qui déroule
Dans un rythme endiablé

Comme l'eau coiffée d'écume
Qui tombe impétueusement d'une cascade.
Et les saccades en chaîne
Des hanches, des mains, des têtes qui essoufflent,
Qui essoufflent si fort,
Si fort, tout le monde dégouline de tous ses pores
Jusqu'à la dernière note.

(9 juillet 2005)

Notes

Couche au pied levé sur ce fin parchemin
Le résumé en zigzag de l'histoire de ta vie,
En farfouillant les notes en accordéon
De tes journaux intimes.
Pense d'abord au temps
Où tu étais passionné de musique,
Ta cervelle bourrée
De notes,
De figures de notes,
De silences,
Que sais-je encore!
De notes courtes
Comme l'histoire de la vie de mort-nés;
De notes longues
Comme l'histoire de la vie de centenaires.
Des notes pures
Sans dièse ni bémol.
Des notes
Qui t'ont fait longtemps naviguer à tribord et à bâbord
Sur les horizons lointains et inoubliables
Des événements qui ont marqué
Les arpèges de l'histoire de ta vie.
Des notes bruyantes que l'on entend
Des kilomètres à la ronde.
Des notes
Qui tantôt hèlent comme des sentinelles.
Qui tantôt bêlent comme des agnelles.
Des notes
Qui se fêlent comme de la vaisselle.
Des notes
Qui se pèlent à la pelle comme des prunelles rebelles.
Des notes
Qui souffrent comme moi.

Des notes
Qui souffrent comme mon pays.
Des notes
Qui soupireront comme des élégies
Jusqu'à mon dernier soupir.

(4 juillet 2005)

Promenade à Cazalle

Slalomer un dimanche,
Dans la dorure du soleil du matin,
Le long des sentiers glissants,
Sillonnant le paysage éblouissant
Qui mène au sommet de la montagne
Surplombant le village de Cazalle.
Randonnée de rêve
Dans la saison providentielle
Des pluies, des fruits, des fleurs,
De l'eau et des plantes.
Audition de rêve
De la symphonie pastorale
Des piaillements à l'infini des oiseaux
Qui s'allient au murmure crêpé
Des feuillages dans la brise de montagne
Et aux bruits parasites
Des rapides sur les pointes rocheuses
Affleurant à la surface de l'eau de la rivière.
La ville est bien loin
Avec ses bidonvilles agités.
La misère omniprésente
Dans ce coin surpeuplé
Avec sa population dispersée.
Seule la nature,
De plus en plus parcimonieuse,
Invite encore à l'optimisme
Dans la beauté du regard éperdu
De ses vallées verdoyantes,
Semblables en tout point
Aux allées du paradis terrestre.
Dans la beauté du regard éperdu
De ses arbres clairsemés
Comme des petits yeux verts
Perdus dans le lointain.
Dans la beauté du regard éperdu

Des eaux bleues du bassin,
Où les randonneurs, rendus,
Au retour du piémont,
S'arrêtent en piaffant de bonheur
Pour le rite collectif
De la grande baignade du dimanche.

—*Jean Saint-Vil* 17 juillet 2005

Poèmes de Mlikadols Mentor (alias Nadol)

(Non-titré)

Lien de feu qui nous unit
Qui nous consume
Notre amitié a le goût d'étoiles
Brillant dans le ciel
De nous deux
Regards convergents
Complices
De ciel et de terre
Dans un point de l'horizon
Hors-œil
Source rougie de sang
Coulant
Dans un faux lit
Ma mer amicale
Incertaine
Rage amicale
Passion fatale
Dans une colère appétissante
D'amitié
Qui bouillonne
De cet écrit
Je la courtise souvent
Cette route
Hier mon dessein
Et mon destin aujourd'hui
La prend d'assaut
Ravage sa matrice de graviers
Sa peau de béton armé
Elle m'a bien souri cette route
Pour me jeter de l'autre coté
De la déception
En marée de mer

Me précipitant
En vague de désillusions
Je l'appelle aussi femme
Cette allée que j'épouse
En quête de folie
Ombre projecteur de lumière
Je lui ai pris mille fois sa main
Et volé son sourire
Reflet d'espoir abandonné
Plein d'espoir
Comme je l'ai abandonné
Pour goûter à la vie
....
J'habite cette maison
Qui porte son sexe sur son toit
Comme la voleuse de l'orgasme
Des rituels du cache bonheur
Et je suis mis à la porte
De mon propre chez moi
J'ai bu mon propre sucre
Un beau matin d'éternité
Et je me cherche depuis ton sexe
Telle l'érosion post-bonheur
Et j'ai toujours soif
De ma propre salive
Je reviens de ce voyage
Où je me suis connu étranger
Pour avoir bu mon sang
Après ce repas anti-bonheur
Et je me perds dans le vide
Pour avoir osé me chercher

—Mlikadols Mentor

Poèmes de Tontongi

La Chanson de Cédié: Les grand méprisés

I. Marasa dans l'Enfer et l'Espoir

Il descendait la colline vieux comme son père
Qu'il était le pauvre Cédié de Jacmel
Ce jour-là comme les autres jours qu'il vivra
Seule la mer semblait vraie et la vie s'absentait
Comme les autres jours qu'il vivra.

On l'assimilait au bon Dieu on l'aimait
Et il aurait été digne de la place céleste
Si son âme n'était déjà damnée par la misère terrestre
Mais on l'aimait au village et il n'en demandait mieux
Konpè Cédié vaillant garçon du Sud.
Il descendait la colline quand je l'ai rencontré
J'étais comme apeuré pensant au vieux baka
Le baka redoutable plutôt cirque du village
Cédié m'a dit konpè, konpè c'est une guêpière
La nuit tombait déjà nuit noire de l'île noire.
Il est de ce destin leur destin notre destin
Qui se rampe sur le ventre loin du long festin
Comme ces lampes tête-bambêche de nos chrétiens vivants
Qui ne finissent jamais de s'éteindre de s'éteindre
Nous Laisserions-nous mourir ou crierons-nous Assez!
Assez! Assez de zombies, zombies en agonie
Cédié a dû crier pour s'échapper de la mort
Dont il sait imminente ce Divinor qu'il est
Mais au fond il sait bien qu'au contraire du trépas naturel
Celui-là plus absurde n'est le vœu de ses dieux.
Marasa dans l'Enfer ils le sont dans l'espoir
De sauter la baraque étouffoir des hommes libres
Baraque des hommes qui pleurent et d'autres qui piaffent
Des femmes qui meurent et d'autres qui se la coulent douce
l'Haïti perle chérie l'Haïti kokobée
Non, une poignée d'arbres astucieux ou chanceux
Ne doit pas régner sur la forêt immense!

(janvier 1984, publié pour la première fois dans *Revue Nouvelle-Stratégie)*

2. Feu-Résurrection

Il y avait là-haut un grand étang de feu
Départageant les hommes de la terre immolée
En face, au-delà de la vie carcérale
Une poignée d'âmes rebelles, grands coucous incendiaires
S'en vont pour conquérir l'étang de feu mortel.
Comme nous faisions jadis, en d'autres temps terribles
Pour chasser de nos corps le virus oppressif
Oiseaux de mille bonheurs, de la vie partagée
Nous voulions voir la terre un immense nid d'amour
Oh! Que furent bons les temps d'idéalisme lutteur!
Mars n'est pas plus important qu'un coin de Port-au-Prince
Où la vie de Cédié vaut moins bien qu'un beau chien

On dirait de nous tous, saltimbanques de l'Histoire
Une grande classe d'élèves sourds jusqu'à la peur
À l'appel de bâtir la cité créatrice.
Dis, toi l'enfant de la terre méritée
Boat-people des rivages trempés de la détresse
Des hommes enchaînés et des femmes asservies
Que d'océans immenses, de temps libérés
Tu pourras faire fleurir au jardin arrosé!
Merde que de s'entendre sur la nature des anges
Si la divinité s'attarde à l'étang traverser
Comme le Christ jadis saluant la lutte des classes
Pour poser l'amour le pain la liberté
Comme l'horizon premier des temps indéfinis.
Oh! Que de mondes merveilleux, de champs embellis
Nous pouvons faire jaillir des ténèbres macabres
Tout en rêvant de l'oiseau, voyageur de la clarté!

(1984, publié pour la première fois dans *Revue Nouvelle-Stratégie)*

3. Auschwitz insulaire

Il avait une amie dans cette tragédie
qui lui chantait la sueur de l'île dépérie
cette Auschwitz insulaire éjaculée d'une mer
Cédié a protesté quand son ami furieux
a craché sur la mer leur immense complice.
Manno était des villes et n'était pas bòkò
Cédié était des champs—maudit à sa façon!
Devant la terre malade et l'agonie des siens
une Danmbala de moins n'enterrera guère la foi
la foi la rage l'espoir, mes frères—en jeu.
Manno était des villes Cédié était des champs
quand celui-ci charriait loin d'El Rancho en fête
sur sa tête spoliée les herbes humiliantes
ce Revenant de Manno loin de Saint-Louis de Gonzague
fustigeait calmement le mensonge centenaire.

4. C'était hier

C'était hier
et nous étions déjà vieux
le printemps la vie la jeunesse
tout nous fut volé ô Haïti chérie!
île enchanteresse! île cimetière!
Comme un bagnard innocent
nous nous sentions bernés

nous nous sentions de trop.
C'était hier
et nous n'étions pas de l'espèce *enfordimanchée;*
non nous étions cultivés
nous étions dorlotés
on nous jetait la palme de l'esprit civique:
Fait-on jamais endimancher son zombie national?
Oh non! Nous étions la peur et l'angoisse
la malade qui se meurt gentiment.
Puis un beau jour Manno
Manno s'emparait d'une guitare
et a inventé une révolte en chanson
chanson sans joie et sans douceur
chanson de veillée funèbre
de la tombe fermée
chanson qui pleure et qui gémit
cri de l'oiseau qui veut voler
de l'homme qui veut du pain
de la femme méprisée
une révolte en chanson.
C'était hier
dans les nuits ternes mais étoilées
sous le vent méprisé de Port-au-Prince
que Grand Négresse m'appelait
quand l'aube se mariait à la nébuleuse
et ils s'étreignaient et accouraient
pour me caresser
et pour me caresser.
C'était hier
sous le vent sans honte de mon île
que Grande Négresse m'aimait
contre la folie prétentieuse de hautains frustrés
donc je la repoussais
sans la caresser
et sans la caresser.
C'était hier
dans la tragédie de l'île dépérie
que Manno chantait Grann'O
en crachant sur la mer
il a du la trouver inutile
et nous avions tous applaudi
non sans nous dire secrètement
Ô la mer cajoleuse! Notre seule richesse!

(1979)

—Tontongi

Poème d'Emmanuel Védrine

Elle de dos

Elle de dos
Ça, c'est mon cadeau
Sous prétexte qu'elle est prise ces jours-ci,
Pas même un allo pour dire bonjour chéri
Tandis qu'elle a toujours ce grand sourire au visage
Quand elle lit mes messages
Quelques mots pour rigoler ou pour déstresser
Cette Créole qui, je veux le croire, rêve de me toucher
Partout où elle désirerait:
Dans des lieux secrets
Là où l'on entend la symphonie des oiseaux
Au fond de la forêt où murmurent les eaux
À la plage, tout en jouant sur le sable
Derrière les arbres géants au fond des champs
Imagination d'un souhait
Mélange d'un rêve mouillé
Parole douce
Parole de rêve
Parole en pile

—Emmanuel W. Védrine extrait de la collection: *Pages d'amour*

Poèmes d'Edner Saint-Amour

(Poésie sur la mort)

L'humanité

L'humanité est une création naturelle
dont le mouvement reste éternel
dont l'espace dans le vide comblé
reste une œuvre d'art de toute beauté
Le temps s'écoule dans la continuité
dont la série exprime l'éternité
l'espace est un concours de beauté
où les saisons en assurent la nouveauté
Au rythme de la musique naturelle
l'homme apporte sa note artificielle
qui se veut une construction humaine
dans laquelle se reconnaît un phénomène
Génial l'Homme est un être d'invention
qui apporte nouveauté dans la création
Le travail perpétuel des humains

---

en est un témoignage quotidien
L'homme y compris le travail achevé
est d'un présent qui exige le passé
dont le jeu forme la trame de l'histoire
par le contenu qui reste dans la mémoire
Hélas! dans le mouvement cyclique du temps
l'œuvre humaine se fait toujours sédiment
Et, l'homme reste un morceau d'accident
qui périt toujours dans le temps.

Néant

Je vois que tu es vraiment grand
Aussi grand que le firmament
car ton âme est bourrée d'orgueil
depuis la pensée jusqu'à l'orteil
Sur une montagne de prestige
dont l'assise n'est que néant
Tu voltiges malgré le vertige
qui traverse tout en fumant
Explorateur du néant, du vide
combien ton âme est intrépide
Tu te baignes dans d'affreux risques
Ignorant tout, raison et son verdict
Dans le royaume de l'illusion
tu règnes en véritable champion
Mémoire gardera ton âme argile
comme reine des pentes fragiles
Que nul homme doué de raison
n'osera en explorer les horizons;
nul n'osera se gonfler autant
d'un rien qui mène au néant

(juillet 2000)

Morceau d'accident

L'homme est une poussière d'espace
qui voyage dans la barque du temps
sur lequel il laisse parfois ses traces
s'il accomplit des œuvres de titan.
Oui! Il accomplit des œuvres grandioses
Oui! il réalise tant de belles choses.
Mais tout doit sombrer dans la ruine
car vers la mort tout s'achemine.
Dans le mouvement cyclique du temps

l'œuvre humaine se fait sédiment
dont le contenu reste dans la mémoire
qui consacre à l'humanité une page d'histoire.
L'homme est un morceau d'accident
qui périt toujours dans le temps,
mais entrevoit la lumière de l'éternité
à travers l'histoire qu'il a lui-même tracée.
La vie humaine est un point de l'éternité
qui rappelle le bref voyage de la destinée.
On y vient par le chemin du berceau
on y sort par le chemin du tombeau.
Le poète quelque fou qu'il soit
ne se soumet point à cette loi
il boit une bouteille de Sagace
il renverse tout, le temps et l'espace.
Il chambarde, renverse tout à sa guise
car l'éternité obéit à ses vœux et caprices,
le poète ne connaît point de convention,
car il est un homme de révolution.
Le poète ne connaît pour soumission
que le cours de son imagination
L'homme fait de sales boulots pour être héros
mais le poète ne mise que sur le choix de ses mots.
Au poète, toute l'humanité
au poète appartient l'éternité
Il n'est pas un être de convention
il est un être de révolution.

(25 mars 2005)

Imperfection

Ô usure
tout qui dure
Ô maladie
tout qui vit
Ô entropie
qui vit et périt
Ô accident
erreur dans le temps
Ô mort
suprême sort
J'en passe, j'en passe
Temps me fait la chasse

Le venin

L'un dit quand on vous attaque dans la salle
Réveillez toujours en vous l'animal
L'autre dit nous ne sommes pas un serpent
invulnérable au propre venin qu'il répand.
Rancunes, remords, chagrins, colères
agitent nos émotions sur la négative note
qui affaiblissent notre système immunitaire
champ libre aux bactérie, virus, microbe
À tous ceux qui vont au gré de ces émotions
au point de ne vouloir entendre aucune raison
je vous souhaite tous bonne chance
dans la maladie à travers ses conséquences
Quant à moi je dois m'apprendre à laisser aller
afin de mieux protéger ma précieuse santé
Ma vie, si précieuse, je veux la placer
là où elle sera hors de tout danger.
Je sais bien là où je vais
pour que ce venin à ma santé n'ait pas d'accès
Je construirai, une forteresse, une citadelle
où ma vie sera longue et pleine d'étincelles
Ô Dieu, donne-moi ce don de la sagesse
pour protéger ma vie de la détresse
que rancunes, remords, colères et chagrins
procurent aux cœurs de tous les êtres humains.

(premier janvier 2006)

La mort # 1

L'Homme est un être mortel
assure la note naturelle
assure la note de l'accident
dans l'espace et dans le temps.
La mort de l'être par défaut
l'homme sombre dans la paresse.
Faute de carence en détresse
l'homme se meurt de maux.
La mort de l'être par excès
on crève de boulot comme d'abcès
L'homme touche aux confins de l'énergie
descente vers l'agonie.
Les deux côtés de la médaille
amène au même détail,
un monde en pleine détresse
de dépression et de stress.
En ce qui nous rend moderne
voici le nouveau pattern
un monde en pleine détresse
de dépression et de stress

(24 juin 2005)

Cri des morts

Au tombeau où tout le monde dort
au mutisme du lugubre sort
Las! j'ai entendu crier les morts:
notre sort muet n'a point de port
à jamais il poursuit son transport.
Là où l'on s'écroule de maux
au mutisme froid du tombeau
las! j'ai entendu crier les morts:
Notre sort muet n'a point de port
à jamais il poursuit son transport.
Au silence tout muet de la tombe
où bien des âmes et cœurs tombent
Las! j'ai entendu crier les morts:
notre sort muet n'a point de port
à jamais il poursuit son transport
(7 août 2002)

Message

Quel que soit le degré de prestige
les morts n'ont laissé que des vestiges
qui nous parlent du temps
où ils étaient vivants.
Abord de la barque du trépas
toujours l'homme s'en va dans l'au-delà
où tout témoigne d'une seule chose
la vie a cessé d'avoir une cause.
Tout a cessé en un seul jour
depuis la haine jusqu'aux amours
Tout disparaît au jour du trépas
tout plaisir qu'inspire un gala.
Une fois perdu dans l'au-delà
et la bouche close à cent cadenas,
de tous nos sens s'éloigne la barque
en ne nous envoyant aucun feedback.
Pourtant dans leur éternel passage
le silence des morts laisse un message:
la mort à tout âge n'a point de port
à jamais elle poursuit son transport.
(août 2002)

Lomeye Fanm

Saveur de menthe
On était donc en vacances
L'école mit fin à sa cadence
C'était comme mille ans de fête
Je parcourais la Ville à bicyclette
Arrive l'âge de l'adolescence
Sur la course de l'existence
Arrive l'âge de folie de jeunesse
Où le cœur est assoiffé de tendresse.
J'ai vu tout mon cœur toute mon âme
Converger les lèvres fardées de la femme
À la recherche d'un rayon de sourire
Pour orner mes jours de plaisirs
Oui! avant même dix-sept ans
À peine que je fus adolescent
J'avais déjà la saveur de menthe
Qui recèle la lèvre d'une amante.
(octobre 2006)

—*Edner Saint-Amour*

Poème de Charlot Lucien

Marie-Jeanne Lamartinière à la Crête-à-Pierrot

(version abrégée, juin 2006)

24 mars mille huit cent deux,
Quelque mille deux cent noirs miséreux
Sont encerclés à l'intérieur du fort de la Crête-à-Pierrot,
Par 12 000 vétérans des guerres de l'Égypte, du Rhin et de Waterloo.
Dessalines avait rugi: «Nous serons attaqués ce matin»
«Je ne veux garder que des braves sous la main.
Que ceux qui veulent devenir esclaves sortent maintenant.
Que ceux qui veulent mourir en hommes vaillants,
Pour la liberté, se rangent autour de moi.»
Ils avaient tous répondu d'une seule voix,
«LIBERTÉ, LIBERTÉ OU LA MORT!»
«Je vous fais tous sauter si les français rentrent dans ce fort!»
La bataille faisait rage; l'ennemi, assiégeant en vain
Vit sur les remparts, une femme, fusil en main
Sabre à la hanche, courir de soldat en soldat, passant,
De l'eau, des balles, de la poudre, en hurlant:
«Quel serment avez vous fait? Répondez!»

«NOUS MOURONS TOUS POUR LA LIBERTÉ!»

Les Noirs dans une manœuvre téméraire
Sortaient du fort à découvert
Semblant rire de l'adversaire et de la mort
Et repartaient soudainement vers le fort
Entraînant à leur suite, les boulets, les balles
Et l'ennemi furieux qui tombait sous la mitraille
Mais le siège dura des jours et des nuits, sans pitié
Décimant les forces des deux côtés des remparts calcinés.
Les assiégés mangèrent de l'herbe, de la poudre et du cheval mort;
On but les dernières réserves, dans l'attente des renforts.
Voici, la femme s'approcha: «Général, permettez,
Oui, nous mourons tous pour la Liberté,
Mais est-il écrit que nous mourons comme des rats piégés,
Comme nos ancêtres au fond des bateaux négriers?»
Le général regarda Marie-Jeanne, ses cheveux en bataille,
Et aima son impudence au milieu de la mitraille.
«Femme, dit-il, où est ton époux?»
Couvert de sang, de sueur et de boue,
L'époux surgit, tremblant et inquiet—
Face à Dessalines on tremblait.
«Lamartinière!—Oui général! Je sors du fort,
Vous chercher des renforts.
Je vous envoie un signal si je n'en trouve point.
Prends alors les tiens,
Du courage et ta femme, fonds sur l'ennemi
Et franchis-toi une sortie.
Les renforts ne devaient point arriver,
Mais le signal, la bague de Dessalines, fut envoyée.
Déjà Marie Jeanne était à la lourde barrière
Qu'elle ouvrit d'un geste grandiose et circulaire.
Dehors les attendaient l'ennemi, la Liberté ET la Mort.
Lamartinière, alors, jaillit du fort,
Et à la tête de quelques 800 ombres,
Fondit sur l'adversaire dans la pénombre.
Une voix de femme que l'on entendit rugir dans la nuit,
Fouetta les blessés, releva les bras affaiblis
Et réveilla même dit-on ceux là qui s'étaient crus morts:
C'était la voix de Marie-Jeanne, elle aussi sortie du fort.
On vit dans la nuit l'éclair des armes brandies
On vit briller dans l'air le sang vermeille jailli
L'on entendit le cliquetis des sabres
Couinant contre les sabres
Ou le bruit sourd des corps tombant dans le noir,

Sans pouvoir déterminer où penchait la victoire.
Quand les ombres se dissipèrent aux premières lueurs
L'œil des canons et l'œil de l'envahisseur,
Braqués sur les remparts avec une terreur indicible,
Cherchèrent en vain les profils noirs de leurs cibles.
Quand ils se baissèrent sur le sol dévasté
À la vue de leurs généraux ensanglantés,
Debelle, Bonnet et Leclerc lui-même,
À la vue des cadavres jonchant la plaine,
Imbibée de sang bleu, rouge, blanc et noir,
Ils réalisèrent alors avec désespoir
Que la Crête-à-Pierrot désertée,
N'avait plus rien à livrer:
Sans doute quelques centaines de cadavres
Mais point de futurs esclaves…

—*Charlot Lucien* juillet 2005

(Références historiques sur les chiffres et dates avancés: *Mémoires de Saint Domingue*, par Thomas Madiou; *Les Jacobins noirs*, par CRL James, sur les techniques de guérillas des Noirs; *Written in Blood* by Robert, Nancy and Michael Heinl; *This Guilded African*, by Wenda Parkinson; *The Stone That the Builder Refused*, Madison Smartt Bell; Bibliographie haïtienne par Max Manigat)

Poèmes de Jean André Constant

(Non-titré)

je suis entré dans la vie
une bougie en main
mais sans intention aucune
de remplacer la lumière du jour
mais chaque jour
comme par formalité
la lumière du jour
bat en croissante retraite
je me mets en alerte
je m'enferme alors
dans le cercle de la bougie
et de son peu de lumière
en attente d'un éclair
promis par les yeux d'une femme
(ne pensez pas à ma maman)
puis mes yeux s'enferment
dans les yeux de la femme
qui devient un vieux songe

dans la nuque des ténèbres
ce songe ronge mes jours
et quand je fais l'inventaire
de ses tours et détours
autour de ma bougie
je crache de rage
mais la rage s'attaque à la bougie
qui en retour devenant plus vive
arrache au songe ses rayons
comme un cycle d'amour
alors bougie en main
je m'en prends aux ténèbres
tout en craignant de créer de l'ombre
dans le sillon des songes
tout en craignant de tuer les songes
dans l'aire glacée des ténèbres
rien que pour remplacer la lumière
…absence du jour…

(janvier, 2007)

**Un profile de l'un des trois tritons de la Fontaine
des Mers**. Derrière lui est une Néréide. —*photo par
David Henry*

À Farah Kerbie Dessources

et si ce n'était que le début de l'aventure
quand la violence prend de l'air
emportant le sel de la mer
la peur sans hésitation casse les regards
et l'obscurité se rue sur les débuts et la fin
l'obscurité se rue sur la calvitie des rues
et si ces rues portaient encore
une robe de fierté
un brin de vie
mais déjà la vie bat de l'aile
on a déjà commencé à dénombrer
les vies en perte de fierté
les os des enfants d'une terre perdue
on a déjà ouvert chaque fibre
de ces blessures trop peuplées
incandescentes
le calme était déjà trop loin
pour s'en souvenir
tout autour de nous des souvenirs:
des déportés de la lune
des observateurs aveugles
des citoyens de pacotille
des mitraillettes d'enfants bandés
la faim tremblant encore sur leurs lèvres
leur avenir verdâtre brillant
à travers leur cercueil improvisé
un beau canevas plus beau que le tableau
pourquoi emporte-t-on cette jeunesse
dans la buée des dernières lueurs de fierté?
au moins ils ont vécu et combattu en toute fierté
pour une prophétie éternelle
—disent les plus cyniques
Farah es-tu la dernière victime?
mère de son parler saignant
alors qu'écoutaient d'autres jeunes cadavres
dans les parages
relâcha le front de la fille et lui dit
«regarde plus près
et tu verras encore
les traces de la sève douce
venant de tes rêves amoureux»
mais Farah retint son souffle
ses yeux fixant obscurément ses orteils
écoute ma fille

ta dignité de femme n'était pas un échec
tant que la lumière des colères
(peu importe sa portée)
dans le brouhaha des bavures
dénude mais jamais ne trahit

—Jean André Constant janvier, 2007

Pour saluer le centième anniversaire de naissance de Jacques Roumain

—par Franck Laraque

Le 4 juin 2007 marquera le centième anniversaire de naissance de Jacques Roumain, né le 4 juin 1907 à Port-au-Prince. Poète, romancier, essayiste, ethnologue, journaliste, diplomate, il est probablement le plus célèbre et le plus aimé de nos arbres musiciens. "Langston Hughes, des États-Unis, Nicolas Guillén, de Cuba et Jacques Roumain d'Haïti, sont les trois poètes de couleur qui alimentent leur vocation poétique à la source vitale de leurs peuples respectifs, sans distinction de race", a dit Paul Laraque (*Rencontre* #4 Cresfed, 1993). L'objectif prioritaire de ces trois grands amis et frères de combat était d'intégrer, malgré des obstacles apparemment insurmontables, les classes démunies dans le circuit économique, social et culturel de leurs pays. Pour montrer rapidement différents aspects du génie qu'était Jacques Roumain, nous alignerons des citations de témoignages de quelques grands écrivains et patriotes:

«La multidimensionalité de Roumain allie l'art et la militance, l'humanisme et le scientifique. Il en résulte une capacité peu commune de pénétrer le culturel et le social jusqu'aux profondeurs de l'existence de ceux qui vivent et qui luttent.» (Gérard Pierre-Charles in *Rencontre* #4)

«Il grandit dans le compagnonnage de nos moissons, de nos souvenirs d'épopée, de notre petit peuple, de ses couleurs et de ses papillons. Il devint "une rose de raison", une force impétueuse, redoutable, calme et contrôlée, une aile dans le vent… Les peuples sont des arbres qui fleurissent malgré la mauvaise saison, à la belle saison, notre arbre continue à vivre. Un peuple qui vient de produire un Jacques Roumain ne peut pas mourir. Roumain est une immortelle qui fertilise nos ramures par son amour universel. Tous les grands Haïtiens qui fleuriront désormais sur notre sol ne pourront pas ne pas lui devoir quelque chose.» (Jacques Stéphen Alexis "Jacques Roumain Vivant" reproduit dans *Rencontre* #4)

«Il était magnanime. Il était incommensurable, les pieds dans la poussière, la tête dans l'infini. C'était in prince de bonté, un messager lumineux dont le glaive fleuri était humide encore de la rosée des champs. Roumain demeure l'un des plus grands parmi les hommes qu'Haïti ait jamais enfantés et nourris. Un jour, au milieu de la cité, le peuple ému lui élèvera un monument à sa mesure de géant.» (Anthony Lespès "Pour Défendre Jacques Roumain" reproduit dans *Rencontre* #4)

Jacques, le personnage de ce poème,
murmurait parfois
—Haïti est une éponge trempée dans le sang.

Qui va exprimer l'éponge, l'insatiable éponge? Peut-être lui,
avec sa rage séculaire. Peut-être lui,
avec ses doigts de songe. Peut-être lui,
avec sa force de songe céleste…
Peut-être.

(Nicolas Guillen «Élégie à Jacques Roumain» in *Rencontre* #4)

je te dis liberté
et c'est un mot de paix
c'est un mot comme tracteur barrage engrais
je t'amène par la main aux sources de la vie
voici des peuples la grande assemblée
pour la récolte dans la rosée

(Paul Laraque «Une seule voie» à la mémoire de Jacques Roumain, in *Œuvres Incomplètes*)

Elle marche,
Et c'est une scène d'une grandeur simple
et inoubliable,
Elle est ta femme,
mais elle est aussi ta camarade,
Elle est ta camarade,
mais elle est aussi une immense douleur,
un pauvre être ébranlé,

Elle seule sait ce qu'elle a perdu
et mesure
de tout son déchirement militant
quel irréparable recul
nous avons fait ce soir terrible.

(Jean F. Brierre «Elle Marche!» in *Nous garderons le dieu,* un
recueil de 22 poèmes, en hommage à Roumain)

«Le message de Manuel dans *Gouverneurs de la rosée* demeure actuel.
Dans ce roman, il fallait sauver l'eau. Aujourd'hui, il faut ensemble sauver
le pays par le rétablissement de la sécurité dans un grand Konbit national au
son du tambour fraternel. (…) La sécurité nationale, la priorité et le devoir
civique de tous les Haïtiens.» (Franck Laraque in *Haïti: La Lutte et l'Espoir*)

Des organisations haïtiennes et étrangères se préparent à célébrer cet
anniversaire. Il est donc approprié de rappeler que le parti «En Avant» et
«L'Heure Haïtienne» ont pris l'heureuse initiative de commémorer en 1977,
à Columbia University, New York,, avec le concours de Paul et de Franck
Laraque, le soixante-dixième anniversaire de naissance de Roumain. Voici
un résumé du programme du Mémorial Jacques Roumain:

Modérateur: un membre de «L'Heure Haïtienne»

Première partie en anglais. Conférenciers ou intervenants: Paul Laraque,
écrivain-activiste, René Bélance, écrivain-professeur à Brown University,
Martha Cobb (USA), Présidente de la Section des Langues Romanes
(Howard University), Franck Laraque, écrivain-professeur au City College,
NY, Bruce Berlind (USA) professeur à Colgate University, Cary Hector,
écrivain-professeur à l'Université de Québec, poème à Jacques Roumain
d'Andrew Salkey (Jamaica), poète-professeur à Amherst College, Roberto
Marquez (Porto Rico), écrivain-professeur à Amherst College.

Deuxième partie en créole. Lucas Prémice, syndicaliste, ami de Roumain,
Ghislaine Rey Charlier, écrivain-activiste, Paul Laraque, un membre d'«En
Avant», un show culturel (poésie, chants, danses avec «Atis Endepandan»,
Maryse Coulanges, Wanda Wiener, Arnold Elie, The Shango Troup, Tite
Pascal. Scènes de *Gouverneurs de la Rosée.*)

La version française remaniée de la conférence prononcée en anglais par
Franck Laraque lors de ce Mémorial est publiée ci-après.

—*Franck Laraque* février 2007

Deuxième partie / dezyèm pati / second part

Spécial Centenaire / Espesyal Santenè / Special Centennial Jacques Roumain!

Winter 2008 issue / Numéro hiver 2008 / Nimewo ivè 2008

Poésie révolutionnaire dans le contexte de l'héritage Jacques Roumain

—par Franck Laraque

*cette terre qui saigne de tous ses ruisseaux effilés
qui rougeoie de tous ses mornes pelés
qui crie de toutes ses bouches fermées
cette terre à vif
que son peuple ne veut plus engrosser.*
(Guy F. Laraque in *Les Oiseaux du Temps* p. 90)

*je te dis liberté
et c'est un mot de paix
c'est un mot comme tracteur barrages engrais
je t'amène par la main aux sources de la vie
voici des peuples la grande assemblée
pour la récolte dans la rosée.*
(Paul Laraque in *Œuvres Incomplètes* p. 153)

Jacques Roumain à droite, avec Nicolas Guillén. —*photo de Michel Doret, 1942*

Nous tenons tout d'abord à remercier le Rectorat de l'Université d'Haïti pour l'invitation de participer au Colloque International dans le cadre du Centenaire de Naissance de Jacques Roumain. Nous espérons que c'est un premier pas dans le resserrement des liens Haïti-Diaspora et l'élimination de la classification: Haïtiens de l'intérieur, Haïtiens en dehors et Haïtiens de la diaspora. Le Rectorat étant perçu comme un organisme éducatif et culturel et non pas en premier lieu comme un organisme politique peut jouer un rôle prépondérant à cet effet. La commémoration d'un tel anniversaire est à bon droit une célébration populaire. Elle ne doit pas cependant se contenter de n'être que cela. Notre intervention se propose de contribuer à définir ce qu'elle peut ou doit être. Nous voulons aussi rendre hommage à Léon-François Hoffmann pour son monumental et incomparable *Jacques Roumain Œuvres complètes* et à la feue Carolyn Fowler qui l'a précédé dans cette enrichissante voie avec *A Knot in the Thread: The Life and Work of Jacques Roumain*

Signification de l'expression «l'héritage Jacques Roumain»

L'héritage Jacques Roumain est une page d'histoire faite de sa vie et de ses œuvres au service d'une cause. Jacques Roumain est l'incarnation ou la réincarnation d'une idée-force, une idée devenue action révolutionnaire contre l'occupation, contre la dictature, pour l'abolition de l'exploitation d'une classe par une autre. Cette même idée-force contre le colonialisme, le néo-colonialisme, l'impérialisme, qui traverse notre histoire de 1492 à nos jours. De 1492 à 1920, elle adopte la lutte armée comme stratégie. Elle est tout à tour incarnée par Caonabo, cacique Henri, Makandal, Boukman, les marrons, Dessalines et les autre héros de l'indépendance, Acaau, Charlemagne Péralte et Benoît Batraville. À partir de 1929, cette idée-force, incarnée par Jacques Roumain et le mouvement nationaliste contre l'occupation et Borno, adopte une stratégie nouvelle: la grève et les manifestations de rue. Les emprisonnements, la grève des étudiants de l'école d'agronomie de Damiens, le foisonnement des associations d'étudiants dont trois des plus connues forment une fédération qui choisit Roumain comme président d'honneur, Marchaterre, la grande manifestation des femmes haïtiennes adoptant au lieu des festivités carnavalesques une grande journée de deuil et de prières au cours d'une marche pour la désoccupation, des pétitions et témoignages contre les excès des marines et du gouvernement collaborationniste, un programme bien structuré pour le rétablissement de la liberté de législation et de l'autorité administrative contribuèrent à l'élection d'un président provisoire, Eugène Roy, qui convoqua des élections législatives dont les élus choisirent Sténio Vincent comme président pour six ans (18 novembre 1930). Bénéficiaire des grèves et manifestations de rue, il n'allait pas tarder à interdire ces moyens pacifiques comme le tenteront sans succès quelques-uns de ses successeurs. En effet, ces moyens pacifiques ont aidé à mettre un terme à la dictature de Lescot, de Magloire et de Jean-Claude Duvalier. Voilà l'héritage Jacques Roumain. Comme nous dit hyperboliquement Roussan Camille: *«Mais, Jacques Roumain/c'est toi notre pays»* (Hoffmann 2003: 1643). Sa vie et ses œuvres forment un tout indissoluble que notre texte s'efforcera de profiler tout le long de son développement. Ce tout, sans hiatus, se divise en deux périodes: la période indigéniste-nationaliste (poésie traditionnelle) et la période socialiste (poésie révolutionnaire). Paul Laraque dans sa remarquable étude inachevée «Jacques Roumain ou la Rosée du Socialisme» observe «l'individualisme forcené de la période indigéniste et le pessimisme désespéré des œuvres de jeunesse débouchent désormais (1934) sur la lutte collective et l'espoir».

Jacques Roumain, deuxième en partant de gauche, à Cuba.

Période indigéniste

Au cours de cette période (1927–1933) sont publiés ses poèmes dans *La Revue indigène*, *Anthologie de la Poésie Indigène* et des périodiques ainsi que ses œuvres en prose *La Proie et l'Ombre* (1930) avec une préface d'Antonio Vieux, *Les Fantoches* (1931), *La Montagne ensorcelée* (1931) avec une préface de Jean-Price Mars. La critique est presque unanime à faire l'éloge d'un jeune écrivain qui, dans sa quête identitaire, dénonce à la fois les cruautés de sa classe contre le peuple et la déchéance d'une jeunesse engluée dans la fatalité. Par contre, c'est durant cette période que se manifeste dans la réalité le début de la conscience politique d'un progressiste en pleine action que nous avons essayé de décrire plus haut.

Nous pensons que cette idée-force est mieux servie par une poésie révolutionnaire que par la poésie traditionnelle qui a bien moins d'intensité parce que se consacrant uniquement à la beauté de la forme. Avant d'entrer en plein dans la poétique révolutionnaire de Roumain, donnons quelques exemples de la différence de l'intensité poétique des images des poèmes de la période indigéniste et de la période révolutionnaire.

Sur le silence / Période indigéniste:

J'écoute le silence
Embaumé de l'encens
Des fleurs irréelles. (Midi)

Alors tout se tut pour laisser
Applaudir le tonnerre. (Orage)

Le plomb de nuit s'égoutte dans le silence
(Attente)

Période socialiste:

le silence
plus déchirant qu'un simoun de sagaies
plus rugissant qu'un cyclone de fauves
et qui hurle
s'élève
appelle
vengeance et châtiment
un raz de marée de pus et de lave
Sur la félonie du monde
et le tympan du ciel crevé sous le poing
de la justice (Prélude)

Sur la répétition / Période indigéniste:

*La pluie
tombe, tombe, tombe, tombe*
(Attente)

Période socialiste:

*...pour en finir
une
fois
pour
toutes*

*avec ce monde
de nègres
de niggers
de sales nègres* (Sales Nègres)

Sur l'appel aux dieux / Période indigéniste:

*Je projette l'arc de mon bras
par dessus le ciel* (Le Chant de l'Homme)

Période socialiste:

*Cortège titubant ivre de mirages
Sur la piste des caravanes d'esclaves
élèvent
maigres branchages d'ombres enchaînés de soleil
des bras implorants vers nos dieux.* (Prélude)

La poésie révolutionnaire de Roumain dans ce contexte

Avant de définir son concept de la poésie dans son article «La Poésie comme Arme», Roumain pense que le poète n'a pas le droit de se considérer comme un esthète indifférent aux souffrances humaines. Il «est surtout un contemporain, la conscience réfléchie de son époque...Le poète est à la fois témoin et acteur du drame historique. Il y est enrôlé avec sa pleine responsabilité. Et particulièrement dans notre temps, son art doit être une arme de première ligne au service du peuple». C'est ce même raisonnement que Sartre reprendra bien plus tard. Roumain est convaincu de la puissance mobilisatrice de la poésie pour enrôler le plus grand nombre de lecteurs contre l'exploitation des masses. Il est inconcevable qu'au nom de la liberté de l'art le poète puisse se désengager du temps historique et se séquestrer dans une solitude stérile. Sa conception poétique, il la définit ainsi: «Si au contenu de classe du poème nous pouvons allier la beauté de la forme, si nous savons apprendre les leçons de Mayakovski, nous pourrons créer une grande poésie humaine et révolutionnaire digne des valeurs de l'esprit que nous avons la volonté de défendre. (Hoffmann 2003: 730). Nous analyserons ces deux éléments constitutifs de sa poésie révolutionnaire dans le recueil *Bois d'ébène*.

Modernité de la poésie de Roumain

La définition de sa poésie par Roumain peut se résumer à une équation: contenu de classe + beauté de la forme = poésie humaine et révolutionnaire. Dans le sens de la modernité comme le conçoit Émile Ollivier dans son magistral article sur la pensée politique et littéraire de Roumain:

«L'écrivain s'élève au-dessus de son contexte national pour acquérir une portée universelle. L'internationalisme de Roumain éclate sans ambiguïté à la fin du poème et nous laisse l'une des œuvres les plus marquantes pour la décolonisation et la libération des peuples. (Hoffmann 2003: L303)... Roumain a incarné un ensemble de refus et cela constitue le lien commun entre lui et la génération actuelle» (1312).

Le contenu de classe

Le contenu de classe indique clairement une prise de position contre l'impunité pour la destruction de sa cause qui est l'exploitation d'une classe par une autre. Les différents poèmes de *Bois d'ébène*, «L'Amour et la Mort» excepté, exposent les humiliations, injustices et châtiments de toutes sortes infligés aux damnés de la terre de toutes races et qui sont les semences de la révolution. «Le Nouveau Sermon Nègre» dévoile un processus de mystification pour la perpétuation d'un abject statu quo. Il se signale par une série d'antithèses visant au rétablissement de la vérité historique mutilée à dessein. Il s'agit d'un sermon nègre nouveau et différent. Le serment de la victime qui se rebelle et désarticule le mythe. Un vers résume le travestissement historique pour le maintien des privilèges, par la violence, la corruption et la puissance converties en vertus. «Ils ont fait de l'Homme saignant le dieu sanglant.» L'Homme (avec H majuscule) qui saigne, blessé par les autres, est transformé en un dieu (d minuscule) couvert du sang des autres qu'il a frappés. Le poète ne s'attaque pas à la religion catholique. Il fixe sa position dans ce domaine:

«Je respecte la religion, toutes les religions. Bien que non-croyant, j'ai écrit pour mon fils et je lui ai lu une *Vie du Christ* parce que, à l'époque, c'était le meilleur moyen de lui enseigner le respect

et l'amour du peuple, la haine de ses exploiteurs, la dignité
de la pauvreté, la nécessité de la 'fin du monde' du monde de
l'oppression, de la misère, de l'ignorance; la vénération, enfin,
pour ce Fils de l'Homme qui consentit à une mort atroce pour
sauver l'humanité et qui aujourd'hui est bien mieux représenté
par un ouvrier communiste tombant devant le peloton
d'exécution nazi que par de gras prélats collaborationnistes,
traîtres à leur patrie et à leur mission évangélique» in «Réplique
Finale au Révérend Père Froisset» (Hoffmann 2003: 787–788).

Il dénonce plutôt le dépouillement de Jésus de son humanité pour en
faire un Christ-Roi divin, le roi des Riches, des Puissants et des Conquérants.
Un Dieu créé à leur image. La religion catholique prône la dualité de Jésus,
homme et Christ. Mais ce Christ n'a rien de commun avec l'homme qu'il
a été. Cette transformation permet de prêcher la divinité de Jésus tout en
passant sous silence son enseignement et son existence d'homme. De ne pas
avoir à signaler sa vie modeste parmi les humbles et ses prises de position en
leur faveur. Il est né dans une étable, non pas dans une luxueuse résidence.
Il a été un ouvrier comme son père adoptif un charpentier. Plus tard, il a
vécu dans les rues et la nature, une sorte de hippie qui a choisi la pauvreté
parmi les masses qui l'ont accueilli comme leur leader. Prophète, il a chassé
les vendeurs du temple. Il a déclaré «qu'il est plus facile à un chameau de
passer par le chas d'une aiguille qu'à un riche d'entrer dans le royaume des
cieux.» En fait ou potentiellement, il était considéré au point de vue religieux
et politique comme un danger pour la hiérarchie juive aussi bien que pour
l'occupation romaine qui ont décidé de sa mort. Ponce Pilate et la foule
rendue hostile ont libéré Barrabas à la place de Jésus qui a été condamné à
la crucifixion, punition romaine et probablement le supplice le plus cruel
de tous les temps. Ses disciples, les premiers, ont opté de prêcher la divinité
au détriment de l'action du contestataire. Il est vrai qu'ils ne se sont jamais
solidarisés avec lui à ses moments difficiles. Absents à son jugement. Absents
à son calvaire. Absents à sa crucifixion. Il nous paraît intéressant de constater
que le contenu de classe, préconisé par Roumain, remonte à l'enseignement
et à l'exemplarité de la vie de Jésus, le révolutionnaire. Comme le dit Lesley
Hazleton dans son livre *Mary* «la crucifixion des leaders de la résistance était
la punition favorite des Romains pour les rebelles, les esclaves et les traîtres…
risquer la crucifixion était un signe de courage, mourir sur la croix la mort
d'un héros» (p. 70 notre traduction). Or, Marie ou Maryam faisait partie
de la résistance de son temps… «Elle (la culture de la résistance) faisait

partie de sa culture et de son histoire en tant que Galiléenne. La répression renforçait sa détermination au lieu de l'ébranler» (p.71 notre traduction). Nourri, dès son jeune âge, de cette culture de résistance à la classe privilégiée et à l'occupation romaine, Jésus, activiste, révolutionnaire, était destiné à finir sur la croix, comme beaucoup des ses aînés et de ses contemporains.

Roumain, de plus, décrit ainsi Jésus: «Ils ont blanchi sa Face noire sous le crachat de leur/mépris glacé.» Il s'octroie le droit de penser que Jésus était noir à l'encontre de l'image du Christ blond jamais prouvée vraie, car il n'y a nulle part aucune description physique de Jésus. Il s'insurgeait ainsi contre la représentation, des siècles durant, des saints, blancs et des diables, noirs.

Dans «Prélude» et «Sales Nègres», Roumain expose la lutte contre l'exploitation du prolétariat, à l'intérieur des pays et contre le capitalisme des pays non industrialisés par les pays industrialisés, à des périodes plus récentes. Exploitation du prolétariat: «...*depuis que tu fus vendu en Guinée... Tu te souviens de chaque mot le poids des pierres d'Égypte* (Shapiro 1972: 12); «...*quand nous arrivâmes à la côte / Bambara Ibo / il ne restait de nous/ Bambara Ibo / qu'une poignée de grains épars /dans la main du semeur de morts*» (Shapiro 1972: 14); «*trop tard il sera trop tard / pour empêcher dans les cotonneries de Louisiane / dans les centrales sucrières des Antilles / la récolte de vengeance*» (Shapiro: 42). Lutte contre le capitalisme par les «forçats de la faim» de toutes races. «*Mineur des Asturies / mineur nègre de Johannesburg / métallo / de Krupp dur paysan de Castillo vigneron de Sicile paria / des Indes (je franchis ton seuil – réprouvé / je prends ta main dans ma main—intouch-able)... Ouvrier blanc de Detroit péon noir d'Atlanta / peuple innombrable des galères capitalistes / le destin nous dresse épaule contre épaule... car nous aurons choisi notre jour / le jour des sales nègres / des sales indiens/ des sales hindous/ des ales indochinois / des sales arabes/des sales juifs/des sales prolétaires / Et nous voici debout / Tous les damnés de la terre/ tous les justiciers*» (Shapiro 1972: p. 20 et 42–43). Roumain est néanmoins convaincu qu'en poésie surtout le contenu de classe ne suffit pas pour établir avec le lecteur l'indispensable communication. Il faut également la beauté de la forme.

La beauté de la forme

Le souci de l'esthétique exige que la poésie se soumette à la forme sans se réduire à la forme. Une réduction au concept de l'art pour l'art est à rejeter absolument parce qu'il fige l'art dans une solitude négative qui peut aboutir, comme dans le cas de Magloire Saint-Aude pris dans le tourbillon surréaliste, à «une machine infernale anti-bourgeoise, mais négative et anarchiste». Il ne faut pas «donner à la poésie le sens d'une petite chanson balancée entre les pôles traditionnels de l'érotisme et du rêve» (Préface à Edris Saint-Amand, Hoffmann 2003: 738). La poésie révolutionnaire se mettra à la recherche d'une image nouvelle, non pas banale, triviale, conventionnelle, mais d'une image inattendue, fulgurante, empruntant la lumière de l'éclair. Nous en citerons de multiples exemples dans les métaphores, comparaisons, répétitions et autres modes d'analogie.

Métaphores

L'image est reconnue comme un élément essentiel du poème. Sa modernité est définie par Reverdy:

> «L'image est une créature pure de l'esprit. Elle ne peut naître d'une comparaison, mais du rapprochement de deux réalités plus ou moins éloignées. Plus les rapports des deux réalités rapprochées seront lointains et justes, plus l'image sera forte, plus elle aura de puissance émotive et de réalité poétique» (Caminade 1970: 10).

Chez Roumain, ces rapports seront lointains et justes. D'où une image qui éblouit, éclaire. La fulgurance de l'image surprend, séduit, et rend ainsi plus réceptif le contenu du poème. «Prélude» *(Bois d'ébène)* nous en offre des exemples saisissants comme:

Le silence
plus déchirant qu'un simoun de sagaies
plus rugissant qu'un cyclone de fauves

L'image devient moins étrange quand on la place dans le contexte de l'Afrique et que le vocabulaire s'enrichit des mots «simoun» et «sagaies». Simoun, vent chaud et violent et sagaie, javelot des Africains, sont des réalités distantes, mais le lancement simultané de multiples javelots déchire l'espace comme le simoun et crée la panique ou la mort tout aussi bien. Cyclone et fauve sont des réalités distantes mais l'analogie est claire: la ruée des fauves et le cyclone sont des forces naturelles de dévastation et de mort dans un même espace. D'autres métaphores sont aussi frappantes. En voici quelques-unes: «peuple innombrable des galères capitalistes»; «*Si le torrent est frontière / nous arracherons au ravin sa chevelure / intarissable*» (nous construirons des pirogues avec les arbres du ravin pour franchir le torrent intarissable qu'est la frontière). Tout aussi remarquable est la rupture du vers par suite d'inversions qui crée un transfert de sens. Ainsi dans les vers «*élèvent / maigres branchages d'ombre enchaînés de soleil / des bras implorants vers nos dieux… les maigres bras (d'esclaves) dont les chaînes reflètent le soleil sont de maigres branchages d'ombre enchaînés de soleil. Dans les Cheminées d'usine / palmistes décapités d'un feuillage de fumée / délivrent une signature véhémente».* Le feuillage des palmistes décapités se transforme en fumée d'usine. La métaphore peut donner l'illusion de l'effet précédant la cause. Ainsi dans le vers *«quand la mitrailleuse crible la passoire du silence»* (Madrid, n'est pas inclus dans *Bois d'ébène);* c'est bien le silence qui, criblé par la mitrailleuse, devient une passoire et laisse passe le crépitement de l'arme meurtrière. Le poète invite son lecteur à l'effort de s'instruire pour, en plus de sentir, comprendre machinalement en même temps.

Comparaisons

La comparaison, métaphore utilisant le plus souvent le mot-outil «comme» est rejetée par Reverdy parce que selon lui «il n'y a pas création d'image si l'on compare deux réalités identiques» (Caminade 1970: 15). Or, Roumain et les auteurs modernes qui utilisent la métaphore et la comparaison n'entendent pas lier deux réalités identiques mais rapprochent deux réalités distantes ayant un certaine analogie. De cette façon, c'est avec succès que Roumain adopte la métaphore et la comparaison. La comparaison qui connecte des réalités éloignées produit une image frappante et inattendue malgré la préposition «comme» qui semble l'annoncer. Les exemples suivants le montrent bien: *«et la vieille tour attachée au tournant de la route / comme un chien fidèle au bout de sa laisse... (...) et l'élan de ta misère a dressé les colonnes des temples / Comme un sanglot de sève la tige des roseaux»* (Shapiro 2003: 10):

> *Toi qui écartas du visage de la prostituée*
> *Comme un rideau de roseaux ses longs cheveux*
> *Sur la source de ses larmes* (Shapiro 2003: 26).

Les longs cheveux de la prostituée (dont le nom n'est pas cité et qui pour beaucoup serait Marie Madeleine) que baignent les larmes sont comparés au rideau de roseaux bordant la source mais les mots sont intercalés pour un transfert de sens. De plus, métaphores et comparaisons associent images visuelles et images non visuelles:

> *Afrique j'ai gardé ta mémoire Afrique*
> *Tu es en moi comme l'écharde dans la blessure*
> ....
> *L'assemblée des montagnes*
> *Habitée de la haute pensée des éperviers*

En effet, «Afrique / tu es en moi», image non visuelle; «Comme l'écharde dans la blessure», image visuelle; «l'assemblée des montagnes», image visuelle; «habitée de la haute pensée des éperviers», image non visuelle. Comparaisons, métaphores et autres figures stylistiques employées par Roumain, si elles ne sont pas détachées du contexte physique du poème, ne sont pas plus difficiles que celles de certaines de nos chansons: «tu es un afiba dedans mon calalou / Le doumbœuil de mon pois, mon thé de z'herbe à clous / l'acassan au sirop qui coule dans ma gargoine.» L'étranger et même le jeune Haïtien qui n'a vécu qu'à l'étranger sans la moindre idée de ces mots devront en chercher le sens. Chez Roumain, l'utilisation de ces figures stylistiques tend à faire de leur pluralité une image unique. «L'image comme poème ou l'image poétique… l'image [qui] accueille la pluralité des significations» (Octavio Paz, cité par Caminade 1970: 62, 63). Des vers de «Prélude» semblent énoncer un concept similaire:

Comme la contradiction des traits
Se résout en l'harmonie du visage
Nous proclamons l'unité de la souffrance

La beauté de la forme est renforcée par la sonorité de l'image qui ne se limite pas qu'au rythme. Autrement dit, les images sont parlantes, le message est clair ou le bruit audible. «Prélude» en offre un grand nombre: «si la palme se déchire en haillons»; «une lumière chavirée t'appelle»; «un sanglot de sève» «et (le silence) qui hurle / s'élève /appelle /vengeance et châtiment». Ou encore les vers:

Christ entre deux voleurs comme une flamme déchirée
Au sommet du monde
Allumait la révolte des esclaves («Nouveau Sermon Nègre»)

Pertinence ou (actualité) de la poésie de Roumain

L'influence de la poésie de Roumain ne s'est pas limitée à de grands poètes de sa génération comme Jean F. Brierre et Anthony Lespès. Elle s'est étendue à plusieurs générations postérieures, à des poètes de talent comme René Bélance, Paul Laraque, Guy Laraque, René Depestre, Anthony Phelps, Frank Etienne, Jean Métellus, etc. Certains d'entre eux ont fait une plus grande place à l'arbitraire de l'imagination, d'autres à la clarté de l'expression. Ses œuvres en prose et son militantisme ont exercé une grande influence sur Jacques Stéphen Alexis («Un peuple qui a produit Jacques Roumain ne peut pas mourir») et bien d'autres romanciers et essayistes. Une comparaison de certains de ses vers avec des titres d'ouvrages d'autres écrivains en donnent une idée:

«Debout les damnés de la terre»
Les Damnés de la Terre de Frantz Fanon

«(un silence) de vingt cinq mille traverses de *Bois d'ébène*
Sur les rails du Congo-Océan»
Les bouts de bois de Dieu de Sembene Ousmane

«les arbres déchiquetés se redressent, gémissent comme des
violons désaccordés» (Madrid)
Les arbres musiciens de Jacques Stéphen Alexis

«La poésie comme arme» (article)
Les armes miraculeuses d'Aimé Césaire
Poésie quotidienne/ les Armes quotidiennes de Paul Laraque

L'actualité du message de Roumain ne réside pas seulement dans la modernité de sa poésie et la fraternité universelle des exploités pour un monde plus juste, mais aussi et surtout dans la volonté inébranlable du poète de rétablir l'authenticité du passé. La quête de l'authenticité historique de Jésus-Homme contre le révisionnisme religieux qui a construit un Dieu n'ayant aucun rapport, comme nous avons insisté plus haut, avec l'humanité de la vie du Jésus contestataire d'un ordre établi inique et cruel. En effet, ce révisionnisme a fait «du pauvre nègre le dieu des puissants», de «ses bras de prolétaire qui halaient de lourds chalands l'arme de ceux qui frappent par l'épée»; du défenseur des pauvres, le complice des voleurs. Au nom de ce Dieu contrefait, de puissants leaders politiques appuyés par des chefs religieux, se confèrent la mission «civilisatrice» de conquérir par le feu et par les armes causant terreur et panique (shock and awe). Le combat initié par Roumain est actuel et peut-être aussi victorieux que celui mené pour détruire le mythe d'une Marie-Madeleine prostituée et rétablir la vérité historique de Marie-Madeleine, disciple et âme-sœur de Jésus. Présente à sa crucifixion. Son disciple le plus fidèle et le plus aimé. Le pape Jean-Paul II disait en Haïti sous la dictature de Jean-Claude Duvalier «les choses doivent changer ici». Ce n'est pas en Haïti seulement qu'elles doivent changer. Mais partout dans le monde où l'épée, la croix et l'or imposent l'exploitation antichrétienne des pauvres par les riches. Cette quête de l'authenticité, Roumain l'a voulue dans le passé et le présent.

Il préconisait l'unité pour la résolution des problèmes terrestres au lieu d'une fuite dans la religion ou la poursuite de boucs émissaires. Les problèmes terrestres, il les a définis avec précision: le chômage, la guerre, la lutte antifasciste, la liberté, la justice, le droit à une vie décente pour toute l'humanité. Les mêmes qui existent actuellement et qui épousent d'autres formes: montagnes de détritus, bidonvilles noyés dans la fange, campagnes abandonnées, corruption, écologie en agonie, incompétence et mauvaise foi des dirigeants, maintien des masses dans l'ignorance des solutions, sécurité alimentaire des poubelles, etc… Jacques Roumain n'a pas fait qu'observer et critiquer, il a laissé des solutions concrètes dans ses deux œuvres posthumes: *Gouverneurs de la rosée* (roman) et *Bois d'ébène* (recueil de poèmes).

Gouverneurs de la rosée

Notre intervention se concentre sur la poésie révolutionnaire de Roumain. Nous avons mentionné qu'elle se propose de contribuer à définir ce que la célébration de son centenaire peut et doit être. C'est pourquoi nous abordons ce roman qui représente, à nos yeux, une solution à la crise haïtienne à l'échelle nationale. Les années de gestation de cet important roman (1940–1944) terminé à Mexico font partie de la période d'exil et du retour en Haïti qui semble marquer un changement de la politique de Roumain en ce qui concerne la lutte des classes en Haïti (1936–1944). Ce changement est indiqué dans les lettres de Roumain à son épouse Nicole qui révèlent le grand amour de ce couple. Un amour extraordinaire que le marxisme a cimenté et dont les critiques parlent rarement. Jean F. Brierre, à la satisfaction de Jacques Roumain, souligne: «Et tu te souviendras que j'ai été heureux le jour où j'ai pu placer Nicole à côté de toi dans le même culte» (Hoffmann 2003: 914). Ces lettres exposent les dures conditions de l'exilé qui s'avèrent déterminantes.

Les grands traits de la période 1936–1944

Cette période voit l'apparition d'un Roumain fort différent. En Haïti, jusqu'à son départ en août 1936, Roumain est financièrement parlant un bourgeois qui se désolidarise des intérêts de sa classe pour se solidariser avec le sort des ouvriers et des paysans, mais il n'est pas l'un deux. Il est encore de l'autre coté de la barricade. À partir d'août 1940, à New-York, sa situation financière se corse. Il ne peut envoyer qu'un dollar à Nicole. Il commence à appréhender le coût mensuel des dépenses: 5 dollars 50 par semaine, soit $22; $2 par jour pour les frais de transport et la nourriture, soit $60. Un total de $82 et il ne compte que sur la générosité de sa mère. Il a beau surveiller les centimes, il n'arrive pas à faire voyager Nicole dont l'absence est pour lui une source de tristesse indicible. Un écrivain célèbre internationalement, qui est invité à prononcer des conférences hautement appréciées, n'arrive pas à gagner sa vie bien que vivant dans une chambre exiguë et comptant ses sous. Souffrant de froid, et paludéen de surcroît, il est contraint de minimiser son mal pour ne pas trop inquiéter sa vigilante épouse. Il a enfin la joie de sa présence pour quelques semaines. Heureusement que le syndicaliste haïtien Lucas Premice et sa femme font tout leur possible pour rendre son exil moins pénible. Ses amis se cotisent pour lui payer ses frais d'inscription à Columbia University, une humiliation de plus. Une chose est de s'imaginer la souffrance des misérables avec qui on compatit, tout autre chose est de sentir cette souffrance dans sa propre chair. De plus en plus, le héros sublime, auréolé de gloire, déifié, fait place à un homme comme tous les autres. Un être ballotté par le malheur, un peu étourdi par ce qui lui arrive et accomplit sans trop se plaindre les menues tâches quotidiennes et ses démêlés avec l'immigration. Il quitte New York en décembre 1940, pour la Havane qu'il aime pour son climat, sa population plus bienveillante, sa proximité d'Haïti, l'amitié de Guillén et du système politique. C'est l'administration plutôt démocratique du premier Batista qui se transformera plus tard en une féroce dictature. Les ennuis d'argent ne sont pas moindres, ni son confort meilleur, ni l'absence de sa Nicole adorée moins pénible bien que séparé d'elle par 90 milles de distance. Son humour est triste: «Quels que soient mes plans, je me heurte chaque fois à l'obstacle matériel, à cette maudite question d'argent qui est comme une barrière infranchissable. Et j'ai peu de foi en la providence ou—ce qui revient au même—dans la Loterie Cubaine» (Hoffmann: 902). Il reçoit de sa mère 30 dollars par quinzaine soit 60 dollars le mois, alors qu'il a besoin de $22 pour ses loyers. Il ne dispose que de $8 pour les dépenses de nourriture, de transport, de lessive et de cigarettes (on n'a pas encore révélé les effets mortels de la cigarette sur la santé).

C'est pendant ses dures années d'exil que Roumain conçoit et écrit *Gouverneurs de la rosée,* le second en titre, fort différent du premier récit publié dans la revue *Regards* en août 1938. Un récit fictif qu'il faut placer dans le temps historique 1918–1920, soit la guérilla de Charlemagne Péralte-Benoît Batraville, à la différence que ces deux chefs n'ont pas été vaincus militairement, que leurs troupes ont été massacrées alors que Jean-Gille et Mirville et leurs compagnons de lutte vaincus militairement sont en vie. Le corps à corps avec la nature pour le pain quotidien interrompu par l'indispensable guérilla ne va pas tarder à reprendre. Jean-Gille pense que «la guerre est une catastrophe, une tempête, ça vous arrachait à la terre comme un arbre par les racines… c'était un accident en dehors de la vie véritable qui était d'être planté au milieu de son champ, de son jardin de vivres, d'être réglé sur le soleil et la nuit, la pluie et la sécheresse» (Hoffmann 203: 253). Deux ans qu'ils se sont battus sans que leur courage ait jamais faibli. Se profile l'appel de la terre et de l'eau. Le mariage, l'accouplement de l'au et de la terre qui était devenu un rituel dont il n'a jamais perdu la mémoire. Un rituel dont l'ultime acte d'amour de Manuel et d'Annaïse au pied de l'arbre de l'eau annonce le retour et pour lequel Manuel accepte de mourir. Courageusement Jean-Gille lève la marche vers la vie véritable, la vie dans leur terre avec ses misères et ses joies. Voilà le legs qu'il confie à Manuel. Par contre, le roman, le nouveau *Gouverneurs de la rosée* se situe à une époque bien différente. Depuis 1934, l'occupation militaire du pays a cessé, grâce à une lutte pacifique menée contre le régime collaborationniste de Borno par Roumain et le mouvement nationaliste mais l'exploitation des paysans demeure. Manuel est le leader paysan avec la lucidité de Roumain. De retour au pays, Manuel, le viejo, comprend que Fonds Rouge est divisé par des familles qui se sont entretuées pour un lopin de terre, division qu'entretient le chef de section représentant le gouvernement déprédateur, et surtout par la sécheresse qui menace l'existence de tous.

La priorité, l'objectif principal de la survie doit être l'unité des familles pour le partage équitable de l'eau, régénératrice de la terre, de la vie. Une option que choisit Roumain, même avant son retour au pays. Son exil ne mène à rien. Sa priorité est le retour au pays pour cibler, face à la conjoncture, les priorités de la lutte selon les forces en présence. Évidemment les solutions sont plus faciles dans un roman que dans la réalité. Nous envisagerons brièvement son itinéraire de l'exil à son retour. Nous avons déjà souligné la transformation de Roumain par la dureté de l'exil et la force de son amour pour Nicole. Le sort de l'exilé urbain sans être identique au sort du paysan haïtien exilé dans son propre pays crée un fort lien entre eux. La ressemblance de sort, l'invulnérable amour du couple Jacques et Nicole sont infusés dans le roman et le rendent vibrant et réceptif à toutes les couches sociales. Le message est sans équivoque: la renaissance d'Haïti passe par la renaissance de la région rurale rétablie par la régénération de l'agriculture et de l'écologie. Ce qui paraît surprenant, c'est le revirement de Roumain, son mutisme et même son éloge de l'administration de Lescot. Faire marche arrière s'avère nécessaire.

Après quatre emprisonnements dans les cachots de Port-au-Prince où il attrape le paludisme dont il ne guérira jamais, sa santé branlante, il est contraint de quitter le pays. Pendant cinq ans il connaît les rigueurs de l'exil, dont nous n'avons donné qu'une idée. Son ennemi juré, le Président Vincent ayant décidé de renoncer au pouvoir, l'élection du nouveau président offre la possibilité d'un retour au pays. À partir d'ici, les circonstances et actions sont floues, imprécises et sujettes à interprétations, presque tous ses contemporains sont décédés et nous n'avons pas accès quant à présent aux journaux et documents de l'époque. Les élections présidentielles sont fixées au 15 avril 1941. Roumain insiste pour que Nicole lui en fasse savoir immédiatement les résultats qui semblent le laisser pessimiste puisque Lescot, ministre de l'Intérieur sous Vincent, était l'un de ses persécuteurs. De plus, Lescot ancien ambassadeur à Ciudad Trujillo et à Washington, est nommé sénateur par Vincent qui lui passe le pouvoir. Brusque changement de situation: Roumain est admis à retourner trois jours après l'entrée en fonction de Lescot le 15 mai 1941. Dès son retour, il se consacre, comme il l'avait annoncé, aux travaux scientifiques—spécialement ethnologie et anthropologie. Sa prise de position en faveur de l'Union soviétique se durcit, sa politique nationale fait volte-face ou du moins apparemment.

En effet, au moment de prêter serment Lescot déclare sa volonté de continuer la politique de son prédécesseur, Sa politique extérieure sera le reflet de la politique du Grand Voisin et la République Dominicaine sous Trujillo est une alliée naturelle. Son accord avec la Shada est une catastrophe pour les paysans dont les champs de vivres, de fruits, de denrées sont détruits pour la culture de la cryptostegia. La Shada reçoit à bail pour cinquante ans cent cinquante mille acres de terres plantés en bois de charpente qui seront saccagés.

La politique de l'État n'est pas moins désastreuse. En février 1941, les garanties constitutionnelles sont abolies, en décembre l'état de siège est décrété, en janvier 1942, un décret-loi attribue au Président le pouvoir de prendre toutes les mesures imposées par les circonstance. Il est évident que le décret-loi créant les médecins ruraux et quelques autres décisions progressistes que loue Roumain ne font pas contrepoids à la destruction de l'agriculture et à la mainmise totale sur l'appareil de l'État. La nomination de Roumain au poste de Chargé d'Affaires au Mexique montre que Lescot n'a pas confiance en Roumain et le veut à l'extérieur. L'acceptation de Roumain comme un service au pays est un moyen de gagner du temps et d'attendre l'orage. Selon Jacques Stéphen Alexis in *Jacques Roumain vivant* (Hoffmann: 1497), Jacques Roumain avait repensé son appui au gouvernement de Lescot et était rentré au pays la dernière fois pour combattre le régime. Son décès l'en a empêché. D'autres critiques sont moins bienveillants. De toute façon, une telle faute politique si grosse soit-elle, n'enlève rien au message de *Gouverneurs de la rosée*. Sa politique extérieure contre l'impérialisme et prosoviétique se reflète sans contrainte dans le recueil *Bois d'ébène*.

Bois d'ébène

Nous avons déjà souligné que ce recueil s'en prend à l'exploitation des classes à l'intérieur des pays et surtout à l'impérialisme qui subjugue les pays non industrialisés. Il importe maintenant de montrer l'approche de chacun des poèmes dans une telle attaque et comment ils forment un tout. Jean Paul Sartre remarque avec justesse l'importance du recueil:

> «…La Négritude apparaît comme le temps faible d'une progression dialectique: l'affirmation théorique et pratique de la suprématie du blanc est la thèse, la position de la Négritude comme valeur antithétique est le moment de la négativité. Mais ce moment négatif n'a pas de suffisance par lui-même et les noirs qui en usent le savent fort bien: ils savent qu'il vise à préparer la synthèse ou réalisation de l'humain dans une société sans races… un poème de Jacques Roumain [i.e, «Bois d'ébène»], communiste noir… fournit sur cette nouvelle ambiguïté le plus émouvant témoignage.» (Carolyn Fowler: 1972: 197).

Il n'y a pas de nouvelle ambiguïté. Il y a une négritude réactionnaire qui s'immobilise dans la race ou la couleur que Roumain rejette pour adopter une négritude révolutionnaire qui débouche sur l'unité fraternelle des exploités de toutes les races. Roumain, traqué en Haïti à cause de son communisme, part pour l'exil en Belgique, en France, aux États-Unis et à Cuba qui dure près de cinq ans. La guerre civile d'Espagne (1936–1939) déclenchée par le fascisme de Franco, appuyé pat le nazisme d'Hitler et le fascisme de Mussolini, annonce la deuxième grande guerre (1939–1945).

Le poème «L'Amour la Mort», écrit dans un moment de découragement ou de grande tristesse, semble déplacé ou déphasé dans un recueil qui crie révolte et vengeance. Tel n'est pas le cas pour «Prélude»; ce poème en effet se conçoit comme un temps de profonde réflexion du poète face à l'exil. Il contemple les paysages familiers de son pays qu'on le force à abandonner pour l'inconnu. Un éloignement qui le renvoie au sort combien plus cruel des ancêtres Bambara, Ibo, Mandingues, Arada, vaincus, étranglés dans des carcans, enchaînés, convertis en traverses de bois, arrachés à leur terre, à leurs familles, embarqués dans les cales des négriers, condamnés à perpétuité à l'esclavage partout ailleurs. Un esclavage dont sont désormais exclus les blancs, des maîtres sans pitié. L'esclavage aboli, la racialisation de l'esclavage fait place à la racialisation progressive de la main-d'œuvre au plus bas salaire. Il y a encore des ouvriers, des prolétaires blancs dans les galères capitalistes: le mineur des Asturies, le dur paysan de Castille, le vigneron de Sicile, l'ouvrier allemand de la prison de Moabit, l'ouvrier blanc de Detroit; «le destin dresse épaule contre épaule», les paysans pauvres, les ouvriers de toutes le races dans «l'unité de la souffrance et de la révolte» pour des temps plus fraternels. «Le nouveau Sermon Nègre» réclame la restitution de l'authenticité du passé pour que la religion, puissant moteur humain, ne soit plus au service des conquérants qui «ont fait les riches les pharisiens les propriétaires fonciers les banquiers»; pour que «les clochers des églises» cessent «de cracher la mort sur des multitudes affamées». Aucun pardon pour les criminels qui savent ce qu'ils font. La réalisation d'un changement du destin exige que les damnés de la terre et les forçats de la faim du monde entier se mettent debout sous le drapeau du socialisme et marchent à l'assaut du capitalisme. «Sales Nègres» est un hymne international de guerre.

Spécifiquement, une explosion virulente contre les humiliations infligées, en plus de l'oppression et de l'exploitation, aux noirs d'Afrique, des Amériques, aux Arabes, qu'on affame et qu'on méprise. Les grévistes blancs n'ont pas un meilleur sort. Ils sont assimilés aux nègres, aux niggers, aux sales nègres. En somme, un mépris généralisé de la pauvreté. Ils sont pauvres parce qu'ils ont choisi de l'être et partant méritent d'être humiliés. Les missionnaires blancs, par exemple, ne sont pas des criminels. Ils sont néanmoins complices. Leur religion justifie les conquêtes et le règne de la terreur pour leur maintien, prêche la résignation aux peuples conquis, au nom de la mission civilisatrice de l'Occident et de l'infériorité des non-blancs. On ne les tuera pas mais on les prendra par la barbe, à grands coups de pied dans le cul pour inverser les humiliations et les forcer au respect des sales nègres et au rejet de leurs mensonges évangéliques ou bibliques. À l'unité des oppresseurs, l'unité de toutes les races pour l'incendie des casernes, des banques et toutes autres structures mises en place afin de pérenniser l'exploitation. L'hymne international destiné à mobiliser les damnés de la terre sera transmis par les moyens de communication occidentaux, machines à écrire, TSF ainsi que par les tam-tams. Un assaut irrésistible en vue de l'affrontement final et de la victoire sur les troupes, les avions, les gaz réunis effrontément au nom de Dieu le Père, du Fils et du Saint-Esprit. L'établissement d'un ordre international nouveau visant à changer la vie et à faire régner la justice pour tous.

Conclusion: Actualité de Roumain

Les dernières années de Roumain à son retour en Haïti en 1941 montrent un changement de politique manifeste. Le Roumain révolutionnaire batailleur aux réactions impulsives et aux écrits acrimonieux fait place à un Roumain plus mûri, désireux d'éviter l'exil, de mieux évaluer les forces sur le terrain en vue de mettre sur pied des structures solides indispensables pour un véritable changement du système vermoulu, au prix de compromis. Il n'a pas développé son Analyse Schématique mais a laissé deux œuvres posthumes, un roman *Gouverneurs de la rosée* et un recueil de poèmes *Bois d'ébène* qui contiennent des recommandations pratiques à la conjoncture. *Gouverneurs de la rosée*, solution Roumain à l'échelle nationale, indique que la régénération du pays commence avec la génération du paysannat par l'unité des familles et le partage équitable des ressources contre les fléaux naturels avant de s'attaquer à l'iniquité du système politique, économique et social. Bien avant nous Stéphen Alexis, le père de Jacques Stéphen Alexis, a mieux que personne dégagé en quelques traits l'essence du roman: «Jacques Roumain a traité le problème le plus grave à mon sens de la vie haïtienne: la régénération de notre paysannat, de laquelle dépend celle de toute la nation» (Hoffmann 2003: 1475). L'agriculture, premier impératif de développement, est la priorité de plusieurs études économiques récentes préconisant un nouvel ordre économique alternatif, au lieu de la globalisation et de la privatisation. *Bois d'ébène,* solution Roumain à l'échelle internationale, explosion de rage contre des siècles d'injustice, d'oppression, d'humiliations, est aussi un appel pour le rassemblement de toutes les races contre l'impérialisme des pays industrialisés unis dans leur imposition d'un système d'exploitation inacceptable. «Nouveau Sermon Nègre» exige l'authenticité du passé pour que la religion ne soit plus au service des conquérants, des puissants et des riches. «Sales Nègres» est un cri international de guerre contre l'exploitation et l'oppression du tiers-monde. L'incroyable lucidité de Roumain avait prévu une nouvelle occupation. En fait il y en a eu deux: l'une en 1994 et une autre présente depuis 2004. Le Président Préval demande timidement que les Nations Unies remplacent maintenant les tanks par des tracteurs (développement versus pauvreté), mais les grands ténors de l'ONU clament que le rôle de l'ONU est d'assurer la sécurité et non pas de développer (tanks versus pauvreté, la politique catastrophique des Duvalier et de leurs successeurs). Et c'est l'ONU qui dirige. Il en résulte la permanence d'un pays qui offre le spectacle d'une tour de Babel économique et politique au beau milieu d'une insécurité qui semble incontournable. À notre très humble avis, seul un État haïtien désireux et capable de mobiliser le peuple pour l'établissement, dans l'esprit de l'héritage Jacques Roumain, d'un programme de développement alternatif à long terme incluant des programmes à court terme de secours immédiats peut faire miroiter une lueur d'espoir pour notre pays saignant à vif. Merci pour votre patience.

—*Franck Laraque*

(Cet essai était lu pour la première fois au colloque «Penser avec Jacques Roumain aujourd'hui» commémorant le centenaire de Jacques Roumain organisé par l'Université d'État d'Haïti, du 28 novembre au 8 décembre 2007)

Bibliographie

Alexis, Jacques Stephen, *Les Arbres musiciens.* Paris: Gallimard, 1957.

Caminade P. *Image et Métaphore.* Paris: Bordas, 1970.

Césaire, Aimé, *Les armes miraculeuses.* Paris: Gallimard, 1946.

Fanon, Frantz, *Les damnés de la terre.* Paris: François Maspéro; 1968.

Fowler, Carolyn, *A Knot in the Thread: The Life and Work of Jacques Roumain,* Washington DC, Howard University Press, 1980.

Hazleton, Lesley, *Mary A Flesh and Blood Biography of the Virgin Mother,* New York: Bloomsbury, 2004.

Hoffmann, Léon-François, *Jacques Roumain Œuvres Complètes*, Espagne: Collection Archivos, 2003.

Laraque, Franck, *Défi à la Pauvreté,* Canada: Éditions CIDHICA, 1987. «Centième anniversaire de naissance de Jacques Roumain» in *Pluriel Magazine* fév./mars 2007; «Fulgurance de l'Image dans la Poésie Révolutionnaire de Jacques Roumain» in *Haïti et Littérature Jacques Roumain au Pluriel,* New York: New Hemisphere Books, 2007.

Laraque Guy F. *Sur la Poésie,* Port-au-Prince: Éditions Henri Deschamps, 1993. *Les Oiseaux du Temps* suivi de *Confettis,* Haïti: Port-au-Prince

Laraque, Paul, «*Rencontre* #4 Jacques Roumain» Port-au-Prince: CRESFED, 1993.

Œuvres Incomplètes, (Poésie) Canada: CIDIHCA, 1999; Lespwa, Port-au-Prince: Éditions Mémoire, 2001.

Paul & Franck Laraque *Haïti: La lutte et l'espoir,* Canada: CIDIHCA, 2003.

La Revue Indigène. Anthologie de la Poésie Haïtienne «Indigène» Nandein: Kraus Reprint, 1971.

Sambene, Ousmane, *Les bouts de bois de Dieu,* Paris: Amiot Dumont

Shapiro, Sidney, *Bois d'ébène / Ebony Wood.* New York: Interworld Press, 1972.

Colloque International:

«Penser avec Jacques Roumain aujourd'hui»

Bilans et perspectives

L'Université d'État d'Haïti s'était lancé un pari: faire que le volet *«académique»* de la commémoration du centenaire de la naissance de Jacques Roumain soit, plus qu'une manifestation académique, un véritable moment d'échanges et de partage autour du symbole Jacques Roumain mais aussi un moment de réflexions sur l'Université, sur notre société et sur nous-mêmes. Autrement dit, le centenaire de Jacques Roumain, ce *«quelqu'un qui n'hésite pas à asséner ses quatre vérités à ses compatriotes»*, pour reprendre un mot de Dany Laferrière, devait être pour nous l'occasion de réfléchir sur les rêves, les élans, les échecs de notre société et sur les perspectives d'une renaissance.

Pour cela, il nous a semblé nécessaire de réunir, en plus des compétences locales, des spécialistes de Jacques Roumain venant de plusieurs pays et des grandes universités du monde où, durant l'année 2007, la commémoration du centenaire de Jacques Roumain avait été à l'ordre du jour.

Au terme de quatre jours d'intense activité dans la capitale et d'une fructueuse tournée de dix jours dans d'autres villes de la République, nous tenons à mettre l'accent sur un ensemble d'acquis et de perspectives.

Relevons d'abord la qualité des interventions des quarante-six invités qui ont investi les différentes facultés à Port-au-Prince et les locaux de province pour faire partager leurs connaissances et vision sur la vie, l'œuvre, l'action et l'engagement de Jacques Roumain. Les diverses facettes de la personnalité complexe de Jacques Roumain ont été examinées sous des angles aussi variés qu'originaux apportant au public des éléments de connaissance et de reconnaissance de ce personnage historique de premier plan.

Pour ce qui est des objectifs, rappelons-le, le Colloque International *«Penser avec Jacques Roumain aujourd'hui»* n'avait nullement vocation à épuiser le sujet, à *«en finir avec Roumain»*, mais visait au contraire *«à identifier les questions, les thèmes et les axes de recherches porteurs de nouveauté autour de cet auteur haïtien de premier plan»*. Autant dire que l'évènement se voulait plus un commencement qu'une fin. Sur ce point, nous pouvons dire que les pistes sont là, diverses et difficilement épuisables. De nombreuses problématiques novatrices ont été soulevées durant le colloque, promettant pour les jours à venir un dialogue enrichi et de nouveaux axes de recherche.

D'un autre côté, la réponse du public en général—tant des étudiants que des particuliers intéressés—a été à la hauteur de toutes les espérances: nombreux et attentif, passionné et passionnant. On a retrouvé une jeunesse estudiantine vivante, en quête de renouveau, de modèles et de pistes pour l'action.

Par ailleurs, nous sommes heureux d'avoir pu trouver les partenariats adéquats qui nous ont permis d'organiser des tables rondes dans neuf villes de province. Du 1er au 9 décembre 2007, Saint-Marc, Cap-Haïtien, Hinche, Fort Liberté, Gonaïves, les Cayes, Verrettes, Marchand-Dessalines et Jacmel ont accueilli, dans l'extension du Colloque, des intervenants locaux et internationaux qui y ont rencontré tant au niveau de la communauté en général que du côté des participants un enthousiasme prometteur pour les choses de l'esprit. Ces déplacements ont fourni l'occasion d'explorer les perspectives de construction de liens durables entre ces communautés, l'UEH et les intervenants de la diaspora. Signalons l'accueil chaleureux qu'ont eu des compatriotes illustres et politiquement engagés tels Franck Laraque, Gérald Bloncourt, etc., lors de leurs déplacements en province.

Le Colloque a été aussi l'occasion d'illustrer, par d'importantes manifestations artistiques et culturelles, la vie, l'œuvre, la pensée et l'engagement de l'un des plus grands défenseurs de la culture haïtienne. Les intervenants et le public ont eu droit à l'animation musicale de la Troupe Samba Zao qui, à l'occasion, a popularisé un chant spécial dédié à l'auteur des «*Gouverneurs*», à la projection de *Vie et œuvre de Jacques Roumain* du cinéaste Arnold Antonin, aux prestations des Troupes Batofou de Syto Cavé et du Théâtre National d'Haïti dans des œuvres créées à l'occasion de l'Année Roumain, et pour finir à une soirée vodou au Péristyle de Mariani où a été repris le Sacrifice du Tambour Assòtor.

D'intéressantes perspectives sont ouvertes en la circonstance.

Déjà nous commençons à recevoir les textes des communications prononcées durant le colloque. Ils devraient, sans tarder, être proposés au public à travers la publication par les Éditions de l'Université d'État des Actes du colloque international «*Penser avec Jacques Roumain aujourd'hui*».

Il y a la promesse solennelle faite par le Ministère de l'Éducation Nationale d'éditer quelques 30 000 exemplaires de «Gouverneurs de la Rosée» afin de le mettre à la disposition du public scolaire; le lancement bientôt, dans le cadre d'un partenariat avec l'UEH, des chaires de formation Jacques Roumain à l'intention des professeurs du secondaire et des étudiants en fin de formation à l'UEH dans diverses disciplines telles l'anthropologie, la linguistique, la littérature, la sociologie pour ne citer que celles-là.

Il y a les perspectives de collaboration avec des partenaires institutionnels et individuels notamment d'universités sœurs et de notre diaspora dans divers domaines liés à Roumain ou non: des rendez-vous sont déjà pris, qui pour l'organisation de séminaires de recherche, qui pour des missions d'enseignement, qui pour des projets de recherche communs etc...

Parallèlement à ces pistes spécifiques qui découlent directement des contacts avec les intervenants au Colloque, indiquons expressément:

- La dynamisation du site officiel de l'Année Roumain hébergé et alimenté par l'équipe de l'UEH qui mettra sous peu à la disposition du public du matériel écrit, sonore et audio-visuel sur Roumain.

- La possibilité de l'édition prochaine d'un Cd-rom sur le colloque international *«Penser avec Jacques Roumain aujourd'hui»*

- Le projet de mise sur pied d'un vaste programme de recherche et de valorisation de la pensée haïtienne des XIX^è et XX^è siècles. Le premier pas de ce programme était le Colloque International Jacques Roumain. À partir de là, nous projetons de braquer nos projecteurs chaque année sur l'action et l'œuvre d'un grand penseur haïtien.

Comment boucler cette rétrospective (bilan et perspectives) du *Colloque International Penser avec Jacques Roumain aujourd'hui* sans rappeler deux moments essentiels:

1. La signature par les intervenants et participants au Colloque d'une pétition pour l'augmentation du salaire minimum à 200 gourdes en appui à un projet de loi du député Stevens Benoît et pour la mise en œuvre de la Réforme Agraire prévue par la Constitution de 1987.

2. L'annonce par le Ministre de la Jeunesse, des Sports et du Service Civique, M. Fritz Bélizaire, de la reprise prochaine du programme de réforme agraire par le gouvernement de la République, lors de la cérémonie de clôture du colloque.

Notons que ces deux points d'importance capitale pour l'avenir de la société toute entière sont en droite filiation avec les combats menés par Jacques Roumain.

Nous profitons de l'occasion pour saluer la parution récente de «*Mèt Lawouze Douvanjou*», traduction créole de «Gouverneurs» sous la plume de Clotaire Senatus, l'un des intervenants au Colloque.

Il est opportun de préciser que, n'était-ce la solidarité d'un nombre significatif de collègues, de citoyens/nes et d'institutions, cet événement n'aurait pas pu se tenir et avoir l'ampleur qu'il a eue. Ils ont répondu et/ou se sont offerts avec spontanéité. Citons le Ministère de la Culture et de la Communication, La Fondation Françoise Canez-Auguste, La FOKAL, le Ministère de l'Éducation Nationale, Le Théâtre National d'Haïti, Les Presses Nationales d'Haïti, le cinéaste Arnold Antonin, la Banque Nationale de Crédit, la Direction Nationale du Livre, entre autres. Au Bureau du Premier Ministre, nous adressons des remerciements spéciaux.

Notons particulièrement l'apport de la presse nationale qui, à travers ses membres les plus représentatifs et de manière généreuse et spontanée, a su donner à l'évènement la couverture et le retentissement adéquats.

Enfin est-il nécessaire de souligner que ce Colloque a été le fruit de la participation, de l'engagement, de l'intérêt et du travail de plusieurs entités de l'UEH: notamment, le Conseil de l'UEH et sa Commission d'Appui, le Conseil Exécutif, les services concernés du Rectorat, les diverses Facultés de Port-au-Prince et de province qui l'ont hébergé.

—*Comité d'Organisation du Colloque*
Port-au-Prince le 27 décembre 2007

Jak Roumen e lang kreyòl: Li t'ap ekri l plis sil te viv pi lontan

—pa Tontongi

Esè sila a baze sou yon sipozisyon, yon enferans ak yon konklizyon sou yon seri bagay ki yomenm tou sikonstansyèl osijè lavi yon moun ki te ekziste tout bon e ki mouri nan flèdaj li. Sepandan, si li pa fasil pou w detèmine evolisyon ideolojik yon endividi nan yon seri kondisyon e sitiyasyon sosyopolitik objektif, li pa two difisil pou w prevwa kontinwite santiman li apati de sa limenm li di e fè, apati de *tandans* li. Se sa ki fè m'al eseye konprann tandans Jak Roumen parapò avèk lang e pwoblematik kreyòl la, apati de nonsèlman zèv literè li, men tou apati de praksis endividyèl li.

Nan yon liv mwen ki fèk soti kay l'Harmattan, *Critique de la francophonie haïtienne,* mwen kritike ekriven mouvman endijenis e pòs-endijenis yo pou lefètke yo pat ekri tou an kreyòl. E menmlè ekriven sa yo (pami yo Roumen, Filip Tobi-Maslen, Emil Roumè, Kal Bouwa, Maglwa Sentod, elatriye) te revandike otantisite sous afriken kilti ayisyen an e mande pou valorize li, preske yo tout te kontinye ap ekri inikman an franse, antouka tout zèv pibliye yo te preske tout ekri an franse. Kouwè m di nan liv la sou sijè a: «Paekzanp Jak Roumen, Jak Estefèn Aleksi ak Rene Depès, twa pi gran nan pi gran ekriven ayisyen yo, ki chak nan yo ekri yon zèv admirab anba tèm liberasyon sosyopolitik e kiltirèl ann Ayiti, men ki pa rann yo kont liberasyon an pap ka total-kapital sil pa genyen tou valorizasyon lang kreyòl la menm jan l valorize kilti zansèt afriken yo, ke yo tout selebre e ke yo konsidere, kòm sadwa, tankou afimasyon otantisite idantite Ayisyen yo.» Sepandan, san restitisyon kreyòl la nan wòl santral li nan sosyete a, idantite a toujou rete yon idantite an mawonnaj.

Malgre ekzistans yon tradisyon ekriti kreyòl ki date depi sou koloni franse (kouwè paekzanp tèks chanson *Lisette quitté la plaine,* Duvivier de la Mahautière, yon kolon frankofòn, te ekri vè zòn ane 1757, oubyen tou premye sèn nan pyès teyat Juste Chanlatte ekri an 1818 *L'Entrée du Roi en sa capitale en janvier 1818,* oubyen ankò *Cric? Crac!,* yon tradiksyon kreyòl fab La Fontaine Georges Sylvain sòti an 1901, an pasan pa *Choucoune,* yon long powèm lirik kreyòl Oswald Durand pibliye en 1896), wi, malgre tout pratik ekritirèl sila yo, ekriven nan tan Jak Roumen yo (e malerezman jouk jounen jodia) te toujou konsidere kreyòl la tankou yon «patwa», yon langaj woywoy ou pat ka ekri bagay serye ladan l men ou ka itilize tankou yon matyè premyè oubyen tankou yon efè fòlklorik nan ekriti bèl chedèv-chelèn liv franse.

Sepandan, lè m etidye jan Roumen ekri *Gouverneurs de la rosée,* patiki-lyèman langaj kreyolize li itilize nan estrikti naratif ak nan dyalòg woman an, epitou lè nou plase Roumen nan kontèks tan l tap viv la, e nan kontèks sa li te fè e sa li te kwè ladan l, kou paekzanp opozisyon li kont kanpay pèsekisyon Legliz Katolik kont relijyon vodou a, mwen dedui Roumen tap vin evantyèlman adopte ekriti kreyòl (yon kreyòl ekri poukont tèt pa l, nan otonomi li), ansanm avèk ekriti franse sil te viv pi lontan.

Genyen tou anpil lòt eleman sikonstansyèl ki sipòte dediksyon mwen fè a lè mwen di Jak Roumen tap ekri an kreyòl tou sil te viv pi lontan, kouwè paekzanp pozisyon favorab pati kominis la, patikilyèman Christian Beaulieu, kolaboratè Roumen nan *L'Analyse schématique 1932–1934,* ki prekonize alfabetizasyon an kreyòl nan sen pèp la. Genyen tou powèm Roumen te ekri

Jacques Roumain en photo.

antyèman an kreyòl, tankou «M'allé la riviè», li te ekri pandan l te prizonye nan Pénitencier National an novanm 1935 (Tcheke sou sa liv Léon-François Hoffmann lan *Jacques Roumain: Œuvres complètes,* 2003).

Natirèlman, pi gwo endikasyon Roumen te gen tandans pou l ekri an kreyòl, antouka tandans pou l favorize ekriti lang kreyòl la, se fason li ekri *Gouverneurs de la rosée,* ki te kontrè de pratik anvan yo kouwè pratik «relasyon entèlang», yo vin rele pita «encrustation» an, sètadi anplwaye bout fraz kreyòl «en filigrane» nan ekri bèl chelèn chedèv franse. Fò n raple nou Roumen fini ekri *Gouverneurs de la rosée* sèlman 42 jou anvan li mouri, e liv la te vin pibliye apre lanmò li. Nou pa gen ankenn dout Roumen tap vin rive keksyone rapò de pouvwa ki gen ant kreyòl e franse a, e nesesite pou konfronte kontinuasyon enferyorizasyon lang kreyòl ak kilti kreyòl pa klas dominan yo, nan sans yon pèspektiv pou chanjman.

Mwen pa dakò avèk kritik kouwè Pradel Pompilus oubyen Alessandro Costantini ki sijere ke Roumen ta vle kreye yon «nouvo langaj» palefètke li itilize e melanje fraz, mo, espresyon, chanson e menm sentaks kreyòl nan yon liv franse (GDLR). E kritik sa yo pran kòm ekzanp jan Roumen manye *«incrustation»* ak makonnaj filannaj kreyòl nan franse nan *Gouverneurs de la rosée*. Anfèt, anpil disip Roumen te adopte pwendevi sa a, kòmkwa pou yo montre se sa Roumen te vle fè tou.

Mwen montre nan *Critique de la francophonie haïtienne*, ke anplwaye kreyòl nan jan sa a se kontinye kenbe l nan pyej wòl matyè premyè sa a yo asiyen l la, ban m site liv mwen an: «Pratik sa a ann Ayiti, byennantandi, dire preske tout disnevyèm syèk la e mwatye ventyèm syèk la. Li reparèt jounen jodia ka anpil ekriven an Matininik e Guadeloup sou nouvèl lekòl literè yo rele «kreyolizasyon» oubyen «kreyolite» prekonize pa ekriven kouwè Aimé Césaire, Edouard Glissant, Jean Bernadé, Patrick Chamoiseau, Raphaël Confiant, elatriye. [Pratik sa yo] pa depase itilizasyon lang kreyòl tankou materyèl brit e ajou folklorik nan elaborasyon liv chelèn ki ekri an franse. Aranjman sa a pa ede anyen avansman lang ak kilti afro-kreyòl antiyè yo, pwiske li kenbe yo nan menm wòl enferyè yo ba yo nan yon rapò pouvwa ki benefisye lang-kilti dominan an.»

Selon anpil kritik literè pratik filannen kreyòl nan franse a remonte depi omwen de frè Nau yo (Emile Nau ak Ignace Nau) nan mitan disnevyèm syèk la ki te prekonize melanje kreyòl nan franse. Tout zèv literè yo te rele «woman peyizan» yo kontinye «encrustation» oubyen filannen kreyòl nan franse a, pami yo Justin Lhérisson (ekzanp *Zoune chez sa ninnaine,* 1901). Depi tan de frè Nau yo jiska tan Roumen, sètadi preske yon syèk apre, izaj kèk mo ak fraz kreyòl nan woman ki ekri antyèman an franse yo rete nan menm estaj la. *Gouverneurs de la rosée* se premye zèv woman ki depase estaj wòl fòlklorik la e ki foure, penetre kreyòl la nan nonsèlman dyalòg e chanson, men ki penetre kè liv la, ki antre nan konstwiksyon sentaks liv la. Kontrèman ak sa anpil kritik literè di, enpòtans Roumen nan ekriti kreyòl se pa jefò pou l *«encruster»* oubyen «filannen» kreyòl nan franse, ni entansyon pou l kreye yon lòt, yon «twazyèm lang», men pito yon jefò pou l *entwodwi* lang kreyòl la nan majistrati ekriti, ki te rezève sèlman kòm domèn prensipal lang franse, menmsi te gen dezoutwa ekriven ki te ekri powèm oubyen pyès teyat an kreyòl. Entansyon Roumen se pa pou l te anbeli lang franse a, men entwodwi kreyòl la kòm lang lejitim pou ekriti. Pratik *encrustation* an se kòmkwa defigire jefò Roumen an, kote li te vle montre ou ka itilize sentaks ak imajri kreyòl pou ekri «bagay serye».

Nan tan Roumen misye tap chache chanje anpil bagay ki pat tap mache dwat nan sosyete li a, pami yo, e se te trè enpòtan nan epòk la, pozisyon kouraje li pran kont pèsekisyon relijyon vodou a pa Legliz Katolik, e afime li tankou espresyon otantik idantite pèp ayisyen an. Se te yon gwo plonje e yon gran chanjman paradigmatiik, sou yon plan epistemolojik. Men malerezman gen yon lòt bò plonje paradigmatik la Roumen pat gen tan janbe: se te ekri e pibliye zèv kreyòl pou ede ranfòse lang kreyòl la antanke lang nasyonal lejitim. Malgre sa misye te kite yon siyal enpòtan ban nou.

Mouvman endijenis la te fè erè li pat mete keksyon langaj la nan santralite keksyonnman l sou afimasyon idantite ayisyen an. Kouwè Maximilien Laroche di, entansyon Desalin lè l te chanje non «Sen Domeng», non kolon franse te bay koloni an, pa «Ayiti», ansyen non Endyen yo te bali, se te pou l fè yon ripti, yon dekanpaj total avèk enpriz kiltirèl e senbolik kolon yo, men entansyon sa a vin delalay akoz de enfliyans nouvo klas dirijan yo ki te konsidere franse ak kilti franse a antanke dlo beni ki bay moun sivilizasyon. Laroche souliye lefètke Desalin, ki pa te konn pale franse, te pwononse diskou endepandans la an kreyòl, men touswit aprè Boisrond Tonnerre te wè li nesesè pou l te ekri e pwononse Ak Endepandans la an franse. Daprè Laroche sa a limenm te endike yon devyasyon enpòtan, yon chanjman desizif parapò premye zak senbolik Desalin yo.

Youn nan rezon fondamantal ki fè Roumen pat poze keksyon franse-kreyòl la nan tèm otonomi lengwistik kreyòl nou konnen jodia, gen awè avèk sa Michel Foucault rele *epistèm* yon epòk, sètadi konesans ak mòddepanse dominan ki oryante epòk la. Nan sosyete ayisyen an, omwen depi 1804 rive ane 1950 yo, san wetire tan Roumen tap viv la, epistèm dominan an te tabli lang peyi ewopeyen dominan yo—lang franse a nan ka pa nou—antanke sèl langaj lejitim pou fè sikile konesans. Ann remake tou, malgre tout lwanj yo bay Oswald Durand pou lefètke l ekri powèm «Choucoune» lan an kreyòl, powèm sa a se sèlman youn nan de powèm kreyòl nan rekèy li a *Rires et pleurs* ki gen yon total de 162 powèm.

Roumen tou te enfliyanse pa epistèm sa a, e se sa ki fè li ekri tout zèv nou konnen de li yo an franse (gen kèk esepsyon kouwè powèm «M'allé la riviè» nou mansyone piwo a). Epistèm epòk Roumen te gen de pilye, de potomitan byen solid: youn se te ejemoni relijye e ideolojik Legliz Katolik te vle enpoze sou tout sosyete ayisyen an, lòt la se lang ak kilti franse a. Roumen te rive chanje youn nan de pilye sa yo, men l pat rive touche lòt la.

Enferans ak dediksyon nou fè a sou pwobabilite Roumen tap ekri an kreyòl tou si li te viv pi lontan baze tou, an pati, sou priz de konsyans e sou chwa radikalite lengwistik ki vin rive kay ekriven kouwè Félix Morisseau-Leroy e Frankétienne ki vin ekri zèv antyèman an kreyòl. Se yon pakou ki tap nòmal pou Roumen sitou lè nou plase evantyalite pakou sila a nan kontèks ekriti *Gouverneurs de la rosée,* e nan kontèks prizpozisyon Roumen sou keksyon vodou a. Efektivman, nan *Gouverneurs de la rosée,* Roumen esprèseman deside pou l respekte fason pale Ayisyen an, fason nou jwe ak mo yo, imajri metaforik nou renmen deblayi nan nannan nanm langaj kreyòl la. Ou ka wè sa menm nan premye paj woman an, pa ekzanp kan li di de Délira Delivrance: «…elle appelle le bon Dieu. Mais c'est inutile, parce qu'il y si tellement beaucoup de pauvres créatures qui hèlent le bon Dieu de tout leur courage que ça fait un grand bruit ennuyant et le bon Dieu l'entend et il crie: Quel est, foutre, tout ce bruit.» E se nan tout liv la tip de rapwochman ak pale kreyòl sa a fèt, san konte anpil chanson ak dyalòg ki fèt antyèman an kreyòl tankou repwodiksyon chanson hounsi yo: «*Bolada Kimalada, o Kimalada / N'a fouillé canal la, ago / N'a fouillé canal la, mouis dis: ago yé / Veine l'ouvri, san koule, ho / Bolada Kimalada, o Kimalada.*»

Kidonk, meyè fason jounen jodia pou nou selebre e onore memwa Jak Roumen se kontinye nonsèlman revolisyon politik li te rele pou rive a lè li te fonde Pati kominis la, men tou revolisyon kiltirèl e lengwistik li te siyale a nan *Gouverneurs de la rosée,* e nan praksis e travay pratik li te fè pou defann kilti popilè a, kouwè fondasyon Biwo Nasyonal Etnolojik la.

Pou konklizyon, ann di, menm jan se yon eskandal pèp ayisyen an kontinye ap viv nan kondisyon malouk e souzimen nou wè yo, se yon eskandal kreyòl la toujou rete, jouk jounen jodia an 2007 (kou nou ka wè nan reprezantasyon li nan Kolòk entènasyonal kap fèt la), yon lang maltrete, meprize e enferyorize menm apre yo nonmen li lang nasyonal ofisyèl. Wi, se yon gwo chòk kreyòl la pa lang dominan nou anplwaye nan echanj politik, entelektyèl e kiltirèl nou genyen antre nou e avèk tout lòt peyi. Izraelyen yo fè li avèk hebre ke yo enpoze kou lang dominan, e si yo izole se pa akoz de sa. Grèk yo, Danwa yo ak Krowasyen yo, ki gen demografi ki konparab a Ayiti, ap fonksyone nan lang pa yo, poukisa noumenm Ayisyen nou pa ka fè sa. Se defi sa a Jak Roumen ta renmen pou nou leve, kouwè li te leve defi pou valorize kilti vodou afriken an.

—**Tontongi** otè a te li tèks sa a nan Kolòk Entènasyonal «Panse avèk Jak Roumen» òganize pa Inivèsite Deta Dayiti de 28 novanm a 6 desanm 2007

Complexité et impératif d'une politique nationale d'alphabétisation

—par Franck Laraque

«Sacrifiée à l'autel des promesses
Haïti à genoux
la corde de la tutelle au cou»
(Paul Laraque in *Œuvres Incomplètes* p. 306)

«Anyen pap mache men nap grate yon lavi»
(une marchande d'eau in *Défi à la pauvreté* de Franck Laraque p.13)

Un programme d'alphabétisation devrait faire l'objet d'un débat national, non pas pour en discuter la nécessité qui est indéniable, mais pour en trouver une politique nationale qui, pour ne pas échouer, exige un certain consensus prenant en compte la dure réalité d'une conjoncture complexe. Nous avons vu dans un passé plus ou moins récent qu'une théorie, ou une idée, bien qu'articulée par des experts et présentée comme un axiome ou une panacée, n'a pas donné les effets escomptés. On a cru ferme que le renversement des Duvalier et du duvaliérisme sans les Duvalier annonçait la fin de la dictature; que la dissolution de l'armée signifiait l'avènement de la démocratie. Nenni. Sur le papier, théoriquement, le projet d'alphabétisation annoncé paraît clair, précis, convaincant.

«L'objectif principal de la campagne, d'une durée de trois ans, est d'alphabétiser trois millions de personnes d'ici à 2010. Un deuxième objectif consiste à jeter les bases pour la promotion de l'éducation continue des néo-alphabétisés, notamment grâce à la création de mutuelles de solidarité dans chacun des centres de formation»… Par ailleurs «la campagne entière sera menée sur la base d'une méthodologie unique: la méthode de l'alphabétisation télévisuelle, la méthode cubaine». Des statistiques viennent à la rescousse: 75.000 centres, dont quarante personnes et un facilitateur par centre… 7.500 superviseurs communautaires, 11 coordinations départementales, 140 unités communales; la mise en œuvre du projet pourrait générer environ 100.000 emplois. Les fonds prévus à peu près 186 millions de dollars américains ($62 américains par personne x 3 millions sans indiquer comment on est parvenu à ce chiffre de $62) viendront du Trésor Public, d'une taxe à l'alphabétisation et à l'éducation des adultes, d'une partie des fonds libérés par la réduction de la dette, du profit des collectes effectuées dans la société civile haïtienne tant en Haïti qu'à l'étranger, de l'appui de l'UNESCO. Un volet artistique et un volet médiatique contribueront à la vulgarisation et à l'adoption du projet. La boucle est bouclée, le problème est résolu. Il suffit de passer à l'exécution d'un projet mirobolant où tout est prévu, du commencement à la fin. Pas si vite, disons-nous.

Une analyse même rapide révèle la vulnérabilité, les trous d'un tel projet cousu de fil blanc. Pour s'en rendre compte, il suffit de quelques observations liminaires: 1) l'alphabétisation isolée n'est guère une panacée économique; 2) l'incapacité des personnes probablement ciblées de bénéficier de l'alphabétisation; 3) le manque de fiabilité des sources de fonds prévues met en doute la viabilité du projet.

L'alphabétisation isolée n'est guère une panacée économique

En effet, si nécessaire que soit l'alphabétisation pour le fonctionnement et l'évolution de l'individu dans le monde moderne, elle n'est pas créatrice de richesse matérielle, ni créatrice d'emplois. Pour être efficace, elle doit se concevoir comme partie intégrante d'un développement économique et d'une politique éducative. Puisqu'on parle de Cuba, il faut se rappeler que la méthodologie cubaine était intégrée dans un programme de développement économique national et dans le cadre d'une politique révolutionnaire participative. C'est pourquoi elle a donné des résultats provenant également de la mobilisation d'une jeunesse enthousiaste encouragée à apporter d'abord sa contribution aux travaux des champs, à la récolte des plantations de cannes à sucre.

La création d'emplois multiples et durables dans un système de développement économique alternatif et la protection de l'écosystème doivent être la priorité. Les 70% de nos chômeurs comprennent des Haïtiens qui sont alphabétisés, ont obtenu leurs certificats d'études, ont fait leurs études secondaires, et se trouvent pour autant sans espoir d'emplois. Sans oublier les diplômés d'universités forcés d'émigrer. Quel est l'avenir en Haïti des trois millions d'alphabétisés?

L'incapacité des personnes probablement ciblées de bénéficier de l'alphabétisation

Les crève-la-faim de nos bidonvilles et de nos campagnes, vivant dans des conditions infrahumaines, sans soins médicaux, sans moyens de communication, vont-ils avoir accès à l'alphabétisation télévisuelle à la cubaine?

Nous sommes ici en pleine euphorie, dans l'irréalité délirante des politiciens au pouvoir. Une irréalité nourrie par la corruption, l'attente de la manne étrangère si généreuse que le pays ne peut même pas l'absorber. *Wi fout ou komabo* dirait notre talentueux Fanfan la tulipe.

Le manque de fiabilité des sources de fonds prévues met en doute la viabilité du projet

On se réfère au Trésor Public vide, dont les recettes sont dans les poches des dirigeants et de leurs amis, à l'illusion d'une taxe sur l'alphabétisation et l'éducation des adultes, à la promesse d'une réduction de la dette, à l'infime possibilité de collectes voye-monte effectuées dans la diaspora et en Haïti malgré les tristes expériences du passé et enfin à l'UNESCO, à travers le programme Life («à en croire les autorités»).

Conclusion

Il ne s'agit pas de laisser tomber un projet crucial et indispensable. Mais il faut: a) l'intégrer dans un programme de développement économique qui accorde la priorité à la sécurité alimentaire, au logement, à un minimum de soins médicaux urgents; b) faire appel à la Fondation groupe 73, composée d'agronomes et d'autres experts expérimentés, qui affirme que le système d'intensification du riz peut produire 350 000 tonnes métriques de riz sans utilisation d'engrais chimiques (de plus en plus les pays périphériques et semi-périphériques qui se remettent à peine du choc de la privatisation et de la globalisation, proclament la souveraineté de l'alimentation pour nourrir le peuple); c) consulter les associations et individus travaillant depuis long-temps dans des projets d'alphabétisation, gagner la confiance et l'adhésion des représentants des masses pour assurer ainsi au projet d'alphabétisation une meilleure chance de succès.

—*Franck Laraque* intervention en créole, émission
Radio Lakou New York, 30 août 2007

Viv Ayiti lib e endepandan

—pa Doumafis Lafontan

Entwodiksyon

« **O**un rezime istwa alavitvit montre Grèk yo, ki pat reyisi fè inyon sou tè yo tap viv la, bay mond lan oun kilti pèp; tandiske Ayisyen yo, ki te reyisi fè inyon, bay mond lan oun kilti nasyon» (Jacques Stephen Alexis, 1956). Daprè nou, se reyèl sosyal nasyon an nou dwe etidye e pratike kèlkilanswa nan pwodiksyon, lwa, medsin, elatriye. Poutètsa nou redije refleksyon tou kout sou konjonkti ann Ayiti a pou nou ankouraje deba pami rezo kreyolis yo, epitou blayi lespwa Ayisyen anndan e dewò ap reyisi bay karakteristik mond lan Lespri 1803 pote kò jiridik nan nouvo Konstitisyon an.

Anvan nou kòmanse pèmèt nou oun tidetou pou nou di diran Konferans Karayib an Jen 2007 nan Washington, DC nou te sezi moman gade Rene G. Preval, prezidan Repiblik Ayiti, nan je e nou wè fon kè li. Preval se oun nonm senp ki ta renmen pou jistis e entegrite blayi ann Ayiti, e «Rejyon bò Gòlf Meksik e Lanmè Karayib, yon vrè 'Nouvo Mediterane'» (Alexis, 1956).

Desalin e Preval

San dout Preval se prezidan majorite mas Ayisyen an pi pa konprann. Pa egzanp, popilasyon an twipe. «Gade m nan je map gade w nan je.» Sepandan, pwen Preval fè ki pase pi inapèsi san sipò majorite mas Ayisyen se deklarasyon: «Tit pwopriyetè ap pèmèt devlopman pwiske mèt tè ap kapab prete lajan.» Pwopozisyon an se oun premye etap ann akò ak fòmil «Libète Ekonomik» Anperè Jak 1e te atikile: «Kouman fè depi nou fini chase kolonis yo, milat yo reklame tè a nan non papa yo? Kidonk, zòt papa yo ki ann Afrik pap genyen tè. Pinga! Mwen konte separe tè a ak entegrite.» Anplis se faktè «Tit Tè» ekonomis Hernandez de Soto ap pwone a (Jeffrey Sachs, 2005). Nou pa konnen pou lòt peyi, men kanta pou Ayiti sistèm rantye fewodal la retade devlopman Ayiti.

Nap souliyen prensip jistis e entegrite se baz pou tabli ekilib pami Ayisyen; ki vle di, nesesite libète e endepandans mele ak Konstitisyon. Dayè, li enpòtan pou n adopte nouvo lwa konsistan ak vize Karikòm pou yon Mache Komen e Ekonomik nan lane 2008. Nesisite mach aswiv dwe anpeche gouvènman ayisyen an fè otreman. Pawòl lagè Monseyè Poulard pa dwe souke Ekzekitif la ki pataje pouvwa souveren ak Palman an. Dayè, wòl apòt mondyalizasyon bay Legliz se sèlman fè pòv lacharite. Kanta pou misyon «sove lavi», nou kwè Legliz pifò nan sipòte vyolans sou moun pa filyè rezonnman «lagè jis».

Tandiske gran tole leve kont konklizyon Preval tire apre yon gwoup ekspè te evalye rezilta 20 an Konstitisyon 1987[1]; ki se, «Konstitisyon se sous enstabilite». Libète twò sakre pou nou vle mete baboukèt nan bouch moun, sepandan nap pwopoze se byolojis ki dwe prese prese estatitye sou mank ekilib ant moun ak moun e moun ak anvironman nan Kominote Ayisyen.

Toudabò ki sa oun Konstitisyon ye? Pou byen reponn kesyon an nap konpare Konstitisyon an a bati kay. «Tout moun dakò pou bati oun kay fòk li nivle, kare, epitou li bezwen siman pou kenbe blòk yo. Menmjan ak bati kay, Konstitisyon kenbe estabilite pami gwoup moun kap viv nan oun menm areya» (Sellassie I, 1997). Odela tout emosyon, konklizyon ekspè yo tire a merite analize. Kidonk, Legliz Ayiti dwe remete pòt li nan gon e «Zanmi Napoleon» dwe mete ba lèzam. San dout koutye kapitalis ki toujou ap foubi zam yo se sèl sektè ki konstitye yon menas pou Leta-Nasyon ayisyen.

Fè enpòtan nou note nan remak Preval diran komemorasyon Lavi e Karaktè Anperè Jak 1e a se presyon eleksyon egzije lajan, sekirite, elatriye. Preval kontinye pou li mande èske nap mande Misyon Estabilite Nasyonzini ann Ayiti (MINUSTAH) asire sekirite chak fwa gen eleksyon? Kidonk, Preval ak ekspè ki pase anrevi peryòd demokratik la note eleksyon pa pote avantaj pou Ayiti.

San dout avantaj eleksyon se endepandans Ayiti; ki vle di, endepandans siprèm a kerèl elektoral, goumen pou pouvwa, elatriye. «Endepandans osnon Lanmò», olye «Inyon Fè Fòs» deviz Alexandre Petion te fè mete sou drapo apre asasina Anperè Jak 1e, se yon aspè kalite mond lan Lespri 1803 pote. Endepandans se karakteristik lòt pèp imite, kopye. «Endepandans osnon Lanmò», olye «Inyon Fè Fòs,» se sèman ofisyèl zansèt yo te jire epi lòt pèp swiv.

Preval pat ka pale pi klè sou malè ki pandye sou tèt Ayisyen. An jeneral, nou dwe dakò ak konklizyon: «Ayisyen devye de objektif orijinal la.» Odela kou deta, rezilta Repiblik ki te vini tabli se:

1. Ayiti fann an twa;

2. Ayiti dwe Frans ak Etazini;

3. Leta fè fayit finansye;

4. Ayiti peyi pipòv;

5. Ayiti vini egzanp lòt peyi pa dwe swiv.

Anfen, fòk li klè pou tout moun se pa Endepandans ki mete Ayisyen anreta, men se Lespri Lwa 1791 pwiske nou pase de peyi eklere ki trase chimen a peyi kap swiv. Kidonk, pou Preval, Moïse elatriye, se kerèl elektoral, goumen pou pouvwa ki akouche MINUSTAH, yon lòt afwon a endepandans Ayiti. Preval, Moïse elatriye gen rezon lonje dwèt sou sous enstabilite ann Ayiti, e fòk majorite mas Ayisyen an mete kè li bò rezon sèten. Nou pral esplike toutalè.

Ale nan Kominote Ayisyen

Premye gade-nan-je montre jefò pou mete fen a enstabilite ki rwine finans e koze destriksyon anviwònman peyi Dayiti pa zafè ajan chanjman ki pa gen kè pwiske premye a branche dirèkteman sou Enstitisyon Finans Entènasyonal (EFE) metwopòl ewopeyen yo kontwole; e dezyèm lan lye ak mòd osnon règ pwodiksyon ki fè Ayiti yon rezèvwa travayè bon mache. Atò dezyèm sous enstabilite a nou pwopoze nan paragrap la vini devlope prensip separasyon pouvwa, tyèk e balans, ki konstitye diferan branch pouvwa repibliken ekzekitif, palman e jistis. Kidonk, prensip ki pran kò jiridik nan Konstitisyon 1806 la vini kreye yon dezekilib, oparavan pasyèl, ki pat jeneral. Dezekilib sila a, nap pwopoze, te debouche nan alyenasyon pa enpozisyon kilti twa pousan Ayisyen te resevwa edikasyon elitis nan men Frè Enstitisyon Kretyen.

Jodia, mwayen pou mete fen a dezekilib kòmanse pa «Ranvèsman langaj; ki vle di, pale lang ki makònen ak pratik majorite mas Ayisyen, epi kontinye ale nan kominote a» (Maximilien Laroche, 1981). E bay kominote a lwa ki apwopriye li bezwen. Menmjan sa te fè nan Konstitisyon 1805 lan.

Odela tout pwomès, chantay, manipilasyon diplomat, ofisyèl, ajan gouvènman peyi Ewopeyen, nou andwa chwazi, fè chwa valè entrensèk olye inivèsèl kap pouse nou konpare Ayisyen a Ewopeyen. Tandiske Ewopeyen ap rann Ayisyen sansouf ak bèl pawòl inivèsèl, kondisyon majorite mas la ap viv ap kontinye, ki se: esklizyon, eksplwatasyon, dominasyon, elatriye. Denye prensip entegrite politik, souverènte teritoryal, e jistis pou majorite mas la dwa gen rezon.

Nap pwente Ayisyen se yon Non istorik, ki fèt nan *sikonstans total,* e non patikilye jan François Duvalier e Lorimer Denis tap pwone a[2], lit klas esklav kont mèt. Se paske zansèt yo te rive fè 18 Novanm 1803 nou kapab rele tèt nou Ayisyen. Anvan jou sila a menmsi zile a te rele Ayiti, popilasyon natifnatal la se te Tayino e Arawak e yo te pale lang Chemès; ki vle di, jan w wèl la se nan lit Ayisyen ekziste. Pèsonaj e fè Revolisyon 1791 lan ban nou dwa e devwa propoze Revolisyon 1791, osnon toubiyon Afriken lib, pote yon tewori e pratik[3]. Ou wè pou Ayisyen kontinye fè chimen li nan mond lan li pa gen chwa eksepte li viv selon tewori e pratik listwa e kolektivite a pase ba li.

Lektè atantif andwa panse li kòrèk pou montre nou debouche a sa ki parèt tankou paradòks pwiske nou te di oun Ayisyen andwa chwazi. Sepandan, nou pa gen dout kontradiksyon an se chwa lanmò san w pa angaje nan lit pou chanje lavi w. Lè sa a wap vini yon zonbi, yon *kretyenvivan* ki pa sipòte endepandans Ayiti e libète Ayisyen, epi ki aksepte viv nan sosyete Ewopeyen fasonnen pou Ayisyen, e travay nan mòd pwodiksyon yo enpoze a kòmsi Ayiti pa gen resous[4]. Sitiyasyon sa a se «Mawonaj». Èske li klè?

San dout se «rezon sèten» ki te kondwi foul ki te fè yo masakre yo pandan yo tap mache opa «Grenadye alaso sa ki mouri zafè a yo, nanpwen manman, nanpwen papa», rive jouk 18 novanm 1803, jou zansèt yo rete mèt tè Ayiti.

Dezyèm gade-nan-je montre «Desandans pa konfere avantaj» (Dawkins, 1976) pito se kominote ki seleksyone moun, pou pi egzak nesesite konnen milye wap viv la anpeche w aji otreman epitou fòk gen kad ki asime responsablite pou aprann w kouman w viv. Kouman w viv depann de kominote a, e lit wap mennen kont gwoup sosyal, klas minorite e lòt fòs ki kont ou. Pa egzanp, gen plizyè lane Fanon ekri: «W andwa fèmen nan kò kadav epi w pou lòt kichòy», tankou *lespri*. Chanjman kalitatif san lapewèz se pratik Afriken pase bay Ayisyen. Se Moreau De St Mery, yon kolon ki tap viv nan Sen Domeng, ki batize Dinamis Afriken an vodou; e apre, tout Ayisyen aksepte itilize mo vodou a.

Se senp, wap senpleman pase de nivo elemantè, rityèl, tire kont, elatriye, a estil atizay plastik Lespri 1803 pote. Jefò pou rive nan tewori konplè sila a egzije amelyorasyon eritaj istorik e tradisyon pa Lekòl Ayisyen. Etid di: «Dèke w pran sans lavi, kò w vini objektif e li fè kò ak objektif reyalite a. Esplikasyon sila a, ki se, entèkoneksyon lespri e kò osnon etènèl e kadav, ale nan fon siyifikasyon kreyativite. Kidonk, objektif ou se objektif reyèl, sosyal peyi w. «Kreyatè se moun kap viv, *Ginenvivan,* selon konesans pozitif mond lan; *Ginenvivan* kap fè sèlman sa tout moun kapab fè» (Alexis, 1956). Pou nou se sèl Konpè Jeneral Sole Alexis ki defini linivè.

Nou kontan wè jefò pou aplike tewori sosyal: «Pou tabli ekilib nan kominote Ayisyen jistis dwe ranplase mal» (Carruthers, 1985). Si non se kriminèl kap kontinye mennen menmjan nou wè sa konn abitye fèt.

Zansèt yo te kriye «Vanjans», jodiya Ayisyen dwe mande «Jistis ranplase mal». Zansèt yo te apreyande «Panse Pike-Douvan», jodiya Ayisyen dwe pwatike «Panse Pike-Douvan» kap vini objektif orijinal pou yon pi egzak reyèl objektif pou Ayisyen.

Sepandan, leson bioloji aprann nou: «Andwa gen yon gwoup ki ale alanvè presyon seleksyon» e pou yon tan yo gen avantaj epi pèp la swiv lanvè, depale vini vilgarize, alyenasyon layite pami mas majorite epi lanvè vini total. Èske se pa sitiyasyon Ayisyen? Keksyon an poze.

Sa ki esansyèl se pou majorite mas ayisyen an aji selon demand sosyal «Jistis ranplase mal» la. Se wout presyon pou jistis pou majorite mas ayisyen pran olye presyon po lanvè. Pou pi egzak, se presyon premye *Nasyon Pòs-Kolonyal* pou majorite mas ayisyen pran olye presyon Demokrasi, Premye Repiblik Nwa, e lòt pawòl douvan dèyè ki fè Ayisyen mache tèt anba.

Pinga! Repiblik osnon Pouvwa Nwa otoritè, ekstèminatè Duvalier, Denis elatriye tap aplike a pa otantik. Dayè kou Dumezil Hurbon di: «Nosyon fòs yo te di ki chapant konsepsyon linivè moun Afrik se mantò.» Depreferans se pou Ayisyen swiv fanm ak gason Vètyè jouk nou rive retabli ekilib ant noumenm e peyi nou. Keksyon ki jan Ayisyen ap fè viv san Ewòpeyen initil. Gade! Diran plis pase karant lane Kiba reyisi viv san yo.

Analiz final

Kounyeya, Ayisyen nan mizè men kondisyon nou pa definitif. Se pou Ayisyen sezi «evolisyon ki pa chanjman yo rele revolisyon» an (Edouard Glissant, 1981); avantaj seleksyon ki pwouve sou chan batay. Konesans pozitif mond lan mele nan zaksyon pou enfliyanse e chanje kondisyon se verite pi konkrè. Pa egzanp, risk zansèt Afriken yo te oze pran pou yo te freye chimen deyò mond Ewopeyen te mennen yo; yo te sètoblije «brave lanmò» pou remete vyolans nan sèk li. Lespri 1803 dwe pran kò jiridik nan nouvo Konstitisyon pou Ayiti pi gran.

Ayisyen wè klè; pwoteksyon nou se bravou fas a danje natirèl osnon lòm, e «pi gran kapasite plastik[5] nou se tabli ekilib pami nou, e nan milye nou pou nou fè fas osnon tyeke fòs ki kapab detwi nou» (Jean Price-Mars, 1998). An konklizyon, ekilib sosyal se fonksyon lwa fondamantal Nasyon Ayiti. Nap di bravo san rezèv a Preval, Moïse elatriye ki pwente direksyon pou majorite mas ayisyen an ann Ayiti e nan Dyaspora.

> —*Doumafis Lafontan* otè a se manm Près Kolektif Trileng,
> Rezo Kiltirèl Tanbou, Asanble Atis Ayisyen nan
> Massachusetts, Rezo Kreyolis Ayisyen, Asosyasyon
> Etid Ayisyen, & Pèspektif Pàn-Afrikanis, 2007

Nòt

1. Dirije pa Claude Moïse, otè *Repenser Haïti.*
2. Lorimer Denis e François Duvalier *Le Noirisme oun derive de Mouvman Endijenis.*
3. *Praksis* se tèm syantifik la.
4. Selon teworisyen Ewopeyen sèl resous Ayiti se mendèv bon mache.
5. Abilite pou chanje fenotip pou jere chanjman anviwonman.

Bibliografi

Alexis. J.S., *Compère Général Soleil.* Gallimard, Paris, France, 1955.

Aristide, J.B., *In the Parish of the Poor.* Maryknoll. New York, NY 1987.

Beard. J., *Toussaint Louverture: A Biography and Autobiograhy,* Ayer Company, Publishers, Inc. Salem, NH, 1991.

Bohm, D., *Unfolding Meaning.* Routlege, London, England, 1985.

Carruthers, J., *The irritated Genie.* The Kemetic Institute. Chicago, Il, 1985.

Césaire, A., *Cahier du retour au pays natal,* Présence Africaine. Paris, France, 1983.

CRESFED, *Présence de Jacques Stephen Alexis,* CRESFED, Port-au-Prince, Haïti, 1956.

Dawkins, R., *The Selfish Gene,* Oxford University Press, New, NY 1976.

Diop, C.A., *The African Origin of Civilization,* Lawrence Hill Books. Chicago, IL, 1974.

Fanon. F., *Black Skin White Masks,* Grove Press. New York, NY, 1988.

Carolyn, F., *The Making of Haiti,* The University of Tennessee Press, Knoxville, TN, 1990.

Firmin, A., *The Equality of the Races,* Garland Publishing, New York, NY, 2000.

Fouchard, J., *Les marrons de la liberté.* Henry Deschamps, Port-au-Prince, Haïti, 1988.

Gates, H.L., *The Signifying Monkey,* Oxford, University Press. London, England, 1988.

Glissant, E., *Le Discours antillais,* Éditions du Seuil. Paris, France, 1981.

Hegel, G.W.F., *Introduction to the Lectures on the History of Philosophy,* Oxford University Press, London, England, 2003.

Heisenberg, W., *Physics and Philosophy,* Prometheus Books. Amherst, NY, 1999.

Hurbon, L., *Dieu dans le vaudou haïtien,* Éditions Deschamps. Port-au-Prince, Haïti, 1987.

James, C.L.R., *The Black Jacobins,* Vintage Books Edition, New York, NY, 1989.

Laroche, M., *La littérature haïtienne,* Éditions Lemeac. Ottawa, Canada, 1981.

Moïse, C., Ollivier, E., *Repenser Haïti,* CIDIHCA, Montréal, Québec, 1992.

Madiou, T., *Histoire d'Haïti,* Tome III, 1803–1807, Henri Deschamps. Port-au-Prince, Haïti, 1989.

Mars, J.P., *Ainsi par la L'Oncle.* Imprimeur II. Port-au-Prince, Haïti, 1928.

Marx, K., *Capital A new abridgement,* Oxford University Press. Oxford, London, England, 1999.

Nerestant, M., *Anthropologie et sociologie à l'usage des jeunes chercheurs,* Éditions Karthala, Paris, France, 1997.

Nicholls, D., *From Dessalines to Duvalier,* Cambridge University Press. New Brunswick, NJ, 1979.

Roumain, J., *Gouverneurs de la rosée,* Éditions Fardin. Port-au-Prince, Haïti, 1975.

Sachs, J., *The End of Poverty,* Penguins Books. London, England, 2005.

Sagan, C., *Cosmos,* The Random House Publishing Group, New York, NY, 1980.

Selassie I, H. *My life and Ethiopia's Progress,* Oxford University Press. London, England, 1976.

Senghor, L. S., *Anthologie de la nouvelle poésie nègre et malgache,* Presses Universitaires de France. Paris, France, 1948.

Vernet, P., *Techniques d'écriture du créole haïtien,* Le Natal, Port-au-Prince, Haïti, 1980.

A starving people, abandoned to its abominable fate, refuses to die

—*by Franck Laraque* translated from French by Jack Hirschman

"I grub through scraps to feed my family"
—Benita Clermont, *Haïti Liberté*

An economy without direction, a polluted environment whose vast stretches of bluffs are ground down, sordid markets where meager provisions and fruits are sold not far from stinks of excrement and urine, bidonvilles (slums) that rise to the sky to cry out their despair, the alimentary security of dumpsters and detritus for the poor. A starving people that refuses to die despite these inhuman, unacceptable conditions of life. It's this permanence of an overriding poverty that's evident to me on the occasion of my participation in the Jacques Roumain International Conference. I lived out an unforgettable human and cultural experience in the midst of a cruel reality. One can hardly imagine the cultural significance of such magnitude in a country completely degenerating, where all good faith without action seems futile. An International Conference actualized by a competent cadre (there are some cadres in the country though one might say it's perhaps a rare phenomenon).

The staff at the University of Haiti, represented principally by James Darbouze, Fritz Deshomme and the invaluable vitality of Yaïssa Arnaud Bolivar organized for November 28–30, 2007 with care, discipline and a vigilant civility some 40 venues at different faculties, including at Fokal and the French Institute. An average audience of between 150–200 students and intellectuals of all ages participated in these gatherings and made them vibrant and interesting, thanks also to the resolve of the participant speakers to show the different aspects of the genius that was Jacques Roumain. The Conference contained two principle currents very much opposed, but not necessarily antagonistic to one another. The first was conservative and pro-capitalist, represented by those who emphasized the immense talent of Jacques Roumain as a writer, while altogether ignoring or trivializing his communist ideology, which remains the moving force of his works.

The second current, anti-capitalist and anti-imperialist, represented by militants who, in the process of extolling the beauty of the form of his works, put the accent on the class-content of his writings, particularly in the novel, *Masters of the Dew,* a resolution to a juncture at the national level, and in the collection of his poems, *Ebony Wood,* the solidarity and alliance with southern countries at the international level. An ideological battle confirmed itself as indispensable for opposing the victory of obscurantist powers.

But an even greater satisfaction came with my visit to Saint Marc. I was designated to go with Myrtha Gilbert, the eloquent militant for the liberation of the masses, in order to speak at Saint Marc. After two hours in a car on a dusty road full of pitfalls, we're here at the Sténio Vincent Lycée where our host and admirable organizer of the session, Jean Eddy Menard, receives us. It's a kind of shocking irony that the Sténio Vincent Lycée is named after the unalterable enemy of Jacques Roumain, who was condemned to two jail-terms and five years in exile while Vincent was the head of the country. The moderator for our session was Eddy Clesca of the University of Haiti and the United States, who's returned to Saint Marc to dedicate himself to the education of Saint Marc's youths. The hall was jammed, occupied by about 200 to 250 young people, aged 15–20, sitting and standing, squeezed together like sardines. As Myrtha Gilbert briskly observed, she felt intimidated. Facing a vibrant, welcoming, knowledge-thirsty body of young people full of hope, one would be breathless asking himself whether he was outside the concrete reality of these youths sequestered in a little provincial town unknown to the political and economic leaders. The moderator relaxed the atmosphere by telling the audience that I wasn't a White but native-born in

Haiti, a product of Jeremie come from the diaspora expressly to celebrate Roumain with them.

After our well-received presentations and the questions and pertinent responses, Odette Fleurius, a petite dancer with her song "Return" had us all on our feet with endless applause. When I asked whether the poetry of Roumain was known to this student milieu, a lanky boy, August Yvonovitch, Jr., with warmth and conviction presented "Dirty Negroes". I was dumbfounded. The two artists and other youths came to the podium. They surrounded us with their warm affection, took photos with us that were developed in an hour. It was a communion of many generations in the spirit of Roumain. I've recommended those two artists to parents and friends, at the same time to James Darbouze and Dorius Wilson, leading representatives of the University, who've promised to continue after these fascinating reactions of the Saint Marc population. Happy and at the same time grieving, I feel myself outside the play and anxiously ask myself: even if those two artists come to break through, what will be for those youths who wait and hope? I keep a firm hope that the next Conference, perhaps less spectacular and even less costly, will be dedicated to agriculture and ecology with the participation of agronomists and peasants from the different Departments of the country, in order to take concrete and immediate action, and including those in the diaspora. Against this poverty and the status quo, individuals and groups are struggling on the ground under dangerous conditions in order to change the system of oppression and destruction that rules over the whole territory. We have to support them without reservation instead of contenting ourselves with negative criticisms. Everything is lost except the fighting spirit of the Haitian people.

—*Franck Laraque* translated from French by Jack Hirschman

Histoire de cou, histoire de fou

—par Jean Saint-Vil

Connaissez-vous, les enfants, l'histoire de la chaîne et du cou? Je suis persuadé que non. Pour vous rassurer, je vous dirai qu'il n'existe pas, à proprement parler, d'histoire de la chaîne et du cou dans la culture haïtienne. Il vaudrait mieux parler de l'image de la chaîne et du cou à partir du proverbe créole qui dit: «Kote ki gen chenn nan pwen kou; kote ki gen kou nan pwen chenn». Proverbe que l'on peut traduire en français par: «Là où il y a la chaîne, il n'y a pas de cou et là où y a le cou, il n'y a pas de chaîne.» Cela signifierait que les chaînes ne sortent jamais de leur écrin capitonné et que les cous restent toujours nus.

Cependant, dans la réalité, les choses se passent autrement, car on voit tellement de cous portant des chaînes de toutes sortes. De longs cous comme des cous de flamant, de gros cous comme des cous de bœuf, des cous maigres comme des cous de couleuvre, des cous qui fusionnent avec la tête pour donner des doubles mentons, des cous à double pente comme des goulets de bouteilles se rattachant aux épaules à la manière du profil d'une pyramide.

Il existe des chaînes très variées: des chaînes en cuivre recouvertes d'un clinquant d'or pour tromper l'acheteur, celles que nous appelons communément en créole chaînes krizokal; des chaînes en argent qui noircissent facilement et qu'il faut entretenir à coup de produits spéciaux; des chaînes en or de 14, 18, 21 carats, parfois serties de pierres précieuses et qui font la fierté de ceux et de celles qui les portent et qui durent des générations, se transmettant d'arrière-grand-mère à grand-mère, puis de grand-mère à mère, ensuite de mère à fille, enfin de fille à petite-fille... etc. Il y a aussi des chaînes auxquelles on donne le nom de colliers, faites en ivoire, en perles, en malachite, en os de rhinocéros, voire de couleuvre; des chaînes en poils d'éléphant, que sais-je encore! Il y a aussi des chaînes que l'on porte au pied de plus en plus, les chevillières, mais de préférence sur un seul côté, sans oublier les chaînes qui servaient à attacher les esclaves autrefois et qui servent à attacher les animaux. Toutes ces chaînes que l'on vend partout, que l'on collectionne, que l'on offre, que l'on porte, que l'on casse, que l'on perd et que les voleurs à la tire arrachent au cou des femmes surtout.

Diantre, me direz-vous, pourquoi, dans ce pays de huit millions de marrons, le proverbe dit-il que les cous ne portent jamais de chaîne et que les chaînes fuient toujours les cous?

Essayons d'aller au fond des choses. Il faut croire que ce proverbe exprime une image qui traduit les paradoxes majeurs de la vie haïtienne où, la troisième semaine de juillet 2000, avait éclaté une polémique d'après laquelle on ne peut plus se serrer la ceinture parce qu'il n'y aurait plus de ceinture en une période où l'on croyait à tort que l'on avait touché le fond en termes de dégradation de la situation économique nationale. Aurait-on alors oublié le cou pour ne parler plus que de ceinture sous prétexte qu'aucun luxe n'était plus possible et qu'il ne conviendrait plus que de penser au ventre? De toute façon, suivons le temps en disant que la chaîne est la ceinture du cou pour retomber nos pieds dans un pays où la misère est reine. Le cou sans la chaîne et la chaîne sans le cou, c'est avant tout la traduction des difficultés immenses de la vie quotidienne caractérisée par l'accumulation inouïe des problèmes de tous ordres et des crises interminables.

Un pays où l'Exécutif peut fonctionner longtemps sans Parlement, un pays où le Parlement peut fonctionner longtemps sans Premier Ministre, un pays où les négociations n'aboutissent jamais, un pays où les enquêtes ne finissent jamais, un pays où les ampoules et les appareils électriques attendent toujours le courant, un pays où la plupart des robinets restent toujours dans l'attente de l'eau courante de la CAMEP, que sais-je encore!…

Un pays de tous les manques qui se résume dans l'acrostiche suivant, que nous appelons l'acrostiche de la chaîne et du cou:

Chef sans autorité,
Haine de la discipline,
Absence de l'État,
Ignorance du prochain,
Négation de l'engagement,
Éternel recommencement.
Crises politiques interminables,
Obsession du pouvoir,
Unité nationale impossible.

Enfin, me direz-vous, les enfants, quelle leçon tirer de cette image? La réponse que je vous propose est d'œuvrer pour la réconciliation de la chaîne et du cou, c'est-à-dire de mettre fin à nos bizarreries traditionnelles et de créer le bien-être de notre peuple pour que règne enfin dans ce pays l'harmonie sociale et que désormais les huit millions d'Haïtiens disent en chœur: «Kote ki gen chenn genyen kou, kote ki gen kou genyen chenn.» Mais là encore, il faudra faire attention pour éviter que, par le jeu du marronnage viscéral dans lequel nous sommes les champions du monde, la chaîne ne tranche le cou de celui qui la porte et que le cou, dilaté par des accès de colère ultra-violente, ne fasse péter la chaîne en milliers d'éléments qui font répandre ses mille et une mailles en une longue traînée sur des centaines de kilomètres sans que des équipes de pisteurs professionnels puissent les récupérer. Ce qui finirait par aboutir à l'équation Histoire de cou égale Histoire de fou.

—Jean Saint-Vil jsaint-vil@caramail.com

Gwo Dokiman sou Orijin Sida!

—pa Fritz Dossous

Doktè Gilbert ak Worobey apre manifestasyon nou te fè toupatou Ozetazini pou te fòse CDC (Centers for Disease Control) retire non nou ofisyèlman nan epidemi 4H la, remakònen, remare Afriken ak tout desandan Afriken avè l ankò ane sa, espesyalman Ayisyen.

Tout ipotèz mesye sa yo baze, chita sou viris Sida yo te jwenn nan 5 grenn Ayisyen nan Miami nan lane 1982–1983. Savan sa yo pa bay lòt enfòmasyon ditou, ditou. Esepte 5 Ayisyen sa yo te antre nan peyi Etazini apre 1975. Savan yo sispèk 5 moun sa yo te pran Sida nan lane 1981. Kidonk, anvan yo te debake Ozetazini. Men gen kesyon savan yo pa ka reponn. Eske 5 Ayisyen sa yo te ale nan lòt State nan Etazini? Eske yo te konn fè bagay ak fanm meriken oubyen gason meriken lan peyi Dayiti? Kouman yo te fè simen jèm Sida Ozetazini? Savan yo rete bèbè. Kidonk, y'ap peche pwason nan dlo twoub. Y'ap naje nan yon oseyan fiksyon. Y'ap maske rasis yo dèyè yon miray syantifik. Men, vijilans Ayisyen solid, vrè pititpitit Jan Jak Desalin, gentan demaske yo. Paske yo pa janm etidye jèm Sida an Ayiti. Yo janm met pwent pye la pou yon ti rechèch syantifik.

Lè m tap ekri pyèsteyat *Ajipopo* an 1988, yon pyèsteyat ki te ekri pou ede moun pwoteje tèt yo kont Sida, mwen te li yon dokimantè kanadyen ki te rapòte kouman Sida te parèt nan Kazino, Ayiti. Rich touris Meriken masigwelay, ki nan sodomimi te rantre Ayiti al pran piyay sou timoun ki nan mizè, jenn moun ak granmoun zafè pa bon. Se te lan fen ane gouvènman Baby Doc la. Eben, se konsa dokimantè kanadyen di viris Sida te jwenn viza pou peyi Dayiti.

M' voye jete a tout fòs mwen nan fon lanmè sa swadizan rechèchè yo sispèk la. «Rechèchè yo sispèk yon Ayisyen yo pa konn non l, gen maladi Sida, debake nan yon gwo vil tankou Miami oubyen New York. Epi li simaye, simen jèm Sida a toupatou. Eben Ayisyen sa genlè se te Don Juan ki resisite.

Se yon awozwa Ayisyen sa genlè te pote. Jèm sa flannen pandan plizyè ane Ozetazini, epi apre li pati pou lòt nasyon yo.» Bondye bòpè m! Nou wè byen se ensten rasis savan yo kap deblatere. Si nou konn suiv radio ak televizyon meriken fò nou konn tande animatè yo ap di se kote ki pòv, kote mizè ap bat bravo, jwe jon sou tèt malere Sida pran piyay. Kòm Ayiti pote renome peyi ki pi pòv lan emisfè a, savan yo lage pwa senkant Sida sou do li. Aaa yo mechan! Fò nou pa chita bra kwaze. Se pou nou ouvè gagann tout lajè rele anmweeeeee! Yon kretyen vivan kap wonfle, dòmi nan inaksyon lè yo atake, chifonnen fyète li ap reveye nan mitan yon simityè.

Moun fèt pou konnen, piblik meriken sitou savan Ewopeyen yo te enfekte anpil, anpil Afriken ak vaksen polio melanje ak ren chenpanze ki malad. Chenpanze se yon animal ki sanble ak moun. Gen anpil lank ki koule sou kòz ak orijin HIV ak AIDS. Men sa Edward Hooper di nou sou kesyon an.

Pandan ane 90 yo, Edward Hooper yon jounalis Angle te ale ann Afrik. Misye te fini pa dekouvri se pa Papa Bondye ki bay Sida. Pou misye, Sida se èv moun. Li te entèvyouye anpil, anpil moun. Li te ranmase, kolekte anpil, anpil dokiman pou kore teori li a.

An 1999 li te pibliye yon liv ki rele *«The River: Ou yon Jounen pou nou voye je annaryè sou sous HIV ak AIDS»*. Misye pat ezite kritike kominote ki rele tèt yo kominote syantifik. Hooper rive konekte tout kote yo te bay vaksen Dr. Koprowski a lè yo te dekouvri premye ka Sida yo. Li te rive moutre espas jeografik, tout kote yo te bay vaksen sa.

Nan liv li a, Edward Hooper avanse: «Premye ka Sida yo rive nan Afrik Santral, nan menm rejyon yo te bay pase milyon moun vaksen Dr. Koprowski a de 1957 a 1960.» Misye di, Hooper kap pale toujou «se la viris chenpanze ki te malad rantre nan kò kretyen vivan».

Hooper ajoute: «Yo te pran ren chenpanze ki te soufri yon maladi ki rele SIV pou mete, brase ak polio vaksen pandan kanpay vaksinasyon Dr. Koprowski a nan ane 1950 yo.»

Nan liv la, Hooper bay evidans. Hooper moutre sa ki te rive 400 chenpanze yo te trennen nan Camp Lindi. Sou lòd Dr. Koprowski, yo te asasinen chenpanze sa yo nan espas 2 zan sèlman.

Christopher Bayelo ki te responsab chenpanze yo nan Camp Lindi, afime, di Hooper menm Dr. Paul Osterrieth ki te nan tèt viwoloji lab la te konn kolekte, retire ògan chenpanze ki nan kan an. Joseph Limbaya, yon enfimye nan kan an sonje yo konn pase l lòd pou li asasinen 2 ou 3 chenpanze pa jou. Joseph Limbaya kontinye pou li di «li retire toule 2 ren chak chenpanze li te asasinen».

Travayè nan Kan Lindi afime gen nan zannimo yo travayè nan Kan an retire ren yo pandan yo tou VIVAN. Mezanmi tande yon mechanste! Hooper ajoute, sa fèt paske Dr. Koprowski te bezwen kolekte tisu vivan («*tissus vivants*») pou vaksen polio a. Se nan Stanleyville ansyen Kongo Bèlj yo te asasinen chenpanze yo pou benefisye vaksen polio a. Men, Hilary Koprowski di se pa vre!!!!

Byen anvan Pierre Doupagne, chef teknisyen nan laboratwa Stanleyville la, aksepte, di Edward Hooper, li te konn fè tisu esteril ak chenpanze pou Dr. Paul Osterrieth. Edward Hooper ajoute, moun ki te gen otorite, ki te gen pouvwa pou li sipèvize tout travay ekzekrab sa yo, se te Dr. Koprowski. Si li pat apwouve sa. Sa pa tap janm ka fèt.

Yon gwo evolisyonè biolojis, Dr. Bill Hamilton, di teori Hooper gen gwo merit. Nan yon entèvyou avèk CNN li te esplike poukisa li nesesè pou yo gade teori Hooper a ak anpil, anpil enterè. Bill Hamilton kontinye: «Se pa sèlman orijin AIDS ki parèt nan teori Hooper a. Men, enkonduit lasyans nan ipotèz li yo ki an kesyon tou. Mwen pap ekzajere, Hamilton kap pale toujou si m dekri ipotèz sa yo kòm syans medikal ki pi move, kòm ipotèz ki pi lèd.» Dr. Hamilton mande The Royal Society of Scientists nan vil Lond pou yo fè yon deba sou orijin AIDS. Malaria touye Dr. Hamilton lan mwa mas 2000. Se te pi gwo evolisyonè biolojis apre Darwin.

Nan mwa septanm 2000, tout gwo espesyalis nan lemond sou Sida te reyini nan Lond pou yon konferans sou orijin Sida. Konferans sa a te organize pou te bay Edward Hooper yon chans pou li te prezante sa li te jwenn, bay kominote syantifik la evidans teori li a kòrèk. Oo! Konplo! Konplo kont teori Edward Hooper la! Depi nan derapman konferans la yap kalonnen teori misye a. Yap choute sou misye tribò babò. Briskeman gen yon sipriz anonsman. Yo jwenn yon echantiyon, yon espesimenn vaksen Dr. Koprowaki epi yo teste li. Yo pa jwenn ni tras AIDS, ni tras SIV ou DNA chenpanze ladan l.

Konplotay saa te pote yon gwo kou a teori Hooper a ki te moutre klè kou kristal koneksyon Hiv ak SIV viris ki te soti nan chenpanze ki malad yo. Men pita, Hooper fè konnen yo jwenn echantiyon vaksen Koprowski a sere Ozetazini. Li pat janm itilize nan Kongo epi nan tan saa, pat gen vaksen konsa.

Nan lane 2003, Michael Worobey youn nan swadizan syantis ki lage Sida sou do desandan Afriken, espesyalman Ayisyen, te ale nan Kongo pou kontinye travay Dr. Hamilton tap eseye antreprann anvan li mouri. Worobey pibliye nan yon Jounal Syantifik, avril 2004, pa gen okenn koneksyon ant SIV ki soti nan chenpanze bò Stanleyville yo ak HIV. Sa vle di Kominote Syantifik la met yon pwen final nan teori Hooper a. Pa si vit!

Kòm repons, Edward Hooper di chenpanze yo te itilize nan Camp Lindi yo soti nan yon pi laj sifas jeografi pase kote Worobey fè esperimantasyon li a. Kidonk, savan yo pa ka frennen, pa ka pretann yo fini ak teori Hooper a. Jounalis Hooper gen plan pou li pibliye yon liv ane saa pou sipòte teori li a ki konvenki HIV soti nan SIV yon viris chenpanze ki malad. Nap tann!

Anvan Dr. Hamilton mouri li te ale nan Kongo Bèlj pou li kolekte poupou chenpanze. Li te bezwen konnen si chenpanze a te genyen tras SIV ki konekte ak HIV. Misye panse si yo te fè sa, li tap sipòte tèt kale teori Edward Hooper a.

—*Fritz Dossous*

Referans yo:

Origin of AIDS, Canadian Broadcasting Channel Documentary: www.cbc. ca/documentaries/originosaids/hooper.html

Èzili Dantò Note, Oct. 31, 2007: *A new attack on people of African descent, particularly Haitians, as "diseased" people;* http://news.bbc.co.uk/2/hl/ health/7068574.stm

BBC News: *Key HIV strain came from Haiti,* by Neil Bowdler, Science reporter, BBC News

De la problématique de l'immigration

—*par Tontongi*

J'appréhende le débat sur la réforme de l'immigration qui prend feu à l'instant aux États-Unis sous deux différents modes. D'un côté, je me méfie de sa convenance temporelle, du moment choisi pour en faire une crise; je vois ce *timing* comme une tentative détournée pour diviser le peuple étatsunien, plus particulièrement la coalition contre la guerre d'Irak qui émergeait aux environs de la première guerre du Golfe en 1991, et qui a atteint son apogée durant les manifestations de février 2003 où des millions de personnes aux États-Unis—et aussi à travers le monde—demandaient la fin des préparatifs accélérés de la guerre contre l'Irak.

De l'autre côté, le contrôle de l'immigration est une obligation incombée à toute société organisée, même si évidemment il y a une différence notable entre une politique légitime pour gérer la migration humaine et l'apartheidisme raciste. Pour mieux contrecarrer l'élément fascisant dans le débat sur la soi-disant réforme de l'immigration, il faut d'abord souligner et accentuer le riche patrimoine identitaire des États-Unis comme pays d'immigrants, et, de là, en révéler l'hypocrisie, car on ne mettra pas longtemps pour comprendre que tout, en dernière analyse, est affaire de protection des intérêts sur place, qu'ils soient étatiques, corporatifs ou idéologiques.

«Dans les colonies anglaises en Amérique du Nord, écrit l'historien Howard Zinn, le modèle a été établi très tôt, tout comme Colomb l'avait fait dans les îles Bahamas. En 1585, avant l'implantation d'une colonie anglaise permanente en Virginie, Richard Grenville y débarquait avec sept vaisseaux. Les Indiens qu'il rencontrait étaient hospitaliers, mais quand l'un d'eux volait une petite tasse d'argent, Grenville a saccagé et brûlé tout le village indien.» Les premiers habitants de ces vastes terres et îles que Christophe Colomb appelait *Indiens,* avaient leur propre «civilisation» et cultures, leur propre référent identitaire qui n'enviait en rien la prétendue supériorité occidentale. En hiver 1610, quand la première colonie anglaise à Jamestown périssait dans la famine, les Indiens—ou plutôt les Autochtones—leur apportaient de la nourriture; ils feront de même pour les premiers pèlerins anglais qui débarquaient dans le Massachusetts. Mais la gratitude n'était pas part des calculs: «Le gouverneur de la colonie du Massachusetts, John Winthrop, inventait des prétextes pour prendre les terres indiennes en déclarant la région comme étant légalement un "espace vide"», a dit Zinn. Les Autochtones n'auraient qu'un droit «naturel» à la terre, pas un «droit civil».

Naturellement, dans le contexte étatsunien, quand vous dites «légalité» et «loi» vous entendez aussi la force faite droit, la volonté des chefs d'entreprise et entrepreneurs de forger des lois sur mesure soit pour prévenir une révolte, soit pour légitimer une forfaiture. En termes d'immigration et de génocide, il y a une dévastante statistique. Au moment de l'invasion de Christophe Colomb, 75 millions d'Autochtones vivaient dans ce vaste continent dont 5 millions dans la partie nord. Citant des chiffres compilés par Michael Rogin, Zinn écrit: «En 1790, il y avait [en Amérique du Nord] 3.900.000 Américains et la plupart d'entre eux vivaient à 50 miles de l'océan Atlantique. Aux environs 1830, il y avait 13 millions d'Américains, et vers l'année 1840, 4.500.000 avaient traversé les Montagnes Appalachiennes jusqu'à la vallée du Mississippi. [...] En 1820, 120.000 Indiens vivaient à l'est du Mississippi. Vers 1844, moins de 30.000 d'entre eux y vivaient encore.» On connaît le reste: les déplacements de masse de force, le génocide systématique des Autochtones.

On peut remonter le concept d'*immigration* proprement dit à Christophe Colomb, selon la très belle métaphore d'une chanson de Manno Charlemagne où il se demandait sur un ton sarcastique: «Christophe Colomb avait-il une carte de séjour?» Les premiers immigrants venus d'Europe, particulièrement de la Grande Bretagne, de France, d'Irlande et de la Hollande, ont suivi presque la même trajectoire que Colomb, et même s'ils fuyaient pour la plupart l'oppression et la pauvreté, ils se considéraient, dans leur imagination abusée, comme des conquérants, se donnant le rôle de propagateurs des Lumières et de l'Évangile chrétien, hérauts du progrès, possesseurs de la magistralité de la connaissance scientifique.

Depuis le commencement 1% de la population possédait 40% de la richesse du pays, et les travailleurs immigrants n'étaient pas parmi eux. «Dans les années 1600 et 1700, écrit Zinn, par l'exil forcé, par charme, promesse et mensonge, par enlèvement, par le désir urgent d'échapper aux conditions de vivre dans leurs pays d'origine, beaucoup de gens pauvres qui voulaient aller aux États-Unis devenaient des commodités de profit pour les marchands, les négociants, les capitaines de vaisseaux, et éventuellement les maîtres de l'Amérique.[1]»

Après la phase immigratoire inaugurée par les premières colonies anglaises/occidentales, il y a eu la phase de l'*enslavement,* du transbordement forcé des Africains en ce qu'on appelait le «nouveau monde». Dès lors il y a eu deux ordres d'immigration: une immigration activée et cultivée par la quête de l'or, de l'Eldorado, de la richesse fabuleuse, et une immigration forcée par les adversités de la vie, souvent par la baïonnette. Le système politique imposé par les conquérants étatsuniens utilisait les premiers réflexes pour faciliter la deuxième entreprise. C'est ici l'essentiel de l'histoire du pays, côté rapace s'entend.

«Les premières lignes de chemin de fer transcontinentales, écrit Zinn, ont été construites avec le sang, la sueur, la politique et le vol, résultantes de la rencontre des compagnies ferroviaires l'Union Pacific et la Central Pacific. La Central Pacific a commencé de la Côte occidentale pour arriver jusqu'à l'Est; elle a dépensé à Washington 200.000 dollars en pots-de-vin pour obtenir 9 millions d'acres de terre, et 24 millions en bonds de garantie, payant 79 millions, une surpaye de 36 millions, à une compagnie de construction qui était en réalité la sienne. La construction a été faite par 3 mille Irlandais et 10 mille Chinois, sur une période de quatre ans, travaillant pour un ou deux dollars l'heure.» Les années 1880 et 1890 ont vu une grande vague immigratoire aux États-Unis, la quasi-totalité des immigrants venus d'Europe. «Comment l'immigration des différents groupes ethniques contribuait-elle à la fragmentation de la classe ouvrière, comment les conflits ont-ils développé parmi des groupes faisant face aux mêmes conditions difficiles, tout cela est démontré dans un article d'un journal bohémien, *Swornost,* du 27 février 1880. Une pétition signée par 258 parents et gardiens de l'école Throop School de New York et par plus de la moitié des contribuables du district scolaire a déclaré: "les pétitionnaires ont autant de droit de réclamer l'enseignement du bohémien que les citoyens allemands ont le droit d'avoir l'allemand enseigné dans les écoles publiques… En opposition à cette demande, Mr. Vocke a prétendu qu'il y a une grande différence entre Allemands et Bohémiens, en d'autres mots, ils sont supérieurs".»

Comparés aux Autochtones et aux ouvriers nés aux États-Unis, les immigrants étaient plus corvéables et malléables, «ils étaient culturellement déplacés, étrangers des uns aux autres, donc utiles comme briseurs de grève. Souvent leurs enfants travaillaient, intensifiant ainsi le problème de surplus de la force du travail et le chômage; en 1880 il y avait 1.118.000 enfants de moins de seize ans (un sur six) travaillant aux États-Unis. (…) Les femmes immigrantes deviennent servantes, prostituées, femmes de maison, travailleuses d'usines et parfois rebelles».

Oui, rebelles aussi, car malgré l'univers infernal où ils étaient confinés, «en dépit des efforts acharnés du gouvernement, des milieux d'affaires, de l'Église, des écoles, pour contrôler leurs pensées, des millions d'Américains étaient prêts à considérer des critiques sévères contre le système existant, à contempler d'autres moyens possibles de vivre. Ils étaient aidés en cela par les vastes mouvements de travailleurs et de fermiers qui emportaient le pays dans les années 1880 et 1890», dit Zinn[2].

Cela dit, si, aux États-Unis, un groupe ethnique—qu'il soit noir, blanc, jaune ou rouge—trouve-t-il acceptable de dire à un autre «Rentrez chez vous!», le groupe offensé peut très judicieusement y répondre: «Vous aussi, rentrez chez vous!». Nous sommes tous provenus de quelque part d'autre, excepté peut-être les habitants originels exterminés. Ces mots— «Rentrez-chez vous»—m'*objectifient* comme un intrus, un occupant, un indésirable. Je peux vous les renvoyer pareillement, puisque nous sommes tous originaires de «quelque part d'autre». C'est une question de durée, pas d'essence.

L'un des plus troublants et bien malheureux aspects du débat, c'est la totale absence d'empathie humaine dans les arguments de ceux qui soutiennent le projet de loi qui le ferait un crime grave le fait de n'avoir pas les papiers de séjour légaux aux États-Unis, ou seulement d'aider ceux qui n'en ont pas. C'est franchement triste de voir des gens dont les ancêtres il n'y a pas trop longtemps—50, 100, 200 ans déjà?—fuyaient l'oppression ou la pauvreté pour venir sur cette terre d'Amérique du Nord, cherchant refuge et dignité, aujourd'hui la réclament comme la leur exclusivement et professent la plus venimeuse attitude envers les nouveaux venus.

Ironiquement, certains des citoyens étatsuniens les plus récemment immigrés au pays, avec des noms sonnant «ethniques», sont parmi les plus vociférants dénonciateurs des travailleurs sans papiers, refusant aux autres la chance accordée à leurs ancêtres il n'y a pas si longtemps. C'est comme si, pour paraphraser un concept freudien, en vilipendant les nouveaux venus, ils veulent conjurer leur propre sentiment de culpabilité et de honte quant à l'odyssée de l'histoire immigratoire de leur propre famille. La force de travail sous-payée procurée par les travailleurs sans papiers a certainement enrichi le vaste agrobusiness et le secteur service de l'économie, affectant probablement la valeur d'échange de la force du travail existante. Toutefois, beaucoup d'économistes croient que la différence en termes réels est seulement quelques centimes de moins (huit ou dix plus ou moins). C'est pourquoi il est bien mystifiant de la part de certains syndicats ouvriers de soutenir le réactionnaire projet de loi anti-immigrant, pensant, erronément, qu'ils défendent ainsi les travailleurs «de souche».

Le blâme est incorrectement placé. Ce n'est pas la quantité ni la disponibilité de la force du travail qui la dévalue et cause le chômage; ce qui cause ces problèmes, c'est la structuration et le mode de production du système capitaliste, qui fait tout ce qu'il peut pour garantir le flux et la disponibilité de ce que Marx appelle «l'armée de réserve» du capital: le large réservoir de chômeurs ou sous-employés disposés à vendre leur main d'œuvre au premier offrant. Les intérêts de la force ouvrière étatsunienne dans son ensemble, y compris ceux des immigrants sans papiers, sont en cela mieux servis quand les ouvriers s'unissent en solidarité pour demander un salaire juste et vivable, et le droit à un plein et utile emploi. Les luttes intestines et la recherche de bouc émissaire parmi les travailleurs ne font qu'aider les puissantes compagnies capitalistes à consolider l'exploitation.

L'un des aspects intéressants du débat sur l'immigration est qu'un nombre considérable des barons du Parti républicain au Sénat ont formé avec les Démocrates des pluralités qui appellent pour le respect des impératifs de la stabilité économique, en évitant les crises inutiles et en tenant compte de l'histoire du pays en tant que solliciteur et profiteur de la force du travail sous-payé des immigrants. Quant à George W. Bush, il est tenaillé entre deux puissants alliés qu'il essaie de cajoler à la fois: d'un côté les grands fermiers de l'agrobusiness et le secteur service qui s'enrichissent du travail sous-payé des sans-papiers, et, de l'autre côté, les éléments racistes et xénophobes de la base du Parti républicain qui haïssent tout ce qu'ils considèrent comme «Autre»: les immigrants non européens, les gens de couleur, les homos, les athées, les socialistes, les partisans de l'avortement, etc. La préférence de Bush, c'est probablement une sorte de bantoustan bien délimité, selon le modèle apartheid, qui procure la force de travail sous-payée nécessaire pour maximaliser les profits capitalistes, tout en faisant en sorte que les espaces vitaux ne soient pas partagés. Bush ne hait pas les «Autres» vraiment; noblesse oblige, il ira jusqu'à les inviter à son ranch comme servants, sycophantes, travailleurs invités…

En ce qui a trait à la problématique de l'immigration proprement dite, c'est plutôt indicatif de la continuelle crise d'identité que confronte le pays que de la présenter comme une nouvelle, fondamentale inquiétude quand on sait que l'entière histoire du pays est moulée, façonnée et définie par l'immigration. Ainsi, la «réforme» de l'immigration est-elle devenue un rituel répétitif, récurrent durant toute l'histoire du pays. Chaque fois plus réactionnaire que la précédente, ou alors on alterne en degré de la méchanceté.

Avant qu'ils lançassent la «solution finale», les Nazis devaient la justifier par le conditionnement psychique du peuple allemand. La *désignation* et l'acte de *regarder* les *Autres* (Juifs, communistes, gitans, catholiques, déviants, homos, étrangers, etc.) comme menace potentielle précédaient leur traitement comme ennemis. Les esclavagistes et maîtres d'esclaves avaient eu le même réflexe, mais au lieu de déporter ou exterminer leurs «Autres», ils les ont fait travailler la terre, tandis que l'Église les cajole comme objets crées par Dieu méritant la bénédiction de sa mission civilisatrice. C'était plus utile. Et plus profitable.

Ce qui caractérise en particulier les mesures et propositions anti-immigrantes que l'on sait, c'est leur nature contre-courante vis-à-vis des impératifs du capitalisme et son besoin d'un large réservoir de travailleurs à bas prix, pourvu pour la plupart par le flux continuel de nouveaux immigrants. Cette logique, plus que la pure philanthropie, explique pourquoi certaines entités commerciales, notamment dans les secteurs fermiers, l'agrobusiness et le service, appellent pour plus de tolérance envers les immigrants sans papiers.

Les croisés anti-immigrants, par contre, ne se laissent pas amadouer par de telles considérations, surtout quand ils savent, comme l'Afrique du Sud l'a montré, le cas échéant, ils peuvent prendre avantage de la force de travail désirable sans avoir à partager l'espace—leur espace vital sacré—avec les indésirables pourvoyeurs de mains-d'œuvre. Ils peuvent aussi toujours «outsourcer», sous-traiter l'emploi si tel s'avère indispensable. Si les mots «espace vital» sonnent familiers, c'est parce qu'ils le sont: la personne que vous refusez d'avoir comme voisin est probablement la même dont vous vous foutez bien si on la déporte ou brûle dans une chambre à gaz.

Hanna Arendt a parlé de la banalité du mal dans la personne du Nazi exterminateur Adolf Eichmann dont les mondanités nonchalantes au procès de Nuremberg effrayaient; banalité du mal quand ses manifestations sont faites part de la vie de chaque jour, quand la conscience humaine est désensibilisée, neutralisée, quand la peine et la souffrance sont fonctionnalisées comme inévitabilité, rouages d'une gigantesque machinerie, quand la vie elle-même est faite Autre. En plus, il y a aussi la banalité des piliers mentaux et structuraux qui aident à perpétuer le mal. Ça peut sembler extensible d'aller de la chambre à gaz d'Hitler à la déportation des immigrants «illégaux». Cependant le résultat est le même: l'inutile sujétion des gens à la peine et à la souffrance. Non dû au manque de ressources ou options, mais simplement par mauvaise foi, par la haine de l'Autre.

L'Autre comme allié

Dans un monde où deux milliards de ses 6.5 milliards de personnes souffrent de la malnutrition et n'ont aucun accès aux soins médicaux convenables; dans un monde où des PDG, des vedettes du sport et de Hollywood peuvent empocher des centaines de millions de dollars par an, quand des millions de travailleurs jonglent deux jobs qui paient moins de 25 mille dollars l'an combinés; dans un monde où le PDG de l'Exxon-Mobile est récompensé 398 millions de dollars comme «paquet» de pension, tandis que le gouvernement prétend qu'il n'y a pas assez d'argent pour financer des programmes extrascolaires ou des emplois d'été pour adolescents à risque; dans un monde où n'importe citoyen peut être jeté en prison pour être désigné «combattant ennemi» par un officiel zélé; dans un monde où des millions de personnes âgées convalescentes doivent choisir entre la faim ou être privées d'un médicament indispensable à sauver leur vie; dans un monde où tuer est justifié aussi longtemps qu'il ne concerne que la perte d'êtres chers à d'autres personnes; dans un monde, enfin, doté d'une si large zone d'ombres d'intérêts retranchés et destinées communes, la notion de l'Autre comme ennemi automatique est bien absurde.

Lequel est votre pire ennemi, s'il vous faut avoir d'ennemi: le travailleur sans papiers qui produit de la richesse mais qu'on paie à bas prix, ou le magnat d'entreprise qui maintient le salaire bas et réduit la main d'œuvre pour maximaliser les profits? En réalité, l'immigrant sans papiers, le travailleur «légal» qui bousille comme un âne en poursuite du rêve américain, le travailleur «de souche», noir, blanc, rouge ou jaune, les professionnels de la classe moyenne, etc., pourraient avoir beaucoup plus en commun que les racistes voudraient vous faire croire. Ils partagent au moins le fondamental: un sentiment total d'aliénation dans un monde réifié jusqu'à la moelle et le rêve d'un monde meilleur.

Ma première rencontre avec l'«Autre» a eu lieu à un très jeune âge de mon développement, quand j'avais à peu près deux ou trois ans. Il apparut dans la personne d'un résident, mi-quarantaine, du pavillon mental de l'hôpital Saint François de Sales à Port-au-Prince, Haïti. Chaque jour, il m'apporta de la pâte à pain crue qu'il soutirait de la boulangerie de l'hôpital, mû par le simple plaisir de nous donner quelque chose. Ma mère et les voisins en riaient à craquer. Ça a peut-être duré seulement quelques mois, mais j'ai toujours gardé des souvenirs très tendres envers la bonté de ce Blanc fou. Ça a probablement éradiqué toute velléité de haine de l'«Autre» chez moi!

Est-ce l'immigration une panacée ou une malédiction?

Je doute fort que l'émigration soit la meilleure solution à l'oppression et à la pauvreté dans le tiers-monde. En fait, en dernière analyse, elle peut se révéler la pire solution parce que non seulement elle épluche les pays pauvres de leur matière grise et les dictateurs de leurs potentiels critiques et révoltés, elle encourage en même temps la monétarisation à rabais de la force du travail des pauvres, la dépendance des pays du sud envers les pays du nord, la réification de l'existence.

La meilleure façon d'«aider» le tiers-monde, c'est d'abord respecter la souveraineté des pays constitués, payer à prix équitable leur produits et ressources naturelles, contribuer à l'assainissement de leur écosystème, et non à sa destruction, permettre le plein inter-échange de la connaissance scientifique, traiter égal à égal avec eux. La solution à l'oppression et à la pauvreté, c'est la résistance et l'offre d'un projet de société alternatif, la poursuite par les peuples, dans leurs propres pays, d'un changement qualitatif de leurs conditions de vivre. La solution à l'oppression et à la pauvreté, c'est la poursuite par les pays occidentaux d'une politique de solidarité, d'empathie et de justice immanente envers les pays en mauvaise passe dans un sens positif qui bénéficie toutes les parties en situation—et non plus dans le sens négatif du présent système et réflexe impérialistes qui parient sur nos mauvais instincts et notre conditionnement mental.

On peut concevoir un système sociopolitique et existentiel où la liberté se refuse à être troquée au profit de la sécurité, ni les opportunités pour quelques uns au dépens de l'égalité et de la justice sociale pour tous, y compris le juste partage des ressources naturelles et économiques. Un monde où la jouissance d'une minorité gourmande ne se fait pas au dépens de la survie de l'écosystème tout entier. Les relations entre différentes religions et systèmes philosophiques ne doivent pas être basées sur la confrontation et mutuelle négation; en fait, c'est plutôt la loi de la nature que la diversité fleurisse.

Cela dit, on peut concevoir une diversité qui puisse s'accommoder même des fondamentalismes, au bord de la zone d'ombre où la diversité de choix doit être respectée si vous ne voulez pas commettre le génocide. Martin Luther King a dit un jour, très judicieusement par ailleurs et en accord avec le concept marxiste de conflit structurel, que la liberté d'une personne est conditionnée par le degré de liberté d'autres personnes. Le geôlier est autant emprisonné que le prisonnier, ne serait-ce qu'au niveau de la gratification existentielle, comme exprimée dans le proverbe haïtien qui dit *«si ou anpeche mwen manje, m'ap anpeche ou kaka»*, littéralement traduit par *«si vous m'empêchez de manger, je vous empêcherai de chier»*. Le changement paradigmatique à faire inclut une révolution de l'esprit et une réappréhension de la «réalité», qui est souvent une réalité truquée, arbitrairement édifiée et définie. La paix est avant tout la prise de conscience politique. La réappréhension de l'Autre comme le Même. Et comme Allié.

Beaucoup de commentateurs ont fait des observations quant à la surprise qu'a été pour eux la vaste éruption, à travers les États-Unis, de manifestations de rue et de protestations qu'a suscitée le projet de loi anti-immigrant. J'en étais moi aussi surpris, ayant vécu le sentiment d'apathie et de fatalisme qu'accompagnait la «réforme de l'assistance sociale» de Bill Clinton, ce grand démantèlement de décennies de protection sociale pour les pauvres. De même pour le Patriot Act, une loi votée par le Congrès quand le Ground Zero fumait encore après 11-Septembre 2001. Cette loi qui abolit des protections pour les libertés civiles bien ancrées dans la société n'a pas généré de protestations de masse, quand bien même elle était généralement déplorée.

Éventuellement, une très inouïe coalition d'obstructionnistes au Sénat aura torpillé le projet de loi pour réformer l'immigration, un projet de loi, soit dit en passant, qui même dépouillé de ses articles les plus draconiens conservait encore des mesures qui aggraveraient la séparation des familles et le rétrécissement des libertés civiles. Le peuple étatsunien ne doit plus se laisser duper.

Les protestations, marches et grèves par des millions d'immigrants et leurs supporteurs étatsuniens contre le projet de loi voté par la Chambre des représentants a réaxé le paradigme et accentué les idéaux des États-Unis comme une terre de refuge, d'embrassement hospitalier à tous ceux qui fuient l'oppression, la pauvreté et la persécution. C'est donc bien dommage qu'au lieu de poursuivre ces idéaux, beaucoup trouvent plus utile de lancer des représailles contre les demandes pour la justice et pour l'humanité proférées par les immigrants sans papiers. Ce cri pour l'équité et l'empathie fait appel à la propre conscience et idéaux du pays, lui offrant une opportunité pour un renouvellement après des années de cynisme sous l'égide du Parti républicain. Une équitable politique de l'immigration n'est donc point un cadeau: c'est une proposition qui s'honore elle-même.

Depuis l'abordage du bateau Mayflower à Plymouth en 1620 jusqu'aux récents raids de l'ICE (Immigration and Customs Enforcement) en Floride et dans le Massachusetts, la problématique de l'immigration n'a cessé de hanter la psyché de la nation étasunienne. Le terme «immigrant» lui-même a été inventé vers les années 1790 pour distinguer les nouveaux venus de ceux qui étaient là avant; depuis lors, l'antécédence n'a cessé d'avancer.

Et les pères fondateurs de la nation étasunienne eux-mêmes n'étaient pas unanimes sur la question immigratoire, eux qui étaient passés, pratiquement du jour au lendemain, de sujets britanniques à patriotes étasuniens. D'où peut-être leur ambivalence, si ce n'est leur schizophrénie, concernant la question, car ils ont réussi cet exploit de créer l'un des systèmes immigratoires les plus généreux du monde et le rejet xénophobique le plus aberrant.

Naturellement, la politique de l'immigration n'est pas vécue exclusivement dans l'abstrait, elle implique aussi des gens réels, pour la plupart des pauvres, qui doivent affronter des conditions horribles dans le pays d'accueil parce qu'ils n'ont rien laissé comme ressource dans le pays d'origine. L'expulsion des sans-papiers peut être exutoire pour les agents zélés de l'ICE, mais des vies réelles sont en jeu, souvent littéralement; des familles sont séparées, des pleurs inutiles déversés.

Le peuple étatsunien doit rejeter la sorte de dualisme dichotomique qu'on cherche à lui imposer à l'heure. Contrairement à ce qu'on veuille insinuer, la différence n'est pas entre, d'un côté, le rejet xénophobique et la satisfaction sécuritaire, et, de l'autre côté, l'embrassement de l'Autre et la dégénérescence dans l'abject. La différence est plutôt entre l'éthique et le non-éthique, entre l'empathie solidaritaire et le repli sur soi, entre l'égoïsme de clans et l'ouverture envers les démunis et les rejetés. C'est la différence entre la mesquinerie et l'élan humanitaire. Finalement, les questions restent encore posées, les mêmes: Qui a droit à la terre, à l'espace? Christophe Colomb avait-il a *green card?*

—*Tontongi*

Notes

1. Cf. Howard Zinn, *A People's History of the United States,* Harper Perennial, 1980. [Notre traduction de l'anglais].

2. Ibid… [Notre traduction].

Pour une sociologie activiste et publique

—*par Lee Chance*

Quelle que soit la lecture que l'on fasse de la société haïtienne; quelles que soient les prédispositions idéologiques et discursives que l'on adopte on ne peut pas nier que la société haïtienne est malade. Un cancer est en train de ronger les fondations de cette société depuis plusieurs décades et ce qui trouble le plus l'analyste extérieur que je suis, c'est l'absence d'une discursive constructive qui permette à la fois une prise de conscience sur les maux dont souffre notre patient mais plus fondamentalement une prise de conscience sur la nécessaire médication qu'il faut instituer.

L'absence de discours n'est pas simplement un manque mais c'est un manque significatif, une faiblesse de capacité des intellectuels de ce pays de prendre en main la production d'une rhétorique active. Platon dans le livre VI de *La République,* déclarait, «(…) les meilleurs gardiens de la cité doivent être des philosophes»[1]. Ce fut peut être vrai dans le contexte de la société grecque antique, mais aujourd'hui en Haïti, c'est de mon point de vue le sociologue qui doit jouer ce rôle fondamental dans la cité. Cela m'amène à me poser la question sur le discours sociologique en Haïti et sa relation avec la société haïtienne. Mais pour qu'il y ait un discours sociologique faut-il encore qu'il y ait une sociologie haïtienne et un sociologue. Ou se cache le sociologue haïtien?

Une sociologie sans sociologue et sans discours sociologique

La sociologie n'est pas simplement une discipline qui étudie les phénomènes sociaux, elle est un discours sur la société, pour la société. Elle est non pas simplement une science du social mais dans le contexte d'un pays tel qu'Haïti elle est fondamentalement une science du changement social, elle doit exister pour accompagner la société dans ces difficiles mutations, plus particulièrement dans le contexte actuel de la globalisation qui a enveloppé l'avenir d'incertitudes. Au-delà de sa fonction de production analytique des maux sociaux elle doit sortir de sa prison heuristique pour devenir une science de l'activisme sociale, une science pour le public, non les intellectuels et les étudiants, mais le grand public. Elle met le mal à plat, décrit les symptômes, telle Cassandre elle annonce les catastrophes sociales, mais surtout elle indique comment à trouver la voie à suivre pour sortir de l'impasse. Cela ne veut pas dire que le sociologue détient la science de lire l'avenir, mais simplement la lecture des signes sociaux non seulement indique le présent mais permet de déceler les tendances de l'avenir. Elle avertit le public des conséquences de certains choix collectifs mais aussi elle accompagne la construction d'une opinion publique. En ce sens je ne peux concevoir la sociologie autrement que active et publique.

La sociologie haïtienne est encore balbutiante. Ce balbutiement n'est pas uniquement accidentel mais je crois qu'il est la cause de deux phénomènes. La sociologie n'a pas encore fait preuve de sa valeur et de son utilité pour la société haïtienne. Il suffit de constater que les sociologues haïtiens sont quasi absent des espaces qu'ils devraient occuper. C'est le cas notamment du secteur du développement en Haïti qui est très largement dominé par les juristes et les agronomes. La sociologie en Haïti ne sert pas la société haïtienne comme elle le devrait car la sociologie devrait définir, promouvoir et informer (par ses analyses) le dialogue et le débat public.

Une formation inadaptée aux besoins de la société haïtienne

De mon point de vue, l'obstacle majeur de l'émergence d'une discursive sociologique active et publique, c'est la (mal)-formation des jeunes sociologues de la faculté des sciences sociales de l'Université d'État d'Haïti. Cette université ne forme pas des sociologues, elle forme des détenteurs de certificats en sociologie. Ces certificats témoignent du fait que leurs détenteurs ont passé quatre années bon an mal an sur des bancs universitaires. Les connaissances sociologiques produites dans la FASH sont fragmentées et hors contexte. Les étudiants apprennent à lire les théories de Max Weber mais ont du mal à lire leur propre société. Ils peuvent très certainement réciter des passages des textes de Bourdieu mais ils ne peuvent pas utiliser les outils conceptuels et épistémologiques bourdieusiens dans le contexte haïtien. La faculté enseigne la sociologie mais ne forme pas de sociologues capables de jouer un rôle dans la société haïtienne, probablement parce que l'université en Haïti comme d'ailleurs les institutions de formation en générale (du kindergarden au diplôme universitaire) injecte une quantité de connaissances sans une mission, sans une vision, sans un objet.

Je vois deux causes à un tel phénomène. Il y en probablement plus mais je m'attarderais uniquement sur celles-ci. 1) Le système universitaire haïtien reproduit la structure des pouvoirs qui est transversale dans la société haïtienne. Ce que j'entends par là c'est que les personnes en charge de la formation des jeunes sociologues n'adoptent pas une pédagogie qui favorise l'émergence d'une classe de sociologues capable de faire face aux défis imposés par une réalité complexe. Les professeurs et l'université de manière générale reproduisent un système mandarinal. Dans un tel système, les professeurs comme détenteurs de la connaissance-pouvoir maintiennent leurs étudiants dans une position d'ignorance qui perpétue le pouvoir du professeur comme le maître absolu de la discipline. Dit autrement, les professeurs de la FASH n'ont pas d'intérêt à former des étudiants pour que ceux-ci deviennent de bons sociologues car cela leur ferait perdre un pouvoir hégémonique sur la discipline. Les professeurs d'université (s'ils font leur travail correctement) sont censés former des étudiants plus critiques vis-à-vis des situations qui posent problèmes, plus conscients des problématiques de leur environnement, et plus réflexifs. 2) L'université a une fonction limitée qui est de délivrer un certificat d'enseignement à des étudiants. Une société malade telle que la société haïtienne a besoin de sociologues pouvant non seulement identifier la maladie mais qui soient aussi suffisamment impliqués dans l'action sociale pour participer activement dans l'accompagnement de celle-ci dans la voie de la guérison. Mais le défi le plus important pour les sociologues et la faculté des sciences sociales en général, c'est de faire une rupture épistémologique avec les cadres d'analyse sociologique issus des traditions occidentales pour développer un corpus scientifique opérant et pertinent pour le contexte socio-historique haïtien; c'est-à-dire construire une sociologie haïtienne. Une sociologie dans laquelle on peut lire la dimension sociohistorique du sociologue; une sociologie qui soit le reflet renvoyé de la société haïtienne.

Le sociologue dans le contexte de rareté des ressources socio-économiques

Le contexte du chômage, de rareté des ressources sociales et économiques a mis le sociologue haïtien dans une situation qui le détourne de sa fonction morale vis-à-vis de la société haïtienne. Comme tout un chacun il cherche une activité professionnelle qui lui permette de nourrir sa famille. Le secteur du développement qui est certainement aujourd'hui l'un des grands secteurs créateurs d'emplois, absorbe les sociologues dans diverses fonctions. Ils deviennent des experts dans un champ particulier. Bien que ces expertises permettent le développement de l'institution-employeur, elles ne servent pas la société. Les professeurs de sociologie passent leur temps à fournir des services de consultation pour l'État ou les autres agences de développement mais s'éloignent de leur public, en particulier leurs étudiants. Nombreux sont ceux qui volontairement utilisent leurs étudiants comme main d'œuvre dans des recherches notamment quantitatives, mais ils ne mettent pas en place les conditions pour au moins en faire de bons sociologues professionnels. Il y a quelques années je travaillais avec des étudiants de fin de cycle en sociologie sur un projet de développement communautaire en milieu rural. Je fus extrêmement surpris de constater que ces étudiants qui discutaient de textes sociologiques ne comprenaient pas l'importance de la quasi disparition du cochon créole dans l'économie paysanne. La chose qui me frappe le plus, c'est très certainement le fait que ces étudiants de sociologie soient de manière générale incapables de comprendre les dynamiques sociales qui caractérisent leurs communautés urbaines et rurales. L'impact de la méconnaissance de ces étudiants est très important, car en étant incapables de comprendre les réalités sociologiques des communautés pauvres et vulnérables qui dominent le paysage social haïtien, ils s'excluent de l'espace du discours public et renforcent sans le savoir l'hégémonie d'un discours construit par les développeurs étrangers qui acquièrent de fait une autorité et une légitimité dans l'application de solutions exogènes mais aussi dans l'identification des problèmes indigènes.

Cela signifie clairement que l'université contribue à la dégradation de la situation en mettant sur le marché de l'emploi, notamment l'emploi dans le secteur du développement, des citoyens mal formés et potentiellement dangereux pour les communautés fragilisées et vulnérables. Je dis potentiellement dangereux, car l'ignorance est une arme redoutable. La politique du ventre empêche l'émergence d'une classe de citoyens critiques et réflexifs

---

capables de mettre en marche des actions de transformation sociale à travers l'activisme social. Les jeunes sociologues pressés par les préoccupations d'ordre domestique n'ont pas le temps d'être des sociologues. La politique du ventre domine l'intellect et le discours devient une rhétorique bon marché, construite sur des platitudes, des filaments idéologiques et des lieux communs. Les discours dominants ne cherchent pas à analyser un problème et à proposer une solution mais plutôt à utiliser la voix et la connaissance (même médiocre) pour «acheter» des écoutes et donc augmenter le pouvoir pour soi. Autrement dit, on ne parle pas pour construire et dialoguer mais on parle pour se faire entendre et avoir accès à des ressources politiques, sociales et économiques.

Les défis pour les sociologues haïtiens

La sociologie haïtienne est encore à inventer. Le sociologue haïtien est encore en devenir. La société haïtienne a besoin d'experts locaux pour lui parler et favoriser le dialogue afin de trouver des solutions qui facilitent le changement social et le développement. Il ne peut y avoir d'action sociale sans au préalable se pencher sur les problèmes de manière méthodique et rigoureuse. L'action doit être pensée avant d'exister concrètement et pour moi c'est aujourd'hui ce qui manque en Haïti.

La sociologie publique: définition

La sociologie publique implique une double voie. Le sociologue éduque le public qui à son tour éduque le sociologue. Ce dernier génère des débats sur les questions importantes qui concernent la société. Dans le contexte actuel, les problèmes dont fait face Haïti sont non seulement nombreux mais aussi complexes. Mais la situation actuelle n'est pas le résultat de la crise de 2004, elle est le résultat de plusieurs décennies de déclin et de solutions inadéquates proposées par des politiciens foncièrement démagogues et les développeurs des agences internationales qui ne comprennent Haïti qu'au travers de leurs lunettes discriminantes. Les discours de la place publique sont contre l'opinion publique car ces discours au lieu de porter la lumière sur les situations problématiques tendent à les rendre plus opaques. Le sociologue public est la conscience de la société. Il ou elle est un activiste qui participe pleinement au changement social qui est une condition sine qua non pour le développement.

Conclusion

La société ne peut pas trouver seule des solutions. Pour paraphraser Platon, je dirais que la cité a besoin d'un sociologue qui reflète ces maux, qui aide le public à se former une opinion sur les phénomènes sociaux; d'un sociologue qui sache et qui accepte d'apprendre constamment de son public (qu'il soit lettré ou illettré) et des membres de sa communauté. Les sociologues haïtiens et notamment les jeunes qui sortent de l'Université d'État d'Haïti doivent se réapproprier l'espace du dialogue et des débats qui est présentement entre les mains du politiciens et de quelques responsables d'organisations de la société civile et de nombreux développeurs étrangers. Ces sociologues doivent articuler les nécessités du ventre et les besoins de leur société. Je suis conscient que les salaires attrayants donnés par les organisations internationales offrent de nombreux avantages, mais ces organisations demandent en retour obédience à leur univers institutionnel. Dit autrement, en entrant dans l'antre du diable l'individu doit abandonner son âme. En discutant avec de nombreux professionnels haïtiens, je me suis rendu compte que ceux-ci vivent en suspens entre deux univers. D'un coté en tant que professionnels, ils ressentent l'incongruité de leur situation et très souvent la distance qui existe entre les actions de leur employeur (agences de développement) et les nécessités de ce pays. Prisonniers des conditions imposées par le ventre, ils n'osent pas dialoguer et négocier avec l'employeur des solutions qu'ils penseraient plus adaptées à leur société. Cependant dans le discours ils développement une rhétorique révolutionnaire qui révèle un nationalisme presque raciste ou encore ils produisent un discours critique contre les discours et les pratiques dominants. Leur action sociale demeure du domaine de la rhétorique et n'a pas d'impact sur le terrain des réalités sociologiques. Le résultat, c'est des contradictions internes difficilement gérables qui produisent de la frustration et une forme de violence contre soi.

—*Lee Chance* Analyste social Research & Action International
Consulting Firm / Email: lchance@reactic.org.

Note

1. Trad. Robert Bacou, Paris, garnier-flammarion, 1966.

La trajectoire du français et du créole en Haïti

—*par Glodel Mezilas*

Pale fransè pa fè m pè
(Le fait que tu parles français ne me fait pas peur)
Pale fransè pa voye nan mache
(Parler français ne paie pas)
Parler français pa di lespri
(Parler français n'équivaut pas à la connaissance)
—*proverbes haïtiens*

Introduction

Après son indépendance conquise en 1804, à la suite d'une lutte qui a duré quinze ans (1789–1804), Haïti faisait face, entre autres, à un défi linguistique: quelle langue adopter (créole ou français) dans le cadre de sa communication tant au niveau national qu'international? Apparemment, ce défi a été relevé, l'acte de l'indépendance ayant été rédigé en français, en dépit du fait que les pères fondateurs de la nation ont juré de se séparer à jamais de la France. Ce choix de l'élite intellectuelle a eu des répercussions sérieuses sur le pays, étant donné que la majorité des Haïtiens ne savait ne lire, ni écrire. Et ceci jusqu'à l'heure actuelle.

Selon certaines données statistiques, il y avait seulement deux pour cent de la population qui savaient lire et écrire au XIXè siècle (Laënnec Hurbon, 1987: 71). Ce qui montre que la production des œuvres littéraires à l'époque n'atteignait pas toute la population du pays mais plutôt la couche sociale (la classe des mulâtres) qui avait bénéficié de la formation, spécialement en France pendant l'époque coloniale. En outre, l'usage du français révélait la césure sociale et culturelle et prolongeait la situation de dépendance culturelle et identitaire coloniale. Cela dénote aussi que la décolonisation politique haïtienne n'a pas coïncidé avec sa décolonisation linguistique, donc culturelle. Cette dépendance a été d'autant plus grande que le choix culturel de l'élite naissante a porté sur la culture française, considérée comme «suprême réalisation du monde civilisé, et la maîtrise de sa langue, supérieure à toute autre» (Léon-François Hoffmann, 1990).

À l'époque, la France exerçait sur le pays à la fois une force d'attraction et une force de répulsion. D'attraction, par l'attachement à sa culture et de répulsion, par le rejet du colonialisme, de l'esclavage, etc. Cette situation était, en quelque sorte, pareille à celle de l'Amérique latine dont l'indépendance n'impliquait pas une rupture culturelle et linguistique avec l'ancienne métropole. La couche sociale (les créoles) qui donnait l'indépendance à la région restait attachée à l'Occident, c'est-à-dire, à ses valeurs, sa philosophie, au mépris des traditions millénaires indigènes. Cela s'expliquait par l'impérialisme culturel que la colonisation de l'Amérique par l'Europe a exercé sur la région. Les traumatismes de la colonisation demeuraient vivaces dans les esprits et personne ne pouvait échapper à l'emprise culturelle européenne, d'autant que l'anthropologie naissante visait à donner une base scientifique aux dogmes de l'inégalité des races et de la supériorité de l'Europe sur les autres civilisations.

Mon intervention comportera trois parties. La première abordera la question linguistique haïtienne selon les constitutions qui ont été élaborées en Haïti des origines à nos jours. La deuxième portera sur l'usage de ces deux langues dans l'univers littéraire. La troisième analysera leur emploi dans la vie quotidienne haïtienne.

1) Les constitutions et le statut des langues en Haïti

De 1804 à 1918, aucune constitution n'a fait mention de la langue officielle du pays. Cependant, toutes ont été rédigées en français. C'est celle élaborée en 1918, trois ans après l'occupation américaine d'Haïti, qui a expressément spécifié que le français est la langue officielle du pays. L'article 24 stipule: «Le français est la langue officielle. Son emploi est obligatoire en matière administrative et judiciaire.» Selon le linguiste haïtien, Pradel Pompilus, cette mention a été faite pour éviter la substitution du français par l'anglais (vu que cette constitution a été rédigée à Washington), le français étant considéré comme un bien appartenant au patrimoine national. Avant, l'usage du français avait été automatique. Point besoin de spécifier qu'il était la langue officielle en Haïti.

Quant au créole, aucune référence n'a été faite. Il était victime d'une dépréciation sociale en raison de son origine socio-historique. Né dans la colonie (à partir de la transformation du français) comme instrument de communication entre les esclaves, son statut de «patois» l'empêchait d'avoir la considération de l'élite qui se targuait de cadence Voltaire, Rousseau, Montesquieu, etc. Sa marginalisation reflète le mépris généralisé pour tout ce qui ne rappelle pas la France. En outre, en raison du préjugé en vogue à l'époque contre les coutumes et traditions africaines, l'élite se laissait prendre au piège occidental de la hiérarchisation des langues au même titre que celle des cultures. Au lieu de défendre les valeurs, les héritages africains en Haïti, elle les méprisait. Elle n'avait aucune considération pour le créole, seule langue permettant l'intercompréhension sur toute l'étendue du territoire national, alors que le français est parlé seulement par 15% de l'ensemble de la population.

Il faut attendre, en revanche, l'élaboration de la constitution de 1964 pour que «l'usage du créole soit permis et même recommandé pour la sauvegarde des intérêts matériels et moraux des citoyens qui ne connaissent pas suffisamment la langue française» (article 35). Plus tard, la constitution de 1983 reconnaît au créole le statut de langue co-nationale avec le français (article 24). C'est enfin la constitution de 1987 qui va reconnaître le créole et le français comme langues co-officielles du pays: «Le créole et le français sont les langues officielles de la République.»

Pour permettre le développement scientifique et la normalisation de la langue vernaculaire, l'article 213 prévoit la création d'une académie créole: «Une académie haïtienne est instituée en vue de fixer la langue créole et de permettre son développement scientifique et harmonieux». Jusqu'à maintenant, cette académie n'est pas encore mise sur pied. Cependant, l'existence de la faculté de linguistique appliquée réalise un travail extraordinaire en ce qui a trait aux études faites sur le créole.

Par ailleurs, certaines mesures institutionnelles ont été prises pour permettre le développement du créole. C'est le cas de la Réforme Bernard de 1979, ministre de l'éducation nationale de l'époque. Cette réforme survenait à un moment où le système éducatif du pays était inefficace, inadapté aux réalités socio-économiques du pays. C'est la première réforme vraiment sérieuse qu'a connue le système éducatif haïtien depuis l'indépendance du pays en 1804. Elle prévoit, entre autres, l'emploi du créole comme la langue d'enseignement. Et le français doit être utilisé comme langue seconde. Pour mettre en pratique les réformes convenues, il a été créé l'Institut Pédagogique National (IPN), qui n'existe plus, en raison des changements de perspective. Cette réforme constitue un cadre de référence pour l'institutionnalisation du créole dans l'espace éducatif, en lui conférant une place spécifique.

2) L'emploi du français et du créole dans la littérature haïtienne

Pendant longtemps, le français a été quasi-exclusivement la langue dans laquelle les écrivains haïtiens ont produit leurs œuvres littéraires. Deux périodes sont à distinguer en vue d'une saisie profonde de ce phénomène. La première va de 1804 à 1950, au cours de laquelle le français a été amplement utilisé au détriment du créole dont l'usage a été très restreint. Sauf quelques écrivains hasardeux et courageux ont pris le risque de l'utiliser et d'affronter effrontément les tabous sociolinguistiques. La deuxième va de 1950 à nos jours. Les écrivains ont commencé depuis ce temps à faire usage systématique du vernaculaire sans craindre la foudre des opposants du créole.

3) Le français et la littérature haïtienne de 1804 à nos jours

Une profusion d'œuvres littéraires a été produite en français durant l'époque allant de 1804 à 1950. Par exemple, sur 4312 ouvrages publiés par les écrivains haïtiens pendant cette période, la production en langue créole ne dépasse pas la trentaine (Max Bissainte, *Dictionnaire de bibliographie haïtienne*, 1951). Alors que pendant la période de 1970 à 1975, les écrivains haïtiens ont publié plus d'une trentaine d'ouvrages en créole. La comparaison est forte et frappe l'imagination.

Les écrivains ont exploité tous les genres littéraires: roman, théâtre, poésie, conte, fable. Fidèles à la langue française, leur esthétique a porté la marque des mouvements littéraires qui s'épanouissaient en France. Par exemple, les premiers écrivains haïtiens, connus sous l'appellation de pionniers (1804–1836) de la littérature haïtienne, ont servilement imité la littérature française. Leurs œuvres reproduisaient la forme pseudo-classique en vogue en France à la fin du xixᵉ siècle. C'étaient, entre autres, Antoine Dupré, Jules Soli Milscent, Barond de Vastey. Cependant il y avait une œuvre (*Mémoires pour servir à l'histoire d'Haïti* de Louis Boisrond-Tonnerre) qui a été écrit dans un langage esthétiquement supérieur aux œuvres de l'époque. Cette époque de la littérature haïtienne n'a pas été riche en termes de productions. Les écrivains étaient surtout préoccupés par la défense de l'indépendance qui a été menacée par les visées hégémoniques de Napoléon.

Pendant presque tout le xixᵉ siècle, la littérature a accusé une forte prédominance de la langue française. Un écrivain Jean-Baptiste Chenet a écrit en 1846:

> «*Si Dieu qui m'entend dans l'espace sacré,*
> *Vient un jour à parler à l'homme, son image,*
> *Il parlera français: c'est bien son langage.*»
> (Léon-François Hoffmann, 1990: p. 452)

L'usage du français a été considéré comme un moyen d'accès à la civilisation et pour montrer au monde qu'Haïti n'est pas un pays barbare, sauvage. Quand l'Académie Française a couronné les *Morceaux Choisis d'Auteurs Haïtiens* de Dantès Bellegarde, Georges Sylvain s'en félicitait et écrivait: «On sait désormais partout, grâce à l'Académie, que, en regard de l'autre Haïti, celle dont la fantaisie des chroniqueurs humoristiques a perpétué la caricature, il y a une Haïti sérieuse et réfléchie, qui s'intéresse au mouvement universel des idées (…) et entend fournir au progrès de l'humanité sa part de contribution intellectuelle» (Léon-François Hoffmann, 1990: p. 452).

Les œuvres de Coriolan Ardouin, d'Ignace Nau, d'Alibé Ferry, de Charles-Seguy Villevalaix, tous romantiques haïtiens, ont utilisé le français comme leur langue de prédilection. Cependant, ils essayaient d'introduire des termes locaux tirés du répertoire créole dans leurs œuvres. Ils allaient jusqu'à faire revivre un moment douloureux de l'histoire du pays: c'est l'époque précolombienne.

Sur le plan romanesque, les écrivains haïtiens ont commencé à changer la perspective littéraire en essayant de se frotter à ce genre. Emeric Bergeaud, Louis Joseph Janvier et Demesvar Delorme ont été les premiers romanciers haïtiens. Bergeaud a écrit le premier roman haïtien *Stella,* mettant en relief quelques-uns des plus beaux traits de l'histoire nationale. Par contre, les romans de Delorme (*Francesca,* publié en 1873 et *Damné,* en 1877) et celui de Janvier (*Une Chercheuse,* publié en 1889) ont imité des modèles étrangers. Il n'y avait aucune observation du milieu haïtien. Donc ces romans avaient un caractère exotique.

Il faut attendre le début du XX^è siècle pour que naisse en Haïti le roman réaliste qui met en exergue les réalités socioculturelles du pays. En témoignent les œuvres de Frédéric Marcelin, Fernand Hibbert, Justin Lherisson et Antoine innocent. Cette esthétique réaliste juxtapose des expressions créoles et françaises. Ces romanciers, eux aussi, ont été influencés par les romans réalistes et naturalistes de Balzac, Stendhal et Zola. Toutefois, ils ont su innover quant au dosage du français et du créole. Ce processus de syncrétisme linguistique atteint son paroxysme avec la naissance du roman paysan haïtien dans le cadre de l'émergence du mouvement indigéniste (1915–1940) qui aura marqué grandement les lettres haïtiennes.

Ce mouvement est né à la suite de l'occupation américaine d'Haïti en 1915. Les intellectuels se sentaient offusqués, choqués par l'humiliation nord-américaine et commençaient à exalter tout ce qui vient de l'Afrique. Le maître à penser de ce mouvement fut le Docteur Jean Price Mars dont l'ouvrage *Ainsi parla l'Oncle,* paru en 1927, constituait le cadre idéologique du mouvement. Son slogan était: soyons nous-mêmes. C'est-à-dire, il faut s'inspirer des traditions, des mœurs du pays. Il montrait les racines africaines de la culture haïtienne. Il dénonçait ce qu'il appelle le bovarysme culturel haïtien, qui est la tendance à mépriser ses propres valeurs et à en adopter d'autres qui viennent de l'extérieur. En effet, l'élite, de 1804 à 1915, n'avait qu'un modèle: les valeurs cultuelles de France. D'ailleurs, l'un d'eux, Louis Joseph Janvier, disait: «La France est la capitale des *peuples*. Et Haïti est la France noire» (Léon-François Hoffmann, 1990: p. 59). Elle reprenait les mots de l'historien romantique français Michelet qui disait aussi qu'Haïti est la France noire.

De ce mouvement apparaît ce qu'on appelle le roman paysan, un type de roman dans lequel les mœurs, les traditions, les coutumes du pays sont mis en exergue. Le roman de Jacques Roumain, *Gouverneurs de la rosée,* publié en 1944, en constitue le chef-d'œuvre. C'est l'histoire d'un jeune homme, Manuel, qui, revenu de Cuba, constate la désolation, le désespoir qui règnent sur Fond Rouge, sa localité. Les gens, au lieu de chercher de l'eau, s'en remettent à la prière et aux pratiques vodou. Il leur dit que l'essentiel, c'est de chercher de l'eau. Les hommes sont les gouverneurs de la rosée. Manuel se met à la recherche de l'eau, il la trouve; mais il y a un problème: pour drainer de l'eau il faut le concours de tout le monde alors que Fond Rouge est divisé pour une question de terre. Manuel a été assassiné parce qu'il a voulu réconcilier les gens de sa localité. Avant de mourir, il disait aux autres de chanter son deuil avec joie car sa mort annonce le commencement de la vie nouvelle à travers la réconciliation.

Ce roman s'impose par son syncrétisme linguistique. Le génie de Roumain a été exalté par tous les critiques littéraires haïtiens et étrangers. D'autres grands romanciers comme Jacques Stephen Alexis, René Depestre vont produire des œuvres imposantes. Le premier a publié *Compère Général Soleil* en 1955, *Les Arbres musiciens* en 1957, *L'Espace d'un cillement* en 1959, *Romanceros aux étoiles* en 1960. Tous ont été de véritables chefs-d'œuvre publiés par les Éditions Gallimard de Paris.

Il y avait donc une pléiade de romanciers indigénistes dont les œuvres forment une école littéraire. Ces écrivains se sont voués aussi à la production de textes poétiques comme Roussan Camille, Carl Brouard, Normil Sylvain, André Liautaud, Daniel Heurtelou, etc. C'est dans ce sens qu'une revue indigène a été créée à la fin des années 1920 en vue de lutter contre l'occupation américaine d'Haïti. Cette Revue optait pour la mise en valeur du point de vue haïtien des choses en revendiquant farouchement le vocable indigène (Michele Acacia, 1993, *Revue Conjonction, Indigénisme,* # 198: p. 55). Le qualificatif «indigène» se réfère à l'armée indigène qui a donné l'indépendance au pays en 1804. Comme l'armée indigène a conquis la victoire contre les forces expéditionnaires française, *La Revue indigène* entendait mener la lutte contre les forces américaines. Le terme «indigène» revient souvent dans la problématique sociale et politique haïtienne quant il s'agit de mener un combat contre les forces étrangères.

Le mouvement indigéniste permettait de découvrir l'Afrique, de valoriser les attaches, les liens culturels entre Haïti et l'Afrique. Les écrivains de *La Revue indigène* laissaient éclater leur amour, leur obsession pour l'Afrique. Malgré la distance géographique qui les sépare de l'Afrique maternelle, ils cherchaient à renouer les liens culturels. Carl Brouard, un des grands poètes de cette revue, écrivait:

«*Afrique
Tes enfants t'envoient le salut,
Maternelle Afrique.
Des Antilles aux Bermudes et des Bermudes
Aux États-Unis, ils soupirent après toi…
Consolation des affligés, élixir des souffrants,
source des assoiffés, sommeil des dormants,
mystérieux tambours nègres, berce les chamites
nostalgiques, endors leurs souffrances immémoriales*»
(In Maximilien Laroche, *L'Avènement de la littérature haïtienne,* 2001: p. 46).

D'autres auteurs ont manifesté cette même nostalgie envers l'alma mater. Jacques Lenoir parle des beaux soleils d'Afrique: «*maudits soient ceux qui effeuillèrent les étranges clartés / Qui pareilles à ces beaux soleils d'Afrique / brillaient jadis dans les yeux de mes pères*». La redécouverte des traditions culturelles en Haïti coïncidait avec la valorisation de la culture africaine, la langue créole, le vodou et les traditions nationales. La littérature haïtienne du début du xxᵉ siècle a ouvert l'espace des possibles pour les littératures nègres de la Caraïbe et d'Afrique. C'est dans ce sens qu'Aimé Césaire disait que c'est en Haïti que la négritude s'est mise debout pour la première fois et dit qu'elle croit dans son humanité. La révolution haïtienne, la littérature, les grands mouvements littéraires ont marqué fortement le mouvement de la négritude. Léopold Sedar Senghor le reconnaissait aussi quand il exprimait l'influence qu'a produite sur lui le livre du Docteur Jean Price Mars *Ainsi parla l'Oncle*, considéré comme la Bible du mouvement indigéniste. Jean Price Mars était le président du

Premier Congrès des Écrivains et Artistes Noirs, tenu à Paris en 1956. Il était le premier président de la Société Africaine de Culture (Paris) affiliée à l'UNESCO en 1956, couronné de Docteur Honoris Causa de l'Université de Paris en 1957, membre de l'Académie des Sciences d'Outre-Mer (Paris, 1958) et candidat au prix Nobel de Littérature en 1959 et premier lauréat du Prix Littéraire des Caraïbes, à Paris en 1965.

Et une autre branche du mouvement indigéniste s'est consacrée à l'étude scientifique du folklore haïtien, des traditions du pays. Aussi ont-ils créé ce qu'on appelle la revue *Les Griots* 1938–1939. Cette revue fait une plus large part aux sciences sociales. Contrairement à *La Revue indigène* dont la préoccupation était essentiellement esthétique, pour *Les Griots*, l'investissement paraît beaucoup plus scientifique. L'âme nationale sera appréhendée à partir de l'ethnologie, l'anthropologie et l'histoire. Le choix de ces disciplines ne doit pas faire illusion. Les préoccupations sont plus idéologiques que scientifiques. Ce sont des doctrinaires qui donnent déjà à leurs démarches, en dépit des dénégations exprimées à travers maintes déclarations, un contour nettement politique (Pierre Buteau, revue *Conjonction,* 1993: 1993).

C'est dans ce sens que la revue *Les Griots* va dégénérer en noirisme avec Duvalier qui, sous couvert de défendre les «valeurs noires», prendra le pouvoir et établira un régime totalitaire dans le pays. Conséquence: la crème intellectuelle du pays va s'exiler au Canada, au Mexique, aux États Unis, en Afrique, etc. Ceux qui vont en Afrique participeront tant à la lutte pour l'indépendance africaine qu'à l'organisation du système éducatif de beaucoup de pays. Un exemple concret: Jean Brierre, un grand écrivain haïtien, a été conseiller culturel du Président Léopold Sedar Senghor au Sénégal.

La peinture, elle aussi, allait être influencée par ce mouvement même si elle n'avait pas son Depestre, son Jacques Stephen Alexis, son Jacques Roumain. Dans ce sens, l'art naïf haïtien apparaît comme un courant qui vise à moderniser la peinture haïtienne. Carlo Aviel Célieus (in *Haïti au toit de la Grande Arche,* 1998: 59) écrivait: «L'art naïf haïtien s'y rattache par les conditions même de son apparition. Son émergence marque un tournant dans la réception du modernisme en Haïti. Celui-ci commence à pénétrer l'espace haïtien dans les années 1920, notamment avec les intellectuels de *La Revue indigène.*» L'art naïf revendique ce qu'on appelle l'indigénisme pictural, développé par Pétion Savain. Il prend le peuple comme thème de création et s'inspire de la tradition vodou. Le tournant de l'art naïf marque l'insertion des masses dans l'espace social et rompt avec les traditions d'exclusion des masses.

La musique a été, pour sa part, influencée par le courant indigéniste, en permettant le développement de la musique dite folklorique ou indigéniste: Dumarsais Estimé passe à la présidence et Antalcidas Murat passe au Jazz. Le gouvernement Estimé, c'est la montée au pouvoir des «défenseurs de la couleur locale» et Murat, musicien lettré, est pour la mise en évidence de la musique populaire haïtienne (Jean Coulanges, in *Conjonction,* 1993: p. 59). C'est ce courant de la musique folklorique qui allait remplacer la musique d'origine étrangère par une musique d'inspiration locale et populaire. Jean Coulanges (1993: 59–60) disait: «Chants des bas-fonds, chants de l'époque coloniale des grandes plantations, des chants rituels du vodou, mélopées, plaintes et joie et douleur populaire, jusque-là proclamés à voix sourde, occupent désormais le devant de la scène. Des chansons de rues franchissent le seuil de la maison des 'gens de biens'. Le théâtre de verdure offrit des spectacles imités des réjouissances populaires. Le Jazz des Jeunes (formé depuis 1943) entreprit de répandre des thèmes et rythmes venus des 'mornes'. Michel Desgrottes et son groupe, le chœur des 'Cousins', le chœur Michel Dejean, le chœur Simidor avec Férère Laguère, le groupe Voix et Tambour d'Haïti tentèrent de recréer la parole paysanne sacrée: le chœur des Hounsis.»

Cette musique allait aussi exploiter les ressources de la langue créole, jusque-là maintenue hors des productions musicales. Le climat était propice au développement de ce que Jean Coulanges appelle «la musique créole des villes». Cette musique permettait une occultation des rapports musique dominante/classe dominante, musique dominée/classe dominée, une occultation de tous les rapports de domination.

Toutes ces tendances de l'indigénisme ont utilisé, en grande partie, le français comme leur langue de communication. Certes, ils ont défendu le créole et puisé leur inspiration dans les traditions du pays, mais le créole, à coté du français, a toujours une position inférieure de sous-représentation. Ils ont exprimé l'authenticité de la culture haïtienne dans une langue peu dominée par les Haïtiens, vu que de la période coloniale à la première moitié du xxᵉ siècle, le taux d'analphabètes était à quatre-vingt-dix pour cent.

Pendant la deuxième moitié du xxᵉ siècle, les écrivains allaient produire à la fois en français et en créole. Cependant beaucoup d'entre eux continuent de faire un usage exclusif du français comme Marie Chauvet, avec la trilogie *Amour, Colère, Folie;* Anthony Phelps, Serge Legagneur, Gary Victor, Jean Claude Fignolé, etc.

À la fin des années 1990, un groupe d'écrivains dont les œuvres sont publiées aux Éditions Mémoires, a marqué fortement la poésie haïtienne de cette période. Les titres de leurs œuvres sont très évocateurs. Ce sont *Voix de tête* (Georges Castera), *La petite fille au regard d'île, Les dits du fou de l'île* (Lionel Trouillot), *Espaces intermédiaires* (j. Satyre), *Voyelles adultes, Pierres anonymes,* (Rodney St Eloi*), Itinéraire zéro* (F.M. Lherisson), etc. Toutes ces œuvres ont été écrites en français. Ne formant pas un mouvement littéraire, ils ont touché du doigt la plaie qui ronge le pays à une époque d'isolement international, en raison d'un embargo imposé au pays à la suite d'un coup d'État survenu en 1991.

4) Le créole et la littérature haïtienne de 1804 à nos jours

Avant d'aborder le rôle du créole dans la littérature haïtienne, il importe de le définir et de dire quelques mots sur l'origine de cette langue. Selon le Petit Larousse de 1956, le «créole est un patois des Noirs aux colonies, formé de mots français défigurés et de mots empruntés un peu à toutes les langues étrangères». Alors que le même Petit Larousse en 2001 le définit un peu différemment: «Parler né à l'occasion de la traite des esclaves noirs (XVI–XIXè siècle) et devenu la langue maternelle des descendants de ces esclaves. Il existe des créoles à base de français, d'anglais, de portugais, etc.»

Albert Valdman a dit que le créole est caractérisé par la compilation de forme externe, de l'expansion de la forme interne et de l'expansion des domaines d'emploi. Il soutient que le développement d'un créole comprend l'interpénétration et la convergence des systèmes linguistiques. Le créole a donc les caractéristiques d'une langue: systématicité et complexité, homogénéité, individualité, intégrité et enfin processus de création lexicale interne.

Enfin, Hazael Massiëux (2004) soutenait que «les créoles ne sont pas des langues mixtes, mais le résultat d'évolution linguistique qui ont touché des variétés populaires de langues européennes, du fait du contact des langues et de la communication exclusivement orale, ceci hors de toute pression normative».

Abordons maintenant la question théorique de l'origine du créole. Plusieurs auteurs différents, leurs positions ayant souvent été prises en raison des considérations plus subjectives qu'objectives.

Pour certains, le créole est né à partir d'une déformation des patois métropolitains parlés par les marins du XVIIè et XVIIIè siècles qui n'avaient pas une connaissance suffisante du français (Jules Faine, *L'univers du créole*, 1939). Cette déformation va s'enrichir des apports africains, portugais, anglais rendus nécessaires pour les échanges commerciaux. C'est également l'opinion de Cadelon Rigaud (1939) pour qui: «Le créole que nous parlons est un jargon spécial que parlaient les premiers immigrants des côtes d'Haïti. Il est venu d'une mixture des dialectes et des patois régionaux de France: normand, picard, angevin, etc. Sans être ni l'un ni l'autre de ces dialectes. En l'absence de documents écrits, il est difficile de fixer l'époque l'apparition de ce patois: il a dû évoluer lentement au cours des siècles.»

Pour d'autres, le créole est le résultat des transformations que les esclaves ont fait subir au français, langage des maîtres blancs: «Le créole haïtien a pris naissance ici du besoin des immigrants noirs de communiquer entre eux et avec leurs maîtres au moment ou ceux-ci leur imposaient leur français. (...) Le créole est un produit autochtone de la culture haïtienne.» (Emmanuel C. Paul, *Culture, langue, littérature*, 1954: p. 4).

Ralph Trouillot le rejoint en disant: «Les esclaves se jouèrent des colons. Ils prirent leur langue, la délayèrent dans une foule de langues africaines et élaborèrent le créole» (*Ti dife boule sou istwa Ayiti*, 1977 p. 26).

Les linguistes ont révélé qu'«une série de caractéristiques syntaxiques propres à diverses langues africaines comme léwé et le wolof sont incorporées à ce que deviendra le créole: la disparition du genre, la post-position de l'article (tab la pour la table) et l'indication du temps du verbe par préfixation que par suffixation» (Léon-François Hoffmann, 1990: p 204).

En fait, le créole est bel et bien né dans le contexte de la colonisation de la Caraïbe. Les apports européens et des langues africaines ont contribué à lui donner sa saveur, sa structure. Certains auteurs jugent que la nation haïtienne n'a pu naître que grâce au créole (Michelson P. Hyppolite, *Le devenir du créole haïtien*, 1952). Et Odnelle David écrivait: «L'histoire de la langue créole, c'est en même temps l'histoire de la formation et de l'évolution du peuple haïtien» (*Créole, langue nationale du peuple haïtien*, 1955). Enfin le Docteur Jean Price Mars disait que c'est dans le créole que se trouvent les survivances africaines en Haïti.

Ce rapport entre la langue et la culture haïtienne établi par Docteur Jean Price Mars est éclairant. Déjà, Herder reposait la pluralité des cultures sur la base de la diversité des langues. D'autres comme Sapir élaboraient une théorie des relations entre langage et culture. Sapir considérait non seulement la langue comme un élément privilégié de l'anthropologie mais aussi il étudiait la culture comme une langue. Il considérait que langue et culture sont en étroite interdépendance, la langue ayant entre autres une fonction de transmettre la culture. Pour sa part Claude Lévis-Strauss soulevait la complexité des relations entre langue et culture. Il écrivait: «Le problème entre langue et culture est l'un des problèmes les plus compliqués qui existent. En principe, il est possible de traiter le langage comme un produit de la culture (…). Mais dans un autre sens, le langage est une partie de la culture» (Denys Cuché, *La noción de cultura en las ciencias sociales,* 2004: p. 53).

Revenons à l'usage du créole dans l'univers littéraire haïtien. Son emploi a été certes restreint mais il n'en demeure pas moins que des œuvres intéressantes ont été produites dans cette langue. Déjà pendant la colonie, les colons avaient un certain penchant pour cette langue. En 1750, Duvivier la Mahautière, écrivait un poème en créole («Lisett quitte laplenn»). C'est le premier monument littéraire en langue vernaculaire. C'était en créole que se déroulaient les cérémonies vodou au cours desquelles les esclaves juraient d'empoisonner leurs maîtres, d'incendier les plantations et de lancer le mouvement de la révolte. Le créole a été aussi utilisé par les émissaires français quand ils avaient besoin de s'adresser aux esclaves. C'est le cas typique de Sonthonax qui lisait en créole la proclamation générale de l'abolition de l'esclavage, afin de permettre aux esclaves de comprendre le message de la France abolitionniste. Plus tard, quand Napoléon envoyait les troupes sous la direction de Leclerc pour mater la tentative de Toussaint Louverture de rendre autonome la colonie, il donnait à Leclerc un message à lire en créole afin d'avoir l'appui des esclaves. C'est dire que l'usage du créole a été stratégique. Tant les esclaves que les maîtres l'avaient utilisé à leurs propres fins.

Cette situation est comparable à ce qui se passait dans les colonies espagnoles où les religieux ont appris les langues indigènes pour mieux catéchiser et évangéliser les indigènes. Ils ont appris les langues indigènes pour mieux les dominer. C'est ce qui permettait la traduction en espagnol du libre Popol Vuh des indigènes du Guatemala, par le religieux Francisco Ximenez. Comme dans la colonie de Saint Domingue, la connaissance de la langue locale était un instrument de domination des populations indigènes.

Au lendemain de l'indépendance, les écrivains ont pris du temps pour produire des œuvres en créole. Les débuts de la littérature haïtienne (1804–1860) ont été marqués par la domination du français comme langue d'écriture. Les écrivains ne s'embarrassaient pas d'utiliser cette langue, malgré l'analphabétisme de la majorité de la population et son incapacité de s'exprimer en français. Même après l'indépendance d'Haïti, il y avait une couche de la population haïtienne qui ne savait pas parler le créole car elle arrivait très tard dans la colonie, soit à la fin du XVIIIè siècle. Ces gens ont été rapatriées en Afrique. Cela montre que la question de la langue était un problème fondamental pour la jeune nation.

Les écrivains haïtiens de 1836, à travers le Cénacle littéraire, ont essayé de donner à leurs œuvres une infusion du sang créole. Mais ce n'est que vers la fin du XIXè siècle qu'Oswald Durand écrivait un poème en créole (Choucoune) dans son recueil de poésies *Rires et Pleurs*, publié en 1896. Il a été loué par tous les lecteurs haïtiens. On dit qu'il fut «le phare... qui éclaire des cerveaux en éveil», ou un «chemineau aux intuitions d'aède», ou encore ce «chêne igdiasil aux frondaisons merveilleuses». Néanmoins la majeure partie de son œuvre est en français.

D'autres auteurs comme Massillon Coicou ont fait du théâtre en créole. Ce dernier plaidait en faveur de l'intégration de cette langue dans l'enseignement. En 1902, un autre auteur, Georges Sylvain, publiait un recueil de fables (*Cric Crac*) en créole, traduction des fables de La Fontaine. Tout au long des années trente et quarante du siècle dernier, une petite minorité d'auteurs écrivait soit en créole soit en français; parfois ces auteurs les mélangeaient alternativement.

Pendant la deuxième moitié du XXè siècle, il y avait une profusion de productions en créole. Parmi ces écrivains, il vaut la peine de mentionner Félix Morrisseau-Leroy, qui a écrit un ensemble de recueils de poésie sous le titre créole «*Dyakout*», puis il a traduit certaines pièces de théâtre de Sophocle dans le vernaculaire haïtien tout en les adaptant aux traditions vodou. Le travail de Félix Morisseau-Leroy demeure paradigmatique dans l'histoire du processus de la littérarisation de la langue créole. Il a montré les ressources esthétiques de la langue, capable d'exprimer les finesses, les nuances de la pensée. D'autres auteurs ont aussi marqué cette période comme Charles Fernand Pressoir, Emile Célestin Mégie, Franck Fouché. C'est la première génération d'écrivains créolisants.

En outre, c'est grâce au Mouvement créole, né en 1960 que la littérature créole va s'épanouir en Haïti. Il a été le premier mouvement littéraire d'expression créole en Haïti. Il fut dirigé par Ernst Mirvill, Jean Marie Willer, entre autres. Il faut également mentionner que la «Société Coucouille» prenait naissance à New York à cette époque; elle est née de ce mouvement, ainsi que celles de Miami et du Canada.

Au cours de cette période, beaucoup d'écrivains ont emboîté le pas à leurs aînés comme Rassoul Labuchin (*Trois colliers maldioc*, 1962, *Compère*, 1966), Georges Castera, (*Klou gagit*, 1965), Frankétienne (*Dezafi*, 1975, c'est le premier roman écrit en créole), Dominik Batraville (*Boulpik*, 1978), Roudolg,

Muller (*Paroles en Pile*, 1978; *Zinglin*, 1979), Lionel Trouillot (*Depale*, 1979; *Zan y nan dlo*, 1979), etc.

Ainsi le créole a-t-il connu un développement extraordinaire grâce à ces œuvres. Ses richesses esthétiques sont exploitées par les écrivains qui montrent sa forte capacité de littérarisation. De cette manière, son statut socioculturel change et lui confère une place beaucoup plus grande dans le pays sur le plan institutionnel.

Nous venons de montrer la place respective du créole et du français dans la littérature haïtienne pendant deux siècles d'existence du peuple haïtien. Ce parcours historique nous a révélé «les rapports de domination, de connivence, d'absorption, d'oppression, d'érosion et de tendance» entre eux. Une tension agite l'haïtien quand il tente de s'exprimer dans une de ces langues. C'est ce que révèle le grand poète haïtien Léon Laleau (in Maximilien Laroche, *Littérature haïtienne, identité, langue, réalité*, 2001: p. 50):

> *«Ce cœur obsédant, qui ne correspond*
> *Pas avec mon langage et mes coutumes,*
> *Et sur lequel mordent, comme un crampon,*
> *Des sentiments d'emprunt et des coutumes*
> *D'Europe, sentez-vous cette souffrance*
> *Et ce désespoir à nul autre égal*
> *D'apprivoiser avec des mots de France*
> *Ce cœur qui m'est venu du Sénégal?»*

Cette tension existentielle que font surgir ces deux langues chez l'Haïtien imprègne toute la vie nationale et a son pendant dans les autres aspects de la vie en Haïti. Elle reflète aussi les dichotomies entre la ville et la campagne, les écoles bourgeoises et les écoles prolétariennes, les bidonvilles et les zones résidentielles, le paysan et le citadin, la classe bourgeoise et la classe populaire, voire entre l'État et la société. Les rapports entre les langues sont très profonds et le critique littéraire haïtien, Maximilien Laroche, va jusqu'à dire que «pour le peuple haïtien qui parlait et qui n'écrivait pas jusqu'à présent l'haïtien (créole), de 1804 à 1980 la littérature a été un effort fait pour exprimer à l'aide de la langue française des émotions ressenties en haïtien. Et c'est pour cette raison que les écrivains se sont toujours efforcés de concilier dans leurs œuvres les deux langues en usage dans le pays» (2001: p. 13). Selon l'auteur, c'est le lot de toutes les littératures de la Caraïbe francophone et créolophone, «les rapports du français et des langues créoles permettant des exercices de style qui n'ont pas de correspondance dans les œuvres d'Afrique francophone».

5) Le créole et le français dans la vie quotidienne haïtienne

Jean Barnabé citait Pierre Bourdieu: «Si les linguistes ont raison de dire que toutes les langues se valent linguistiquement; ils ont tort de dire qu'elles se valent socialement» (*Grammaire basilectale approchée des créoles guadeloupéens et martiniquais,* 1983). Cette affirmation s'applique aisément aux rapports difficiles que le créole et le français entretiennent en Haïti où le fait de maîtriser le français constitue une sorte de distinction sociale, au sens où Pierre Bourdieu souligne que celle-ci signifie la marque de ce que l'on avait réussi à gravir les échelons de la civilisation, dans ce cas occidentale.

Cela conduit les Haïtiens (d'ailleurs tous les Antillais francophones) à considérer que le français est la langue de la raison, de la logique, de la culture, de la science et de la philosophie, reléguant ainsi le créole au rang de langue marginale, incapable d'exprimer les sentiments les plus profonds. Pendant le français combat le créole, avec toutes les conséquences que cela entraîne. Raphaël Confiant (2004: 244) écrivait: «La guerre menée par le français contre le créole a imprimé un fort sentiment de culpabilité linguistique dans la psyché des Antillais, sentiment qui a conduit certains au bord du suicide linguistique: ne plus vouloir parler cette langue pourtant ancestrale et interdire aux enfants de l'utiliser.»

Ce rapport crée une sorte de conflit linguistique, signalé par Effron. Valdman (1988: 70) l'explique ainsi: "The existence in a single polity of two culturally, liguistically, socially differentiated groups with unequal power." Le créole subit une dévalorisation social à la fois externe (Haïti est classée comme pays francophone par négationnisme de la langue nationale haïtienne) et interne (le créole subit une auto-dévalorisation par ses locuteurs; par exemple, certains parents interdisent à leurs enfants de parler créole).

Pourtant, le créole demeure la langue permettant à tous les haïtiens de se comprendre les uns les autres. Ainsi le linguiste haïtien Pradel Pompilus a écrit: «Le français n'est pas notre langue maternelle; la langue de notre vie affective, la langue de notre vie profonde, la langue de notre vie pratique, pour la plupart d'entre nous, c'est le créole, idiome à la fois très proche et très éloigné du français» *(Contribution à l'étude comparée du créole et du français à partir du créole haïtien).* Il dégage les rapports de proximité et de d'éloignement de ces langues, ce qui permet de saisir les données matricielles de ces deux systèmes linguistiques.

Juridiquement, Haïti est un pays bilingue mais socialement unilingue. Ce qui conduit certains linguistes à dire qu'Haïti est un pays diglotte. Hamers et Blanc (1989: p. 450) donnent la définition suivante de la diglossie: «situation linguistique relativement stable dans laquelle deux variétés d'une même langue ou deux langues distinctes sont utilisées de façon complémentaire, l'une ayant un statut socioculturel relativement supérieure à l'autre dans la société.»

En Haïti et dans tous les pays où le créole coexiste avec une autre langue règne souvent la situation de diglossie, caractérisée par une situation de hiérarchisation fonctionnelle des langues (créole et français dans la communauté haïtienne). En Martinique, Edouard Glissant a remarqué que le créole est l'objet d'une dévalorisation, d'une mise au rancart par rapport à son statut socio-historique:

«En matière de traditions, d'organisations sociales, de mœurs ou de croyances, il n'est aucune institution qui ait ici précédé la colonisation ni qui ait eu par "nature" à lui résister. Il en est de même de la langue parlée de la Martinique: le créole. Langue façonnée par l'acte de colonisation, maintenue dans un statut inférieur, contrainte à la stagnation, contaminée par la pratique valorisante de la langue française, et enfin de compte, menacée de disparition» (*Le Discours antillais,* 1981).

En fait, à la différence de la Martinique, le créole haïtien connaît un développement extraordinaire. Il a une orthographe fixée depuis la fin des années 1970. Les écrivains en font un usage constant. Au niveau éducatif, il y a des ouvrages en créole que tous les élèves lisent. Ils font des examens en créole.

Une autre particularité de la situation linguistique en Haïti, c'est que les Haïtiens utilisent alternativement les deux langues. Une phrase peut commencer en créole et se termine en français. C'est une situation courante dans le cas haïtien. L'accent, la prononciation de certains mots créoles se rapprochent du français. C'est ce que le linguiste Labov appelle l'insécurité linguistique. Il en décrit le symptôme: «la forte variation linguistique et tout ce qui l'accompagne du fait de la forte conscience de la norme et de l'auto-dévalorisation de son propre parler».

Selon La Fontaine, le locuteur peut s'exprimer selon le contexte et son degré de formalité, les relations qui unissent l'émetteur ou le récepteur, le nombre de participants d'une interaction, le mode oral ou écrit, le thème traité, le type d'interactions qui peut prendre des formes plus ou moins ritualisées, etc. Pour Simoni, l'insécurité linguistique est interprétée comme la manifestation au niveau du groupe et|ou de l'individu d'un conflit de normes. D'autres linguistes la voient comme la manifestation d'une quête non réussie de légitimité.

Passons aux usages institutionnels et pratiques de ces langues. Jusqu'à la fin des années 1970, le français était quasi-exclusivement utilisé à la radio. Les émissions se faisaient surtout dans cette langue.

Les discours politiques, les interventions des leaders politiques étaient dominés par l'usage du français. Par exemple, François Duvalier dont l'idéologie consistait à faire émerger une élite noire, à défendre les masses populaires, a rédigé son autobiographie en français ainsi que ses discours. De même, ceux de Jean-Claude Duvalier, son fils et successeur comme Président à vie. L'usage du créole a commencé à prendre pied dans la presse à la fin des années 1970 et s'est généralisé au cours des années postérieures.

Au parlement haïtien, les deux langues sont utilisées avec la domination du français; les parlementaires utilisent alternativement le créole et le français. Cependant les textes écrits sont rédigés et consignés en français.

À l'école, le français et le créole sont les langues de l'enseignement. Les enfants des familles défavorisées n'ont aucune maîtrise du français. Pourtant la majorité des cours se fait en français, voire les examens officiels. Cette situation a des conséquences néfastes sur les résultats des examens officiels.

Dans les médias, les deux langues sont utilisées. Mais la presse écrite accorde une place majoritaire au français. Quelques revues hebdomadaires comme *Haïti en Marche*, *L'Union*, *Haïti Observateur*, *Haïti Progrès* publient quelques articles en créole. D'autres journaux sont publiés exclusivement en créole comme *Jounal Libète*, *Boukan*, *Bòn Nouvèl* et *Solèy Leve*.

Au niveau du cinéma haïtien, le créole et le français sont utilisés alternativement. Les titres sont presque tous en français. Les conversations entre les personnages varient selon son degré de maîtrise du français.

Conclusion

L'analyse comparative du créole et du français a révélé trois choses. La première, c'est qu'il a fallu un long processus historique pour que le créole soit co-officiel avec le français. La deuxième, c'est que les écrivains ont décidé, surtout à la deuxième moitié du XXe siècle, de braver, de secouer les tabous sociolinguistiques pour produire certaines de leurs œuvres en créole. La troisième chose, c'est que le créole et le français sont alternativement utilisés à la radio, à la télé, dans les communications scolaires, etc.

Sur le plan de la création littéraire, nous pouvons dire que dans un premier temps, le français a été la langue exclusive des écrivains; puis, suite à son syncrétisme avec le créole, on a un langage franco-haïtien et enfin, un langage haïtien où le créole s'est libéré complètement de la tutelle française. Ces trois phases: français pur, langage franco-haïtien et créole constituent une étape évolutive de l'histoire de la sociologie littéraire haïtienne, etc.

En ce qui concerne le français, il continue d'occuper une place privilégiée. Par exemple, la Constitution, en reconnaissant deux langues officielles, n'a été écrite qu'en français. La version créole qu'on a fut l'œuvre d'un militant culturel, Paul Dejean. Par ailleurs, dans l'usage de la langue française au niveau littéraire, les écrivains ne sont pas libres d'exprimer leurs sentiments, leurs émotions. Ils ont la barrière de la langue qui n'est pas leur langue maternelle. C'est pourquoi ils ont subi fortement l'influence française, étant incapables d'inventer du neuf. Pourtant, avec l'usage du créole, on remarque plus de liberté d'expression, de communication, etc.

Au niveau de la vie quotidienne en Haïti, les gens n'éprouvent aucune timidité à s'exprimer en créole. Car c'est leur langue de chaque jour. La langue qui a bercé leur enfance. D'ailleurs, il n'a pas le choix. À ce propos, Morrisseau-Leroy soutient que si un jour le gouvernement haïtien prend un décret par lequel il interdit aux gens de s'exprimer en créole, la vie serait impossible en Haïti car ils ne pourraient pas communiquer entre eux. Cela montre que le créole, c'est la respiration du peuple haïtien. Il est aussi important que l'oxygène pour sa survie.

Cependant il reste beaucoup à faire pour changer la mentalité des gens vis-à-vis du créole pour qui la maîtrise du français constitue un supplément de civilité, de prestige social, de garantie d'accès à une condition de vie meilleure, une lettre de créance, le signe de possession d'un capital culturel. Le français bénéficie d'une surreprésentation sociale. Le linguiste Pierre Vernet l'a souligné en disant qu'en Haïti le français a plus une fonction symbolique que communicative. C'est-à-dire, on parle pour épater la galerie.

Le rapport entre créole et français en Haïti peut se comparer à la situation où deux cultures (l'une dominante, l'autre dominée) s'interagissent. Déjà Marx et Weber ont montré que la force relative de différentes cultures en compétition qui les oppose dépend directement de la force sociale des groupes qui constituent leur appui (Denys Cuché, *La notion de culture dans les sciences sociales,* 1966). De même, si le français a dominé le créole en Haïti, c'est en raison du groupe social (l'élite intellectuelle) dont la maîtrise impose ce dernier au reste de la société.

Comparativement aux autres pays créolophones de la Caraïbe, c'est en Haïti où la langue est utilisée de manière permanente comme instrument de production littéraire dotée d'une large tradition. Le français le dominait pendant plus d'un siècle mais le créole l'influençait par le biais du syncrétisme linguistique. Les auteurs haïtiens du début du xxe siècle ont parfaitement réalisé une copénétration, une symbiose entre elles, bien qu'au niveau officiel le français l'emporte.

Nous voudrions terminer par cette citation de Desbor et Rapigno qui peut s'appliquer aux relations paradoxales du français et du créole en Haïti: «La langue comme tout système symbolique, et comme tout fait social, est objet de multiples représentations sociales et attitudes individuelles, collectives et positives ou négatives, au gré des besoins ou des intérêts. Ces représentations qui trouvent leur origine dans le mythe ou la réalité de rapport de puissance symbolique, dictent les jugements et les discours, commandent les comportements et les actions.»

—*Glodel Mezilas*

Ti-moso souvnans ak obsèvans sou Kolòk entènasyonal «Panse avèk Jak Roumen jounen jodia»

—*pa Tontongi*

Ane 2007 la fè san zane depi nesans Jak Roumen (Jacques Roumain) jou 4 jen 1907. Pandan tout ane a te gen anpil rankont, konferans, kolòk, atik jounal, emisyon radyo ak televizyon elatriye ki te konsakre pou selebre memwa kokennchenn gason sila a. Roumen te gen sèlman 37 tan lè li te ale nan peyi san chapo jounen 18 dawout 1944, doktè di se siwoz fwa ki te lakoz. Menmsi l mouri nan flèdaj li, misye kite yon gran zèv pwetik, romansye e antropolojik ki boulvèse tan li e ki kontinye ap enfliyanse moun jouk jounen jodia.

Se nan kad selebrasyon sa yo Inivèsite Deta Dayiti te òganize yon gran kolòk entènasyonal de 28 novanm ak 9 desanm 2007 sou tèm «Panse avèk Jak Roumen jounen jodia». Te gen 46 envite-patisipan ki te sot nan plizyè peyi (Lafrans, Kiba, Kanada, Etazini, Repiblik Dominikèn, Bèljik, Ayiti) e prezantasyon yo te touche plizyè sou-tèm [tcheke gran pwen pwogram lan ki ajoute anba tèks sa a menmsi te gen chanjman ki te fèt ladann l]. Te gen chita-tende (*tables rondes)* ki te fèt nan nèf vil pwovens (Sen-Mak, Okap, Ench, Fò-Libète, Gonayiv, Okay, Vèrèt, Machan-Desalin e Jakmèl), de premye a 9 desanm 2007.

Sa te fè plezi pou wè asanblay kantite diferan tip pèsonalite ayisyen ak etranje sila yo ki te vin komemore yon menm senbòl, pou pote respè bay yon menm ekriven, menmlè senbòl la ak endividi a te siyifi diferan bagay pou chak grenn nan yo. Ojis, kou mwen di kèk patisipan kolòk la, paske Roumen pa la pou l defann tèt li, tout moun di sa yo vle sou li; koumanse avèk mwenmenm ki panse li tap ekri tou an kreyòl sil te viv pi lontan (se tit ak sibstans prezantasyon m lan). Mwen sonje reyaksyon dyektè Enstiti Franse a Paul-Elie Lévy ki te kowòdinatè yon panèl ki te gen Jacques Hirschman, Franck Laraque, Jean Michael Dash ak mwenmenm ladann l. Lè Frank Laraque ak mwen adrese piblik la alafwa an franse e an kreyòl, yon piblik ki konpoze de Ayisyen, e lè kèk manm piblik la reponn an kreyòl, Lévy di: «Tout moun gen dwa pale kreyòl si yo vle menmsi se nan Enstiti Franse a nou ye!» Piblik la te tonbe ri. Dashl panse Roumen tap vin «evolye» sil te viv pi lontan. Laraque reponn li si Roumen tap evolye li pa tap evolye «nan sans kapitalis» men nan sans plis jistis sosyal, nan sans pou konbat kont globalism ak neo-kolonyalism yo.

Jack Hirschman, yon powèt etazinyen, te fè vwayaj la de Sann Fransisko; li li tradiksyon powèm Roumen ak Pòl Larak li fè ann angle (mwen li vèsyon kreyòl ak franse yo). Lè l te etidyan nan Inivèsite nan Kalifòni, yo ekspilse l pou aktivite anti-lagè Vyetnam la. Nan ane swasanndis yo Hirschman te manm fondatè «Brigad Jak Roumen», yon gwoup politiko-literè entelektyèl etazinyen ak Ayisyen te met sou pye pou alafwa selebre travay Jak Roumen e kontinye lit pou chanjman li tap mennen a. Misye te kontan li te gen chans vin ann Ayiti; plizyè fwa anvan l al nan reyinyon plenyè kolòk la, li kouri al zòn lavil la pou lal wè «vrè Ayiti e vrè pèp la». Nan prezantasyon piblik li fè yo li di li pote solidarite pèp etazinyen an bay pèp ayisyen an, yon pèp etazinyen gwo kòporasyon yo ak dirijan defandè predatè yo ap toupizi. Li repete solidarite l ak remèsiman l nan seremoni vodou a kote asistans la te byen reponn a li. Nan yon powèm li ekri apre kolòk la men ki te enspire pa li, li di: «Mwen te la e mwen te wè l. Ankenn moun pap ka soti kite l san yon santiman dwe gen yon revolisyon ann Ayiti.»

Malgre yon pakèt prezantasyon ki ta vle montre Roumen kou senpleman yon «jeni literè», anpil lòt te chita sou kontribisyon li nan lit kont okipasyon meriken an e nan fondasyon Pati kominis la avèk objektif pou chanje estrikti sosyal ak politik peyi a, nan sans revolisyonè, nan sans defans enterè pèp, peyizan, ouvriye ak tout pòv yo klas dominan yo ap domine e eksplwate depi 1806. Yon lòt keksyon ki te repete anpil nan mitan kolòk la se sa Roumen tap fè oubyen prekonize sil tap viv jounen jodia. Gen anpil moun ki di li tap denonse okipasyon meriken-onizyen ak sistèm globalizasyon kapitalis la e milite pou yon gouvènman ki tabli jistis sosyal, edikasyon pou tout moun, manje, kay pou rete e lasante pou tout moun.

Gen yon prezantatè ki te siyale kouraj (ak odas) misye te montre lè li te fonde Pati kominis ayisyen a laj 27 tan, ki te fè li pi jèn fondatè Pati kominis nan lemond. Apre Janjak Desalin, Jisten Lerison, Antenò Fimen, esè politik li yo se posib ka pi gran analiz politik ki fèt sou Ayiti e sou kouman ak ki sa pou ouvriye ak peyizan yo fè, ki sa pou oprime yo fè pou yo kase chenn eksplwatasyon an e libere tèt yo. Nan *Gouvènè lawouze douvanjou* (pou reprann tit Clothaire Saint-Natus bay yon tradiksyon kreyòl *Gouverneurs de la rosée* li fèk sòti), Roumen montre kouman solidarite ak zaksyon koumbit ka pote laviktwa sou magouyay gwo zotobre ak malfreze yo. Powèm li yo denonse rasism ak opresyon peyi kolonyalis yo ak klas dominan peyi pòv yo ap fè pèp yo sibi; yo siyale oryantasyon yon literati angaje anvan menm Jean-Paul Sartre vin pale sou sa nan *Qu'est-ce que la littérature?* (menmsi Sartre fè erè li pa konsidere pwezi tou ka angaje, kouwè Pablo Neruda vin montre ansanm avèk tout tradisyon pwetik ayisyen an).

Zèv antropolojik Roumen yo te pliske etnografi yon relijyon, men pito afimasyon yon idantite; e defans li kont kriminalizasyon alterite (sa yon lòt moun ye) Legliz Katolik te lanse lè l tap pèsekite relijyon vodou a, te siyale respè pou dwa yon pèp genyen pou l kwè nan relijyon li vle e pou l pratike kilti li ak fason li viv lavi li selon jan li vle. Nan pèsekisyon kilti vodou a Roumen wè lapat yon kolonyalism kiltirèl anvan menm konsèp la vin fòmile pa Claude Levi-Strauss ak Frantz Fanon.

An rezime, lavi ak zèv Jak Roumen se siyalizasyon yon pakèt opsyon oubyen posibilite. Nan fondasyon Pati kominis la, li siyale opsyon/posibilite revolisyon politik nan ranvèsman rapò de fòs ant klas ak fòs politik an konfli yo. Nan *Gouverneurs de la rosée,* li siyale non sèlman yon lòt mwayen pou rezoud konfli entè-klas yo, men l bay tou ekleraj sou kouman pou afronte advèsite natirèl yo ansanm ak mistifikasyon kiltirèl e entèlektyèl yo. Li montre tou, sou yon plan pèsonèl, kouraj devan yon anvironnman politik e epistemik ki te opresan e totalitè, kote ou te ka kondane nan prizon oubyen nan malsite e pafwa menm nan lanmò pou sa ou te kwè, pou ideyal ou tap pouswiv.

Lavi Jak Roumen pèsonifye makonnaj ak tansyon ki genyen ant divès eleman ki fòme vi li: manm klas dominan privilejye milat la, men patriyòt kap goumen kont okipasyon meriken an, teorisyen yon revolisyon sosyalis, gran ekriven de renon e defandè koz ouvriye ak peyizan oprime yo. Li pase anpil tan nan sèk entèlektyèl ann Ewòp yo (Bèljik, Lafrans, Espayn, Lasuis, Lalmay, elatriye), men l rete lye ak anpil entèlektyèl nan Amerik latin e Etazini. Li pa sèlman defann vodou kont jenosid kiltirèl, li fonde yon Biwo etnoloji pou prezève patrimwàn li. Akoz de pozisyon politik li, grann boujwazi ayisyen an te wè nan misye alafwa yon danje e yon anmèdeman e yo pat nan ankenn chire pit avè l. Men li te gen tou sipòtè, menm nan gouvènman Vincent ak Lescot yo, ki te la pou pote l sekou chak fwa yo kapab. Konpozisyon divèsite moun ki te patisipe nan kolòk la te fè repondonng ak varyete richès kiltirèl e solidarite entè-pèp lavi Roumen limenm te pote temwayaj.

Genyen anpil siyifyan (siy ki gen sans enpòtan) ak souvenans espesyal mwen tire de rankont lan. Tou dabò se chalè imen ak jantiyès òganizatè yo ansanm ak fason serye e disipline yo mennen kolòk la ak pwogranm yo, de koumansman jiska lafen, e lese anpil pwendvi diferan konfronte youn ak lòt. Te gen plas pou sa yo ki admire estetik romansye, bèlte kont mèveye nan ekriti Roumen ansanm ak sa yo ki vle prezève memwa li kòm konbatan kont eksplwatasyon pèp ayisyen an pa boujwazi depredatè dominan an, memwa lit li kont okipasyon an e enperyalism meriken ann Ayiti e nan tyèsmond lan, konba li kont agresyon fachis ann Ewòp, e dominasyon kolonyalo-enperyalis peyi oksidantal yo an jeneral sou pèp non-ewopeyen yo.

Mwenmenm pèsonèlman, mwen te admire lakay Roumen fason li jwe avèk mo, ekspresyon, tonalite e sentaks kreyòl la. Mwen li *Gouverneurs de la rosée* lè mwen te gen apeprè 16 zan, ekriti li te parèt revolisyonè pou mwen paske li te ale andeyò konvansyon literè ki te alamòd yo. Li makonnen metafò pwovèb ak toudefraz kreyòl nan preske tout zèv la, li klè li pat bay klasisism literè boujwa a regle anyen pou li.

Youn nan gwo moman siyifyan nan kolòk la se aktivism politik Franck Laraque ki, a 86 rekòlt kafe, rete youn nan manm pi aktif goch ayisyen an. Li baze prezantasyon l lan sou «Poésie révolutionnaire dans le contexte de l'héritage Jacques Roumain», kote li defini pwezi Roumen tankou yon ekwasyon: «Kontni de klas = bèlte fòm powèm lan = pwezi imen e revoli-syonè.» Laraque montre «enfliyans Roumen pa limite sou nonsèlman gran powèt jenerasyon li kouwè Jean F. Brierre ak Anthony Lespès; li layite zèl li tou sou plizyè lòt powèt kòk kalite kouwè René Bélance, Paul Laraque, Guy Laraque, René Depestre, Anthony Phelps, Frankétienne, Jean Métellus, elatriye». Franck Laraque te pi enterese sou kisa ki ka fèt jounen jodia pou onore memwa Roumen. Dabò Roumen tap pran pozisyon kont okipasyon an, li tap denonse privatizasyon ak globalizasyon peyi enperyslis yo vle enpoze sou peyi a; li tap pran pozisyon pou peyizana a kont gran don yo: «Selon opinyon pa nou, se sèl yon Leta ayisyen ki vle e kapab mobilize pèp la pou met sou pye, nan lespri eritaj Jak Roumen, yon pwogram devlopman altènatif sou long tèm ki gen tou pwogram sekou imedya sou tèm prese, ki ka vin pote lespwa pou peyi nou an yo ap senyen a vif.» Kouwè frè li Paul Laraque, yon gran powèt revolisyonè ki te prekonize enplwa pwezi kou yon «zam pou konba» nan lit kont enperyalism e pou jistis sosyal, Franck Laraque wè nan tout zèv Roumen yo, pwezi, roman kou ese, yon jefò pou louvri je moun e tabli libète ak jistis sosyal.

Te gen tou moman-siyifyan rankont Gérald Bloncourt; li antre sitèlman nan nannan listwa «revolisyon 1946» lan ke m pat menm konnen si li tap viv toujou. Avèk laj 81 nan li ekzibe yon jenès ak yon bonjannri ki atire tout moun. Se te enteresan pou te wè kontras ki diferansye l de René Depestre, ki vin lese lanmou li pou Lafrans vin pèdi nanm li. Mwen pwovoke sijè a e mande Bloncourt sa l panse de «rekolonizasyon» Dayiti Depestre pwomote nan dènye liv ak ekri li yo. Misye reponn pou l di li pa pataje analiz Depestre sou sitiyasyon Ayiti a, men li pa di plis, ou santi li gen plis bagay li ta vle di sou bagay la si li pat nan pami yon pakèt etranje. Li klè Bloncourt toujou ret djanm nan lit kont fòs estriktirèl yo kap depalfini lavi keseswa ann Ayiti, Ozetazini oubyen an Frans kote misye ap viv. Prezans li sèlman pami nou te temwaye yon pwezi vivan nan kalvè lit pou chanjman nan peyi a. Li temwaye kontinwite lespwa nan yon lit pou chanjman ki pa lese l dekouraje pa movèz pas ni trayizon, ni menm distans ak tan.

Te gen prezantasyon pwofesè Yves Dorestal sou «le marxisme de Jacques Roumain» kote misye montre entèpretasyon Roumen fè sou Marx, Engels, Lenin, Stalin, Rosa Luxembourg, Trotski, elatriye. Dorestal ankre Roumen nan tradisyon marxis peyi latinoameriken, nan ran pansè kouwè Jose Carlos Mariategui, Anibal Pouce, Julio Antonio Melka e anpil lòt ankò. Dorestal di yon moun dwe antre nan Roumen tankou wap antre nan yon labirent paske gen sitèlman jan pou w antre anndan l. Men misye sijere ou pa ka konprann Roumen si ou pa swiv gid ak praksis marxis Roumen te adopte. Ou santi misye pran gran plezi pou li pale sou keksyon an. Mwen toujou apresye lè moun montre fouyaliz entèlektyèl (eridisyon) yo sou marxism lan. Marxism lan se youn nan pi gran epistèm entèlektyèl tan modèn lan. Malgre sa anpil tiran fè onon li, malgre tout bann kondanasyon ak koutlang peyi enperyalis yo ak klas dominan nan lemond yo voye sou li, marxism lan rete yon analiz politik e ekonomik sou eksplwatasyon, chozifikasyon ak alyenasyon ki poko janm ratrape, ranplase oubyen depase pa yon lòt (sou plan refleksyon teorik byennantandi, pa sou plan demagojik anpil moun anplwaye l).

Te gen moman-siyifyan seremoni vodou a nan perestil Max Beauvoir a nan Maryani, kote yon delegasyon patisipan ak òganizatè kolòk la te ale pou klotire premye faz kolòk la, nan yon seremoni Tanbou Asòtò, fason Roumen limenm tap apresye. Seremoni an, kou tout seremoni vodou, louvri avèk Legba, mèt baryè. Hounsi yo te bèl, resplandisan nan jan yo layite dans, chante, teyat nan yon ben tout koulè, pou yo onore lwa yo. Yon sèl bagay ki te parèt yon tijan dwòl: ou ta di seremoni a ta vle fèt an franse, anlonè kèk vizitè e boujwa ayisyen ki frankofòn. Mwen mande pou m entèprete pou yo. De franse a kreyòl. Anpil moun nan asistans lan di yo pa bezwen moun pou entèprete, tout moun konprann franse. Mwen retòke e di non, se yon «komedi» ki vle fè moun panse tout Ayisyen pale franse. Mwen di asistans la, ki te konpoze an majorite de Ayisyen, anpil nan yo ka konn pale franse, men grann majorite a se kreyolofòn yo ye. Epitou, nan yon seremoni vodou li pa fè sans pou se franse sèlman kap pale. Mwen di mwen pap ensiste si yo pa vle m tradui an kreyòl, men mwen panse ke se sa ki korèk. Pandan map vire pou m ale, Gérald Bloncourt, Clotaite Saint-Natus e anpil lòt moun di m non pa ale: «Lese Tontongi tradui an kreyòl!», Bloncourt rele byen fò, vwa li sonnen tankou yon ekzòtasyon. Se konsa mwen kontinye tradui.

Max Beauvoir gade pandan tout echanj yo yon konpòtman ki parèt netr, men ou santi sentipati li ale bò kote lese entèpretasyon an fèt an kreyòl. Rachelle Beauvoir, ki oparavan te pami moun ki te di tradiksyon an kreyòl pat nesèsè, vin chanje pozisyon; a mon grann etonnman e kontantman, manmzèl pran rèyn entèpretasyon kreyòl la, li fè li an pati pou l ede m tradui lè oratè yo pale twò long. Ou santi li pran plezi pou l tradui an kreyòl, e sa fè li fè yon trè bon travay. Tradiksyon/entèpretasyon an kreyòl la kontinye avèk Gaston Saint-Fleur menmlè Yolanda Wood e Lidoly Chavez, de patisipan kolòk la ki te soti Kiba, te pran lapawòl ann espayòl pou yo pote solidarite pèp kiben an bay Ayiti. Nan fen seremoni a, pandan m pral antre nan otobis la pou m retounen nan otèl la, Rachelle Beauvoir rele m e ban m yon kopi liv li a *Savaloue,* ki te pran Pri Casa de las Americas an 1989. Mwen renmen liv li a imedyatman, li nonsèlman pote limyè sou anpil rityèl vodou anpil moun pat konprann, men li montre tou respè Rachelle Beauvoir pou lang peyi a:

li ekri liv la antyèman an kreyòl. Nan dedikas li ekri pou mwen nan liv la, li di: «An respè nan lespri Jak Woumen. Pou pi devan!» Menmsi te gen sèlman yon ka fanm nan kantite moun ki prezante yo, reprezantasyon yo te djanm nan komite òganizatè kolòk la. Fanm yo pat la pou te bay gason «sipò», men kou patnè egalego nan yon antrepriz koumbit kolektif. Anpil nan yo, pwofesè, ekriven e aktivis kiltirèl, fanm yo te potomitan, *cheville ouvrière*, kolòk la. Yaïssa Arnaud-Bolivar te sou de pye l depi grann maten rive ta nan lannwit; li jwe yon wòl kle nan mentni lojistik kolòk la. «Komite Pilotaj» la, sou direksyon Fritz Deshommes e James Darbouze (avèk tou Emmelie Prophète, Michaëlle Saint-Natus, Michelle Pierre-Louis-FOKAL), fè yon bon travay, sitou lè w konsidere kantite moun ak aktivite kolòk la te kouvri. Mwen te admire an patikilye fason jantiyès òganizatè yo te aji avèk tout patisipan yo, san favoritism anvè youn kont lòt.

Mwen te kontan rankontre Suze Mathieu ki gen lontan lap goumen pou valorizasyon lang kreyòl la. Mathieu ban m yon kopi dènye liv li a, *Depi nan Ginen nèg renmen nèg,* ke l ekri toutantye an kreyòl, kote li montre pa ka gen vrè demokrasi ann Ayiti si kreyòl la rete yon lang an mawonnaj: «Lè yon moun wont lang li pale a, li wont tèt li. Lè li wont tèt li, li konplekse, li vin pa gen konfyans nan tèt li. (…) Revandike dwa nou pou nou sèvi ak lang nou, kenpòt kote nan peyi nou an san konplèks, se dwa nou.» Tit liv Mathieu a fè repondong ak yon tit yon tèks Jean Saint-Vil te met deyò pou met aksan sou solidarite ant Ayisyen, olye de divizyon ak chen-manje-chen ant yo.

Mwen te gen chans tou rankontre Myrtha Gilbert, yon chèchez sou zafè politiko-sosyal. Mwenmenm avè l pase yon bon ti tan ap pale sou «finalite moral» praksis politik. Anfèt, Gilbert ekri tout yon liv, *La crise des valeurs dans la société haïtienne,* pou l tabli pètinans teorik «valè tradisyonèl» yo nan politik. Tèz esansyèl liv la se degradasyon ak anpirisman moral Leta depredatè a ansanm ak klas dirijan-dominan devègonde yo, plis mako-utizasyon divalyeris la, vin koze nan karaktè e «valè tradisyonèl ayisyen» yo. Manmzèl fè yon kritik sevè sou pourisman jeneral sosyete ayisyen an sibi anba divalyerism lan. Malgre aksan li sou «valè» moral yo, liv la se yon gran akizasyon ak denonsyasyon kont travay dejenerasyon enstitisyon nasyonal yo pa alafwa enperyalism meriken an ak klas politisyen pouri ki pran pouvwa a depi Endepandans. Sèl bagay mwen pat dakò avèk Gilbert se lè li pale, nan yon konvèsasyon avèk m, de enpòtans yon lelit pwogresis nan pwosesis chanjman an. Mwen di li se la pwoblèm lan ye, e konseye li pou l chanje nosyon «lelit pwogresis» la pa yon «avangad revolisyonè», selon preskripsyon marxis la. Nan liv li a manmzèl fè yon bèl analiz sou rezistans kont sèten konpòtman sosyete tolere onon modènite, men ki ranfòse malsite ak saloprete kondisyon degradan sosyoekonomik yo koze: «Pratik sosyal ki kouran nan milye nou an kouwè timoun ki nan pwotistisyon ak timoun yo vann pa mwayen degize, banalizasyon krim, desakralizasyon senbòl yo, pratik trete moun ak mechanste, anplwa trik, *eskam* kiltirèl ki alyenan e degradan, anvayisman pònografi nan espas piblik e medyatik yo elatriye.» Ou ta ka di panse Myrtha Gilbert oryante l sou kote yon neo-rousseauism, an koulè ayisyen, dirije pa yon lelit pwogresis (men avèk objektif revolisyonè).

Mwen te admire tou kritik kategorik li montre kont richès atifisyèl sosyete konsomasyon de klas la enpoze kòm finalite sosyal e ekzistansyèl. Konsènan eta dekonstonbrasyon sosyete a tonbe a, Myrtha Gilbert konkli: «Lè w konstate pourisman sosyal e moral enkyetan yo, chanjman brital nan jan nou fonksyone, kokennchenn atak outraje kont diyite moun, siy relachman e menm demolisyon lyen sosyal yo, li lejitim pou nou keksyone koz yon mal ak dezas nan yon sosyete ki si pwofon, pou nou ka dabò konprann e answit aji.»

Pami òganizatè kolòk la, yon felisitasyon espesyal dwe voye bay Fritz Deshommes ak James Darbouze pou travay vizyon ak gidaj yo deplwaye pou fè komemorasyon an yon siksè; ou ta ka di yo mete konsèp «koumbit» Roumen an ann aplikasyon. Deshommes te toupatou, ou ta di misye te pran pwen dedouble. Li «mikromanaje» kolòk la san li pa montre l; limenm avèk James Darbouze e Yaïssa Arnaud-Bolivar te jwe wòl yon triumvirat ekzekitif ki mennen kòlòk la de konseksyon, jèminasyon ak ekzekisyon. Nan yon entwodiksyon Deshommes, ki se tou vis-rektè Inivèsite a, ekri nan livrè-pwogram kolòk la, misye pale de «moman Roumen» nan istwa peyi Dayiti: «Yo te met moman sila a sou anbago pandan senkant tan. Trant tan diktati, ven tan kakofoni». Misye souliye enpòtans Roumen sou plizyè aspè: «kreyatè roman peyizan ayisyen, fondatè Pati kominis ayisyen, enspiratè mouvman 1929 la ki pral sonnen klòch pou choute dèyè okipasyon meriken an, premye etnològ ayisyen, premye moun ki defann e valorize peyizànri an antanke klas ki pote flanbo valè fondamantal yon peyi ki voye fas li vè lavni…». Nan sèlman kèk mo, misye devwale tout sans kolòk la: «Retire Roumen nan oubli ak nan silans, rejwenn li, revizite zèv li, zaksyon li e panse li, se reatrape yon pati enpòtan nan noumenm, nan istwa nou, nan kilti nou, nan idantite nou, yon pati enpòtan nan imanite.»

Lè ou di «Maximilien» fòk ou te presize si w tap pale de Guy Maximilien, espesyalis vodou, redaktè an chèf revi *Conjonction,* ki soti yon nimewo espesyal pou okazyon santenè Roumen an, ki bay chak patisipan kolòk la yon kopi gratis, e ki akse prezantasyon l lan sou «Roumain et la question du vodou», oubyen Maximilyen Laroche, otè plizyè liv remakab sou literati konpare. Laroche panse, nan yon liv li pibliye an 1981, ke gen yon devyasyon panse Desalin ki te rive lè Bwaron Tonè te ekri/resite Ak Endepandans lan an franse touswit apre diskou an kreyòl Desalin lan. Mwen pat ka asiste prezantasyon l lan, men prezans li nan gwoup envite ki sot aletranje yo te trè remake.

Yon lòt prezans ki te remake se prezans Léon-François Hoffmann pami envite yo; misye sòti an 2003 yon kokennchenn biografi e bibliografi enpòtan e enpozan sou Jak Roumen *Œuvres complètes de Jacques Roumain.* Hoffmann enterese sou tout literati nan tyèsmond lan, men ou santi li gen yon lanmou espesyal pou Ayiti. Gen bagay mwen pa dakò avè l, paekzanp lè li te deklare yon jou seremoni Boukmann lan nan Bwa-Kayiman se yon «mit» lejandè. Nan sans sa a, ou ta ka di istwa tout pèp sou latè se yon mit lejandè, e yo tout bezwen mit lejandè sa a pou konsolide e valorize fondasyon yo. Men mwen respekte kiryozite ak enterè Hoffmann montre pou literati ayisyen, menm literati kreyòl la (kontrèman ak anpil lòt kritik frankofòn yo, lè l pale de literati ayisyen, li mete l opliryèl pou l enkli literati kreyòl la tou).

Ideolojikman akòdeyon mwen pat akòde avèk gita Gary Klang, yon ekriven ayisyen kap viv Okanada, menmsi san nou ale ak lòt sou yon plan pèsonèl. Nan prezantasyon l lan li mande pou yon «relekti kritik» *Gouverneurs de la rosée,* ke l konsidere «kou yon kont e non kou yon roman». Li konpare roman Roumen an avèk *Le petit prince,* yon nouvèl Saint-Exupéry pibliye an 1943. Epitou misye mande tèt li: «Eske nou ka wè ladann l yon tèks angaje nan yon ideoloji ki pa alamòd ankò? Ki sa l pote ban nou an 2007?» Misye di gen anpil enkoreksyon nan franse Roumen itilize nan *Gouverneurs de la rosée.* Li pran pou ekzanp ekspresyon «Fermez vos dents» ki itilize nan liv la men ke l di moun pa anplwaye ann Ayiti. Franck Laraque, ki te nan asistans lan, mande lapawòl pou l di li pa dakò avèk sa Klang di yo, paske moun di «Fèmen dan ou» pou siyifi «Fèmen bouch ou». Epitou, Laraque kontinye, tout lang vivan sibi transfòmasyon nan diferan rejyon moun pale l. Laraque keksyone tantativ Klang ap fè pou li detache ideoloji politik Roumen de zèv romansye li: «*Le petit prince* pa gen anyen awè avèk *Gouverneurs de la rosée;* pou Roumen se reyalite peyi a, kondisyon lit moun yo, ki enterese l. Se pa ti nyans estilistik.» Nan fen echanj lan, toulède pale ak lòk kòdyalman, san rankin, yo toulède dakò yon kolòk dwe gen deba entèlektyèl serye ladann l.

Men sa k te pi mal la, se lè Klang itilize yon alizyon kote li mete eksperyans peyi kominis yo nan menm sak avèk nazism hitleryen an paske tou de systèm ideolojik sa yo tiye anpil moun. Mwen mande misye sil pa ta jije krisyanism lan avèk menm kritè sa a tou etandone Enkizisyon an ak kwazad kretyen yo te koze lanmò anpil moun. Misye trete m de «malonèt» ki mal repòte pozisyon li. Pou yon ti tan nou eseye transande dezakò yo e fè antant sou yon plan pèsonèl kote nou bay blag youn ak lòt. Dezakò nou, yon dènye fwa sou keksyon kreyòl la nan seremoni vodou Maryani an, vin deraye jefò sa a. Klang ban m enpresyon yon bon imanis ki bezwen dekwape pre-ide reyaksyonè milye antikominis nan lemond yo kontinye ap pwopaje.

Li difisil pou m kapte tout moun e tout sa k pase nan yon gwo kolòk entènasyonal, men gen kèk moun ki rete nan memwa mwen, kouwè paekzanp Frantz Leconte ke m te rankontre dènye fwa nan antèman Paul Laraque nan Nouyòk, ki prezante etid li sou «Jacques Roumain: Les héros de la vacuité». Misye fèk sòti yon liv sou Roumen: *Haïti et littérature: Jacques Roumain au pluriel.* Te gen tou Daniel Michaud ki pale de *«Analiz Chematik 32-32»* ki li di «se yon enstriman pou lit kont opòtinis e ideoloji ak pratik reyaksyonè yo nan moman a. Analiz chematik yo te chita sou rapò objektif pratik yon konbatan revolisyonè tap enonse nan yon peryòd konjonktirèl fas a diferan diskou reyaksyonè ki te pwodui ideoloji dominan reyaksyonè yo». Michaud, ki akse kolòk la nan kad militantism kominis, pro-ouvriye, pro-peyizan Jak Roumen te pratike a, di li pi enterese nan zaksyon pratik kap fèt pou tabli jistis sosyal ann Ayiti ke nan divès nyans ki genyen nan pozisyon anti-enperyalis chak gwoup pwogresis kap goumen pou chanjman. Misye te youn nan dezoutwa patisipan kolòk la ki te fè prezantasyon yo an kreyòl.

Yon lòt prezantasyon mwen te twouve ki djanm se pa Camille Charlmers la. Apre prezantasyon an, mwen apwoche Charlmers e remesyè l pou yon analiz ke m te twouve ekselan sou globalizasyon e sou ideoloji dominasyon ki dirije zaksyon kòporasyon transnasyonal yo ansanm ak peyi enperyalis yo. Pandan l sèvi ak Roumen kòm pretèks, refleksyon Charlmers sou pwojè politik sa Antonio Negri e Michael Hardt rele «Enpi» a, ede revele estrateji de kontwòl transnasyonal, a-nasyonal, anti-nasyonal e ki aji sou tou fron Enpi a (sou presyon enterè kòporasyon transnasyonal yo) met sou pye. Natirèlman tout chanjman serye enplike yon lòt fason daji politikman ki rejte premis fondamantal globalizasyon an: eksplwatasyon san limit pèp yo ak peyi domine yo.

Genyen souvenans Rodney Saint-Eloi, ki soti Okanada. Li pa gen lontan li vini nan Kanada, men li deja etabli nan peyi a dezyèm pi gran mezondedisyon ayisyen, Mémoire d'Encrier. Misye te alèz kouwè pwason nan dlo nan kolòk la; lè ou wè entèraksyon l avèk lòt patisipan kolòk la, ou santi literati pou limenm se pa sèlman liv ak editè ak libreri, men tou eksperyanse lavi, eksperyanse plezi senp lavi ofri, viv an bon vivan nan sans pozitif, andeyò tout kritik initil ki pa fè avanse yon pwojè espesifik jije valab. Nòt nan livrè kolòk la di de Saint-Eloi *«son œuvre est une longue traversée des villes, des fleuves et des visages».* Mwenmenm ak misye nou gen anpil zanmi ankomen, men ankenn nan nou pat montre enterè pouse zanmitay nou two lwen.

Te gen tou Kathleen Gyssels ke m te byen byen kontan fè konenans apre anpil ane nap koresponn nan imèl. Li sòti depi Bèljik pou l patisipe nan kolòk la. Li voye plizyè kontribisyon pou revi *Tanbou* ki ekselan e byen rechèchè, pami yo youn sou Madison Smartt-Bell e yon lòt sou Edwidge Danticat. Li anseye nan Inivèsite Antwerpen, nan Bèljik, kote li espesyalize nan literati pèp tyèsmond yo. Li te fè prezantasyon l lan sou «Elégie pour Roumain: Damas, Guillen, Maximin». Sa te fè m plezi wè li nan Pòtoprens kote ou santi l apresye eksperyans la. Mwen te kontan fè konesans Marie José Nadal ki pale m de rankont li avèk Jak Estefèn Aleksi ke l te konnen depi l te ti jèn fi. Mwen ta renmen te gen plis tan pou m te pale avè l.

Robert Arisma patisipe aktivman nan kolòk la; ou pat konnen sil te la ankalite repòtè, anseyan nan FLA (faculté de la linguistique appliquée) oubyen aktivis kiltirèl. Nan fen premye pati kolòk la li sikile yon keksyonè ki mande santiman patisipan yo sou kolòk la, (apre kolòk la li pibliye yon bèl repòtaj nan *Le Nouvelliste* ak *Le Matin* kote li di kolòk la «konte pami zaksyon ki pi enpòtan Rektora a reyalize depi manda dirijan yo te koumanse sa gen kat tran. Se yon kokennchenn evenman pou yon bon okazyon».

Mwen fèk tande pale de Pierre Vernet nan yon atik ki soti sou li ou pa li nan *Haïti-Progrès* nan zòn fen ane 1980 yo. Sa m sonje de atik sa a se lefètke misye te pran pozisyon tranche pou valorizasyon lang kreyòl la ann Ayiti. Mwen pat ka al nan panèl li a kote li tap pale jisteman de «Langue et combat politique dans l'œuvre de Jacques Roumain». Sa te fè m plezi lè mwen te wè misye nan sal mwen tap al prezante a, nan fen prezantasyon pa l la.

Mwen regrèt mwen pat wè Laënnec Hurbon, Frankétienne ak Yves Dejean nan kolòk la. Nan dènye liv mwen an mwen felisite Hurbon pou travay dezonbifikasyon ak valorizasyon lap fè sou kilti ak lang fondalnatal pèp ayisyen an (kreyòl ak vodou)—menmlè m te kritike pozisyon non-kritik li te pran sou koudefòs Lafrans ak Etazini te deklennche a pou ranvèse yon gouvènman konstitisyonèl ann Ayiti (29 fevriye 2004). Men mwen toujou respekte travay penetrasyon li fè nan sosyoloji ayisyen an pou konprann *alterite*, sètadi sa nou zòt, yon pov, yon oprime, yon lòt ras oubyen etnisite ye parapò ak fòs sosyo-politik e enstitisyon kiltirèl dominan yo. Mwen regrèt mwen pat wè Frankétienne, sitou nan yon kolòk entènasyonal sou Jak Roumen. Mwen te kontan fè konesans misye nan okazyon yon pyès teyat misye te vin jwe nan Boston. Mwen tande pale de li lè m te tijènjan tankou yon «pwofesè lekòl kominis» ki te gen konpòtman ak pozisyon antikonfòmis anplen pouvwa krazezo Papa Dòk. Liv Frankétienne sou *espiralism* lan, *Ultravocal*, vin pwouve tandans antikonfòmis sa a; men sa ki te pi enpresyone m se lefètke misye ekri yon roman ak anpil pyès teyat antyèman an kreyòl. Pou yon entèlektyèl ki te sot nan tradisyon «frankolonize» ayisyen a, selon bonmo Idi a, misye te fè yon gran pa bò kote dezonbifikasyon.

Mwen te espere wè Yves Dejean (oubyen Iv Dejan) nan kolòk la. Yon espesyalis lang, Dejean se yon kokennchenn gason vanyan kap travay depi kat dekad pou mete kreyòl nonsèlman lang nasyonal sou papye, men sitou yon enstwiman itil, operatif pou devlopman Ayiti, patikilyèman pou valorizasyon idantite afro-kreyòl pèp ayisyen an. Dejean panse enstwisksyon nan yon lang etranje jwe yon wòl negatif fondamantal nan devlopman yon endividi oubyen yon peyi. Misye mande pou yo anplwaye kreyòl nan ansèyman, nan administrasyon e nan tout lòt echanj enpòtan nan vi nasyonal ayisyen an. Franse pap elimine, men lap vin yon *lang segondè* ki ranfòse objektif bileng peyi a, men ki ap pèdi wòl elitis e wetiratis yo asiye l nan sosyete a antanke lang e kilti ejemonik inik depi 1804.

Natirèlman, pi gwo kontras, siy depaman mwen te wè diran sejou mwen an ann Ayiti, se grann diferan ant, yon kote, jandevi patisipan kolòk yo, ki te benefisye de lajès gouvènman an ansanm ak kontribisyon sektè prive e ONG yo, e ki te loje nan otèl deliks, manje ak tout frè peye, e, yon lòt kote, jandevi grann majorite pèp ayisyen an kap viv nan yon kondisyon sosyoekonomik ki kritik. Pa two lwen pezibilite otèl la, nan kwen toutakote a, mwen te wè anpil moun kap mande oubyen kap ofri pou lavant pwodui anpil moun pat vrèman enterese achte: savon, telefòn, pyès òdinatè, estereo, an rezime pwodui deliks ki pa rezoud ekzijans bezwen imedya moun pòv yo. Pa two lwen fakilte rankont yo ta fèt la, mwen te wè eta vyolans yon lanfè sosyoekonomik e sosyopolitik ki tap gripe moun yo, yon vyolans ki nonsèl-man sosyal, politik e ekonomik, men ki tou kiltirèl, ekolojik, ekzistansyèl.

Nan kad yon sitiyasyon si malouk, prezantasyon Alain Deneault a «Penser l'adversité: de Marx à Roumain» te parèt enteresan, espesyalman lè misye mansyone, nan entwodiksyon prezantasyon l lan nan livrè kolòk la, «konsepsyon popilè twoub» ki dèyè *La Montagne ensorcelée,* lòt roman Roumen an: «Elaborasyon yon panse "kominis" ayisyen ap vin okazyon pou panse advèsite a an fonksyon kritè istorik presi… e mezire tout limitasyon panse Marx la pou reponn ak kontenjans ayisyen nan ventyèm syèk la». Yon espesyalis sou dwa e finans entènasyonal, travay filozofik Alain Deneault akse l sou kritik enfliyans koripsyon nan pèvèsyon ak vyolasyon dwa e lalwa: paradi fiskal entènasyonal, trafik enfliyans, pouvwa malefik lajan nan sosyete oksidantal yo. Malerezman mwen pat tande tou sa misye te di paske li pale ba e rapid diran prezantasyon an. Mwen ap kontan li l nan Ak ekri kolòk la. Sa m ka di sou «limitasyon» panse Marx nan kontèks lit yon pèp, se lefètke li *nesesèman* limite lè yo mete l nan yon aplikasyon kote yo vle l fè yon travay menm Marx ak Engels limenm pat entansyone: sèvi kòm preskripsyon pwogramatik paspatou olyede gid teorik. Se yon lòt sijè kolòk! M' ka senpleman di marxism lan rete yon zouti teorik enpòtan pou konprann mekanism eksplwatasyon nan sosyete de klas yo. Obsèvasyon Marx fè yo ak solisyon li sijere yo, menmlè yo pa aplikad otomatikman nan tout sitiyasyon, toujou kenbe yon pètinans epistemolojik ki poko janm depase.

James Darbouze pa nonsèlman youn nan moun kle ki ede met kolòk la sou pye, de konsepsyon a ekzekisyon, li angaje tèt li tou, ansanm avèk Deshommes, pou kontinye travay-ansanm ak pèspektiv pou lavni anpil prezantatè yo te sijere. Nan fen kolòk la, misye òganize nan biwo li yon rankont avèk Franck Laraque, Antoine Samy Hertho Janvier (ARAKA), Jean Eddy Menard (CLE), Wilson Dorlus (BVRR) pou tabli gwo pwen yon travay kontini ant kèk patisipan ki sot nan dyaspora a ak Inivèsite Deta Dayiti, yon kolaborasyon kap layite sou yon tan kout, mwayen e long. Pami pwen ki mansyone yo, genyen yon pwogram patenarya sou baz òganizasyon regilye konferans ak seminè, sant dakèy pou sila yo ki sot aletranje, ranfòsman fòmasyon Inivèsite a bay, patikilyèman nan syans imen e syans sosyal, elatriye. Franck Laraque panse san travay kontinwite ak ranfò baz solidarite ant Dyaspora a ak Ayiti, lespwa kolòk la soulve a ap vin yon rèv anven. Mwen jwenn vwa m avèk Franck e lòt patisipan yo pou n salye oryantasyon pwogresis Inivèsite Deta Dayiti a, kouwè òganizasyon ak siksè kolòk la montre l la, e nou espere travay koumbit ant kreyatè, enseyan ak aktivis kiltirèl yo, an solidarite avèk mas pèp ayisyen an, ap kontinye jiskaske lawoze douvanjou vin layi l zèl frechè li.

— *Tontongi*

Note byen: Nou pale sèlman de premye pati kolòk la ki te fèt nan Pòtoprens de 28 a 30 novanm 2007. Dezyèm pati a kontinye nan plizyè vil (Jakmèl,

Sen-Mak, Okap, Ench, Fò-Libète, Gonayiv, Okay, Vèrèt e Machan-Desalin),
li dire de premye a 9 desanm 2007. Gen anpil patisipan enpòtan nan kolòk
la ki pa site nan esè sa tankou paekzanp Katell Coli, Joel Desrosiers, Jean
Filsaimé, Marie Meudec, Fritz Calixte, Jean André Victor, Nixon Calixte,
Alix Emera, Michel Acacia, Victor Benoît, Antoine Samy Hertho-Janvier,
Claude Pierre, Nicholas Alrich, Hérold Toussaint, Vertus Saint-Louis, elatriye.
Nou senpleman pat ka pale de tout moun nan yon memwa sikonstansyèl.

Pou plis enfòmasyon sou pwogram kolòk la, tcheke sit «Potomitan» an:
www.potomitan.info/colloques/roumain3.php

Poetry In English

Poems by Yvon Joseph

Titanyen

By the makeshift grave yards of Titanyen
Where we solemnly toiled and labored
With protective masks,
Shields against the fetid smell of decomposing bodies
Recently and forever discarded
With digital and video cams,
Reporting on people that they disappear;
Scores of skeletons,
Bones and loose clothing with bullet holes
Skulls of various sizes;
Dogs and flies feasting, dueling over still fresh poem body parts
Theatre of the macabre, we observed with tears in our eyes.
Men kote Baron Samdi?
He must be a notable,
Living in the sumptuous pantheons of the world;
No! He is not a *loa*!
By the makeshift graves of Titanyen,
Opposing the lofty mountains,
Bones rattle in deafening silence,
Hoping Ezekiel's God would intervene
And breathe life in them;
We stopped, meditated, wept and wailed
When we remember:
14 from Carrefour Feuilles;
8 from Croix des Missions;
10 from Cité Soleil;
26 from Bel Air;
And list goes on ad infinitum;
Pour le drapeau pour la patrie,
Mourir est beau
By the makeshift graves of Titanyen,
Pensive, mellow and downright depressed,
Bones, skeletons, skulls,
Memory, history, journeymen, women, children;
Political victims, indigents,
Arrested without cause or trial
Tortured and beaten to death;

Budding poets and political leaders;
Alleged "political minds;"
Informants;
Victims of deforestation, kidnappings
One macabre tale,
Thriller
Zombies tiptoeing, nasally humming
Pour le drapeau pour la patrie,
Mourir est beau,
Ayiti pap peri?
By the makeshift graves of Titanyen,
Drapeau, Patrie,
Oppression, Inflation,
Political, Economic Doom,
Ingredients for a Revolution,
With stones, bricks, dust
Skeletons, *revenants* hum
Time to repay the ancestors for their blood!

Institution

Uncertainty, the unexpected
Rules
Summer, Spring, Winter, Fall
One minute
Hurricanes in the bedroom,
Tornadoes and rip tides in the bathrooms and stairs
Comatose, life-support the next.
Thunder and lightning
Match made in heaven.
Don Juan and Emeril
Einstein and Mr. Potato
In one package?
Love of her life and beast of burden
Tower of strength and the cause of her downfall
And chagrin;
What is he to do?
Constantly risking absurdity,
Constantly needing medication;
When change, swift, abrupt and devilish
Reigns supreme.
Reasons, rationalization, bottle speaking.
Weak minds craving for release
Only natural, spiritual springs
Mind control,
In control.

Strength, divine, jovial spirit,
Life, sweet water flows.
Strength everlasting,
Higher power, inner peace, inner force
Pensive, muse
Third string of breath
Whistles,
Bristles of hair,
Spirit weakening,
Sanity,
Hanging by a thread.
Acrobat, tight rope,
Lives in the balance,
Frail, guidance seeking, nurturing
Hero, emulating the spirit,
Steadfast, unwavering
Excelsior,
Striving, persevering
Abating, belittled spirit
Falls, reflects, deletes
Memory fades;
Revives, bells echoing,
Past restored.
Ties, tangled, bleached;
Selfishness, reigns supreme,
Unspoken assumptions
Associations.
Stone guests;
Unresolved ties.
Past, swept under the rug;
Skeletons rising, plot unfolding;
Constantly risking absurdity;
Flirting with madness.
Clouds, grey, thick,
Downpours.
Shelter from the storm;
Self-created storms;
Volatile, sweet;
Impulsive and reflective;
Chained genius; torn asunder;
Self-mutilating;
Clinging, leaning, grasping and forever ruminating
Hurts,
Real and imaginary enemies;
Recipe for disaster.
Cult of the absurd;

Searching for day,
Day robed in gray,
Grasping
Inner strength;
Faded memory
Acrobat,
Striving maintaining equilibrium,
Slipping, tripping;
Inner resolved.
Light shining, dimming
Resolve, strife, strive, inner peace;
Risking lucidity;
Muse for release;
Life-giving Muse;
Spirit bruised, battered,
Spring forth
Instituion,
Normal, Pathological,
Joyful, peaceful, release

Lamentations

You may call me Jeremiah;
That is your prerogative;
You may say I am a romantic
Ruminating le beau vieux temps.
The good old days that never existed
I often wonder
How did we go from *la isla bonita*
To *la isla al revés*?
From Eden to Sheol?
From pioneers of freedom
To the land of the captives?
From the land of light
To the bosom of blackouts?
From a nation of enlightened
To a race of dimwits?
To dimwits, converted into Demosthenes
When it is time
To slay one's brother?
How did we go from abundance to penury?
What happened to the cow?
The cow?
It's been milked to the bone!
The horse?

Handed over from son to son
Who rode it—
Used, abused it;
Took long excursions to visit concubines
In Swiss banks;
Overburdened with heavy suitcases,
Overflowing with green going to Miami
On diplomatic missions.
The horse?
How did we go from beautiful and fertile island
To a donkey's ass,
World's class joke,
Answer to every trivia question—
The paradigm
Transformer
Adroit nation that can go from zenith to nadir;
Swatted away,
Flaaaaaaaaaaaat, like a loose ball after
D'Alembert's blocked shot;
Lost in the bleachers
Or in the hands of the opposing team!
How did it happen?
Blame it on the forefathers!
Blame it on poorly calculated agrarian reforms!
Blame it on the Eagle!
Blame it on the *malfinis du passé!*
More shall rise!
Blame it on voodoo
Blame it on the gods!
Blame it on God!
Blame it on destiny!
Play the blame game,
Easy and fatally futile!
Point fingers!
Find solace in the thought that we were handed
The wrong end of the stick?
NEVER!
Stand up, dust off, keep striving!
The donkey is protesting,
Shouting "What did I do?"
It is time!
Time to stop milking the anemic cow;
Time to rescue the weary horse;
Time to listen to the donkey!

Time to fight once again
Because there is no easy way out
Time to fight and find ourselves.
There is nothing to lose,
Except ourselves.
Then we will go from streets paved with corpses
To vegetable gardens;
From streets with brothers decapitating brothers
To Philadelphia;
From broken bottles and burnt tires
To streets of abundance
With sweet fragrance and inexhaustible wells
Of wisdom and sweet, holy water.
Then the days of rape, mourning, plagues, kidnappings,
Postmodern coups,
Perpetual traumas.
The things of old will flee
To give stead to a new spring;
That eternal spring we forever aspire to;
When shall it come?

—Yvon Joseph

Poems by Melissa Beauvery

Nativity

Entering the world
With calloused feet first
Stomping
Tearing
Through my mother's womb
She never knew that
Transporting me
Would be so painful
She would've definitely
Reconsidered
No placenta in sight
Instead
Splinters are ever so present in her uterus
My head comes out
Last
Accompanied with the coarseness of my hair
Spiking upward
Possibly for direction

I am not gasping for air
Nor do I let out a cry
My arms are crossed
Bearing the facial expression
Of over two hundred years of frustration!
Questioning my existence,
The midwife
Strikes my bottom
Not expecting that I would strike back!
And certainly I did
Rejuvenated
By the sting left in my fingertips
And also by the sting left in my bottom.

(June 2007)

Village Women

The infant's large eyes are so enthralling
As hunger is calling welcoming a prospective visitor
She doesn't know that tomorrow's meal isn't promised
For she is dealing with today's sharp pain in her stomach
And reluctance to gain weight of a child her age,
In a different zone
As fate would deliver
Her drunkard father is not present
And her mothers long days consist of
Sweat
That creates streams
Through her whole being
Balancing a basket over her head
Containing the lands' "good"
This doesn't do her any good
For she has to sell
In order to buy them again
To feed her starving daughter
So this infant's best friend
Becomes the stinging mosquitoes that cause illness
That is most likely treated improperly
So there
No one really notices
Or even seems to care
Hunger creates selfish villagers
Creating little goddesses with swollen bellies
Containing little angels that will die by the age of three

Blaming it on witchcraft
Because if it wasn't for spirituality
These women would've already slit their own throats
So modestly
The women wake up before the crack of dawn
Without forgetting and spirits from Ginen
Without forgetting their prayers to Ayizan and Èzili Dantò
Hoping that their daughters fate would differ from their own
Praying to Kouzen Zaka heal their babies
Because doctor visits are scarce
So the infant's large eyes continue to be lure question
The village remains motionless
Where the only thing fertile is hope.
(April 2007)

—*Melissa Beauvery*

Poems by Cathy Delaleu

The gift of Giving

My smile is fattened by his touch
Inside I am spilling wetness of foreplay
He is doing me with words
Feels like a skateboard rushing through the heart
The burn storms the flesh
I am burnt saffron under a milky moon
Lips plump by his touch
Touch
Touch
Touch that plays with my raw skin
Demands moisture
Aggressively
No please
No thank you's
Just GIVE
Give without words
Give to get away from the madness
Give significantly as if your life depends on it
Run home
Peel off
Strip off
And GIVE
No retention
No hesitation

No words
Just GIVE
His touch sends a message
Thick arms around my waist
Soft kisses on the neck
Fibers of flesh rise to the occasion
Hummingbird won't stop hummmmmmmmmming
Wings flutter
Mutters his name
Sends rainbow spasm of clouds to heaven
Heaven is this heavy drug of chocolateness
His touch is Rite Aid
Medic Aid
Minty Colgate in the morning
Sweet Listerine at night
Preview of things to cum
I thank you in taking such pleasure
In giving

Undisputed

I'm afraid of the dark
That's when Daddy left
His dusty shoes in the foyer along with his favorite shirt
The wrinkled one soaked with mother's tears
I managed to wash it with poetry
Mother says I need to stop dreaming
Daddy will never come back
He has no time now that he has two other boys to care for
I plan my escape with a backpack of goodies
Daddy's shoes will take me to him
Take me to the place he chose as solace
Mother sleeps with books besides her
Counts pages of "I love you's" like lottery tickets
No one will ever know how she stole those books
from my father's side of the mattress
He was North of Haiti
She was South of Brooklyn
I found him in sunny Florida catching a tan with another woman
Mother swears the man I saw wasn't my father
He is much lighter
More handsome in person
She identifies him as wasted fury of what could have been
Sniffs his scent under her black dress

Obviously the wrinkled shirt cinched around her breasts
Is a reminder of his moonlight
The one he watered in Jacmel
Years before the slow-moving hurricane

Statistic

This song in my head is continuous
The scene of a young girl with old dreams
At night she sleeps on cardboards
Her father left her there
To pursue a better life in Florida
Meanwhile family uses her
As a favorite ingredient
A recipe for disaster
Her only escape is to write

Don't Talk

Cause when you talk
Shit happens
Collision
Fire
Earthquake
Turbulence
Injury
She covers her severe injuries externally
With makeup
Fake nails
Hair
She reserves her tears as documentary
No one knows her signs of depression
She has never been in love before
Hopes one day to taste pleasure
Consistently without guilt
Without disgust
She must first embrace her self-worth
A woman with chaos
Combined with bad reputation
Muddled
Processed without apologies
She seeks their love
Your love
My love
This love you hug dearly under pressure

She watches with envy
This impromptu
She thinks the grass is greener
If she only knew how hard it is
To keep this emotion safe
Not everyone sees it as a blessing
For most
Love is torture
For most it's senseless

Ti Coco's Groove

I hear the end of the world is coming
But you and I won't fade away
I bought us bosa nova dreams
They fell from our blazing skies
Our kiss creates a *kombit* mixtape
Somatic beats are earphones plugged to my belly
you touch the right spot with a middle finger
Made for the bedroom
I hear the end of the world is coming
We're not the ones they're after
Our out of poem body prints they grab without asking
We hide in our tin roof eating shadows, crickets and rain
My legs hear your name
Stretch wide
Pretend we are invisible
while I smile wider
Ti Coco is lush
Takes three seconds of silence
It turns you blue
(2007)

—Cathy Delaleu

The author is a Haitian-American writer, poet and artist from Brooklyn by way of California. She is the founder of "Tavern of Creativity," a group which brings talented artists and poets together. She is also the author of a richly descriptive collection of poems, *Wrapping Thoughts Beneath Emotive Rain.* Her writings have appeared in *Essence Magazine* and several online poetry sites. Her first novel, *Hurricane Between Island Kisses,* is due out in 2008. For more information on her artwork and poems visit her website: www.delaleuwritings.com.

Poem by Tontongi

Gaza, Haifa and Qana

(dedicated to the victims of the hegemonic war of summer 2006 in the Middle-East)

Never in my century
did I think one day
today here and anywhere
I'd become so closely
an eyewitness to horror.
My own tyrant, that's a long time
Hitler was engulfed under the rubble
the cremations were verified
and exposed as evil deed.
The Olympic in reverse
untenable deterrence
a fist punch
I would cut your arm
if you dare shoot a slingshot
I would spray you with my brand-new Uzi
if you ever use a Qualiskosov
my armored tanks would spit a thunder
a rocket, that's another story
your destruction must be complete
soil uprooted and city leveled
frescoes extirpated straight from hell
pain and suffering objectified.
Worse than a concept
it's the reality of Qana
the people were mourning
in distress and in stress.
Worse than a tragedy
it's the desolation of glory
Nasrallah has become the hero
the new Saladin
assaulted conscience
and denatured humanity
regained dignity
or cemetery peace.
Worse than a big loss
it's the misery of the dream of being
the malaise of the West
reigning emptiness of the soul
Revolution as aspirin.

And the tears, the tears
the deep sorrow, effusion destroyer
the missiles that kill for a long time
we'll make of the odyssey a lesson
a great wisdom to live well
the glory of being.
Yet, they still live, the peoples
even after the disaster
the roses will redeploy their charm
another kid will smile with joy.
They were unhappy
combatants immersed in madness
they knew their glory was illusory
they were also happy, they said
their loss being the price paid for being.
The raped girl, misunderstood angel
still maintains her grace
her kidnappers still hold her
but she sets the infinite horizon
the great cry of conscience.
Lassitude of Gaza
fatigue of empathy
in front of the red blood
in Haifa guilty or innocent
we all die for the crimes of others.
We kill for fear and hatred
for anxiety facing a breathless morning
for the upholding of reality
wisdom in order, in comfort;
we have been conditioned, misjudged animals
to appropriate the land
and live as neurosis
we kill
by boredom
by laziness and blindness
to survive infinity
to drink the impossible wind
and fuck off the sacred monster.
We kill
because we have the means to
Air Force as metaphor
of God who destroys and consoles;
we are the masters of the land
and have total control of the soul
and of the Stock Exchange
and of the happiness producers

happiness nuclear or whatever.
We are the judges
and the accomplices to crime
the thief who saves authenticity
Gaza, Haifa and Qana and Tyre
dream and vitality for a better tomorrow
victory of the peoples in struggle
suffering is universal
global day of reckoning, we are
unhappy objects of destiny.
You will survive, O Lebanon
just like you survived millenaries
before Charlemagne, Alexander,
Napoleon, Ottoman Empire and Sharon;
you will survive together the missiles
and the distorted reality
and the conscience adjusted to fear
the absurd presented as our life
the emptiness of being.
You will survive, Haifa
because you lived worse tragedies
than dupery of small war mongering committees
you'd lived lots of horrible hardships
like humiliated Gaza, Gaza mistreated, squashed
judoka from loss who regains her breath, you are
always the amoroso of hope.

—*Tontongi* August 2006, Boston

Poems by Jack Hirschman

The Autozobop Passport Arcane

It's about time it breathed again,
this time in Haitian.
I was there, I saw it. No one can
come away from it without feeling
there simply has got to be revolution
in Haiti. How long, brother and sister,
has it been since we touched each other
as sworn comrades, instead of letting
headlines slap us around with their
asinine banalities, going backwards
and embracing corruption, drugs
and porn, becoming zozo-men,
bouboun-women, living at the corners
of our eyes? O ouvriye, O broderaze,

O bonatou it's about time. Life's short,
—for the poor shorter even than a lure
with no fish on the hook. An empty
belly dreams a big fat hen! Just a
dream? Sound the drums, partisans!
Mounpa! Mounpa! Mounpa! Mounpa!
Feed them to wean 10,000 langmanman
Woumens, to resonate with Boukmens
and the flaming Ayibobos of our struggle.
2.
These days we call upon Dan Boundaou
at every turn of the political screw,
for all the rot and misery we so-called
cocoarats scavenge through—meadows
of Cité Soleil garbage for scraps of bread,
and to be done with endless *Mwen grangou!*
Not as chimeras, ratpakakas or gangster
bandits (as Minustah called Dred Wilme
before killing him and those "gangster"
little children happening to be with him)
but poor people, the poorest of the peoples
of the Americas, the people who, in lieu
of leader-betrayers or bought or mobocrats,
call upon Dan Boundaou at least to lead
the grumblings in our mouths until the day
that's coming fast and furiously
when the masses move massively as one.
3.
This vèvè
I make for you,
Mambo Rachel
To look at it is to see yourself and Haitians
like yourself in the streets of Pòtoprens
as I did during the Jacques Roumain
Centennial: the baskets with tin dishes
or fruits on the heads of the lithe bodies
of the women, the rainbow Tap-Taps
called Dignité or Respect chockablock
with workers going up the main road to
Pétionville, past a woman on the sidewalk
who's exposed her melonious breasts to
the passersby to emphasize her need for
food, Elysses Francisco whose father was
born in Napoli who sold me an extra-
ordinary painting of Haitian women in
white dresses as in the vodou ceremony

your father the houngan, Max. O Mambo
Rachel, ZaMAni, ZaMAni, I say, "since
ancient times" in Africa. I need to open
to my enclosed rage, I sat at the feats
of hollow-eyed stars and porn zombies who
slave for the people's enemies long enough.
4.
And this passport with
the bloodstain of
that child murdered
by the United Nations'
same-old Occupation,
with Dred's thumbprint
symbolic of poor blacks
in ebonic resistance
facing boujwa lies and
macoupitalist tyranny—
this passport for you,
with blues in my pen
like an auto-zobop one,
but making a turn
in the road not yet taken
not simply to protect you
from being kidnapped or
in any way molested,
but to be the tessera of
a call being heard being
born in the soul of
your people, in their
own tongue, a call to
class consciousness
and class war, led by the
heritage of their greatest
poets—Jak Wouman, Jak
Stefan-Aleksi, Feliks Mor-
iso-Lewa, Rene Depès,
Pòl Larak, Jòj Kastra—
and the New Communist
Party of Haiti, formed from
a new class of the poor the
world over. That Haiti will be
in the radiant light of the most
revolutionary Èzili Freda!
The hallelujah tomorrow!
Ayibobo!

For the New Year 2008

O best worst
O unhappiest happiness
O drunken sobriety
O cleanest addiction
O furriest bark of roughhouse
sensuanimality
O mirror name of God
O roughest ruff
There goes year '07
with its tail between its
anos jahre anno gezuar ane god
It began, a star, and grew to be
sameold
with hopeless hope
war peace, and peace war
most victoriously losing
O broken mend, O last year
kissed and good riddanced
O here, here comes, here comes
Baby Eight
BE
the second letter, which means, first of all,
EXIST
And GINNING
which comes from the Greek for WOMAN
as BEGINNING
and even be ginning in this capitol of hell
on earth
because it's New Year's Day and I wish you well
and my father does too
and my mother does three
and though they're both dead
they hear your Happy
New Year
because here where no poem body gets out alive,
paradoxically no one and nothing ever dies
so C HOBOM GODOM
the Russian words for "To the New Year"
are an acronym SNG
which I decode as SONG
as existence, as the beginning
of what's new and fresh on earth, child.

You are new and fresh on the earth, child,
you are the new year celebrated the world over,
on this holy day of secularity,
when beginning tastes like it will never end.
O hopeful hope, may it never end.

—Jack Hirschman

Ducks crossing the Pond in the Public Gardens, Boston.

—photo by David Henry, 1999

Pwezi An Kreyòl

Powèm pa Emmanuel Védrine

Premye ak dènye

Li te premye pitit Afrik
E kounyeya, yo konsidere l
Kòm dènye
An Amerik
Li te gen kat las yo nan men l.
Li te genyen premye fwa a
Se te yon sipriz pou ènmi l yo.
Kounyeya, y ap moke l
Paske yo te viktim yon lè
E yo sonje viktwa sa a ankò
Istwa inoubliyab sa a
Toujou ba l espwa
Malgre yo konsidere l
Kòm dènye
Se li k te premye.

Refleksyon sou Onz-Septanm

Yon kout chapo pou tout kretyen vivan
Ki te tonbe anba bal sanmanman,
Yon kout chapo pou fanm vanyan,
Yon kout chapo pou gason kanson
Ki te viktim de malveyan
Anba kout kouto
Nan Legliz Sen Jan Bosco.
Se yon dat enpòtan
Pou tout ayisyen konsekan
Pou fè yon refleksyon
Nou pa bliye san inosan ki te koule,
Nou sonje Brasa Wouj yo ki merite jije
E kondane.
Yo ka kraze brize,
Yo ka boule,
Yo ka touye pitit Bondye
Yo ka ponyade moun konsekan
Pou eseye fè lòt pantan

Men sa p ap sispann lit la vanse
Paske pèp souvren an p ap dòmi
Li la ap veye.

Reken yo kontinye ap fete

Reken yo kontinye ap fete
Pou frè m yo y ap manje
Kè yo kontan
Pou nouriti yo jwenn tout tan
Yo kontinye ap fete
Paske frè m yo kontinye ap vwayaje
Se pa vle yo vle
Men fò n gade nan ki sitiyasyon yo ye
Reken yo kontinye ap fete
Paske yo toujou jwenn manje
Yo konnen frè m yo
Pral Gwanntanamo
Yo pa janm di yon mo
Frè m yo kontinye ap pati
Paske yo pa gen peyi
Reken yo toujou jwenn manje
Paske frè m yo toujou ap deplase
Reken yo toujou jwenn lanouriti
Paske frè m yo kontinye ap mouri
Reken yo kontinye ap fete
Pou frè m yo y ap manje

Te kwè nou tout se Ayisyen

Lòt pòsyon gonfle
Genyen ki gonfle chak jou
Gen lòt k al dòmi grangou
Ou mal bat kat la
Ou kenbe tout bon zèl yo
Rebat li pou mwen
Mwen pa nan koken
Brase chodyè a
L ap bouyi yon sèl bò
Separe manje a
Separe l ankò
Yon pòsyon pa jwenn.
Nou tout se frè ak sè
Ann eseye viv an pè
Pa pete m

Sispann blofe m
Ann pale
Ann diskite
Nou tout fèt menm kote
Ann chita pou n pale.
Gade m ap penpenyen
Epi n ap byen mennen
N ap manje vant plen
Epi m ap mouri lafen
N ap avanse
Epi m ap rekile
N ap naje
Epi m ap koule
Te kwè se frè ak sè nou ye
Te kwè nout tout se Ayisyen.

Trantan anprizone

Trantan anprizone
Abraham di sètase
Frè m yo, pa dekouraje
Lè ou sonnen
Pou kase chenn sa yo ki te mare
Ou tout kote
Konbyen ou soufri!
Konbyen ou lite!
Pa dezespere!
Lè delivrans lan sonnen,
Priyè ou ekzose:
Soti nan yon kacho
Byen cho.

Pòv k ap mande nan Pòtoprens

Yo bò Koridò Marengwen
W ap wè pòv yo nan tout rakwen
W ap wè yo nan zòn Bwavèna
Si w al Mache Anba, yo la
Yo grangou, yo bezwen manje
Se rezon ki fè yap mande
Ak yon ti kwi kenbe nan men
Y ap mande moun tout lajounen.

Fanm Ayiti

(akostich pou fanm lakay)
Fanm Ayiti ap fè dal mèvèy depi lè
Amerik panteko anba grif atoufè
Nou dwe bat anpil bravo pou Fanm brav sa yo,
Merit pou tout rezistans dyanm Fanm Kreyòl yo
Anakawona, ou menm Rèn brav Kiskeya,
Yanvalou pa ta sifi pou danse pou ou
Imaj pozitif bravou ou sèvi miwa
Tyovi Ayiti Cheri pou gade lespwa
Istwa d Ayiti ap toujou nonmen non ou

—*Emmanuel Védrine* tire de *Kri pou liberasyon,* 2008

Powèm pa Jean-Dany Joachim

Demokrasi

Si w vle kwè m, kwè m
Se bon pawòl wi
Veye zo w ak demokrasi tande
Yo di se yon plant ki dwòl
Li voye pye l jan l vle
Si w pran simen grenn ni toupatou
Nan jaden ak teritwa depase lizyè w
Li ka pran pyafe poukont li
Detire bra l byen long
Tankou zèl gwo zwazo,
Enpi fofile rasin ni anba tè
Janbe pakèt rivyè ak lanmè
Al leve jouk nan ziltik
Pou fè zanmitay ak lòt kalite moun
Ki gen pwòp pawòl pa yo
Gendefwa tou li donnen lòt plant
Ki bay lòt kalite grenn pou simaye
Veye zo w ak demokrasi tande
Se bon pawòl wi!

Chen Plenn (ekstrè)

Yon makòn kamyonèt devandèyè k ap kouri toupatou
Kamyonèt k ap kouri dèyè lalin pou pantan sou sosyete chen plenn
Chen plenn nan kanbiz pèlen chwal malentespri
Kamyonèt san pòt, san limyè, van pran lwen mennen pre
Kamyonèt k ap koute dèyè pòt

Kamyonèt fanmasi kouto de bò
Kamyonèt trip chen plenn
Makòn chen detounen ki tounen kamyonèt k ap jape depaman
Kamyonèt foskouch tètsankò kap ouke malkadi
Pou dyoke tretman ginen
Kamyonèt chalan machin lanmò
Yon flonn kamyonèt nan fetay, repozwa fil zarenyen
Ki tounen pèlen pou kraze kay chen plenn de pye long
Kamyonèt k ap fè chen plenn filalang zoboukechen
Kamyonèt malè pandye sou tèt tout chen
Chen plenn
Chen k sou wout plenn
Chen plenn anba chal
Kamyonèt ki bouske dèyè tèt mòn k ap veye chen plenn
Chen plenn k ap kouri devan kamyonèt taptap
Ki anbreye sou woulib lanmò
Gen yon pakèt kamyonèt avòtman chen plenn k ap kondi
Eskwad kamyonèt taptap al kraze latriye chen plenn de pye long
Gen anpil chen plenn ki tounen kamyonèt taptap anba kòd
Lò yo kòmanse chanje plim dèyè bawo
Yo fin pèdi tout jap yo
Jou ap pase, jou leve nan fènwa
Yo blije vann sèvèl yo
Yo tounen kamyonèt taptap k ap mache pwazonnen
Nich tout lòt chen plenn
Gen lòt chen plen ki konn tounen kamyonèt
Nan woulib kamyonèt taptap
Chen sa yo konn tout degenn chen plenn
Lò se sezon malè, kouman yo jouke bwa tankou poul
Kouman yo naje tankou kanna
Kouman yo fè lakilbit pou evite frap kamyonèt taptap
Ki tounen chalan k ap charye chen plenn
Ou poko janm pantan babpoubab
Ak sosyete kamyonèt taptap k ap pare anbiskad?
Ou poko janm tande bri bòt yo klap klo klap klop
K ap kraze somèy lannwit, detounen rèv timoun pedevi k ap pise sou
nat?
Wa di se malfini k ap veye nich poul
Yo ba w yon gouyad yanvalou makònen ak pyanga
Pou neye bri souf yo nan rèv tout chen plenn
Yo sige kou zèklè k ap chache tras lakansyèl
Se pa nòmal pou kamyonèt taptap melanje ak chen plenn
Se pa nòmal pou kamyonèt tap ap melanje ak chen plenn…

(1988)

—Jean-Dany Joachim

Powèm pa Edner Saint-Amour

Transandan

Chak fwa ou bay Bondye yon fas
grenn je mwen wè grimas
ki fè mwen tounen yon ti milèt pòt
voye kout pat kraze fenèt kraze pòt
2
Chak fwa ou bay Bondye yon vizaj
mwen wè yon grimas san lizay
ki fè mwen tounen yon ti milèt pòt
voye kout pat kaze fenèt kraze pòt
3
Chak fwa ou bay Bondye yon pòtrè
mwen wè sendenden kap trase vèvè
ki fè mwen tounen yon ti milèt pòt
voye kout pat kraze fenèt kraze pòt
4
Chak fwa ou bay Bondye yon imaj
mwen wè yon grimas san lizay
ki fè mwen tounen yon ti milèt pòt
voye kout pat kraze fenèt kraze pòt
5
chak fwa ou bay Bondye yon figi
mwen wè aktè kap jwe komedi
ki fè mwen tounen ti milèt pòt
voye kout pat kraze fènet kraze pòt
6
Lwa kou Bondye se yon lespri
filozofi di lespri pa gen figi
Bondye se pa yon bagay ki gen mezi
se limyè lespri ki konprann lespri
6
Chak fwa ou fè mwen sonje koulè po
lespri santi li fèmen nan kacho
mwen se moun ki gen lespri
ki rive bout jouk nan lenfini
7
Chak fwa ou fè mwen wè koulè po
ou fè mwen santi mwen nan gueto
mwen genyen lespri pou konprann
konprann tout bagay ki transandan

8

Chak fwa ou tabli diferans koulè po
mwen wè komedi jwet lagolago
mwen genyen lespri pou konprann
konprann bagay ki transandan

9

Chak fwa ou mete aksan sou koulè po
ou fè mwen santi mwen se zonbi nigo
mwen genyen lespri pou konprann
konprann tout bagay ki transandan

10

Chak fwa mwen wè baryè koulè po
mwen wè limit andedan fon sèvo
mwen genyen lespri pou konprann
konprann bagay ki transandan

11

Chak fwa mwen wè limit koulè po
mwen wè tèt sèvo nan recho
mwen genyen lespri pou konprann
konprann bagay ki transandan

12

Nan moun mwen wè limanite
Nan moun mwen wè valè

13

Nan moun mwen wè lemond
Nan moun mwen wè kòsmòs

14

Nan moun mwen wè fratènite
Nan moun mwen wè linite

15

Sajès filozofi di: Bondye pa gen figi
Zòt ki pèdi nan kwayans di: sa se foli
Sajès filozofi di: lougarou djab pa egziste
Zòt ki kwè nan mit di: tafya kap pale

16

Toujou yon milyon kesyon
Ki toujou genyen de repons:
Mit tradisyon fè moun kwè nan Orezon
Sajès filozofi fè moun kwè nan rezon

Bonè

Bonè se yon eta lespri
ki mache ak yon filozofi
ki prezan nan tout sa nap fè
san nou pa tonbe nan leksè

2
Bonè chita nan grenn je
ki wè lavi nan bon kote
feblès kalamite detrès
yon pasaj nan rout sajès

3
Bonè se yon santiman konfò
kifè moun toujou vin pi fò
kòd zantray chaje trankilite
kap naje nan yon basen sekirite

4
Bonè se yon reyalizasyon
ki rete chita nan zaksyon
akonplisman osinon denouman reyisi
ki mache ak pròp eta nanm ak lespri

Pòtrè bonè

Nan zanviron bonè
Nou santi bonè
nou tande bonè
nou manyen bonè
nou konnen bonè

2
Nan kout refleksyon vizyon
nan kòd zantray santiman
nan zaksyon reyalizasyon
nan chenn volonte desizyon

3
Nan fè zèv lacharite
nan fè zaksyon imanitè
nan jefò bonsamariten
nan kout men ede zanmi

4
Nan fratènite akolad
nan amoni tètansanm
nan respè youn pou lòt
nan chaje lide pou wè pi klè

5
Nan rimolin rivyè kap desann
nan grenn zetwal kap klere nan syèl
nan bèl solèy kap leve devanjou
nan boul lalin kap vwayaje lannwit
6
Nan zèklè kap griyen grenn je
nan jaden flè nan sezon prentan
nan lodè flè kap salye lanati
nan vwa tizwazo kap chante

Timoun yo

Nou tande vwa yo
nou tande rèl yo
nou tande bri yo
nou tande kri yo
2
Timoun nan Lazi
timoun nan Lafrik
timoun nan lapenn
timoun nan chagren
3
Timoun Ayiti
Timoun Etyopi
timoun nan lapenn
timoun nan chagren
4
Timoun nan Dafou
Timoun nan Perou
timoun nan lapenn
timoun nan chagren
5
Timoun Guatemala
timoun Ouganda
timoun nan lapenn
timoun nan chagren
6
Timoun tout peyi
sou latè beni
timoun nan lapenn
timoun nan chagren
7
Tande vwa yo
Tande rèl yo
Tande bri yo
tande kri yo

(me 2006)

Ansanm Lespwa

Mwen mache chèche moso lespwa
pou pran devan fè pa nago pa kita
Lespwa sove tonbe nan men Leta
Leta ba li koudeta

2
Mwen mache chèche moso lespwa
pou pran devan fè pa nago pa kita
Lespwa sove tonbe nan men Boujwa
boujwa vann li nan mache

3
Mwen mache chèche moso lespwa
pou pran devan fè pa nago pa kita
Lespwa sove tonbe nan men Lamas
Lamas rele li kaptenn grimas

4
Mwen mache chèche moso lespwa
pou pran devan fè pa nago pa kita
Lespwa sove tonbe nan men Legliz
Legliz di se kwayans satan betiz

5
Mwen mache chèche moso lespwa
pou pran devan fè pa nago pa kita
Lespwa sove tonbe nan men solda
solda arete li maspinen l nan bouda

6
Mwen mache chèche moso lespwa
pou pran devan fè pa nago pa kita
Lespwa sove tonbe nan men Jozafa
Jozafa ba li yon pakala

7
Mwen mache chèche moso lespwa
pou pran devan fè pa nago pa kita
Lespwa sove tonbe nan men Mata
Mata twaze li derotanba

8
Ayisyen, aprann kole tèt nou ansanm
anpil mizisyen men yon sèl ansanm
Konsa lespwa va sispann fè zonbi
kap mache kouri nan tout lari

9
Ayisyen, aprann kole tèt nou ansanm
anpil mizisyen men yon sèl ansanm
Konsa lespwa va jwenn kay pou li rete
konsa lespwa va jwenn kote pou li repoze

Kote lespwa rete

Lè mwen pa fè jefò rete san fè anyen
chita grate santi toutlasentjounen
bay blag ribanbèl kalewès banbile
ou rele mwen mèt pareze

2

Lè mwen bat dlo pou fè bè
travay di pou fè lajan
travay jodi, demen vini grannèg
ou rele mwen arivisgrandan

3

Kèlkeswa sa mwen fè pou linite
gita nou pa janm rive akòde.
Ou kwè nan pase ki bay lespwa
mwen kwè nan lavni ki pote lespwa

4

Grangrangran papa w se te minis
ki tap travay nan ministè lajistis
vye papa m se te abitan gwo zòtèy
ki tap siye blanch pou fè sèkèy

5

Kèlkeswa sa mwen fè pou linite
gita nou pa janm rive akòde.
Ou kwè nan pase ki bay lespwa
mwen kwè nan lavni ki pote lespwa

6

Ou kwè nan patrimwàn eritaj zanzèt
mwen kwè nan kout pikwa kout manchèt
ou kwè nan lòd mit senbòl lonè
mwen kwè nan mouvman pwogrè

7

Kèlkeswa sa mwen fè pou linite
gita nou pa janm rive akòde.
Ou kwè nan pase ki bay lespwa
mwen kwè nan lavni ki pote lespwa

8

Ayisyen, aprann kole tèt nou ansanm
anpil mizisyen men yon sèl ansanm
Konsa lespwa va tounen yon reyalite
kote kwayans ka dòmi tèt repoze

Kote lespwa ye

Ou te ban mwen lespwa
fè konnen lapli prale tonbe
mwen te rete tann kou jaden pwa
sezon lapli tounen sezon sèk lete
2
Ou te ban mwen lespwa
fè konnen larivyè prale desann
mwen te rete tann kou pye nwa
larivyè teri, menm tè tape fann
3
Ou te ban mwen lespwa
fè konnen rigòl prale anvayi
mwen te rete tann kou pye zaboka
lapli pat tonbe, menm zèb te mouri
4
Ou te ban mwen lespwa
fè konnen prale gen tanpèt rimolin
mwen te rete tann kou pye zakasya
solèy boukannen menm pwason nan ravin
5
Lespwa ap viv nan lekzil
mwen pa konnen nan ki vil
lespwa ap viv nan prizon
mwen pa konnen nan ki kanton
6
Moso lespwa moso lavi
moso lespwa moso lavni
an nou tout fouye chèche
pou jwenn kote lespwa kache

Lespwa

Lè ou souri ban mwen
solèy lespwa klere
mwen wè lavi
mwen wè lavni
lè ou lonje lanmen ban mwen
solèy lespwa klere
mwen wè lavi
mwen wè lavni
2
Lè ou ban mwen akolad
solèy lespwa klere
mwen wè lavi
mwen wè lavni

3
Lè abitan fè konbit plante diri
solèy lespwa klere
mwen wè lavi
mwen wè lavni

4
Lè gen travay di siye syè nan fron
solèy lespwa klere
mwen wè lavi
mwen wè lavni

5
Lè machann sara ap vann nan mache
solèy lespwa klere
mwen wè lavi
mwen wè lavni

6
Lè entrepriz envesti kreye travay
solèy lespwa klere
mwen wè lavi
mwen wè lavni

7
Lè leta mete lòd bay lajistis
solèy lespwa klere
mwen wè lavi
mwen wè lavni

8
Lè gouvènman pran pouvwa san malis
solèy lespwa klere
mwen wè lavi
mwen wè lavni

9
Lè moun mete soysyete nan mouvman
solèy lespwa klere
mwen wè lavi
mwen wè lavni

Lespwa yo

Lespwa pou pitit grandèt
chita sou eritaj gran zanzèt
Lespwa pou pitit sòyèt
chita nan voye kout ponyèt

2
Eritaj zanzèt frape pòt ekonomik
Eritaj zanzèt frape pòt politik
Grandèt louvri pouvwa pou grandèt
Grandèt louvri pòt lespwa pou grandèt

3
Eritaj zanzèt
pouvwa grandèt
lespwa grandèt
se konsa li fèt
4
Sòyèt kanpe nan touse ponyèt
voye kout ou voye kout manchèt
touse ponyèt pou bat dlo fè bè
touse ponyèt pou moute chodyè
5
touse ponyèt pou fè demwatye
touse ponyèt pou koupe tare
touse ponyèt pou fè konbit
touse ponyèt bouyi dlo nan mamit
6
touse ponyèt pou rekòl agrikòl
touse ponyèt voye timoun lekòl
touse ponyèt
konbit sòyèt
lespwa sòyèt
konsa li ye nèt
(jwen 2006)

—Edner Saint-Amour

Powèm pa Roberto Strongman

Rèv Latousen

M'ap leve senyen
Komsi koray lanmè dechire mwen
Ou fè kabann mwen rèd
Depi jou ou koumanse pran dan a mwen
M pa gen lapè
M'ale chache kote ou dòmi pandan lajounen
M'ale jwen kibo ou kite lapo'w chak swa
M pral met lasèl anndan vye rad ou
M ta renmen wè ou sèch nèt
Kisa w'ap fè lè w wè mwen anndann lapo'w?
Eske ou prale kòche m tankou kabrit?
Ou pa vle di m kote ou rete
gwozanj ou mouye
Ou pale ak yon aksan panyòl
Mwen rekonèt ou soti lwen zile nou an

Nan lot bò lanmè kontinan
Ou kriye lè ou rele mwen «yich»
Zo m yon kote, kè m yon lot kote
Ou vann manman w pou yon bèl kòb
Pou li ale fè travay nan peyi blan an
Depi mwen pati nan bato ou bliye m
Fè m yon ti punch
Mannyè mwen toujou renmen
Wom kakao, miskad
Kannèl, vaniy ak sik ou sywo myèl
Rele mwen lè ou bwè tas la
M'ap vini tou dous pou wè bèl figi w
M pa kab fè w pè
Lè m dòmi aswè a
M'ap sonje leve bonè pou suiv ou
Anba dlo jiska lakay ou
M'ale aprann non ou
Lè m'ap vèse bweson w
nan wòch simityè

—*Roberto Strongman, Ph.D.*

Powèm pa Melissa Beauvery

Pye Famn

Pye Fanm
Toujou bay wout pousyè karès
Byen bonè
Anvan jou ta fè frekan
Pou l parèt
Avan solèy la ta sou moun pou zongle l
Ala jounen san wont O!
Malgre sa ou wè pye fanm ap pran poz
Li pa ko pran desepsyon
Chemiz dechire
Fè zepòl bay cho
San l pa vle
Pou wè tout zo kap fè jefò pou yo kenbe la
Menm chemiz la fatige
Li pran twòp kout batwèl
Menm swe li paka kenbe ankò
Malgre sa tay toujou byen mare
Tout koulè ap bay fòs!
Pou anpeche dezòd

Pou kenbe jip pa bon
Men ki tro gwo
Ala karès
Tè pousyè pran
Se pat ti karès pye fanm bay
Zago pa chich non!
Malgre gen wòch ki pete sapat
Malgre gen zenglen vè ki chire do pye
Malgre gen bèt mouri nan lari kaye at kras san
L ap toujou jwenn karès
Ou wè yon lavi?
Tankou zepòl ki tou zo
Se pa vle pye famn vle bay karès la non
Dayè pye fanm pa janm masaje
Se chwa li pa genyen
Se jwenn li jwenn wout yo konsa
Depi sou manman manman
Pye fanm ap bay move wout karès!
Pito toujou gen karès olye gen goumen
Pito gen espwa pou wout la chanje
(oktòb 2007)

Tonton Nwèl

Kote w kache konsa?
Mwen fè plis pase 200 lane ap chèche w, wi!
Malgre sa ou pa janm met lèpye
Men m poko dekouraje non,
E m pap janm bay vag
Tonton Nwèl,
Tanpri souple, lave figi mizè m nan non
Tonton Nwèl,
Ranje zo do reyalite ki vle manje m nan non,
Pou kontantman sispann fè m lasisin
M ap soupliye w,
Tonton Nwèl!
Kwape grangou nan lestomak mwen souple
Se pa dat m ap chèche Papa Bondye,
Men sanble l two okipe
Tonton Nwèl
Ankò, m ap mande w kote w kache konsa?
M ap tann ou, wi, lane sila
Yon lòt dènye fwa
M ap tann ou pote kado libète

Ou sere pou mwen anba kazak lespwa
Demen m yo ap pote souri anba moumou lajwa
Nwèl mwen yo ap pote libète

(desanm 2007)

—*Melissa Beauvery*

Poésie en français

Poèmes de Bobby Paul

Graffitti

Connais-tu mon ami
la douleur des mots
imbibés de haine
plaqués contre
le mur des refus
pour le malheur
d'un homme
dont le seul crime
est la nuit qu'il porte
ou la différence qu'il affiche
pour annoncer le jour
dans la vie
pour sa vie
dans sa vie
toute la vie?
Connais-tu mon ami
la chanson de silence
des larmes et des pleurs
que l'âme et le cœur
de l'oppressé
et de l'opprimé
depuis le premier cri
depuis le premier temps
fredonnent sans répit
mais que personne d'autre
n'entend pas
ne ressent pas
ne comprend pas
ni ne reprend pas?
Si mon ami
tu entends
comprends
reprends
et ressens tout cela
dans la vie
pour la vie

toute la vie
à vie
en somme mon ami,
tu es un surhomme.

Enfin

Il part lui
il part loin
de ce monde fou
il va vers les nuages
récolter un peu de paix
d'amour et de rêves.
Il n'invite personne
il n'invite que lui-même
car il n'a que lui
et lui seul à inviter.
Il n'a que lui
et lui seul
à emmener
au sommeil
éternel
de ses maux.
Enfin une étoile
est tombée du ciel
et lui
le poète
il se noie
et flotte vague
dans le trop plein
de larmes
de ses propres mots.

Le meilleur

Hier encore tu passais
les yeux pleins de vie,
aujourd'hui tu t'en vas
les mains remplies de vide.
Je regrette ne t'avoir pas dit
ce que je devrais te dire,
je regrette n'avoir pas eu la force
de mettre mes pensées à nu,
et te dire que tu étais grand,
tu étais le meilleur,

te dire même que tu étais Dieu!
Je le regrette infiniment mon ami
car ça ne m'aurait rien coûté
de te couvrir de compliments,
ça ne m'aurait rien coûté
de te voir sourire,
rire vraiment
de mes anodines flatteries.
Ne serait-ce pas mieux tout ça
mon ami,
mon frère?
Mon alter ego
ne serait-ce pas mieux tout ça?
Un ami,
un vrai ami,
sans mesure à demi,
se ressemble aux parents.
Pour les parents, on est toujours meilleur
pour les parents ne nous sommes pas des dieux?
Mais voici que je te laisse partir
sans avoir jamais eu la force
de te dire en tout tu étais meilleur
et meilleur tu resteras mon bon ami.

Halte!

Poètes!
Poètes!
Poètes!
Réveillez-vous!
Voyez, c'est déjà l'Aube,
le soleil est au rendez-vous,
et déjà partout
dans les champs en feu
montent les refrains tristes des oiseaux,
les hauts cris de consternation des paysans,
les complaintes inaudibles des ouvriers,
et les lourds soupirs des laissés-pour-compte.
Donnez-moi votre main
Tenez fort la mienne
Allons!
Allons tous crier:
HALTE! HALTE!
C'en est assez!

Allons tous ensemble
sous les regards
incommodes à l'Amour
essuyer les yeux du monde!

Viens

Viens! Viens mon bel ange
viens donc m'offrir dans un mot d'entente
tes expériences de femme amoureuse.
Viens! Viens!
Viens donc ma chérie
me donner ta main et ton cœur.
Tu vois la vie
c'est une femme en amour
qui se fait belle,
de plus en belle
pour nous deux
juste pour toi et moi
oui toi et moi seuls dans le temps
seuls avec notre temps dans le temps
alors donne-moi ta main et ton cœur
offre moi un de ces regards qui tuent
tous les chagrins et peines de l'absence
souris-moi mon ange
réveille en moi mes rêves
tous mes rêves
de tes yeux dans le soir
tous mes rêves
de ton beau corps dans le noir
réveille en moi
tout ce qui puisse être beauté
donne-moi ma mignonne
tout ce que ton corps a de volupté.
À mes yeux tu es aussi belle que la vie
tu es même plus belle que la vie
et qui sait, mon amour, si je ne t'aime pas
plus qu'une personne a jamais aimé sa vie.
Alors viens! Viens mon bel ange
viens m'offrir dans un mot d'entente
tes expériences de femme folle d'amour.

Dis-nous poète

Dis-nous poète
vers quel océan de tolérance,
quel port d'acceptation totale
se dirigera ton bateau,
qui se love sur les roulis
des heures froides,
chargé de rêves fantastiques
et d'images merveilleuses,
pour que nous puissions
être dans la rade,
sur le quai,
sur la berge,
le cœur et la plume en main
pour te saluer d'éternité
pour t'embrasser de liberté.
ô! Poète immortel,
Poète total,
Poète vertical,
Dis-nous où tu seras
pour que l'amitié ne meurt pas,
pour que la fraternité n'abandonne pas l'humain,
pour que le temps ne s'arrête pas,
pour que la vie soit encore plus belle,
plus sublime
plus splendide
et d'autant plus merveilleuse
comme le sont en nous les mots?
Dis poète,
dis-nous,
dans le temps,
où seras-tu
sans les chants séculaires
et nos cris futurs
pour la survivance
l'existence
et la liberté
des ressentis nouveaux?
Dis-nous poète
dis-nous…

IL... Ole

Il salue cordialement
le temps
pour son temps
dans le temps
d'un faisceau bleu.
Il dit: Sachez chers amis
que les mots
les plus simples
les plus ordinaires
mais les plus beaux
savent en vérité
comment faire tomber
tous les obstacles
tous les préjugés
toutes les contraintes
comme les hauts murs de Jéricho
jusqu'à celui des silences de Berlin
pour y laisser entrer la lumière
pour laisser passer la liberté
pour souhaiter bienvenue aux mots
à la POÉSIE.
Il dit: Toute poésie
totale ou fatale
fantaisiste ou surréaliste
classique ou symbolique
est LUMIÈRE.
Ô! Soleil
Lune
Étoiles des cieux
dites qui peut éclipser
un jour
pour toujours
la lumière?
Il salue cordialement le temps
et ne brocante que l'Amour
contre l'exclusion et la haine.

L'Amour

L'Amour
quelle douce folie
quelle heureuse absurdité
c'est bon pour le moral
qui exagère

et qui dit oui au corps
et au cœur
et à l'âme
jusqu'à la mort
mort de vivre
mort de rire
mort de joie
mort raide
et les morts se retournent dans leur tombe
ils grouillent comme des verres de terre
ils ont vu de beaux corps vivants
quand les squelettes du Thriller
du Prince of Pop
sourient éternellement
sans savoir s'ils étaient des hommes ou des femmes
ils sont hermaphrodites les squelettes
et depuis lors le Prince ne sait plus qui il est
il ou elle est devenu (e) asexué (e)
comme les squelettes
oui il est asexué
il est à présent ni homme ni femme
ni blanc ni noir
il est devenu simplement un humain
oui un humain portant une trop lourde couronne
c'est comme le Christ et sa croix
il fait les stations de la couronne
comme le Christ avait fait les stations de la croix
O quel calvaire!
Tout le monde crie Miracle!
Miracle!
Miracle!
J'habitais rue des Miracles en Haïti
tous les jours je voyais passer
le Christ dans Sa Volkswagen
je Lui avais demandé un jour
pourquoi Tu as choisi une Volkswagen
Il m'avait répondu c'est la voiture du peuple.
Je Lui demandais s'Il parle aussi allemand
Il m'avait répondu je parle la langue de tous les démunis
des quartiers interlopes du monde entier.
Regardant droit dans les yeux du Christ
je voyais que le Christ était amoureux
comme moi pauvre habitant de la rue des Miracles.
Mais triste avant son retour au ciel retrouvé son Amour

Il ne m'avait rien laissé
pas même Sa Volkswagen.
Pourtant, Il m'a laissé Sa Parole
et m'avait dit fiston au commencement était la Parole
et la Parole était avec Dieu.
Je lui avais répondu moi Poète je ne suis qu'un magicien
qui utilise les mots de la Parole
pour poursuivre le Rêve et le Bonheur de vivre sur terre.

—Bobbypaul 2006–2006

Poèmes et essais en français d'Edner Saint-Amour
Le romantisme

Dans l'espace de mon temps libre, j'ai toujours trouvé qu'il est amusant d'écrire des pages de poésie. Mais il arrive un moment qu'il me vient à l'esprit de me questionner sur l'acte d'écrire, à savoir pourquoi j'ai écrit et quelle est la valeur de ce que j'ai écrit. C'est à ce moment que je me suis résolu de donner un but à mon écriture afin de lui donner un certain relief. Il s'agit de comprendre et de se divertir, c'est-à-dire comprendre en se divertissant. Mais comment parvenir à divertir les gens quand certains se complaisent au malheur alors que d'autres se complaisent au bonheur. Dans cette alternative, j'ai opté pour le bonheur, conscients des conséquences qui peuvent s'en suivent. C'est par là que ma poésie peut être utile si les lecteurs se donnent soin de comprendre ce qui importe à travers ma poésie. Cette prise de position en faveur du bonheur marque une rupture avec la tendance fataliste de certains poètes qui se font des prophètes du malheur.

Dans la tentative de définir la poésie, un auteur a écrit: La poésie est impossible dans un contexte mécaniste où le corps est moins le signe de l'âme que l'instrument de la volonté et où l'univers dans son ensemble n'est qu'une gigantesque machine. «La poésie est le mode d'expression qui convient le mieux à la connaissance des choses essentielles: l'amour, la mort, Dieu, la joie, le malheur.» Chez les Grecs et les Romains de l'antiquité, savoir et sentir étaient indissociables. Hugo: Le poète est «une âme de cristal (…) une âme aux mille voix. (…) Le poème s'adresse à la sensibilité, non au savoir (…) à l'imagination, non à la logique. (…) L'espace et le temps sont au poète. Que le poète aille où il veut, en faisant ce qui lui plaît; c'est la loi. (…) La poésie n'est pas dans la forme des idées mais dans les idées elles-mêmes. (…) Le poète doit marcher devant les peuples comme une lumière et leur montrer le chemin. (…) Il ne sera jamais l'écho d'aucune parole, si ce n'est celle de Dieu. (…) Si le poète doit choisir dans les choses (et il le doit), ce n'est pas le beau, mais le caractéristique. (…) Un poète est un monde enfermé dans un homme. (…) La poésie n'est pas un ornement; elle est un instrument. (…) La poésie est un monde enfermé dans un homme».

- Lamartine: «La poésie sera de la raison chantée… Elle sera philosophique, religieuse, politique, sociale… Elle va se faire peuple et devenir populaire comme la religion, la raison et la philosophie. (…) La poésie est l'émotion par le beau.»

- Musset: «Ah! Frappe-toi le cœur, c'est là qu'est le génie!»

En tant que poète la poésie romantique m'intéresse tout particulièrement parce que c'est le type de poésie qui s'adresse à l'âme. Le romantisme c'est l'expression et la confession par excellence de l'âme qui s'exhibe. Mais le lyrisme en tant qu'expression de l'émotion a deux versants.

1. Les émotions négatives telles que peine, douleur, souci, mélancolie, tristesse, chagrin, colère s'orientent vers le malheur ou la fatalité. Grâce au développement de la psychologie, on connaît les effets nocifs des émotions négatives sur le corps et l'esprit, sur la santé mentale et physique. Beaucoup de poètes qui ont emprunté la voie du malheur en mobilisant leurs émotions négatives meurent jeunes. On sait que grâce au progrès de la médecine, que les émotions négatives sont comme un poison pour l'individu. Elles affectent notre système immunitaire en l'affaiblissant au point de devenir très vulnérable aux attaques des bactéries, des microbes ou des virus. La fatalité est une ruine pour l'individu. C'est une tendance par laquelle l'homme vieillit. Chaque jour de tristesse est un jour qui se soustrait de la vie. Donc on peut parler d'un romantisme négatif.

2. Les émotions positives telles que joie, allégresse, félicité, gaieté s'orientent vers le bonheur. Si les émotions négatives demeurent un poison pour l'individu, les émotions positives c'est comme l'hygiène mentale et physique qui ravive ou renforce le système immunitaire. Un sourire est très positif pour la santé mentale. On est plus optimiste, plus confiant face à la vie et cela a un effet positif sur l'individu. La mobilisation de nos émotions positives nous permet de rester jeune. On vit avec plus d'espoir. Ainsi on devient plus courageux devant les épreuves de la vie. Chaque jour de sourire, est un jour qui s'ajoute à la vie. Là on peut parler d'un romantisme positif.

N.B. je ne suis pas contre le fait d'écrire un poème qui porte l'empreinte du malheur, mais contre le fait de se positionner en faveur du malheur. Je suis contre le fait d'adopter une attitude fataliste dont les conséquences sont bien néfastes pour l'individu. Je peux comprendre la situation qui rend un individu triste, mais pas le désir d'épouser la tristesse, la mélancolie, de la faire sienne. Il faut l'assimiler sans être assimilé par elle. Il faut comprendre la tristesse, sans qu'elle nous comprenne. À l'occasion de la mort d'un proche, par exemple, on peut écrire sur le malheur, mais il faut que l'esprit du malheur ne nous possède pas, n'a pas le dessus sur le cours de notre vie, de notre destinée.

Le romantisme négatif s'annonce avec Jean Jacques Rousseau pour se généraliser notamment avec Alphonse de Lamartine, Victor Hugo et Alfred de Musset. Dans une ode tirée du cantique d'Ézéchias pour une personne convalescente Rousseau a écrit:

> J'ai vu mes tristes journées
> décliner vers leur penchant,
> au midi de mes années
> je touchais à mon couchant
>
> Mon dernier soleil se lève
> et votre souffle m'enlève
> de la terre des vivants
> comme la feuille séchée
> qui de sa tige arrachée
> devient le jouet des vents
>
> Ainsi des cris et d'alarmes
> mon mal semblait se nourrir
> et mes yeux noyés de larmes
> étaient lassés de s'ouvrir

Dans l'isolement Lamartine écrit:

> De colline en colline, en vain portant ma vue
> du sud à l'aquilon, de l'aurore au couchant
> je parcours tous les points de l'immense étendue
> et je dis: nulle part le bonheur ne m'attend
>
> Quand je parcourrais le suivre en sa vaste carrière
> mes yeux verraient le vide et les déserts;
> je ne désire rien de tout ce qu'il éclaire
> je ne demande rien à l'immense univers

Quand la feuille des bois tombe dans la prairie
le vent du soir s'élève et l'arrache aux vallons
et moi, je suis semblable à la feuille flétrie:
emportez-moi comme elle, orageux aquilons.

Dans le Vallon Lamartine écrit:

Mon cœur lassé de tout même de l'espérance
n'ira plus de ses vœux importuner le sort;
prêtez moi seulement, vallon de mon enfance
un asile d'un jour pour attendre la mort

Dans Tristesse d'Olympio Victor Hugo écrit:

Ô douleur! j'ai voulu, moi dont l'âme est troublée
savoir si l'urne encor conservait la liqueur
et voir ce qu'avait fait cette heureuse vallée
de tout ce que j'avais laissé là de mon cœur

Dans Veni, Vidi, Vixi
J'ai bien assez vécu, puisque dans mes douleurs
je marche, sans trouver de bras qui me secourent
puisque je ris à peine aux enfants qui m'entourent
puisque je ne suis plus réjoui par les fleurs

Puisqu'au printemps, quand Dieu met la nature en fête
J'assiste, esprit sans joie, à ce splendide amour
puisque je suis à l'heure où l'homme fuit le jour
Hélas! et sent de tout la tristesse secrète

Ô seigneur! ouvrez les portes de la nuit
afin que je m'en aille et que je disparaisse

Alfred de Musset dans L'heure de la mort:

L'heure de ma mort, depuis dix huit mois
de tous les côtés sonne à mes oreilles
Depuis dix huit mois d'ennuis et de veilles
partout je la sens, partout je la vois

Plus je me débats contre ma misère
plus s'éveille en moi l'instinct du malheur
et dès que je fais un pas sur terre
je sens tout à coup s'arrêter mon cœur

Ma force à lutter s'use et se prodigue
jusqu'à mon repos, tout est un combat
Et comme un coursier brisé de fatigue
mon courage s'éteint, chancelle et s'abat

Quel que soit le souci que ta jeunesse endure
laisse-la s'élargir cette sainte blessure
que les noirs séraphins t'ont faite au fond du cœur
rien ne nous rend si grand qu'une grande douleur.

Mes écrits se situent dans le souci d'aviser les poètes et les lecteurs sur les conséquences du romantisme négatif ou positif. Je ne peux pas forcer quelqu'un qui souffre d'être heureux. Mais du moins il faut espérer, l'espoir fait vivre. Si le romantisme négatif est associé à la crise d'existence, au mal de vivre, le romantisme positif peut nous porter à nous sentir bien dans notre peau. Savoir rester d'une âme forte, courageuse et jeune est l'un des buts que je vise à travers mes écrits, qui invitent le poète à cesser de se faire complice de la mort, de la fatalité, du malheur pour se faire allié de la vie devant laquelle il reste confiant.

J'ai écrit

Non je n'ai pas fait de la poésie
pour financer le train de ma vie
Rien contre ceux qui voient dans les vers
un moyen de gagner quelque salaire
2
J'ai écrit par simple amour
que je cultive à travers les jours.
J'ai écrit pour me distraire
j'ai écrit pour me plaire
3
J'ai écrit de ce qui m'attire
de ce qui m'inspire du plaisir
J'ai écrit de ce que j'adore
de ce qui est beauté ou décor
4
J'ai écrit aussi pour plaire
à ceux qui savent se taire
pour écouter ce qu'un poète dit
à travers les vers de sa poésie
5
J'ai écrit les vers de mes poèmes
pour dire tout ce que j'aime
surtout la beauté de la nature
à travers ce qui passe ou dure
6
Chaque strophe de poésie
est un moment de folie
bref un mode d'expression
pour sculpter une émotion

7
Même l'homme d'une âme sérieuse
qui mène un train de vie pieuse
a aussi son moment de folie
le contraire c'est de l'hypocrisie
8
Ce qui fait la différence
entre ces deux existences
est que le poète exprime ses émotions
alors que le pieux cache ses vibrations
9
Cela ne dit pas que le poète
que le pieux est plus honnête
Tout une question de philosophie
dans chacun des deux trains de vie

Principe de Sagesse

Écrivain, poète comme poétesse
voici un principe de sagesse:
En écrivant vos rimes ou poèmes
n'attendez pas que tous vous aiment
2
Ce qui vous inspire du plaisir
à l'autre reste objet de déplaisir
En écrivant vos rimes ou poèmes
n'attendez pas que tous vous aiment
3
Même si vous vous comportez en mendiant
cela ne vous rendra pas plus charmant
En écrivant vos rimes ou poèmes
n'attendez pas que tous vous aiment
4
L'un vous aime pour un simple mot
l'autre vous hait pour ce même mot
En écrivant vos rimes ou poèmes
n'attendez pas que tous vous aiment
5
En tout vous trouverez des infidèles
dont les âmes resteront toujours rebelles
En écrivant vos rimes ou poèmes
n'attendez pas que tous vous aiment

6

Philosophie aussi bien que poésie
est occasion de conflit ou de délit
En écrivant vos rimes ou poèmes
n'attendez pas que tous vous aiment

7

Vos écrits entraîneront sans conteste
tant de fanatiques qui se détestent
En écrivant vos rimes ou poèmes
n'attendez pas que tous vous aiment

(Octobre 2006)

Message d'espoir

Nous vivons à l'ère du marché
Où tout se fait à la hâte
Pour mettre main à la pâte
Pas de temps pour se refaire la santé

2

En se perdant dans les tâches du travail
l'homme démolit les forces de ses entrailles
Et l'humanité converge sans cesse
Vers un monde de dépression et de stress

3

On assiste à des crises d'existence
Qui répugnent à la convalescence
Des gens qui sont about de maux
Tant qu'ils se sentent mal dans leur peau.

4

Le temps importe beaucoup pour ces gens
Comme on dit: le temps c'est de l'argent
Mais pour continuer sans sombrer dans la fatalité
L'homme doit rester en parfaite santé

5

L'homme pour rester dans la course de l'âge
Doit s'armer toujours d'espoir et de courage
Mais il doit constamment renouveler son énergie
Pour rester dans le train mouvant de la vie

6

On ne peut rester à s'apitoyer sur son sort
En attendant le dernier jour de la mort
Tant de choses qu'on peut faire dans la vie
Pour améliorer le fond de notre cœur endolori

7
Les vers de mes poèmes s'adressent
À ceux qui sombrent dans la détresse
J'aimerais fait pousser dans leur esprit
Que malgré les remous tout n'est pas fini.
8
Si l'on confie à l'émotion dans sa splendeur
On peut encore aspirer à quelque bonheur
La vie est tellement un bien précieux
Qu'il vaut la peine d'être heureux

Contre la fatalité

Je ne crois pas que la foi dans la souffrance
contribue à garantir une meilleure existence
La croyance dans la fatalité est une ruine
vers laquelle le train de la vie s'achemine
Je ne crois pas que la foi dans la mélancolie
contribue à garantir une meilleure vie
La croyance dans la fatalité est une ruine
vers laquelle le train de la vie s'achemine
Je ne crois pas que la foi dans la douleur
contribue à garantir des moments de bonheur
La croyance dans la fatalité est une ruine
vers laquelle le train de la vie s'achemine
Je ne crois pas que la foi dans la tristesse
nous promet l'asile dans une forteresse
La croyance dans la fatalité est une ruine
vers laquelle le train de la vie s'achemine
Monter abord de la barque du malheur
ne promet pas de passer de meilleures heures
se confier se livrer aux étreintes de la mort
ne promet pas de garantir un meilleur sort
Je crois que les émotions négatives
se mouvant toujours sur des notes plaintives
diminuent la longueur de notre temps
que nous avons à passer sous le firmament
Quelque soit la nature de son sort
l'homme doit rester confiant et fort
pour traverser la tempête qui nous secoue
en bousculant les obstacles présents devant nous
C'est grâce à l'usage des émotions positives
dont nous suivons le parcours dans les rives
que nous réussirons à mieux vivre en santé
que notre vie s'améliorera en qualité

Je peux comprendre la situation qui rend triste
mais je ne peux comprendre le désir d'être triste
La vie est tellement un bien précieux
je pense qu'il vaut la peine d'être heureux

Se rassurer

Que la vie est faite de victoire ou déboires
l'homme quel qu'il soit doit vivre avec espoir
il doit pouvoir toujours guider sa destinée
sans être soumis au gré de la fatalité

2

Oui! l'homme n'est assuré qu'une seule chose
sur les vivants la mort toujours s'impose
Et notre vie se réduit à un infime lambeau
qui se transforme en poussière au tombeau

3

Oui! le temps qui coule est une ruine
vers laquelle tout qui vit s'achemine
Le printemps offre un spectacle merveilleux
mais tout doit disparaître sous nos yeux

4

Tout ce qui est animé d'une étincelle de vie
doit subir le joug inflexible de l'entropie.
Selon la loi qui veut que tout qui vit périt
l'homme ne voyage que pour un bref séjour

5

À travers le temps qui coule sans nombre
apprenons l'art de bien tirer avantage
de la chute éternelle des êtres dans l'âge
où tout finit par se reposer dans sa tombe

(décembre 2006)

—Edner Saint-Amour

Poèmes de Tontongi

Le petit dictateur

Quand un petit dictateur, pervers paranoïaque
Expulse, bâtonne, emprisonne, humilie ou tue
Toute âme vivante qu'il disait l'emmerder
Il se croit sincèrement dans son moi estropié
Capable d'expulser, emprisonner et éliminer
Tout le peuple frustré qui veut le déchouquer.
Quand un petit dictateur et sa garde prétorienne

Exilent, répriment, saccagent, maltraitent ou tuent
Toute voix révoltée humiliée qui demande justice,
Qui leur dise de foutre le camp avec femmes et enfants
Ils se croient sincèrement à vie pour dix mille ans,
Oubliant de feuilleter un simple manuel d'Histoire.
Quand un petit dictateur et ses tueurs mafiosi
Accaparent sans gêne le patrimoine sacré
Par le feu, par le sang pour en faire un enfer
Ils se croient investis d'un pouvoir invincible
Capable de diriger le vent même de l'Histoire:
Pourquoi par la sagesse ne se suicident-ils pas?
Quand un petit dictateur et sa clique de salauds
Qui par défaut d'êtres plus vilains qu'eux-mêmes
S'emparent sans vergogne de la magistrature d'État
Vous faisant croire qu'ils sont vos Bons Sauveurs,
Ne manquez pas de leur dire d'aller se faire chier
Au diable ou n'importe où mais loin de votre vue.
Quand un petit dictateur ou tout sot démagogue
Vous redisent et redisent que l'aube est imminente
Et que par la magie de leur bassesse d'esprit
La lueur démocratique va briller dans votre vie,
Demandez-leur qui leur donne cette noble permission
De se mêler ainsi en intrus de vos affaires d'État?
Quand un petit dictateur et son Tonton Sam Sangsue
Veulent vous dire comment vivre entre vous-mêmes
Sans qu'il leur saute aux yeux malgré leur perfidie
Qu'ils sont la cause première de vos difficultés,
Demandez-leur dans une voix simple et chaleureuse
S'ils ne voient pas que vous allez koupetètboulekay?

(septembre 1987)

La Carmenia

Elle portait sa détresse du vécu
illuminée dans une sorte de grâce triste;
ses yeux clairs et remuants, plongés dans l'intensité
de la merde sociale, reflètent l'élégance.
Ô, combien elle était saccagée, la Carmenia!
Pourtant elle demeura même épuisée la folie indomptée;
défiante et révoltée elle enjambait les lacs de Boston,
ses environs et les océans et mille lieux de calamités
pour maintenir ce qu'elle appelait sa fierté menacée
son orgueil organique quand bien même désolée,
son essence qu'elle gardait

heureuse de son propre défi!
son défi et désir
son petit goûter à la liberté.
Sur son chemin fait d'hécatombes les obstacles
ne cessaient de s'allonger en cauchemars quotidiens;
ses trois enfants devenaient ses talons d'Achille
dans le vaste combat contre l'abêtissement—
ils étaient aussi la semence de sa régénération;
tombés malgré eux au milieu d'un conflit
entre leur chair et leur sang et leur épanchement
ils jouèrent le jeu tragique; le garçon somnambulant
dans une pathologie du refus qui inquiétait tout le monde:
il mangeait à vingt-deux heures
faisait la télé toute la nuit
et dormait la journée à l'instar de la chauve-souris;
ses grands rires étaient aussi beaux qu'effrayants
dans leur franche candeur pour mieux semer le doute;
il voulait rendre la vie difficile pour mieux la décoder.
Ses deux filles innocentes dans un monde tourmenté
vivaient la tragédie comme une belle comédie;
elles ne s'arrêtèrent pas d'être enfants
même quand par leur simple candeur elles jugeaient
les manquements et tracasseries d'un monde déterminé
par les données fichées de l'Assistance sociale.
Elle fut battue et méprisée, la Carmenia,
dans l'orbite machismo tout au long de sa vie;
ses escapades vers l'Étoile du Nord
au milieu de l'angoisse quand cherchant le réveil
constituèrent sa plus grande révélation de sa liberté!
Elle parcourait l'Inter-State et s'échouait à Hull
une enclave endormie perdue dans la mer;
pourtant elle restait encore tête dressée, la Carmenia,
pour confronter le néant avec la sagacité du soleil.
Je l'aimais fou, la Carmenia,
d'un amour fait de solidarité
la présence du beau dans la laideur;
ses beaux yeux reflétaient la confiance
dans une âme autre et pure représentant autre chose
ou une non-chose imperméable à la fluidité du Cosmos;
je l'aimais fou, la Carmenia,
et nous ne pouvions même pas le dire.

(juin 1994)

Gaza, Haïfa et Qana

(dédié à toutes les victimes de la guerre hégémoniste d'été 2006 au Moyen-Orient)

Jamais dans mon siècle
ne pensai-je un jour
en ce jour-ci et là
devenir si intimement
un témoin oculaire de l'horreur.
Mon propre tyran, c'était longtemps
Hitler était englouti sous les décombres
les crémations ont été vérifiées
et avilies comme un malheur.
L'Olympique à rebours
la dissuasion qui en a las
un coup de poing
je vous coupe le bras
si vous osez tirer un *fistibal*
je vous descends avec mon Uzi neuf
si vous utilisez un Qualiskosov
mes blindés cracheront un tonnerre
une roquette, c'est une autre histoire
votre destruction doit être complète
terre renversée et villes aplaties
fresques sortis droit de l'enfer
la douleur et la souffrance objectifiées.
Pire qu'un simple concept
c'est la réalité de Qana
le peuple était en deuil
en détresse et en stress.
Pire qu'une tragédie
c'est la désolation de la gloire
Nasrallah devenait le héros
le nouveau Saladin
conscience violentée
et humanité dénaturée
dignité regagnée
ou paix de cimetière.
Pire qu'une grande perte
c'est la misère du rêve d'être
l'Occident souffrant du malaise
le grand vide de l'émoi régnant
la Révolution devenant aspirine.
Et les pleurs, dites, les pleurs

le grand chagrin qui détruit l'épanchement
les missiles qui tueront pour longtemps
l'odyssée, nous en ferons une leçon
une grande sagesse pour bien vivre
la gloire d'être.
Ils vivent encore, les peuples
même après le désastre
les roses redéploieront leur charme
un autre enfant sourira avec joie.
Ils étaient malheureux
les combattants éperdus de la folie
leur gloire, ils la savent illusoire,
ils étaient aussi heureux, disaient-ils,
leur perte étant la récompense de l'être.
La fille violée, ange incomprise
encore garde tout ce qui fut elle
ses ravisseurs la gardent toujours
mais elle fixe l'horizon infini
le grand cri de conscience.
Gaza, on en a las
fatigue d'empathie
au-devant du sang vif
à Haïfa innocents comme coupables
meurent pour le crime des autres.
Nous tuons par la peur et la haine
l'angoisse face à un matin sans du pain
pour le maintien de la réalité
la sagesse face à l'ordre, le confort;
on nous a conditionnés, animaux incompris,
pour acquérir la terre
et vivre comme une névrose
nous tuons
par l'ennui
par la paresse et la myopie
pour survivre dans l'infinité
pour boire le vent impossible
et chier le monstre sacré!
Nous tuons
parce que nous en avons les moyens
Air Force comme métaphore
du grand Dieu qui détruit et console;
nous sommes les maîtres du lieu
et avons total contrôle sur l'âme
et la Bourse

et les faiseurs de bonheur
nucléaire et *whatever*.
Nous sommes les juges
et les complices du crime
le fripon qui sauve l'authenticité.
Gaza, Haïfa et Qana et Tyre,
rêve et vivacité pour un demain meilleur
victoire des peuples en lutte;
la souffrance est universelle,
globale échéance, sommes nous,
malheureux objets du destin.
Tu survivras, ô Liban
comme tu as survécu des millénaires
avant Charlemagne, Alexandre,
Napoléon, Empire Ottoman et Sharon;
tu survivras à la fois les missiles
et la réalité détournée
et la conscience ajustée à la peur
l'absurde présenté comme la vie
le vide d'être.
Tu survivras aussi, Haïfa,
parce que tu as vécu pire tragédie
que la duperie des petits comités de belliqueux,
tu as vécu d'amples mauvais temps de malheurs,
comme Gaza humiliée, maltraitée, écrasée,
judoka de la perdition qui reprend son souffle,
toujours amante de l'espoir.

—***Tontongi*** août 2006, Boston

Troisième partie / twazyèm pati / third part

**Selections from earlier issues /
Sélections tirées des éditions précédentes /
Seleksyon ki soti nan nimewo ki pibliye anvan yo**

Poèmes choisis en français

Poèmes de Nounous

Semelles d'ailleurs

Tu m'habillais de vent sous les étoiles
dans les hauteurs
une douce flamme entre tes dents
quelque part dans la ville
au beau milieu des premières gouttes du beau
à l'intérieur des tiges de l'équinoxe
il y a de cela une éternité ou deux
dans les allées du meilleur au tout autre
lorsque nous venions de naître tous les deux
plus joyeux que sûrs pour tout dire côte à côte
mais aussi bien que quiconque il est vrai
en ce genre d'accouchement entre les sentes du temps
qui va et qui rebondit on le sait de tout temps comme il veut.
Mais regarde-toi le dos aujourd'hui
vois à l'instant si tu n'entends pas
les plis de mes chants gris qui miaulent
dans son sillage si mouvant sous silence
dis-moi comment fais-tu pour que la dureté maintenant
soit si féroce dans tes anciennes mains d'allégresse
autrefois si tant que tu fourbissais dans les miennes
et surtout comment fais-tu

oui dis-moi comment fais-tu
pour que l'absence soit si lourde de tes semelles d'ailleurs
sur ma gorge d'ici aux heures les jours
sans le moindre mouvement du mouchoir à ta gauche
vers ce même point en direction de mes saules sur la rive.

Un tout simple clin d'œil

Pour toute nourriture cette fois
j'ai cru avoir eu une eau de pâques
que j'espérais lumineuse
puis l'amour frais de partir
et de rester avec elle en voyage
pour toujours comme on dit
bien au courant que cela exprime obscurément bien moins
ou parfois bien plus que ce qui s'énonce
en fait au clair entre les lignes.
Maintenant j'ai ces quelques miettes d'une pluie
qui n'est pas sûre de vouloir s'abandonner dans ma terre
pour la repousse à belles gousses
tandis que les correspondances dans leur division
sont plus sourdes de plus en plus au loin
à mesure que certaines petites douceurs d'autrefois
tranquillement s'animent dans parfois la difficile voie du passé
où les autres se tiennent gravement avec leurs certitudes implacables et
les unes avec le contraire ou leur façon de faire accroire que mes notes
n'ont jamais ressemblé à leur vrai visage dans la flûte.
Mais après avoir su le lourd à soulever
pour savourer les produits d'aucuns raisins de la griserie
en provenance de certaines terres à ma portée
j'ai peur ô mon corps de ta soif pour le grand cru!
Est-ce un tout simple clin d'œil à Alexandrine ici
cette belle d'ailleurs aux allures beaucoup trop d'hier
en ma vue d'aujourd'hui
ou tout bonnement le lieu de dire l'étendue d'une surfaite
insatisfaction?

Toujours en porte-à-faux

Au bal des mal-aimés
petite fille de jadis
toujours en porte-à-faux avec eux tous
et puis tous ceux qui essaient d'effacer par l'absurde
le tout pour un tout autre à ton insu
sans devoir rien laisser paraître de tes tribulations
ni même de la brûlure versée sur ton visage au tréfonds

---

tu danses encore sans faille malgré tout
au pas que tu laisses dans les nôtres traîner
par tes dires ou tes désirs d'élévation
après avoir chaussé les longs cris du feu autrefois
dans tes yeux après la pluie du fouet
à outrance sur ta couverture de nuit indélébile.
Au bal des mal-aimés
quelque peu nous tous aujourd'hui encore
toujours en porte-à-faux avec eux tous
et puis tous ceux qui essaient d'effacer
ce tout pour un tout autre à leur convenance
au lieu d'avoir à réparer les ponts cassés
qui nous cachent certains horizons
tout près des *aveugleurs* maintenant
des calculateurs ou même des méprisants
sans une seule crainte devant l'insoutenable dans la danse
avec des signes en pile dans nos mains
aussi d'immenses vignes dans la vue
nous défaisons tout un ensemble de plis dans la voix
jurant de ne rien oblitérer du message de tes yeux dans nos regards.

Hormis pourtant nos cavaliers

Tu as fait de nous un vieux chemin
où déposer tes pas perdus
quand l'amertume te court après
car tu sais bien nous retrouver
à l'occasion nous parcourir ou même nous déserter
quand tout cela fait tout ton beurre
par le fait que tu nous sais sensibles à ces sortes de passage
et combien muets ou indifférents par moment
en présence de ces incontournables détours
sous les tonitruants galops de tous ces souvenirs
qui se font grelots à tout instant autour de toi
au cou des bêtes de ton pâturage
hormis pourtant nos cavaliers en fin de compte.

Brise qui se fait miroir

J'appartiens à cette lignée de vents contraires aux bourrasques
je suis la brise qui se fait miroir
à la face même du roseau le plus frêle m'appartenant
malgré temps et marées pas bien propices
pour la quête de certaines choses
afin qu'il se voie se battre
et résoudre l'énigme du déracinement

dans de nouvelles traversées au fil de la mémoire
pour enfin plus ou moins saisir en tout sens
la portée de chaque cillement vers le dépassement
dans les regards et l'opportune vision du cœur d'autrui.

Aux abords des vents

Ne me parle plus de cette saison-là
à l'intérieur de nos petits bateaux par l'image
car il y a d'autres voiles à inventer dès l'aurore
tant d'espoirs à fabriquer pour nos yeux
qui se dégradent sous la pluie des malentendus
aussi des villes nouvelles sans scandale à ouvrir
aux abords des vents sans fracas qui bougent
comme ils veulent au beau fixe
en pourchassant tous les fantômes qui nous heurtent
pour réanimation vers l'intime chaleur des voyages
et découverte de la soie en nous du bonheur enfin.

Arpège dans la nuit

Il n'y a eu
musique ma muse
de bonne heure en vitesse
que les allées à perte de vue du néant
à perte de vue toutes ces allées
qui laissaient présager tant de possibles retours
sans rien livrer ou presque d'harmonieux
par la suite à ton écoute au fil des notes.
Ainsi tout n'est que signes
mésintelligence et autres venant de tes non-dits
que je dois à tout coup déchiffrer
pour dans le doute contourner les travers
sans possibilité même un peu de m'abstenir
ce qui me force à supposer vraiment
crois-moi si tu le peux
qu'en ces tons-là tu n'es pas mieux que mon dernier chant gris

D'emblée

Tes chevaux dans le lac en fuite
mes mains sur leur crinière dans l'air
soudain
tout un ensemble de mûres se dessinent
dans mes yeux sans sommeil
en quête d'un renouvellement de ta peau-confiture
au centre de ma parole en son essentielle configuration.

—Nounous

Poème de Guamacice Délice

un printemps en panne de conscience

un essaim de poux de bois
bâtit une citadelle
dans un bout de bambou
canne de madère
dans la rivière de mon île blanche
une anguille dans les fourchons
d'une fourchette antique
un têtard pris dans le gros
intestin d'une nasse
l'ouragan rouge emporte ma virginité
opaque l'astre du marron pâture dans le globe
oculaire d'une frégate
où deux frimas s'accouplent
cime de la vue d'une colline en pique
une natte en vent libre
tressée en paille de peur
un pont en toile d'araignées
sur l'oxygène de ma jeunesse
entre les amygdales
de mon homme d'éventail
mes tiges de rêve s'élèvent en branchettes de
cauchemars
trente deux abcès
me tiraillent les mâchoires
de poète au verbe engourdi
ma langue glacière
je suis un printemps en panne de conscience.

—*Guamacice Délice*

Poème de Huguens Louis-Pierre

L'imaginaire

Fantastique irréel
Imaginaire merveilleux
Mythe des pensées puériles
Artifice du goût profane
Mes rêves s'embarquent à bord de l'évasion.
Illusion-illusoire
Hallucination-mirage

Je suis un paralytique rêvant qu'il marche,
Un manchot au bras de fer,
Un aveugle aux yeux perçants, l'œil du maître.
Je suis un vieillard réinventé au jour de sa naissance,
Encore nourrisson, mais au déclin des ans.
Rêves aux cheveux dorés
Voyageur égaré
L'imaginaire assiégé d'espoir
Mon château de cristal apparent:
Pure hallucination.
La vérité chante une note illusoire
Et le mensonge parle le langage du mythe.
L'esclave devient maître
La prostituée étale sa bague d'alliance.
Et moi je bois la coupe des sept merveilles du monde.
Plutôt huit:
Et la Citadelle La Ferrière?
Au monde imaginaire,
Quoi donc sonne le plus vrai?

—Huguens Louis-Pierre

Poème de Vilvalex Calice

Le dernier mot

Le vieux sorcier est mort, il ne reviendra plus
pour habiter le vide où nos beaux rêves ont fui,
pour chevaucher des pas entravés de remords
dans le remous des âmes et la laideur des corps
Le vieux soldat est mort, nul a jeté de pleurs
quand la terre comme un ciel rejette ses couleurs
c'est la tuerie des hommes qui lance le défi,
à la vie, à l'espoir, en nous laissant meurtris
Quand les mains et les cœurs renoncent á la touche
les fausses couches se font malgré mille retouches
tout un peuple va mourir dans un grand lit vêtu
de promesses sombres jusqu'ici inconnues
Haïti n'est pas morte, dis-je à ceux qui l'enterrent
de leurs poignes sanglantes elle saura se refaire
du cendre des haillons de notre défaite brève
renaîtront à coups sûrs tes plus beaux jours de rêve.

—Vilvalex Calice

Poème de Fred Edson Lafortune

Reflet

dans le reflet de ta jeunesse
je chanterai l'innocence de ta beauté
comme l'oiseau sur sa branche
un cri au rythme de ton pouls
dans le reflet de ton aube musicale
je laisserai en la mineur
comme sur la corde de ma guitare
la mouillure d'un solfège de papier
parce que le temps enfile son corsage
chaque fois que mon encre au goutte-à-goutte
coule dans les mots dessinés de ta page

—Fred Edson Lafortune

Poèmes d'Elsie Suréna

Toi qui passais

Tu as effleuré mon nom avec douceur
Comme on hume un parfum à peine découvert
Logée dans ta voix, je me suis sentie
Tout de suite accueillie comme une promesse
J'ai à nouveau envie d'aimer sans rémission
Envie d'abandonner ma tête sur tes genoux pour
Sentir tes doigts sillonner lentement mes cheveux
Envie de plaisirs simples entre complices
De vieille date qui se retrouvent un soir, lovés
Dans de douillets coussins autour d'un thé gingembre
Envie de promenades matinales dans la paix de Calasse
Nos mains en confiance, l'indigo de la mer plein les yeux
Envie d'être à La Pointe, l'une tout contre l'autre
Emmaillotés dans les vents accourus du grand large
À l'heure où sur Jérémie s'allongent les ombres et
Durent les confidences qui m'apprennent aussi ton nom

Vieillir

J'ai écarté
Les rideaux du temps
Pour mieux voir s'en aller
Ma jeunesse vif-argent
Saison après saison

J'ai accepté
Mes rides et mes cheveux blancs
Comme mes petits-enfants
Au gré de leur arrivée
Saison après saison

Aveu des heures tardives

J'aime les baisers
Rhumpunch
Gourmands
Aventureux, qui
Effleurent, se posent
Hésitent, sculptent
Papillonnent, balaient
Soupirent, pressent
Mordillent, happent
Reniflent, s'engouffrent
Lèchent, siphonnent
Cherchent, s'immiscent
Suçotent, s'abandonnent
Tirent, gémissent
Titillent, chevauchent
Vont-et-viennent, s'affolent
Puis s'arrêtent hors d'haleine
Au seuil de la douleur.

Tentations

J'imagine souvent le contour de ses lèvres humides
Entrouvertes sous mes doigts qui les soulignent
La façon avide dont elles accueillent, enchâssent
Et gardent les miennes si bien au chaud
J'imagine aussi la fragrance de son creux d'aisselle
Entre pain mouillé, musc et citron vert, lorsque
Dans la moiteur de l'été il pose la tête sur un bras
Replié, chemise entrebaîllée sur sa poitrine lisse
J'imagine surtout ses gestes nerveux et gauches
Pour me déshabiller ce soir-là dans la pénombre
Au rythme d'un impétueux désir qui talonne et se
Cabre, indompté, sous ma très impudique main
J'imagine encore mes caresses qui prennent le large
Des mots sans suite çà et là échappés de son plaisir
Ses gestes fous, son regard ému qui soudain s'absente et
Ses mains ancrées dans mes cheveux au bord de l'infini…

—Elsie Suréna

Poèmes de Denise Bernhardt

Darkest Hours

Quand le ciel s'assombrit
Au soleil déclinant,
Laissant mourir à l'horizon
Les lambeaux du jour,
Quand le monde se fige
En un champ de laves refroidi,
Tandis que la mer se creuse
Et plisse sous le vent…
Viens près de moi, mon cœur,
Les mots sont doux
Dans le nid du poème.
Viens t'abandonner
À des caresses plus légères
Que les duvets de l'aube,
Et recueillir les baisers qui éclosent
Au bord des sources murmurantes.
Alors tu pourras accoster
Aux rives de mon silence,
Comme les nefs,
Trop longtemps égarées
Sur trop d'immensité,
Rejoignent enfin leur port.

Le manque

Les pleurs venaient du plus profond
Comme une eau souterraine
Ayant longuement cheminé
Dans les arcanes de silence.
Ils se déversaient en balbutiements
De ceux qui accompagnent les tourments
Des amours empêchées.
C'étaient des vasques toutes bues
Qui voulaient retrouver la fraîcheur des fontaines,
Des mains tendues
Vers des fruits hors d'atteinte,
Des anches en quête d'harmonie,
Des visages ayant vu
Se voiler leurs miroirs.
C'étaient des gisants
Dans leurs linceuls de solitude,
Accablés par les vaines ardeurs
Qui sillonnent les nuits.

Mai Piu

Puisque jamais plus…
L'été aura toujours la même ardeur
Et les jardins leurs nacelles de roses.
La forêt m'offrira ses berceaux
De feuillage et d'ombre
Où tremblera ton visage.

Puisque jamais plus…
Je garderai
L'empreinte oblongue de tes mains
Sur mon cœur
Et leur chaleur, après l'amour.
J'aurai ta voix et ton regard
Me disant
Qu'il faut mourir un peu
Pour que survive
Le sel du bonheur.
Puisque jamais plus…
Il nous restera la magie
Du souvenir
Et l'âme la plus tendre
Pour éloigner la nuit.
(16 septembre 2004)

—*Denise Bernhardt*

(11 juillet 2004)

Poèmes de Duccha (Duckens Charitable)

Le cri

Serait-ce que le cri est à la portée de tous,
À l'angle de nos vies propres
Et de nos angoisses juxtaposées.
Nous voici dans l'interface sourde
Victimes de la stratégie du verbe
Avons-nous commis le mal amer.
Serait-ce que le triste boomerang
Des conjugaisons aveugles,
Génère pleurs et viscosités de la peur
Toute nudité est imposture
Dès lors que s'effacent
Les miroirs…

Ma vie

Les couleurs ne savent pas les lignes du boulevard,
Le cœur s'en va jeter sa prière sur l'inconnu qui passe
Mais qu'elle est cette douleur du côté droit,
L'illusion est peut-être la mère de nous tous
Et la vie comme une feuille verte
Ignore ce que c'est que tomber,
Je, île en décomposition,
N'ai même pas une vie à perdre.

Sillon de verbe

Toutes tes tresses me triturent
Je suis l'enfant perdu dans le placenta
De tes débordements
Je m'approprie certains mots
Afin de pouvoir te faire
M'enfanter comme ce nuage qui gonfle
Mais
Si en toi le mot se démonte,
Tous mes toits troués t'auront saluée
Même dans l'étrangeté des vagues muettes.

—*Duccha* Port-au-Prince, Haïti

Poème de Suzy Magloire-Sicard

Dialogue inachevé

La vieille s'assied,
un peu fatiguée,
fatiguée d'avoir travaillé
toute la journée.
Le vieux, lui, comme
toujours, bien confortable dans son fauteuil,
lit son journal.
La vieille, elle, réfléchit et
pense
aux enfants qu'elle a si bien élevés.
Ils ont bien réussi: Marthe est infirmière,
Fernande est professeur de langues, Justin est architecte.
Et Michel lui, poète invétéré, comme son père, se promène
à travers le monde.
De temps en temps,
quand il en a le temps,
il envoie une carte à ses

chers parents. En six ans,
il en a envoyée deux.
Deux cartes qui ont jauni
avec le temps et que les doigts
tremblotants de la vieille ont caressées
si souvent.
Le vieux, lui, lit son journal.
La vieille qui a gardé la fraîcheur de ses vingt ans,
pas sur son visage,
bien sûr
mais dans son cœur, se sentant un peu seule,
essaie de briser
le silence.
Ce silence
qui s'était établi entre eux depuis plus
de trente ans.
«Te souviens-tu de notre premier baiser?»
Le vieux toujours absorbé par son journal et
sans se soucier de regarder sa femme, répondit
«oui»
«C'était au printemps de 1942.»
Le vieux de répondre «oui»
«Je me souviens même de la robe que
je portais, une robe rose tres jolie, avec de
petites fleurs mauves.»
Le vieux «oui»
«Tu m'apparus si beau ce jour-là!»
«oui» «oui» «oui»
Soudain, le vieux inquiet de ce silence familier qui
s'était rétabli
entre eux,
regarda du côté de sa femme.
Elle était
morte!

—*Suzy Magloire-Sicard*

Une fleur de champs dans le jardin de Luxembourg, Paris.
—photo par David Henry

Poèmes de Jamie Moon

Poupée noire poupée chiffon

(à la mémoire de la petite Haïtienne lynchée en république voisine)

Silence subtil à soubresauts sadiques
que prolongent mes mots à l'épicentre de la honte.
Y'a des images en panne d'innocence
derrière mes murs de parole
une fille seule toujours seule
tendant la main au vide
ou à lui-même par peur
d'être sa propre proie.
Silence subtil à soubresauts sadiques
sur des lèvres dessinées à la vite
du monde…un matin comme ça
où l'on tue par hasard
juste
parce qu'on est noir comme la nuit
où les chats sont bien gris et les hommes trop rêveurs
un dernier geste d'amour ajoure ta nuit
faut pas pleurer ma fille y'a des regards assiégeant
tes pleurs (une myriade d'étoiles assassines)
petite fille

pour tes yeux qui se ferment
un million de visages écervelés refusent la parole
à l'aurore avortée

Reddition
(pour Roche)

La mort mot à mot se perpétue
dans la rosée humide des quasars
Souffrance en passe d'impasse
…pour des allées de lumière

—Jamie Moon

Poème de Tontongi

Elle existe, Haïti
(en réponse à Depestre)

Elle existe malgré nous
chansonniers de l'Empire
l'île qui invente le non
et où y pousse le manioc
comme le pois et le riz
l'île du cochon noir marron
la Ferrière en amont.
Elle existe, la mangère du Vieux Monde
le fournisseur en armes de Miranda et de Bolivar
la terre qui s'est brûlée pour semer la liberté.
Elle existe, la sorcière de 1791
vague d'espoirs pour les peuples assommés
elle est dans le konpa de Nemours et Sicot
le siwomyèl de Ti-Paris
la parodie sensuelle de Koupe Kloue
l'âme délivrante d'Anaïka.
Elle existe malgré nous
grands gueulards de la nuit descendue
l'île qui ose l'impensable
meutes de zombies regoutant le sel;
elle existe avec son apocalypse de chaque jour
l'île du rire et du soleil
des dictateurs sanguinaires sans manman
comme des marrons de la liberté
l'île de Pauline Bonaparte,
femme perverse de Leclerc

l'île des poètes de l'espoir
l'île de la première femme-roi
au cœur de l'hémisphère
Ô Anacaona, femme-jardin
et femme-flamme du feu éclatant!
Elle existe malgré nous
défaitistes défaits avant même l'affrontement
avant que l'aurore se dévoile.
Elle existe, Haïti
malgré le requiem
elle est encore là
avec son printemps éternel
son Ogoun Feray
la nouvelle Égypte de la connaissance
le grand champ de bonheur mondain
l'île de la magie du sens.
Elle existe
l'île des dieux téméraires
qui acceptent l'humain comme égal;
l'île qui redéfinit le surréalisme
et la puissance de l'Autre dans l'Histoire,
réhumanisant le déshumanisé
redisant le non-dit
l'île du muet qui veut parler
du sourd qui veut entendre
de l'aveugle qui veut voir
de l'affamé qui veut manger.
Elle existe, vous savez,
malgré la fin de chaque jour
malgré la cohorte de déboires
et la lignée des chanterelles;
elle existe par l'absence de ce qu'elle veut
le grand horizon au-delà des épines
elle existe avec son sourire quotidien
son soleil qui vous berce et qui brûle
son Erzulie d'yeux rouges voyageuse vigilante
l'île qui fait l'amour avec ses dieux.
Oui elle existe, Haïti
l'île qui fut le passé de l'Histoire
et le présent de ce qui doit encore naître
elle existe encore et toujours
l'île de la vie libérée.

(janvier 2006)

—Tontongi

Poèmes de Jeanie Bogart

Un manque

Un temps maussade sur un air de pluie
À contre-sens, une lutte de feuilles sèches
Le peu qu'il en reste
Ma chaleur me manque
J'ai vu tes yeux mouiller la pluie
Et tes mains vagabonder
Sous les jupes du temps
Tu me manques
Un air d'opéra dans un tohu-bohu de carnaval
Un sourire innocent, idiot, stupide, vide
L'éternel refrain
Par buées, l'air sortait de tes poumons
Et entrait dans mes habitudes
Le jeu me manque
Jeu de cœur, de corps, d'esprit
Jeu de mensonges
Une ficelle suspendue au-dessus du néant
Tes orteils accrochés à la ficelle
Tu vas tomber chéri!
(3 décembre 2005)

Long voyage

J'ai voyagé loin
Pour te rencontrer
Dans ta chambre-maison
Mal-arrangée
Mal-éclairée
Je t'ai rencontré
Après ce long voyage
Mes espoirs en haut-le-cœur
Pour parler affaires
Mais je n'avais pas mes affaires
J'ai voyagé sans bagages
L'innocence suspendue à mon cou
Je n'avais rien à offrir
Sinon les miettes de ma mémoire
Presque amnésique
L'innocence à mon cou
J'ai commencé à déclamer
Une prose sur le temps

Tu m'accompagnais d'un ton rauque
Alors j'ai fermé les yeux
Je déclamais mon poème
N'ayant que cela comme bagage
mais tu m'as fait taire d'un baiser
Intense, doux, passionné
Un de ces baisers qui brûle l'amour
Je suis repartie avec pour bagage
Un point d'interrogation
L'affaire n'étant pas terminé
La prose interrompue
Et le baiser inachevé
Je suis repartie pourtant
En contre-temps
Pour rejoindre le monde du réel
Car tu es un rêve
Que j'ai fait cette nuit mon amour
(8 décembre 2005)

Déshabiller l'écriture

Déshabillée de pudeur
Je me suis offerte à l'écriture
Putain de la plume
Qui vomit et crache
Synonymes traqués, adjectifs blessés
Mots rebelles, mots bâtards
Emmerdeurs de première classe
Le visage à découvert, les fesses à nu
L'écriture s'est offerte à moi
Sens dessus-dessous
Voyelles enchevêtrées dans consonnes
Testicules reproduisant
Ce monde d'imagination brûlante
Ciel et mer en quête d'absolu.

Coup d'État

Un goût d'oubli restait collé sur la langue de notre passé, tout comme cet amas de souvenirs disjoints étalés sur le trottoir de notre existence. Monta alors l'odeur pestilentielle d'un matin de coup d'État. Partout des volets hermétiquement clos. Hébétude. Un plus un font tout un peuple. Comment croire au carnage? Comment croire à l'inadmissible? Sur le trottoir d'en face une pute a été violée. Personne à condamner. Personne n'est coupable. Parfois, les araignées tissent leur demeure sur le malheur des autres.

Dans le bordel d'à-côté la femme du ministre s'envoyait en l'air. Baisage à niveau tertiaire. Courbatures à dos du lit. Puits de puissance, puis de jouissance.

Dissidence. Nos solitudes s'entrechoquaient Boulevard des Incompris et rendaient indésirables notre fureur de vivre, notre fureur d'aimer… dans nos verres, l'alcool nous faisait la grimace.

Négritude principale. Dents blanches pour peau noire. Même notre sang était devenu noir. Noire la colère qui montait en nous. Estropiée notre chanson de liberté. Une bombe a éclaté Rue du Peuple. Personne n'a rien vu. Silence abstrait. Pas de panique. Aujourd'hui c'est jour de coup d'État.

(3 décembre 2005)

À l'envers

À l'envers de ma plume, les mots entortillés
Pareils à nos corps emmêlés dans tes draps
À mes idées embrouillées sur du papier
À mes amours enroulées entre tes poils
À l'envers de tes draps, toute l'indécence
De nos corps rassasiés de plaisirs
de nos pensées distillées dans l'alcool
De nos rebuts à faire soupirer les chiens
À l'envers de nos plaisirs démodés
Les hommes et les femmes du temps passé
Enterreront leurs amours blasées
Et les putains prendront la retraite
À l'envers du temps passé, nos corps enchevêtrés
Sur le cadran de notre époque rude
D'amour bestial, sans foi ni loi
Et d'orgasmes à fendre l'âme du futur.
(15 décembre 2005)

Silence muet

Sur la pointe des pieds je suis entrée dans la carcasse du silence.

Nul mot bâtard pour déshabiller tes muettes tromperies. Ton nom ne franchira plus le pont branlant de mes lèvres.

Mes idées ficelées n'empiéteront plus sur ta vie. Mes doigts désormais menottés ne pianoteront plus sur tes rêves tremblants.

Va-t-en mon amour. Mes lèvres sont scellées, et la clé disparue.

—Jeanie Bogart

Powèm ak tèks chwazi an kreyòl

Peyi mwen renmen an

Peyi mwen renmen an
Se peyi mèvèy
Li bèl kou lalin ak solèy.
Lè li tris mwen nan lapèn
Lè li ge mwen chante ak li.
Peyi mwen renmen an
Se bonè mwen
Se fyète mwen
Se mizik pou bonnanj mwen
Se souf mwen
Se li ki fè san mwen mache.
Peyi mwen an
Se peyi ou tou.
Lè li kagou
Se pou ou karese li.
Lè li febli
Ou dwe ba li manm.
Lè li ap chavire
Se pou ou drese li.
Peyi mwen renmen an
Se peyi nou tout.
Peyi ki nan kè mwen an
Se Ayiti.

Kòmantè sou tèks Felix Moriso-Lewa ki rele «Sa m di nan sa Depestre»

Jodi a entansyon nou se mete nou bab pou bab ak de lèz nan youn tèks Moriso-Lewa ki rele «Sa m di nan sa Depestre». Tèks sa a se younn pami dènye tèks pwezi Moriso-Lewa te ekri yo. Alaverite, tèks ki rele «Sa m di nan sa Depestre» la long anpil, men nou pa dwe kite longè li fè nou pè. Nou pa dwe panse nonplis nou pral jwenn nan tèks sa a pawòl ki pral fè ekzibisyon imajis. Poudayè, se pa estil travay Moriso-Lewa, ni tou se pa konsa mounn te konn ekri pwezi kreyòl nan epòk sa a. Sepandan, nou dwe suiv pito elan lide ki ap deplòtonnen nan tèks pwezi ki rele «Sa m di nan sa Depestre» la. Se youn veritab leson sou nesesite pou save kou Depestre yo konprann, vrè lanng ki dwe sèvi pou pwodiksyon literè anndan Ayiti, mwen di li byen anndan Ayiti, se lanng kreyòl la. Nan tèks ki rele «Sa m di nan sa Depestre» la, Moriso-Lewa monte tribin ak plim li pou li defann lanng kreyòl la. Se youn lalam pou demontre ekriven nou yo, vrè mounn ki dwe resevwa mesaj yo ap ekri nan liv yo ap pibliye yo, se Ayisyen parèy yo dabò, apresa mounn ki renmen Ayiti yo va pran travay nou nan lanng natifnatal la epi yo va abiye li nan lanng pa yo. Alaverite, Moriso-Lewa pa kwè Ayisyen nan rasin peyi a ap janm rive pwofite de sòm travay ekriven nou yo pwodui nan domèn literati nou an. Se poutèt sa, li sèvi ak youn tèks kou «Sa m-di nan sa Depestre» pou li denonse konpòtman Lafrans lan epi ankouraje yo devlope travay literati yo nan lanng kreyòl la.

Nan fen ane 1980 yo, nou te remake youn jenerasyon ekriven ayisyen ki te kòmanse suiv konsèy Moriso-Lewa yo. Mesye sa yo te deside monte sou teren kreyòl la ak plim kreyòl yo byen banda. Men, soti nan fen ventyèm syèk la rantre nan venteyinyèm syèk la, nou remake, mizapa JòJ Kastra, ekriven sa yo kanpe nan wout. Yo vin pran abitid ekri youn liv an franse ak kèk grenn tèks kreyòl anndan li epi se tout. Pou noumenm nan Koukouy Kanada, jenerasyon ekriven ayisyen sa yo ap mache ak de bouji.

Se kòmsi yo pè louvri sou pwòp tèt yo, paske yo ap pandye tann youn men etranje ki pou bat bravo pou yo, rantre yo nan jounal yo, di yo ini-vèsèl eksetera. Kalite konpòtman sa a ta vle di, nou pa kab gen jounal pa nou ki pou sikile toupatou anndan peyi a pou pwòp pèp nou an konnen defil-an-egui tout bèl travay ekriven nou yo. Nou ap viv youn sitiyasyon, kote jèn Ayisyen yo konnen zèv ekriven etranje yo pi byen pase yo konnen zèv ekriven ki nan peyi a. Èske se nòmal? Nou ap di kategorikman non! Si sa rive konsa, se paske nou pa mete ase tan pou nou fè pwomosyon ekriven nou yo. Kant, nou genyen youn mache ki genyen plizyè milye mounn ki ap tann nou bouch anfarinen, men nou pa fè pwomosyon zouti ki pare yo kòrèkteman, youn fason pou tout mounn ta jwenn mezi lajan yo nan plamen yo. Nou genyen «liv an foli». Se trè byen, men aktivite sa a dwe simaye nan kat kwen peyi a, paske Ayiti se pa senpman Pòtoprens. Ayiti se tout lòt vil ki genyen anndan peyi a.

Lè «liv an foli» va tounen foumi fou toupatou sou tè Ayiti, nou va wè kantite ekriven nou genyen, ki pral pran nan kouran pwodiksyon liv pou Ayisyen ak nan lekti liv ekriven natifnatal. Kalite foli sa a pa pe janm ka tounen reyalite si se etranje nou ap tann ki pou fè li pou nou. Nanpwen pyès mounn sou latè ki ap janm vin ede youn lòt gwoup mounn, si li pa wè pwòp enterè pa li nan aksyon swadizan èd nou li vle fè kwè li ap bay la. Epitou, ki lè koukou ap janm fè pitit pou li rele li frizelya. Si Moriso-Lewa te chita ap tann youn kèlkonk men etranje pou valorize travay li ekri an franse nan literati Ayiti a, li ta kab kontinye ap tann jouk jounen jodi a.

Pou Moriso-Lewa te defann kòz lanng kreyòl la, devan ekriven Ayisyen ki chwazi ekri an franse anndan peyi a, nou di li byen anndan peyi a, li te pran men mesye-dam ki ekri an franse yo, epi li te mennen yo jwenn zansèt ki louvri premye gwo batay ki mennen nou nan lendepandans lan, kote li di yo: «M mande Boukmann ak Desalin nan ki lanng ekriven yo dwe ekri?» Apresa, li mande manman li, li mande tant li, li mande matlo abò batiman yo, li mande machann yo, kisa yo di nan sa? Si nou gade byen, nou va remake se ak pèp la Moriso-Lewa te adrese li. Nou vle di, 80% peyi a, ki pa vrèman ap fwote ak koze frankofoni an.

Pi devan nan menm tèks la, Moriso-Lewa fè youn menas. Li di:

«Lè-w tande younn, de, twa, san,
Ou tande san, de san, twa san, mil,
Tande mil, de mil, twa mil, milyon.
Bon! Tout ti nèg bouke, fache nèt,
Ou Konnen: bouke ranni pou chwal galonnen
Tout bèt nan bwa an kòlè, move sa l-fè-l fè
Ou monte nan balkon ak mesye a yo
Pou-w gade laba, lwen, lwen, briz la
Tanpèt la k-ap vini ak lapli loray la
Ou sou yon balkon wo ak mesye a yo

Pou-w gade pèp souvren, k-ap prale pase
W-a di-m, atò, se pou di-m ti frè
Nan ki lang ou santi bagay sila a.
Ou pa wè se an kreyòl l-ap vini!»
Dyakout 1,2,3 (1983), p.113

Se pa menas senpman Moriso-Lewa pote nan tèks sa-a. Li pote tou youn bren lespwa. Lespwa, kote ak youn travay byen fèt, tout mounn va manche diksyonè yo pou yo tradui travay nou nan tout kalite lanng etranje. Poudayè, Moriso-Lewa te deja viv sitiyasyon sa a anvan li te vwayaje nan peyi san chapo, paske tèks kreyòl Moriso-Lewa yo te tradui nan plizyè lòt lanng etranje. Koute pawòl Moriso-Lewa:

«Fè bagèt la yo limen tanbou ban mwen.
Ride sa-k vle klere chimen yo pou n-pase
Ban-m kout lanbi ki pou travèse lanmè a.
W-a wè kote tout moun ap manchte diksyonnè
Pou yo mete-w an franse
Pou yo mete-w an angle
Pou yo mete-w an ris
Pou yo mete-w an chinwa
Pou yo mete-w an panyòl».
Dyakout 1,2,3 (1983), p.114

Pou noumenm nan Koukouy Kanada, vrè pwoblèm ekriven ayisyen ki anndan peyi a, sèke yo poko janm pran desizyon fè youn literati pou Ayisyen ki ap viv nan peyi a. Se sa menm, mesye-dam ekriven nou yo poko pran desizyon sa a anndan peyi a. Paske, lejou yo va deside ekri pou pèp ayisyen, 80% popilasyon an Moriso-Lewa mansyone nan tèks li a, se an kreyòl mesye-dam ekriven nou yo va ekri. Se lè sa a tou nou va kreye youn pon pou nou louvri lavwa bay tout jeni nou genyen ki ap viv toupatou nan tout rakwen peyi a. Rèv la bèl, wout la lonng, mèzalò pyèsmounn pa kab konstui youn peyi si yo sispann dòmi reve tout kalite bèl zetwal ki gen pisans mennen yo nan sous ozanana.

—*Michel-Ange Hyppolite* Kaptenn Koukourouj Ottawa.
Kourye elektronik: Michel-Ange_Hyppolite@ocdsb.edu.on.ca

Nòt Editè / Konparezon Mo:

Youn=Yon / Mounn=Moun / Lanng=Lang. Remake tou Moriso-Lewa mete yon trèdinyon anvan pwonon pèsonèl ak atik defini yo.

Powèm pa Patrick Sylvain

Pou Lanmou ak Lavi

(pou Edwidge ak Fedo)

Nan defilman lane,
Kwak langaj ak peyi
Simante n',
Zanmitay nou vin deboutonnen
E nou parade nan vi pèsonèl lòt
Ak kè kontan, kriye, rèv e konfyans.
Mo mouvmante m',
Pote m'ale nan solèy kouche
Souri ou kote yon vwa hap ki t'ap dòmi
Pandan lontan fè tande l' lè Fedo trankilman
Tonbe sou nòt ekzat lan.
Haiti holds surprises.
Although hate is rampant,
Love quietly shelters in the boondocks.
Anpil kle, anpil akò.
Hap lan, menmjan ak yon akolit,
Se yon enstriman difisil pou metrize.
Fil redi, son apezan.
Fòm elegan epi senp tounen konpleksite l'.
Enstrimantalis sa a dwe pasyan
Avèk dwèt li byen donte.
At the crossroad's center, love opens like a petal.
One arrives from Miami, the other from New York.
Entertwined roots, a melody ascends.
Angels, spirits, ancestors, all gather
To stitch this love that started
With a simple smile and then a burst of laughter.
Haiti holds surprises,
Even after your departure,
It has your gift reserved.
Avèk tan, Fedo metrize hap lan
Epi kòmanse tradui sekans kè l'
Sou chak kle. Egu, pla, dou.
Minè ak majè.
Chak son ondile rapwoche
Hap la ak hapis lan.
On the emotional terrain,
Love is a collision of souls
That drifts one like waves
And where tears and laughter mesh.
You are no longer at a juncture,

Love's melody is at your hearts' crevices.
I hope each hour will be an hour of enjoyment
Even when teeth may grind,
Or the conjugal bond feels tectonic,
Reminisce about your simple pleasantries,
And recall us who fêted your love's coronation.
Maryaj se pa zèl klanpse,
Ni yon toutrèl ki pandye fas-anba.
Maryaj se yon akonpayman:
Dwèt ak kòd gita,
Bwòs ak twal penti.
Immerse in each other's terrain
As to become each one's spring
So the glutton of bachelorhood
Will not dip in your marital well.
Lanmou se metafò yon mond
Kote emosyon blèz ak bèl rèv chita.
Konsatou, lanmou se yon lokatè
Pou fristrasyon ak movesan.
Kòm achitèk mo, youn se tradiktè
Lòt la ekriven, sonje pou n'chwazi
Mo inofansif, mo envitan
Pou navige langaj nou.
Flowers must be planted with care
And in your affective's garden,
Include your soul so that each flower blossomed
Will be one of hope.
Sere moman sa a nan malèt devosyon n',
Epi kite dousè nou te resanti
Lè nou te fèk touche fondasyon lòt.
Sonje premye anbrasad, timid men dyanm.
M'swete beyatitid zanj nan zile n'
Pral kloche kontantman pa n'
Epi vag son hap la kreye an, pral bèse n'
Nan yon oseyan plezi misikal.

(tr. 12 novanm 2004)

Ozabwa

Gen yon sèkèy nan pòmdadan m',
Èv mouri nan rèv mwen
Kounye an, m'bezwen yon zetwal dezirab
Pou m'kriye doulè sou zorye tete l'.
Pa gen lèt, pa gen Èv, pa gen rèv.
Tout rèn ozabwa,
Freda anba dra,

Fanm lafrechè anba-zaj fè mikalaw
Nan yon lawonn pou grinbak,
Choublak sou pwatrin
Kache sant latrin lavi.
Zye m' dekòlte pou m'gade
Yon pwosesyon foumi
Nan lari pokann abiye,
Pyeton zonbifye trebiche,
Memwa mò tache sou miray Sakrekè.
M'anvi kriye men swafte lavi
Petri blad dlo m'. Yon fiyèt kilbite
Anba yon bokit dlo pandan
De tigason pran pise sou yon lame-foumi.
Mwen ta ri, men kann rasi mazora m'.
(13 desanm 2005)

Pòtoprens
Vil san prens, ni pò
Pou akoste yon milyon abitan
K'ap kannale nan Atlantik
Pou bouske lavi nan Atlantis.
Vil Agwe, vil nofraje, vil mistik.
Pòtoprens, vil san prens,
Vil pousyè ki akouche bidonvil,
Vil mitrayèt touse katouch
Nan kòtòf lespwa.
Pòtoprens, vil site vale solèy
Vil san prensip, vil kidnaping,
Lanmò oubyen *greenback*,
Vil boulsuif kifè zanmitay
Monte masuife.
Vil politik tik-tak-to,
Bòdwo wo, pa gen dlo,
Lawouze kriye pou fiyèt
Ki foule anba bokit,
Lamas pran zèl nan janbe limon
Moustik tounen lopital malarya.
Kat-kat klimatize gonfle ego,
Pousyè fè replik ak nen,
Menm pyebwa touse koklich.
Peyi m' bato,
Pa gen ni van, ni dlo.
Tout zye brake sou Atlantik.
Pòtoprens, vil san prens
Ni pò pou akoste lespwa.

Yon Moman Refleksyon

Limyè lalin mwa dawout nan *Cape Cod*
Akonpaye m' nan pwomnad solitè m'
Ki mande poze yon kè chevalye ki fatige.
Vag lanmè yo dewoule youn aprè lòt
Nan yon resital ki chichote laperèz.
Pye mouye, san poze mwen deboukle
Sandal an kui mawonnat mwen yo,
Sab dous e tanpere satiyèt pla pye m'.
Mwen frennen mach mwen pou m'admire
Zetwal yo k'ap briyonnen.
Ki limyè mwen diminye nan kè m'?
Mwen santi m' lou nan yon sakit koupab.
Mwen konnen lajenès pa pèmanan,
Menm goyelan ki akwobatik e san perèz
Sipoze bat zèl yo epi tonbe mouri arebò lanmè.
Nan nwasite lanmè, kèk limyè vasiye
Pandan kim blanch vag yo vin mouri bò pye m'.
M' pwomennen ak zye m'fikse sou fimaman an,
Mwen pile zèb-lanmè ak kokiyaj fele.
Zetwal yo doleyanse angwas mwen an silans.
(tr. septanm 2004)

—**Patrick Sylvain** parèt nan *Lanmou, Anvi ak Pèdans*,
Edisyon Mémoire d'Encrier, 2005. [Remake otè a met yon
apostwòf apre adjektif posesif ak atik defini yo.]

La vie au marché au Mali. —*photo par Don Gurewitz*

Powèm pa Barbara Victome

Chimen Nwa

Nan yon ti kounouk
Nwasi ak lafimen chabon
Kote mouch ak moustik fin pran pouvwa
Yon fanm ak tranche
Ap rann dènye souf li
Nan yon pitit ki refize sòti
Pou vin wè koulè lamizè
Yon dividal moun
Bò kote li ap plenyen
Nan yon lòt kwen
Sèt ti zonbi
Mèg kou aransò nan sewòm
Nwè kou kakadyab
Ap kriye
Ap rele anmwey: GRANGOU
Pa yon po patat sou tab
Pa yon grenn sèl pou met anba lang
Yon lòt pitit
Yon lòt nimewo mizè
Gason reflechi
Gason kalkile
Li gade anwo
Li gade anba
Nan you sèl kous kouri
Gason bwaze
Gason pran rak
Yon kout rèl pati
Tout moun sezi
Lavi a bouyi tou nwa.

Deklarasyon

Pa di m "I love you"
Sa blan di?
Ma konprann ke se manman m
Wap joure
Pa di m «te quiero»
Papa m mouri nan brasewòs
Wa pote move souvni
Nan lavi m
Pa di m «Je t'aime»
Ou konnen bouch mwen sirèt

Bwat franse m pa long
Ma wont pou m reponn ou
Di m ou renmen m
Ou vle m
Pou menaj ou
Boubout ou
Fanm ou
Rakonte m kouman depi w wè m
Lòlòj ou chavire tèt anba
Ou anvi kouri
Ou anvi rete
Nan ki fason kè w senyen
Lè lòt ap koutize m
Ou san lè fè zak moun fou
Di m ou anvi tounen
Ti bebe sou janm mwen
Kriye ak mwen
Kriye pou mwen
Rive nan zetwal avè m
Fè ti kabicha sou nyaj yo
Esplike m kouman nanm mwen
Domine lespri w nan dòmi
Wap bwè solèy ak lapli
Sèlman pou ou kapab wè m
Ou pa bezwen parèt
Ak diskou manch long
Gaspiye papye ak lank
Monte kanson w
Gade m nan je
Epi vin di m
Ke ou vle m
Pou zanmi w
Konpay ou
Metrès lavi w
Manman pitit ou
Si ou serye
Mache sou mwen
Vin file m
Paske mwen bouke tann ou
Paske si se pa sa
Se mwen kap vin fè w
Deklarasyon lanmou.

—**Barbara Victome** (ekstrè de *Randevou Nan
Labrin,* koleksyon powèm, 2002)

Powèm pa Gary Daniel

Dappiyanp

Ak youn gwo tètgridap
nan men mwen
oun ti godèt kafe
bò tichèz ba mwen
m'chita ap souse kòzman
moun nan lakou lakay lage
nan monn lan pou zòt tankou m
kab jwi
Mwen souse tout klate limyè
ki ta soti awoze lespwa k'blayi nan nanm mwen
demen Ayiti gen pou l miyò
kanmenm, kanmenm
Anpil kesyon poze sou zak
kap fèt nan peyi a:
zak politik, dappiyanp ekonomik,
zak byennèt sosyal.
Pa janmen gen repons ki pi klè pase
repons reyalite lavi a bannou.
Depi m'te ti katkat se goumen m'ap aprann
nou, Ayisyen konn goumen. Depi m'te ti katkat
se trayizon n'ap aprann kòman
pou nou pote labanyè ladann.
Jodi a nan lekòl lavi peyi nou an
youn degre dòktora
fè renk tanmen resevwa moun ki vle
aprann pou demen piske
ka bouki pa ka malis
ni li pa ka sòyèt.
Bacha chita ak bacha men
pitit sòyèt detui pitit sòyèt.
Pitit sòyèt aprann byen kouman
tab se kay bacha sa rete.
Pitit sòyèt se lan men
l'kenbe kwiy li pou li manje.
Moriso te di: blan pa pran pòtre m
m'di blan kite m mouri grangou
Wa Kreyon wè malè
Tirezyas ret bèbè
lajan gen koulè blan.
Ti difevole anba linèt nwè

makout,
janklodis
tren chouchou
kòk savann
bò tab twa pye
lavalas debò
teknokrat malpwòp
poli tichien zòt mete
eskize m!
politisyen mil po
mil koulè.
Jodi a nan lekòl lavi peyi nou an
youn degre dòktora inivèsite leta
fè renk tanmen resevwa moun ki vle
aprann kouman pou yo di:
blan kite m mouri grangou
kwiy la koule
savon lave pa pwazon
se vant mennen sa bay
Jodi a nan lekòl lavi peyi nou an
youn degre dòktora inivèsite leta
fè renk tanmen resevwa mounn ki vle
aprann jodi pou moutre timounn repete demen
blan kite m mouri grangou
konsa m'a aprann separe
si se Ayisyen mwen ye
si se moun mwen ye
m'a separe sa m'gen
pa sa m'pa genyen
Jodi a nan lekòl lavi peyi nou an
youn degre dòktora inivèsite leta
fè renk tanmen resevwa mounn ki vle
aprann konnen di
blan pa di ou vin ride m
pou lè w pran
pou sa pa deranje m
m'a konnen se sòt mwen sòt
demen n'pap ekri ni rele bondye
bondye katolik
bondye pwotestan
bondye mizilman
bondye bouda bèltèt
bondye vodouyizan
ki chita ap gade masak sitesolèy

siteboston
sitekaton
sitetach
sitelento
lafòsèt
sitelesko
raboto
kasolèy
lòtbò kanal
kaytikam
nanbwochèt
solino
lakoufoumi
koridòbastya
siteletènèl
Men Pèletènèl Bondyemalere!
Blan kite m mouri grangou!
Ayè m'te gen lendepandans
Ayè m'te pran lendepandans nan lans
Ayè ankò anba boulèt san lèt
Tipè a te kraze ze san jòn lan
Dekilakyèl! San labsolisyon
Henben! Blan kite m mouri grangou!
Jezikri pye poudre se pou w sèlman l
te mache!
Blan kite m mouri grangou
Desalin roule nan sèkèy li
Se Tousen k'ap touse ak chagren
Mwen di blan kite m mouri grangou
Drapo n ble ak rouj
Ak osnon san bone frijyen
Vanyan palmis titèt nen pwenti
Mèt fèy fin tete pòsyon
Anrikristòf papa!
Rim sèvo koupe souf Ayisyen.
Grangou mouri kite m
Blan di mwen
M'a pibon pase drapo flote.
M'a pi ganm san pye
San tèt,
M'a vejetab,
Ala youn bon manje!
Dappiyanp lan va fèt pi byen
Poulepeyi, Poulèsantèt.

Vwal

Zye lespri fèmen
bandwòl lanwasè mare
lakontantman san ne dri
rip! rip! dechire limyè
flap! flap! trennen sèvèl
nan boulva kanaval mil koulè
zobop sèvo pichon
kat mi san fenèt san pye wo
pran l jan w vle
grenpe monte glise desann
vlap! vlap! kale l
lanbe l, klere l, sire l
miwa kat je kontre
pèse tiyoup! tiyoup!
vwal po zye lespri fimen
pouf! pouf! lafimen kite tras
prent lanjelis nan fant ayè
ak jodi.
Nou younn pa wè.

—***Gary S. Daniel*** Nèg Gonbolyen

Powèm pa Johnny Bélizaire

Lavironn dede

Èske m gen chans
flote drapo m
yon dènye fwa
èske ble e rouj
la pa detenn
di m kilè
bikolò m ap rejwenn valè l
Drapo m vle pale
e kisa l di:
«Pa pran m pou dekore lari
Pa pran m pou dekore riyèl
Piga w mete m nan tèt jenn fanm
Pa fè m sèvi riban timoun jadendanfan
E pa menm mete m bare blad tete w
Nan fon kè w»
Ou konnen byen ou pa renmen m
Se chak jou ou ap gade m
Sire kon peny ti dan

Chifonnen kou soupyè ki sou bourik
Epi jodi dizwi me
Ou te gentan pi bon zanmi m
Ou se sèl patriyòt
Vouzan pou ou mouche
Lavoum pou ou madanm
Bisantnè lendepandans
Drapo blan etranje
Flote sou zile a
Jouk jounen jodi
Dirijan m son w bak kennedi
Lame m se yon pwazon pèpè
Sekirite m son «tout par et pour la métropole»
Tipinèz kote w
Sikonstans lavi ki rann ou «hors la loi»
Mwen menm se dilè politik
Ki rann mwen restavèk
Se yo ki lakòz
Jodi dizwi me
Drapo m neye
Ak rèv mwen
Nan lanmè san bout
Ble e rouj mwen
Fè nofraj
Nan oseyan lavironn dede

—Johnny Bélizaire Amiens, jou ki te
16 me 2005; Non à la guerre! Bas les armes!

Powèm pa André Fouad

Se zetwal Ayiti mwen ye

Ti gout pa ti gout chagren
chagren ti gout pa ti gout
peyi ti gout pa ti gout
ti gout pa ti gout peyi
zile ti gout pa ti gout
ti gout pa ti gout zile
ou ta di ti gout lenk
ki tonbe sou fle
vwa lonbray
kou vwa zandolit
vlope rèv yon peyi
yon peyi potre danfans mwen

potre ralemennenvini m
potre limyè m potre demen m
potre kilti m potre potomitan libète m
Zetwal li briye
mwen damou l
lan nwit li senyen tanzantan
mwen damou l tanzantan
rèv li rete nan wout
lespwa li kangoule
mwen damou l tanzantan
lan nwit li ka bèl
mwen vle ba li tout koulè kè m genyen
AYITI, AYITI CHERI se yon djakout zetwal
andann kè m ki plen ti flè lanmou.

> —*André Fouad* powèm sa a te pran dezyèm pri nan konkou powèm
> *Haiti Tribune* te òganize pou Jounen Mondyal Kreyòl 28 oktòb 2005

Powèm pa Denizé Lauture

Sans Tit

Dyòl mwen krache san
Ak chak son li pouse.
Mwen sòti nan zantray yon nasyon
Ki genyen nanm li kloure
Tèt anba
Sou yon kwa malediksyon

(tire de "The Black Warrior and Other Poems", Subpress, New York, 2006)

Madichon Sanmba / Dlo Nan Sensè A

Tout grann sanmba a
Benyen nan Dlo Nan Sensè.
Papa sanmba a
Manman sanmba a
Benyen nan Dlo Nan Sensè.
Fanmsay ki te koupe lonbrik sanmba a
Marenn ak parenn sanmba a
Benyen nan dlo Nan Sensè.
Kouchèt sanmba a
Rad sanmba a
Lave nan dlo Nan Sensè.
Chak jou dimanch
Sanmba a tal plonje tèt anba

Nan tout gwo basen Dlo Nan Sensè.
Kè sanmba a pa fouti pa sensè.
Yon lè yon lè konsa
Yon lè yon lè yon lè konsa
Yon jou yon jou konsa
Yon tan yon tan konsa
Mwen kwè
Mwen swete
Na sonje
Na règrèt
Yon tè yon peyi yon nasyon
Yon tè nou te pase kòd nan kou l
Yon peyi nou te mare pwa 50 nan pye l
Yon nasyon nou te fouye fòs
Nou te antere je ouvè
Ak tout souf li
Vivan.
Na sonje nou te pran gwo pèl
Pou voye tè sou li
Nou te mennen gwo traktè
Vin konble l ak wòch
Nou te rele achitèk ak move jeni lanfè
Pou bati tonm li.
Yon lè konsa
Yon jou konsa
Yon tan konsa
Mwen swete mwen kwè
Yon ti limyè klè
Yon ti pwent zetwal
Yon ti kal lalin
Yon ti klate solèy
A danse douvan boul je wouj nou.
Lè sa a jou sa a tan sa a
Tankou Defile kap ranmase ti moso kò Dessalines
Na pwomennen chache
Tout ti kal twèl ble
Tout ti kal twèl wouj
Pou nou fè rad nou
Menm jan nou te konn pote
Flannèl devosyon
Ak kolye grenn wari
Pou pwoteje nou kont move maladi
Kont maldyòk move moun.
Lè sa a jou sa a tan sa a
Mwen kwè mwen swete
Na fè yon pa annavan

Bawon Lakwa. —*photo pa Blondèl, 1994*

Na mache sou pinga nou
Pou nou al fè zo jenou n wouj
Wouj bò tonm tè a
Wouj bò tonm peyi a
Wouj bò tonm nasyon an
Yon tè nou fòse pote chay
Moun pa bay move milèt
Yon peyi nou krache nan figi
Yon nasyon nou pise nan komisyon l
Yon nasyon youn nan nou
Pa chache fèy melis ak kòsòl
Fèy tibonm ak mant
Fèy sitwonnèl ak zoranj
Pou nou bay yon ti beny santi bon
Yon nasyon nou tout ap pouse nan fon latrin.
Men fout jou va jou vyen!
Yon lè konsa yon jou konsa yon tan konsa
Lè tout venn kò nou koumanse kokobe
Anba kout lang frèt zèl move zè pol nò
lè vrè Tonton Nò a
Zòtèy blanch dwèt blanch
Pye blanch men blanch
Janm blanch ponyèt blanch
Kò blanch tèt blanch
San kè san san san pitye
Souse tout san nou
Chifonnen kò nou jous nou tounen mafwezi
Jous nou tounen enmonstre
Vye nyaj blan an
Move si pi mal pase malozye a
A sòti nan nawè je nou
Na mande kote mi kay grapapa nou
Na mande pou demanbre grann nou
Na reve na sonje na mande pou lakou lakay
Ak yon sous dlo nan chak grenn je nou.
Men lè sa a adye!
Twò ta ap deja bare nou
Lannwit ap pran nou nan chimen
Mèt Minui ap deja manje kè tout frè nou
Ak tout sè nou
Mèt Minui ap gentan fin pran
Zonbi lakou lakay
Tankou lonbray yon move pyebwa
Ki detounen rekòlt yon bèl jaden.
Wi se sèlman yon tonm na jwenn
Yon tonm move pitit pa janm sekle

Yon tonm move fanmi pa janm blanchi
Yon tonm move ras kite fin kanni
Anba zèl frèt Minui.
Tankou estati na kanpe douvan tonm nan
Kouwè moun fou nan tonbe fè wonn tonm nan
Menm jan ak zonbi yo pini sou graj
Na rete a jenou douvan tonm nan.
Lè sa fout!
Jou sa a fwenk!
Tan sa a tonnè!
Labaras vant nou ak gwo venn kè nou
Mwèl zo nou ak mwèl tèt nou
A goute dan moulen dechennen
Kokenn chenn lawont
A goute dan moulen dechennen
Nannan grenn chaplè move krim.
Beny kò nasyon an
Ak antèman kò nasyon an
Ak dennyè priyè nasyon an
Tout pou fè wonn
Nan mwèl zo nou
Douvan grenn je nou
Nan mitan kalbas tèt nou
Tankou timoun fwonte
Kap jwe nan lakou fènwè
Lè pa genyen ni lalin ni zetwal
Tankou yon move rèv lougawou
Ki dire tout lannwit.
Vyèy timenm mwen!
Jou sa a ayayay!
Boul je m wouj wouj dife
Boul je m ap danse
Tankou 2 bò bounda
Yon bèl hounsi kanzo
Kap woule kout tanbou rada
Zansèt nou yo
Yon jou 2 janvye.
Bò tonm nasyon an
Ki pral fè nou tounen
Koulèv timoun madichon kase ren
Je wouj Nanchon nan Ginen m yo wè
Wè nou tout tounen chwal
Move lwa Danbala moute
Wè nou tout fòse marinen tèt anba
Ak pye istwa pikan kwenna peyi a
Adye! Wi doulè nou se anpil move kout ponya

Nan mitan kè mwen.
Je dife wouj Nanchon nan Ginen m yo wè
Zo tout ti bèt
Tout ti lèzanj
Tout vivan
Nou te fè tounen zonbi
Nou te lonje de pye long
Sou tè byen dous nou an
Nou fè tounen yon gwo Twou Foban an
Tounen pikan zegwi fwenn
Tounen ponya razwè manchèt
Pou filange move kè rèd nou.
Zo ti pwason je dou
Ti kribich bèl tye
Ak krab bouch anba vant
Met tèt ansanm
Pou filange men nou ak pye nou
Sou pye istwa pikan kwenna peyi a.
Zo ti zòtolan inosan
Ti toutrèl gòj dore
Ak ranmye plim kayimit vyèlèt
Kole zèpòl pou kloure janm nou ak ponyèt nou
Sou pye istwa pikan kwenna peyi a.
Zo pipirit bèl klòch lè maten
Rosiyòl mèt sanmba nan flanm solèy
Ak pèdri bouch dous solèy nan dòmi
Fè mera pou fwennen kwis nou
Sou pye istwa pikan kwenna peyi a.
Zo koulèv vèt touf malanga
Zo koulèv nan dòmi sou branch figye
Ak woulong nan twou wòch
Fè konbit pou pèse lestomak nou
Sou pye istwa pikan kwenna peyi a.
Zo chen grangou nou touye ak kout wochapyè
Zo ti kabrit nou kòche ak moso boutèy
Ak zo vye bourik pye krab do maleng
Fòme asosye pou krisifye kou nou
Sou pye istwa pikan kwenna peyi a.
Zo tout timoun nou depoze sou lotèl Twou Foban
Zo tout jenn moun nou fè tounen lantouray Fòdimanch
Ak zo tout granmoun nou fè tounen bagèt manman tanbou
Fè kòve pou anchennen tèt nou
Sou pye istwa pikan kwenna peyi a
Wi je dife wouj Nanchon nan Ginen m yo wè!
Lè sa a jou sa a tan sa a
Yon ray ka fè nou begle

Begle pi fò pase towo bèf
Kouto Nonk Norivil pike
A sakaje kalbas tèt nou.
WOOOOOY!
Jou sa a tout trip nan vant nou a kòde
Tout fyèl ble nou a sòti nan bouch nou
Nan twou dyòl wouj nou
Twou dyòl anmè nou
Twou dyòl plen bave nou
Pawòl mande padon a resi tonbe
Resi tonbe tankou yon pitit
Ki resi sòti nan vant manman li
Apre yon move tranche.
Tan sa a jou sa a lè sa a
Na tounen chwal dosil
Yon bon lwa Danbala
Tèt anba na mare ak istwa tris
Byen tris la
Na pwonmennen ak panyen ranmase flè flanbwayan
Pou n al simen sou fòs Titanyen
Nan mitan lanmè Jeremi
Nan batey Nanpanyòl ak Lanmè Florida.
Na mache penpennen flè lorye
Pou n al depoze douvan legliz Lasalin
Bò tout mi simityè
Nan kafou Machatè.
Na bouyi fèy melis ak kòwosòl ak tibonm
Pou nou lave tout ti kay ak tout chimen
Tout kafou ak tout tèt mòn
Ak bon dlo santi bon.
Na ale nan chak pye zèb
Nan chak pye bwa peyi a
Pou n pran yon ti rasin
Yon ti branch
Yon ti fèy
Yon ti flè
Na ranje kat papa bouke flè
Kat manman bouke flè rekonesans
Youn pou tout moun ki te pote non KAKO
Youn pou tout GASON ak FANM VANYAN 1804
Youn pou tout men ki te limen flanm dife 1791
Youn pou tout premye AYISYEN
Ki te pentire kò yo, tèt yo, nanm yo
Ak koulè LAVI KAONABO.
Wi tan sa a jou sa a lè sa a
Nanm nou a tounen chwal dou yon bon lwa Danbala

Kò nou a tounen lyanm pye istwa nasyon nou an
Dlo klè larivyè Nan Sensè
A antre nan tout fant zòtèy nou
A karese tout janm nou
Tout longè kò nou
La rafrechi anba zèsèl cho nou
La rafrechi tèt cho nou
La benyen tout venn kò nou
La antre anndan nannan nanm nou menm.

—*Denizé Lauture* inedi/premye piblikasyon

Powèm pa Fred Edson Lafortune

Pwenvigil

Chante ki pote koulè lanmou n
soutni chak batman kè
k'ap mouye anba lapli
pawòl ki pote plezi lang nou
trenen twa pwen sispansyon
nan kaye memwa n
men dèyè do lanmè
yon kannòt chavire
lè tout lanp etenn
lè tout limyè tenyen
fè nwa taye banda
nan nannan enspirasyon m
dousè w satiyèt rèv mwen
cheve w antòtche nan lonbrit mwen
lè tout lanp etenn
lè tout limyè tenyen
souf ou melanje ak souf mwen
tete w danse sou lang mwen
lè tout lanp etenn
lè tout limyè tenyen
ason lanmou an sonnen
lwa alsiyis danse nan tèt mwen
mwen tire lobe
nan sous plezi w
se nan blakawout la mwen santi m avè w
tanpri cheri
pa limen limyè

—*Fred Edson Lafortune* (ekstrè nan rekèy sou menm non an *Pwenvigil*)

Powèm pa Jamie Moon

Ievanjil Iari

(pou Tontongi)

Timoun bondye malefase
(ri san non kay kraze de pil fatra)
leche maleng dlo sal dèyè paj listwa!

—Jamie Moon

Powèm pa Pierre-Roland Bain

Aba tout jeton

Deplimen
Toufounen
Krabinen
Kankannen
Pyetinen tout jeton
Ki lage m nan won
Libète voye nouvèl
Ki sòti nan sitadèl
Jeton ak kreyasyon
Se lèt ak sitwon
Libète voye nouvèl
Li mande tout rebèl
Defalke
Detripe
Dekonstonbre
Dechouke
Dechalbore
Demanbre
Demachwele
Ekstèmine tout jeton
Libète poze kesyon
Ki bay frison
Poukisa pitit dyòl alèlè
Twouve l bèbè
Devan yon ti po silabè
Libète voye nouvèl
Li mande tout azizwèl
Fann fwa
Depatya
Retyatya tout jeton
Jeton kay frè

Jeton kay pè
Jeton kay mè
Jeton kay mèt Pyè
Jeton nan tout lekòl
K ap mete baboukèt panyòl
Kole ak lakòl
Nan bouch ti Anatòl
Nan lekòl riral
Nan lekòl nasyonal
Nan lekòl anba tonèl
Kay madan Masèl
Aba tout jeton
Jeton mèt madichon
Jeton pwofesè defas
Jeton pwofesè move ras
Jeton pwofesè mètdàm
Ki pran pòz jandàm
Jeton pwofesè lespri kolonize
Ki merite remize nan mize
Pwofesè kalèd kòk pou po
Ki pèdi dwa kriye ayibobo
Pwofesè vòlò dwa moun
Diplome nan bat timoun
Libète voye nouvèl
Pou tout pwofesè poupetwèl
M se timoun lekòl
M pa esklav lametwopòl
M pa moun Daviyon
M pa konn danse anwon
M fèt nan lakou plètil
M pa zanmi ensiswatil
M pa kouto debò
Ou mèt pran wout lòtbò
M pa tyoul
Menmsi m konn choute boul
M pa restavèk
Se flè zetwal mwen ki poko rèk
M pa espyon
M se zanmi linyon
Pa ban m misyon
M pa sèvis sekrè
Ou fè yon gwo erè
Pa vide pwazon zenglen
Nan nannan sèvo mwen
Kite m fout trankil mwen
Ak lang mwen

Kite m pale lang mwen
Ak vwazen mwen
Ak zanmi mwen
Ak ti kamarad mwen
Nan klas mwen
Nan lakou lekòl mwen
Nan legliz mwen
Nan biwo leta mwen
Ou mèt disparèt
Tankou mayi pèpèt
Ou mèt kraze rak
Menmsi ou se yon nèg ki tyak
Libète voye nouvèl
Ki sòti nan sitadèl
Jeton ak kreyasyon
Se lèt ak sitwon

—*Pierre-Roland Bain* jou ki 26 janvye 2002

Powèm pa Idi Jawarakim

Men sa'm vle

(Wou Li ki gen tout pouvwa; mèsi pou lavi, mèsi pou solèy-la ak latè ki nouri lavi, mèsi pou entèlijans ki prezève lavi, mèsi pou lasajès ki apresye lavi, mèsi pou lanmou ki bay lavi koulè, mèsi pou lanmò ki renouvle lavi, Ayibobo!)

Si se bèt ki manje-m si m'boule si m'nwaye
Osnon si m'disparèt san n'pa konn sa k'pase
Si n'wè m'pa evite-l pa panse se sa m'vle
Nou ka kriye si n'vle menm sa-a n'pa oblije
Si nou ri m'pap fache
Sizoka se nou k'la sèvi-m temwen souple
Lè mwen an tranzisyon
Pou yon lòt dimansyon
Lè sa-a kòm mwen pap ka fè selon jan m'ta vle
Tanpri pa fè eksè; men sa se m'ap mande:
Men sa m'vle
Mwen ta renmen ale menm jan ke m'te vini
San chapo san soulye san pyès seremoni
Fè kado tout pati nan kò-m ki ka sèvi
Fè-m yon dènye plezi antere-m toutouni
Se sa m'vle
M' te vin de men-m de pye-m konsa ta m'vle tounen
Fè-m konfyans mwen pa kwè ke m'ap bezwen anyen
M'pa kwè nan antere sa yon lòt gen bezwen
M'si gen on pi bon vivan depans sa yo te ka fè byen

Men sa m'vle
M'renmen ide se nan on tou ke mwen pral repoze-m
Kouvri pwèl-mwen ak drèdlòks mwen-yo anvan nou depoze-m
Se latè k'te manje-m se latè k'pral manje-m
Mwen ak latè n'se yonn pa rantre nan koze-n
Ban-m di nou ki sa m'vle
M'ta renmen mouri yon kote mwen gen anpil zanmi
Pou se ak mizik pwezi dans ponyen tè pou kadav mwen kouvri
Si n'ta wè m'vin byen mal pa fè wout lopital
Si toutfwa m'ta deyò anvan de je-m fèmen
Nan premye okazyon retounen-m lakay mwen
Si leta pa vle n'fè dènye volonte-m
Boule-m
Jete sann mwen lwen
Nan fon lanmè souple
Men sase m'vle.

Mèsi anpil

Mèsi anpil nou k'n'te konn menase-m koutpye
Lè s'on kout men ke m't'ap chèche
Mèsi anpil nou k'te konn met kò-n sou kote
Lè n'kwè m' pral mande-n charite
Mèsi chak fwa m'te anvi mande-n
Chak fwa m'sonje n'pa t'ap tande-m
Sa te voye-m al fè jefò
Sanble sa ap mennen-m yon kote
M'ap di-l sa n'gen dwa pa dakò
Apre m'fin di mèsi Bondye
Fòk se nou-menm pou m'remèsye
Mèsi anpil mèsi on pakèt

Mèsi anpil nou k'te toujou twò okipe
Pou n'tande-m lè m'te anvi pale
Mèsi anpil tout sa k'pat la pou konsole-m
Lè mwen te gen bezwen kriye
Mèsi sa fè lè m'gen pwoblèm
M'aprann diskite-yo nan kè-m
Nan abitid pale ak tèt mwen
M'fin pa wè sa k'ap fè-m byen
Lè m'vin sonje n'pa t'ap tande-m
M'ka di si n'pa pwofite-m
Omwen n'pa arive gate-m
Mèsi anpil mèsi on pakèt

Mèsi anpil nou-menm ki te gen de mezi
Youn pou gran nèg youn pou piti
Mèsi anpil lè m'te gad fason nou trete

Moun sikonstans t'ap maltrete
Sa fè nan vi pa-m m'sèmante
Pou m'pa janm di-n tanpri souple
Se pa ke m' pi renmen laglwa
Men n'montre-m lajan se pouvwa
M'konnen kè-m chaje ak bonte
Sèl jan pou m'gen imilite
Fò m'f'on jan pou n'ka respekte-m
Ak yon talan m'ka devlope

Mèsi anpil tout sa k'te wè m' ka rive lwen
Ankourajman-n yo fè-m du byen
Mèsi anpil tout sa k'te pote-m move kou
M'aprann sispann aji an moun fou
Si jodi-a m'moun ke mwen ye-
Se paske wout nou kwaze
M' ap sèlman di mèsi Bondye
M'pat aprann pou mwen bliye
Si m'pa site non-n fè-m konfyans
Se paske se on ti bout chante
Kwè-m se pa yon endiferans
Mèsi anpil mèsi on pakèt
Obrigado, Arrigato, Danke Schön
Muchas Gracias, Molto Grazie
Tadaraba, Asante Sana, Spasiba, Merci beaucoup
Mèsi oun pakèèèèèèèèèèèèèèt.

Degèpi

Bay kou bliye
Pote mak sonje
Bay kou mèt fè sa l'vle
Pote mak ap toujou sonje
Bay kou bliye
Pote mak sonje
Adje!
Si m'pa mande padon
Pou yon mal m'pa fè non
Kouman m'pral padonnen
Yon mal yo fè yon lòt.

Opinyon politik

Aba Divalye!
Bon m'pap viv nou vle m di viv?
Aba Lavalas!

—Idi Jawarakim

NDLR / Nòt Editè: Powèm sa yo te remanye an desanm 2008. Idi Jawarakim te ensiste pou nou pibliye powèm kreyòl li yo avèk siy apostwòf apre pwonon pèsonèl kontrakte yo ak trèdinyon anvan atik defini ak adjektif posesif yo. Ann remake tou anpil lòt powèt kouwè Moriso-Lewa oubyen Patrick Sylvain itilize trèdinyon anvan atik defini yo e apostwòf apre adjektif posesif yo. Byenke nou deside respekte siy gramatikal ekriven sa yo chwazi, nou panse fòk nou elabore e deside pou yon fason definitif kouman pou n anplwaye òtograf ak siy endikatif ekriti kreyòl la.

Powèm pa Danielle Legros-Georges

(tradui de angle pa Tontongi)

Veye Lannwit (Night Watch)

Madanm lan vire kòlè l sou mwen.
Mwen se yon senbòl pou li, yon malè,
pitit fi li pat janm genyen an
oubyen li pat janm vle
genyen an.
Si m mouri
m'ap vin
pi itil
pou li. Klou yo
ak mato li chache aswè a
ap vin konstui yon sèkèy, yon bato
ki la pou ede n flote ale.
Eske gen lontan
li te blayi yon kouvreli sou sab la,
jayisman lyè jounen k'ap chanje mond lan
an prentan, e mari li ki te la, ansanm
ak pwòp manman l, e malgre l anba zye ene yo,
dlo ak lè k'ap jwe nan limyè,
nan yon laviwonn, e nan kè l tout bagay te vivan.
Poz fim, genyen poz fim, madanm lan
di. Mwen wè vi m k'ap pase devan m
kouwè nan fim sinema.
Fim yo ap roule
rapidman
Mwen pa kwè pwòp tèt mwen
m gen laj sa a, e se vre se laj mwen.
Lannwit sa a li woze zong li vyolèt fonse
e l wetire digo plase an ti moso,
son tap, tap, tap e rès matyè gri-vyolèt
antre nan kare an bwa, tenti a antre

nan twal fabrik pare pou l pran koulè.
Yon panye depliye ak rad ble
pare pou pase, yon montay de ble
e yon men boukle alantou
fèarepase a
alantou pwa plon fèarepase a,
dwèt fi a boukle alantou yon twal
alantou manch fè a sou kote yon montay
de jip ble, abako ble, ble
yon jou ki sanble li pap janm fin pase,
ble e pa-janm-fini jou, ble
de yon preske-ble grimov, ble flè iris,
zye l koulyea ankadre ak iris, e lòt flè
plase sou kwafez fi a.
Li fè vit pou l nonmen sa k detwi l:
Lespri m klè, men kò m
ap sikonbe. Memwa m
ap sikonbe, poutan
lespri mwen
ret klè.
Mwen kapab elanse m
rapidman avèk tan.
Iris yo m te plase sou kwafez la e m te konnen
mwen pa gen anpil tan pou aprann kouman tan l te atache
kò l ak doulè, kouman li atache doulè
ak kò li, kouman l te konnen lespri l te depase
tan li e te vin tounen yon malediksyon e kouman jèn demwazèl
tounen malediksyon e kwa pou pote.
Mwen pote kwa a avè l.
Mwen konfwonte kolè l—yon fil ki mare m ak istwa l.

—*Danielle Legros-Georges* tradui de angle pa Tontongi

Kèk powèm ki sòti nan Antoloji Powèt Ayisyen nan Massachusetts

Powèm pa Edwald Delva (Konpè Zòf)

Pwason fre

Se pandan m tap chache
Youn kichòy pou m manje
M al tonbe nan yon nas
Yo te tann ak odas
Tout sa m fè pou m sòti
Mwen pa jwenn wout lavi
Dlo nan je m ap kriye
Mwen pa janm jwenn pitye
Yal vide m nan you kivèt
Transpòte m sou bouwèt
M te santi map toufe
Mwen pat ka respire
Senk minit pa pase
M te gen tan trepase
Se kadav mwen ki tande
Y ap rele m pwason fre
Yo fè pri, machande
Diskisyon moun joure
Se kòmsi Kwabosal
Mwen tande tout mo sal
Sa k ofri degouden
Machann nan di yon pyas
Lè m bouke fin trennen
Yo foure m anba glas
Nan demen yo tranche m
Met epis salanbe m
Map mande sa m te fè
Pou pechè sou latè
Twouve pran yon recho
Ap fri m nan yon luil cho
Apre sa yo di m bon
Yo ban m tit: «Bon pwason»
Yo bliye m te gen san

Dechire m ak kout dan
Yap manje m, y ap pale
Yap rele m pwason fre
San yo pa wè mizè m
San yo pa wè doulè m
Kot pitit mwen yo ye
Jous kilè yap sevre.

—Edwald Delva Konpè Zòf

(Ekstrè nan *Antoloji Powèt Ayisyen nan Massachusetts*)

Powèm pa Oreste Joseph (Orès Jozèf)

Krik krak

Kondisip
Koute
Koze
Konpè
Krapo
Kache
Kote
Kochon
Kouche
Konnen
Konsekans
Kaptenn
Kabrit
Kite
Kay
Kraze
Konmè
Kristin
K al
Kay
Krikèt
Kòmanse
Konte
Krik
Krak
Kolonèl
Kapwa
Ki
Konnen
Konbyen

Konplo
Kolon
Krake
Kont
Kotibanama
Krache
Kòlè
Ki
Kote
Kouto
Kwoke
Krik?
Krak!
Kaptenn
Kabrit
Kouri

—*Oreste Joseph* ekstrè nan *Antoloji Powèt Ayisyen nan Massachusetts*

Powèm pa Tontongi

Peryòd gri-vèt
Pwezi mistè, pwezi latè

Akansyèl la briye
pou lavi jèminen
pou latè donnen
lòt sezon mistè
akansyèl la briye
anlè potomitan
pwèl cheve kokoye
nwaye dram lamizè
anba dlo lanmè Jeremi.
Se te yon pwezi dous
kombit tout fanmi reyini
pou selebre nourisman latè
mande poukisa kay chato
pa respekte kay lacho
poukisa fè-nwa dire lontan
mande pou nwaj yo eklesi
menm kadav anbatè.
Akansyèl la briye
lè solèy te kouche
timoun ap jwe lago
nan jaden sou lapli

se te yon pwezi dous
pwezi kouraj kè mare
pwezi frechè nan sechrès
piwèt banda nan rara
lanmou sou tichèz ba.
Akansyèl la briye
sou kabann lopital
nan kacho Fò-Dimanch
nan jefò pou lavi miyò.
Akansyèl la briye
pechè tounen sen Vatikan
bonmask temwaye inosans
lanfè vin pave ak bonte
akansyèl la briye
lè jou pat janm leve
lè bato tap nwaye.
Se te yon pwezi dous
rejwisans nan govi
Mandela prezidan Sid-Afrik
ginen yo retounen nan Kongo
Zapatista rele Abraham sètase
vanipye ki mande plas sou tab.
Se te yon pwezi dous
bonjou sou tout bouch
pwomnad bò plaj lanmè
pwezi ti chòbòlòt manman m
kap souri ak tipati papa m
pwezi nan dezè biwo klimatize
pwezi mòn san pye bwa
pwezi refijye san papye
pwezi lanjelis nan kan Krome
pwezi kalbas kap fè kwi
pwezi moun kap chanje lavi.
Akansyèl la briye
lajenès te vin potekole
lekzil vin yon revelasyon
sou plantasyon zespri desounen
akansyèl la briye
nan zafra malere yo kwape
akansyèl la briye
pou bèlte blayi nan lakou.
Akansyèl la briye
pou lòt koze pale
menm lè moun yo dekouraje

akansyèl la briye anbatè
nan enfinite inivè envizib
nan zantray malè sou latè.
Akansyèl la briye
pou sikre pwezi latè
pou moun yo ret anvi
pou goumen pou lavi fleri
akansyèl la briye
pou klere simityè Titanyen
pou ban n fòs pou n respire
akansyèl la briye
pou pwezi simayen.
Akansyèl la briye
pou lit la kontinye
jiskaske jou leve.

—***Tontongi*** ekstrè nan *Antoloji Powèt Ayisyen nan Massachusetts*

Powèm pa Serge-Claude Valmé

Senksanzan

Senksan zan nou fè ap rakle
Anba tretman move sijè
200 zan nou pran lendepandans
Lawouze tonbe, chaplèt!
Labrim sonnen, chaplèt!
Chenn nan men
Chenn nan pye,
Nou la n ap tann
Nap tann kisa?
Pou chenn nan kase pou n libere.
Je nou klè kou lalin
Nou tankou koukouy
Fènwa pa fè n pè.
Blan Franse, blan Panyòl,
Blan Angle, blan Meriken
Oum!
Nou konn sa yo peze
Yo konn sa nou ka fè
Nou pa nan sousou
Ak okenn souflantchou.
Sonje plan zansèt yo:
Bwa Kayiman! Konba de Vètyè!
Kako! Pikèt! Krètapyero!

Je yo pral fè djan djan!
Nap ba yo sak tyan-tyan
Yap di padon chèf!
Andedan kou deyò
Nap dechouke
Dechikte pak an pak
Nan nèf depatman
Ann met tèt ansanm
Senksanzan nap fè joujou
Ann sispann kalbende.
Gade anwo, gade anba
Avanse, pote-kole
Manchèt file, nou byen kore
Kòk benezwèl san mwèl, met zèl
Paske pral gen rèl.
Pa kriye, pa babye, pa rele.
Ak dis dwèt yon fanm saj
Te ban nou pasay
Nou pat pè pot chay.
Zagribay! ah, ah, ah!
Ou pral kadav tande
Nou fèt nan lanp tètgridap
Nou pa pè fè nwa.
Nou kanpe nan bon kan
Ak san san vanyan
Malveyan! Ou pral kite frekan tande.
Nou pap bliye twasanzan,
Sa nou pase, chay nou pote.
Zagribay! manyòk ou rache!
Nou pral toufounen ou,
Pyetinen ou, moulinen ou
Pou'n kadanse, bouloze,
Bayile, plezire
Men...! pandan se tan,
Bann moun sa yo ki chita la
Yo fè tankou yap tande
Manyen avanse!

—***Serge-Claude Valmé*** ekstrè nan *Antoloji*
Powèt Ayisyen nan Massachusetts (1998)

Selected Poems In English

Poem by Suzy Magloire-Sicard

I feel shortchanged!

When you cut classes, play hooky or
loiter in the train station
at the time when teachers already start
quizzing tomorrow's spelling
bee's winners;
I feel shortchanged!
How much does your tuition cost me? Me the taxpayer? Two
thousands
three thousands maybe more than five thousands a year!
My health is getting foible and my bones weary.
I will need doctors, I will need lawyers,
social workers,
nurses, scientists not to say more…
What will I do if you stay on the streets?
Who will take care of me?
I feel shortchanged!
What will you learn. cutting classes, playing hooky?
The streets teach just deceit
and
the gang's way of life
always ends in
the grave!
On the streets, you will learn to get high,
high on drugs
and
low on self-esteem!
On the streets, you will learn crimes
and evil ways
until you fall
down
with a shot in your
brain.

I feel shortchanged!
Look through the looking glass
and
see your future son, ten, fifteen, twenty,
thirty years from now.
Unless you change your ways,
what's in your future kid?
Now,
it's easy for you to say
"it ain't your things"
but will you even live
to be father one day?
Please,
change your evil ways
and
rush back to the classroom.
For there and only
there does a bright future
lay.
No, you are not moving.
You feel fine on the streets.
You are home in the gang, you won't
listen to me.
The graveyard's attraction has put
a spell on you!
The pain of your mother and
your sister's sorrow
do
not
seem to have any effect on you.
You are cursing me now,
should
I give up on you?
Tomorrow
is
not yours!
I feel shortchanged!
I feel short changed!
I
feel
short
changed!

—*Suzy Magloire-Sicard*

Poems By Doug Tanoury

Cloud Boulevard & Other Poems (May 2002)

Sleeper

When you return, come unnoticed,
Steal back silently late at night, and
Let your entrance be mostly unseen,
Without a trumpet voluntary
To mark the moment
And no grand polonaise,
But return like a tired worker
At the end of the midnight shift,
Moving slowly in the darkness,
Quiet, as not to awaken those who slumber
And dream deeply in metered respiration.
When you come back again,
Let your footsteps fall in the hallway, pianissimo,
Your shadow moving through the bedroom doorway
Just a bit ahead of you.
The nocturne of silhouetted movements as you undress
And clothes fall to the floor
With the muffled rustling of a bird taking flight,
The half-step inversion of you
Peeling back the bedspread and sheet
And your weight shifting on the mattress.

Tender

And I saw today with some surprise
How beauty is the cosmic currency,
A universal tender, that will valet park me
Near the main entrance of a higher consciousness,
That swings open doors wide
And buys Sunday brunch at 10:00 a.m.
At outdoor cafés opposite the beach,
Under a Catalina sky of blue silk,
Draped like a canopy over the green sea.
And I have come to know well
That some lessons are best learned slow,
The result of repeated study.
I have worked long like a dullard,
Drilled each detail into memory as an imbecile

And trained my eye on each liquid movement,
Graceful and poised, of bare arm and naked thigh,
How the mere hint of a wiggle in the ass
Is like a wad of cold hard cash.

Trio
I. Ode To April

And I recalled the opening line
Of Elliott's Wasteland:
"April is the cruelest month"
And I think that somehow the same
Could be said of any month,
May, June, July,
August, September
And not to forget
November and December.
Indeed things green and things yellow
Are growing quite irrepressibly
And soon a hint of color will crawl up
The bare willows and upon the ash and maple
New foliage will sprout, modest at first,
But growing toward green crescendos.
I remember my grandfather
Was a modernist in his old age.
He would slip into spells of incoherence,
Utter words in odd tongues, not of European origin
But more exotic. On summer afternoons,
He would sit in the shade beneath a tree
And rest his back upon its bark and trunk
And sometimes in fragments,
More often in the gibberish of delirium,
Speak to me like Sybil.
I believe that Spring is strong
And April is not fragile but merely subtle.
Sprouts peek most shyly from the earth,
Green shafts against the black soil,
Tendril roots twisting down.
There is no cruelty in
Of modest beginnings
Or in the small starting of things.
He has closed his eyes and
Oh that I could awaken him,
Just grab his arm and say:

A side street in the village of Slavonice in the Czech Republic.

—photo by David Henry

"Grandpa, wake up. You walked in the sun too long."
He would open his eyes and look at me,
And mumble something in Arabic
That sounded slightly slurred
And wave his arm for me to go way,
To let him sleep.
The days grow longer and the light
Now streams in the big window
Just after sunrise, and April is the month
Of things sleeping and slow awakenings,
Of fragments that grow
Toward the fullness of meaning.

II. At Lake St. Clair

Fishing at Lake St. Clair today,
Alone on a long pier,
Just north of the power plant
Where the line of steel smokestacks,
The "Seven Sisters" dominate the sky,
And I always think them
The perfect classical form,
Tall and slender as they are,
Ionic columns left standing upright
Amid the rubble of some ruins

The water-tinted orange
In the first light after sunrise,
Its surface choppy and textured
As if painted on a canvas, pasted on thick
With the short pointed strokes of a palette knife,
And I recalled a fragment from long ago:
"White-capped waves sweep the lake—
My father's dreams"
And me picking out with such care
Painted spoons of speckled green,
And a feathered jig with a chartreuse head.
For you know my grandfather was a modernist,
My father was a neo-romantic, but I,
I am a fisherman.
For the measure of a man I know
Is in pike and pickerel and perch.

III. Piano Sonata

Things are most pure in their beginnings,
As if time somehow tarnishes
Innocence and stains
The sweetest intentions.
It is the April of things, rather than their August,
That is most lovely,
Tendrils of hope
With roots that grip tenacious and deep,
The watercolor that seeps across
A sketch of charcoal landscape.
In the rain today
I found a faint trace of music,
A fragment of melody
That is the sound of a piano sonata,
Notes that resonated softly
And make me remember
Black and white summers
When I crossed the river on Macarthur Bridge,
The sunlight
On the surface of the water shining brightly,
The waves gleaming
Like schools of chrome minnows.
It is raining and I hear my grandfather's footsteps
On each wooden step as he walks up the front porch,
I hear him stop to cough and then continue.

Memory is a fragmentary thing.
And I cannot simply decide
And struggle a great deal
And muse endlessly upon the troubling question:
Is it the April within us that God loves?
Or is the April within us God's love itself?

—Doug Tanoury

Poem by Tontongi

Peace

(dedicated to the victims of the terrorist attacks of September 11, 2001)

They were everywhere
the dead
fallen stars to nowhere
or disposable shield
in a desert war.
Each had a story
even the unrecognizable ones
each had a story
even those lost in the shambles.
By now the imperial glory
the jihad and the crusade
no longer mattered as concepts
it was real tears
real people.
Maria killed on a sunny day
her building blown away
pulverized.
Jaheed and Kaleb
soulful boys of thousand sins
were not allowed to be
not in such a rebellious way.
What that had taken years
of germination and care
disappeared in one fateful instant
B-52s in the sky
a human bomb lurking around
on a plane
on a bus
at the café's terrace
a fateful instant
where hate meets mindlessness.

In her mind was his last smile
when the plane smashed onto the walls
Charlie would make everyone laugh
when the stress was too high
"fate is an attitude" he said
he perished in the ruins
alongside Jessica the light of the place.
Matildia had a unique style
cleaned the building with skills
and grace
she worked the graveyard shift
but returned the next day
with no obvious reasons
some said it was a special calling
from her Andes' gods
her family drew wisdom from her lot
a calling is better than an unfair fate.
Massoud posed his rifle on the body
poor dead Rashid serving one more time
as a shield for war aims
Massoud didn't like the task
but he was an anti-Taliban
he must fight with bravura
he was not a thinker
he was a fighter who will kill
and be killed
he was not a killer
but he believes in killing for honor
Johnny loved his country
right or wrong
he killed from the sky
but couldn't sleep at night
V.A. wouldn't pay his bills
he was such a good boy
he became a rebel with a cause.
Lassefa dreamed to act life
in dramatic configurations
her objective was Hollywood
land of wonders
she couldn't find one reason
her people was hated
they were so nice in Apartheid confines
still she couldn't stand the dirty looks
she left Haifa for New York

---

became a Broadway Queen
married a bohemian painter
got a 9 to 5 job in One WTC
to pay the bills for two
she died in the shambles
the skyjackers will never know
she was one of them in her soul.
Janehena couldn't stay in school
the mullah's edict was the law
there was nothing wrong with her
but that was the mullah's edict
when the bombs fell
she prayed for the infidels
and embraced her rebels of brothers
Kabul was hers again
still something was missing forever.
Ahmed became a Fedayin
the day his parents left their home
a nice house with a garden
a nice house near a lake
he left all a sudden his friends
at mid-term of his music class
he returned with a bomb
and a new attitude
he wanted to liberate his land
but death was now his only course
death to the enemy
death of him by the enemy
would his dreams be made
a testimony or a curse?
The pain was everywhere
on their faces
their movement
and the tears as profuse
as the rain was absent
the dead divided as good dead
and bad dead
your dead deserve respect
and celebration for their unique valor
their dead are worthless corps
or evil cadavers;
let's dream of a peace that will change
the non-sense to immanent decency.
The warriors will always find

reasons to fill the river of blood
it's the survivors' right to demand
a space to vision a new horizon
something else
a new beginning.
Let's all dream of a peace
where might doesn't make right
a peace where no one losses
and where all will have won the right to be
a peace between the peoples
a peace to let it be.

—*Tontongi* Boston, November 2001

Poem by Prosper "Makendal" Sylvain, Jr.

I Don't Look Haitian?

They approached me with a smile on their lips
exchanged greetings as well as ignorance
by telling me that I don't look or act Haitian.
They shook my hands to welcome me,
and then shook my soul with their audacity,
the utter audacity of Lady Liberty,
"give me your tired your hungry, your poor"
except those from Haiti,
this, the most blatant hypocrisy.
And still they say I don't look Haitian, I don't sound Haitian
as I recall the Black Spartacus from the Breda Plantation.
Is there any particular physical feature that monopolizes and has a patent
on how exactly I should look, sound or act as a Haitian?
I... don't look Haitian? Why?
Is it because I do not have the seawater of Biscayne Bay
dripping from my tattered clothes?
Is it because I also arrived here in first class and coach
or is it because I am not as dark as they perceived me to be,
did I mess up their entire theory of relativity,
that all relatives of Haitians live in the dark and must be comely?
I don't look Haitian you say?
Is it because you did not catch me with a bucket on my head
working in some factory with an accent on my tongue until I'm
40,50,60 dead
tired,
NO! I think your notion of me should have expired

a long, long time ago.
I apologize if your idea and concept of me
is not what I have proven to be,
not just boat people, Krome and Guantanamo bay,
I have evolved from your thoughts of my yesterdays.
Steel girders align my back and my knees do not bend ever since I
passed my 1804 test
I no longer feel that I must acquiesce
and for this, *I know I am blessed.*
I am proud of the accent that sits on my tongue,
my tongue is its throne, and pride is my home!
I have no apprehension to stand straight or look the world in its eye as I
rewrite his-story and give birth to The Truth from a lie.
My drums are the sounds of eloquence,
my color is the purest essence!
Mad I think you may be at my nationality
Are you still upset because we declared we were free
after riding the freedom train to it's 1,804th last stop,
upset still because we made the world's mouth drop…
"Extra! Extra! Read all about it!
Haitians have declared themselves free.
Napoleon and Leclerc embarrassed internationally!
Haiti becomes the original Statue of Liberty!
Extra! Extra! Read All About It!"
We held truths to be self evident before the first shackle,
built an above ground railroad way before Harriet went Underground,
gave birth to Kings and had dreams before Martin,
knew any means necessary before Malcolm,
knew rivers before Langston,
released caged birds to sing before Maya,
tripped egos before Nikki
spoke to American pharaohs like Moses to let our people go,
took one giant step for mankind before any man on the moon,
took the road less traveled before Frost,
married freedom before any other Caribbean nation
and answered the question to be or not to be by being free and being
Haitian,
spoke with the same tongue as Patrick did, give me liberty or give me
death!
Our minds and our hunger for freedom
were blatant weapons of mass destruction
long before Gomorrah attacked their Saddam
I DON'T LOOK HAITIAN???!!!!
Did I not look Haitian when I took over The Brooklyn Bridge?

Did I not look Haitian on MTV wrapped in a blue and red flag of Ayiti?
Did I not look Haitian when I founded the city of Chicago?
Did I not look Haitian when I destroyed slavery?
Did I not look Haitian when they needed me,
how did I look in Savanah?
and how did I look when I caused the purchase of Louisiana?
why were they afraid of us?
was it because Toussaint was called The Black Spartacus?
Open your eyes and you will *see me*
I am still Haitian even as you now call me
an *immigrant* and *a refugee!*
My Haitian woman, strong and resilient, the rose of Haiti,
when God created her he liberated me
to swim within the essence of the pool of her beauty.
Her soul is the cosmos and she encompasses the universe,
she is the water of life that can quench any thirst,
sculpted by the hands of Mother Nature
who dipped her into gold and silver
then adorned her with and onyx, pearl, mocha café au lait, vanilla-chocolate complexion,
yet still she suffers at the hands and voice of rejection.
Men pssssssssst! and whistle-call her as she walks by,
and she must always turn and find a way to ask why
do they call her attention in the same manner as one would a dog,
when she did not bark or profess to have a tail to wag,
she is a Queen and lightning and thunder erupt in her presence,
God gave her the stars and the moon as her birthday present,
the soil as her playground and identified her as beauty,
the statuesque Aphrodite of the Antilles!
With this woman by my side, I hold my head up with strength and pride!
I am from the land where my true father's died, the land of beautiful mountainsides, for her I sing!
Look past my face into my heart and you WILL see,
My only nationality IS defined in three letters and those three letters will always and forever be...
I E T!!! I E T!!! I E T!!!

—*Prosper "Makendal" Sylvain, Jr.* ©2005, All Rights Reserved. Excerpted from the book "The Truth: From The Mountains To Your Mind" and the CD, "Makendal: Live and Uncensored". makendal30@aol.com

374   Anthology / Anthologie / Antoloji / Tanbou / Tambour

Poems by Denizé Lauture

The Cactus and the Bloody Flower

Once in the dark of the darkest night
Deep into the fleeting bed
Between two quicksand dunes
Of a barren civilization
A wandering Cactus
Met a glowing Blood Flower
He knelt
Placed her shadeless body
Between three dreadful goads
Suddenly as smooth
As the loving fingers
Of the Greek gods.
His lips met deeply
Each open petal.
A wonderful rainbow lining
Shrouded them
From all evil eyes
And Radiated their sweet dreams.
The morning after
A gentle fresh water lake
Nurtured
The most exotic carnation garden
Where there had been a barren land.

Den of the Ultimate Crucible

In the den of the denizen
Slicing shadows
Into lascivious loaves
The dreams went wild.
Each neuron of denizen's brain
Flashed on the den's walls
Uprooted oaktrees
Hanging roots up and tops down
With thousands of hemorrhaging limbs.
The denizen stumbled into an eerie circle
With three different centers
Whose radii were warring shafts of light
Blocking blinding bending each other.
All tangent lines curled
Into agonizing rainbows!

Semences d'Or

Like a ripe juice-filled grapefruit
Attacked
By a devilish woodpecker
His heart bleeds and bleeds
Crisscrossed
By the deadly swords
Of apocalyptic warriors—
Yet he cracks open his skull
And with both hands
Places his throbbing brain
In front of his bulging eyeballs—
The membrane shielding
The rich supergeometry
Pulsates
Pulsates with elemental rhythm
And like an exploding fruit
Erupts and Disseminates
Protean gold nuggets
Precious seeds of the growing tree
Of Universal Love…!

Curse of the Altar

He was an altar boy
He devoured lots of God's flesh.
Gobbled lots of God's blood.
Stolen God's blood!
Stolen God's flesh!
During the darkest Black Mass
An almighty curse
Crucified his hungry soul
Upon a twenty-one-cross-altar.
He became a carnivorous RING-DOVE
Perpetual pecker
Of ululating gods!

—**Denizé Lauture** excerpted from "The Black Warrior
and Other Poems," Subpress, New York, 2006

Poems by Patrick Sylvain

For Love and for Life

(for Edwidge and Fedo)

Over the years,
Language and country
Became our covenant.
Our friendship walked with barefooted ease,
And we discovered each other's personal landscape
Through laughter, tears, dreams and trust.
I am moved among words
Recalling your sunset smile
And the harp in you that had been dormant
Until Fedo slowly played the right key.
Ayiti se peyi sipriz.
Menm lè lahèn ap pyafe,
Lanmou kache nan tout rakwen.
Many keys, many chords.
The harp, like a partner,
Is a difficult instrument to master.
Taut wires, soothing sounds.
Its elegant and simple shape masks its complexity.
Its player must be patient
With determined fingers.
Nan kalfou kat chemen, lanmou louvri tankou yon petal.
Youn sot Mayami, youn sot Nouyòk.
Rasin youn mele ak lòt, yon melodi tanmen.
Zanj, lwa, zansèt, tout vin fè yon men kontre
Pou zegwifye lanmou sa a ki te kòmanse
Ak yon senp ti souri epi yon ekla ri.
Ayiti se peyi sipriz,
Menmlè ou kite l',
Li genyen zetrenn pa l' pou ou.
Fedo mastered your harp
Translating the rhythm of his heart
Onto each key. Sharp, flat, soft.
Minors and majors.
Each undulating sound bonded
The harp with the harpist.
Sou wout emosyon,
Lanmou se yon kolizyon nanm,
Ki ka pote ou ale tankou yon vag lanmè
Kote kriye ka melanje ak ri.
Kounye an, nou pa nan mitan kat kalfou,

Melodi lanmou n' deja nan fondasyon kè n'.
Mwen swete chak moman ap yon moman lanmou,
Menmlè gen dan sere,
Oubyen tè an pran tranble nan vi konjigal nou,
Sonje lanmou n', sonje noumenm
Ki aplodi kouwònman lanmou sa a.
Marriage is not a clipped wing,
Nor a nightingale that hangs upside down.
Marriage is an accompaniment:
Fingers and strings,
Brushes and canvases.
Fonn youn nan lòt
Tounen sous dlo miwa
Pou chalè chagren vi selibatè n'
Pa janm seche rezèvwa lanmou nou.
Love is a metaphor for a world
Where cozy emotions and splendid dreams
Are housed. Yet, love also rents flats where
Frustration and anger reside.
As you are both words-smiths,
A translator and a writer, remember
To choose neutral and inviting words
To be your voice stream.
Sonje se men delika ki plante flè
E nan jaden afeksyon n',
Rasinen nanm nou pou chak flè ki donnen pral yon flè lespwa.
Remember this hour is one of devotion
And recall the joy felt
When you shook each other's core.
Remember the first embrace, timid yet happy.
May the laughter of the gods and goddesses of our island
Be your laughter, and may the wave of the harp lull
Your core to eternal musical happiness.
(August 17, 2002)

Reflecting on the Cape

August moonlight on the cape
And solitary stroll to poise
A gallivanting and fatigued heart.
The unfurling waves dispersed
Their recitals and murmured fear.
Damped feet, I briskly removed
Strapped-brown leather sandals,
Warm sand elated my sole.
I halted my steps to marvel

At the scintillating stars.
What light have I dimmed in my heart?
I felt sluggish with flickering guilt.
I am cognizant that prime is not eternal,
And the fearless and aerobatic seagulls
Must flap and die at the ocean's edge.
Tiny lights vacillated on the dark sea
As white foamed waves crawled near my feet.
Strolling with fixating eyes on the firmament,
I stepped on seaweed and cracked shells.
The stars grieved my anguish in silence.
(From *Love, Lust & Loss,* Éditions Mémoire d'Encrier, 2005)

What are Poets?

Poets are
Metamorphologists.
They dissect
The world
With similes
And stitch it
With
Metaphors.

Mamour: Love, Loss & Memory

(for Marcelle & Paul Laraque)

You were my poetry and my prose.
With verse and your zest for life,
We've traversed pain in exile's plantations
Only to be nursed by the bushel of roses
That you once were. You, my companion,
My compass, my gearbox & my muse.
You were the respite from our country of tumult,
Your love anchored me to poetry and my poetry
Grew lines into Haiti's complex syllables.
In Exile, wounded, you praying, me flipping Marx,
We awaken with the same dream. A better Haiti.
Mamour, we've moved shadows and hugged stars.
You were my poetry and my prose.
Before you, my desire to saunter knew no end.
Your magnetic gaze and peaceful lips bunkered
Me to your shore like a sea lion enamored with the sun.
But it was your wits, your serenity and your confidence
Meshed with abysmal passion that bonded my soldiering.
Mamour, you were my poetry and my prose,
And since earth took back your breath

I've often considered halting my steps,
For exile is now flowerless and coarse.
With the breath I have left, I've heralded
You to the world as a way to sustain you in my core.
You were the respite from our country of tumult,
And besides amiable memories, there are the graceful
Pictures of you to fill my emptiness. Like the one taken
In the back seat with the sun brushing your cheek.
Elegant, poised, lucid, your amity is still my compass.
Mamour, you are love's rays etched on my tired torso.

—*Patrick Sylvain* is a writer, cultural critic, translator, educator and photographer who lives and teaches in Massachusetts. His latest collection of bilingual poetry, "Love, Lust and Loss," is published by Mémoire d'Encrier, Canada, 2005.)

Poems by Danielle Legros-Georges

(Excerpts from *Maroon*)

Hen Hen Hen

A dive from tree
from rock and rock
skipping like an aged heart
chained to machinery
a running hum the strum
of a life chord plucked.
Still feet warm heart
cold feet heart jumps rope
hope skips a rocket's purr
pierces twilight.
Flight the wind supreme
rooftops dreideling
blue-green marble worlds
swallowed like pills.
Pills? Pillbox church-hats
and steeple spires
are dots from here.
Keep the beam
not to drop
to bob untethered
unrepentant
Look! Icarus rising.
No, woman metal-winged.
Flighty hincty maybe

but flapping yes shaking
off the chick-bird tree.
Cat-calls fall flat
to her ear to wind
she hatched for speed
for cruise above rooster's
crow. *Kookoorookooroo*
don't wantchu anyway
they say and puff
it up peck at plumes
Fume.
Well.
Hen hen hen
sistren
wing and work
a thing
bring and gather
band waists
croon:
make haste
make haste
flying lessons
starting now.

Night Watch

The old woman has turned her ire on me.
I am a symbol to her, an evil,
the daughter she never had
or never wanted
to have.
Dead,
I'd be
more useful
to her. The nails
and hammer she seeks tonight
would build a coffin, a boat
in which to float me away.
Was it so long ago
that she'd spread a blanket in sand,
the shoots of the day turning the
world to spring, and her husband
there, and her own mother there,
and despite the elder's glare,
the water and air playing into light, into

frenzy, and in her heart all was alive.
Stills, they are stills, the old woman
says. I see my life before me
as if in a movie.
The film rolls
quickly.
I don't believe myself
this age, and yet I am this age.
This night she paints her nails violet
and calls back the indigo placed in
slats,
the tap, tap, tap, and scrape of the
violet-grey matter into wooden
squares, the dye into the white fabric
ready for color.
Unraveling is a basket of blue clothes
to be ironed, a mountain of blue
and a hand curled around
the iron,
around its dead weight,
her fingers curled around a cloth
around the handle beside a mountain
of blue skirts, blue jeans, the blue
of a seemingly never-ending day,
blue and everlasting day, the blue
of an almost-blue hibiscus, blue of
irises,
her now-iris-rimmed eyes, and the
irises
themselves on her dresser.
She is swift to name what destroys her:
My mind is clear, yet my body
crumbles. My memory
crumbles, yet
my mind
is clear.
I can move so
quickly through time.
I've placed the irises on her dresser.
I know
I have little time to find how her
time tied her body to pain,
how she tied the pain
to her body, how she knew her mind

surpassed her
time and became a curse and how
girls became curses and crosses to
bear. I bear my cross with her.
I take on her anger—one thread to
her story.

—**Danielle Legros Georges** (excerpt from
Maroon, Curbstone Press, 2001)

Papa mwen se Dogon

Papa mwen se Dogon.
Mwen konnen sa se vre.
Mwen wè li sou vizaj
yon misye mwen wè k'ap mache
sou Flatbush Avni.
A misye m di sèlman,
«Ou sanble ak papa m»,
ak sa misye reponn sèlman,
«Mwen se Dogon».
Papa mwen se Dogon.
Mwen konnen sa se vre
Mwen wè li sou vizaj
yon misye mwen wè k'ap mache
sou Flatbush Avni.
Mwen pa gen ankenn lòt prèv.

My Father is Dogon

My father is Dogon.
I know this to be true.
I see him in the face
of a man I see walking
on Flatbush Avenue.
To him I say only,
"You look like my father,"
to which he says only,
"I am Dogon."
My father is Dogon.
I know this to be true.
I see him in the face
of a man I see walking
on Flatbush Avenue.
I have no other proof.

—**Danielle Legros Georges** tire de *Maroon,* Curbstone
Press, 2001 / Seleksyon tradui an kreyòl pa Tontongi

Poems by Marilène Phipps

Family tree

Alone at my father's gate stands the peanut tree.
Burly branches spread over the land
and house where I grew up. At the tree's foot
there is always some zombie shit
the size of an apple, red
with black dots like a ladybug.
The peanut tree was Lord. If you went
through the gate, didn't bow and say
to the three "Good morning Master of the Land!",
your eyes and heart would feel closed,
you would not understand life around you.
The tree was the power of my family.
Neighbors respected us.
Then we left our home to find work.
In the city no one knows anyone.
Men helped themselves to girls like fresh mangos
on a free stand. Just yesterday I walked
to the Virgin's shrine in Turgeau. Immacula
was standing there, arms raised and wide open,
an empty gallon of oil in each hand, calling:
Immaculée Men mwen! Men mwen manman!
Here I am! I am the one, I am
the woman who bears your name!
I came here to tell you I can't
take this life any more. Three days
since I have had anything to eat!
My stomach burns. In my horizon
there is only darkness.
Don't forget me! Every day finds me
in this shrine, at your feet.
Immaculate! I have a beautiful child!
Not a cripple, not a face for Mardi-Gras,
but an angel with all her fingers.
She is wasting away. Immaculate!
You know I love my child.
Yo voye tout sèvitè yo ale—
They dismissed all the servants.
No reasons, just GO!
M'vle mouri!
I want to die! Take us away!

My family is lost.
Six years since my mother died.
I am going crazy
wanting to see my mother again!
That's what Immacula was asking the Virgin.
The sun rises before it sets. It should rise
for every body, shouldn't it? Yet
look at me also: my grandfather knew the tree,
my great-grandfather knew the tree,
many before them served the peanut tree—
poured rum, lit candles, pulled weeds—
still, my own husband is a good-for-nothing
who brings home his children with other women.
And I take them in. And they hate me.

Niska and the snake

Honey, you are a dead duck! You can do all
the glou glou glou under water you want
and look at me with those yellow
bald beady eyes of yours, I am not
going to take my foot off that brick crushing
your back, I am keeping it until you choke.

Gray Day at the Goats —*by Marilène Phipps*

I have been watching your slinky slithering
around my pond for a while. My goldfish are not
up for grabs and at three-for-ten-dollars I paid
I wasn't buying you lunch with those ritzy tadpoles
of mine you have been keeping an eye on while
they've been doing their job keeping an eye
on the bottom of the pond to clean it. This here is
my piece of tropical dreamland—my white Hyacinths,
my purple Pickerels, my Water Lilies and my
yellow Irises. Babe, I'm gonna weed you out of my
grass! Your name may be Water Moccasin and you think
this water is for your roaming but my name ain't Eve!
I know your kind! All Cottonmouth
that you may be, you're not gonna sweettalk me
or frighten me out of this Paradise.
It's happened to me once before
and I was just a child. Haiti!
That really was the Garden of Eden for me
until the same kind of snake you look like—
soft talk, loves the poor, justice, democracy,
great promises and all—skinned, choked,
beheaded all the goldfish he could catch, terrorized
all the tadpoles left behind. That Cottonmouth
snake could have made a difference
but like all the others after him,
he just went for the best catch, ate his fill, fat
in the sun. Ain't life sweet after all! Well,
I am not about to forget the way my brothers and I
left home and childhood behind: "Wake up… Mother?…
rush… put this on… why?… hush… cover your face…
hold this tight… get to the car, hurry!…
where are we going?… keep your head down…
we're there… get out now… where are we?… quiet…
quick… go up the plane!… why?… move!…
They are looking for us, same who killed your father…
why?… to kill us… are we coming back some day?…
no… never?… no. Good-bye all, I'll be gone when
you wake up… family… cousins… all sleeping…
don't know we are no longer there…"
Good-bye Grandmaman and Granpapa!
Good-bye Garden and Calabash tree!…
Ha! Grandmother in the pool looked like
a big mother frog sitting on a navy blue Lilly-pad,
with the skirt of her bathing suit floating around

her waist and belly. Not a wild swimmer—
absentmindedly kicking her short legs back,
her wide breasts looking like eyes scouting
for her kiddies. All that's now… gone!
So you see, snake?
What's happening to you, I've learnt from your kind.
It's been a long trip for me until I meet you here
—Guadeloupe, Puerto-Rico, France, Texas, Alabama—
but I am not running any more! My own kids
are grown and I'm going to be a Grandma.
This Florida pond is mine! I am now a Southern gal
in a hell of a mood, who thinks you are taking your
sweet, long time to croak, my husband is gonna be home
soon, I've got to fix him dinner
and he won't find me here, a foot on-a-brick-on-your-
back, a foot on the shore, so I am picking up another
brick… here… and this stick in my left hand I slip
under your sorry belly… right here…
I just loosen my foot, a bit… that's right… and you
just wiggle
a little bit
from under
the brick on
your back, and
that other one
in my right hand
is fixing to land
on you just as
you try running
away in the grass—
and I already told
ya I'm gonna weed
ya out of my grass—
you're doing great…
OK… try to wiggle out
a little… more… and
my stick is going to flip…
you out onto the grass…
look at me all you want…I
am still going to do it… there
we go… FLIP!… YES!… run, run, run…
GOTCHA,
WHAM!

—*Marilène Phipps*

Poems by Brian Sangudi

these words

these words i write do not belong to me
if they did, i would be able to summon them at will
i don't write because i think i am wise
it is because i know that i am not wise that i write
i write so that i can trap what little thoughts
i may have here in my consciousness,
before they creep back to their real owner

from the air

from the air
from young mouths and wise ones,
in the winds around me,
into my ears,
bouncing in my mind,
words drop
like fruit from a tree
green and tasteless when young
nourished over time from the root and leaf,
through trunk and branch,
bearing the seed of life
to plant in the future, in the distance,
words ripen

life's source

love is the source of life
war is the end of life
no wonder love alone
can conquer war
but love and war both
make one blind to the other

thanx

thank you for the pain and the sorrow
in whose depth i can feel my soul
for all the laughter and joy
under whose warmth anger is melted away
for all the confusion and misunderstanding
a maze we will crawl out of, free

child of freedom

child of freedom became prisoner of circumstance
traveled far from home
only to be shackled here
i was chasing dreams
now i am chasing papers
lover of love
yet hatred and anger i supposedly harbor
seem to be my only constant companions
in this rat race i am trapped in
free me
by being loved, we are taught to love
by being thought of, we are taught thoughtfulness
let us be wells, burying the wrong that's done to us
and springs from which the good we might not have
been taught can come
like the dawn, let us bury evil in the dark
and give birth to the sun and new day
and like the moon, let hope give us reassurance
that even in the dark, the sun burns bright

warm tears

warm tears falling, melting icy pain
turning into cool water, i'll pour on my people
to relieve unyielding heat of the fire

here

here is a book of words
hear the words in this book
words from inspiration, not invention
inspired by search for truth
which when i find, i'll dance, not write

hear

here listen to our song
hear the words of our throng
here in our music of today and yesterday
hear the meaning of what we say
hear, and never forget our story
here today, as you dream of future glory
hear right what i say
right here, what you read today

—Brian Sangudi

Poems by Anna Wexler

Pelerinaj

I make the dust swirl
and kiss your shadow
on the path you take
across the Mòn Kabrit.
Fani drops three coins
into the bowl of Jean Baptiste.
A bundle of red cloth
a mirror, and a bed.
Maybe you will come.
Henri says *l ap vini.*
I don't believe him.
A yellow butterfly flickers in the wind.
My heart stores messages.
M prale wè kote
oungan mwen ye.
Paulette tells you
I have asked for you
since morning, a child yearning
for the soft arc
of her father's shadow
on the inner wall.
On the path to Saut d'Eau
I walk behind you
breaking the spell of exile.
Moss grows
along the edges of my heart
in deep green pillows,
I see my face in cascading mirrors
under the highest fall
where Paulette is standing
Maman, mambo, my breasts rise
for this pleasure,
rushing sheets, cool silver
tongues, rainbow, thunder.
Your ounsi is drunk.
You hold her wig
and lift her tenderly
out of the mud.
I am barefoot
and flying. You catch me
on the way back to town
and take my arm.

Ou renmen dlo?
There was nobody
at the end of memory,
between the flashing
mirrors of the great lwa
and my blindness
until you came
in your gray cap and shorts
limping into Ville Bonheur.
My feet are gone
you said. The hard way
over the mountains.

Victory

Fanm vanyan, behind you the flags
unfurl for embattled spirits.
How many times you sang for them,
calling their names
for the next clandestine war.
Roses made of glass
shatter in my hand. I know
who sent them.
Invisible shards
of petals pierce my skin.
There is no blood in this skirmish
only the wind whipped
cloth and then my fever
broken. A man's shadow
turning in the doorway.
The lethal passage
of desire
shut.

The Botanical Doll Answers

Behind a curtain the woman, Ana,
waits. Her prayers uncurl
like paper roses blossoming
in a glass of tears.
Where will my body rest
in the years given by the cowry shells,
when will my love
again be tasted?
I am led by dream
to the dusty window
where the ancient doll sits staring.

Once she watched me as I asked the keeper
for her secret. There are no saints
only wounds through which
light forces passage
and perforates
even the densely woven fibers
of the heart.
I wanted to know
why I was lucky, plump and purposeful
while the bodies of the other girls
grew translucent wings
and disappeared as butterflies
into blood singed ivory roses.
Her eyes which followed me
through obscene cracks in the ceiling
reverse the question.
I had to live.
In the next room
he prepares
the delicate tissue
for recurrent sacrifice.

Love Like Hers

I am not a child but my fingers are. My missing mother wore a skirt edged
with waves breaking into moonlit spray. Certain stars fell sideways on the
satin where panels of the night sky rotated slowly. Yemaya, a fearsome indigo.
Look how beautiful I made you, facing the ocean, your ancestral domain.
I put white roses in the tangled seaweed trailing from your head and in
your outstretched hands, a birth offering. I wanted you to deliver me again
painted with blood and feathers. Deliver me from incest.

After I was born she gradually lost her sex. She compressed masses of
black curls into two braids which she wound tightly around her head and
anchored with hairpins. Without a crown her face shrunk into a creased
map of the secret passagways between rooms. The dressing gown of crimson
corduroy softer than velvet stayed in the closet. Her breasts disappeared
into plaid shirts buttoned to the collar. How I grieved for her lost beauty! I
looked everywhere for it even in the mirror where my face could have stolen
it. He was looking too and at times he tore it out of me claiming it was
his. I walked alone to school through acres of cultivated flowers thinking
someone will die according to the algebra of myth.

The doll needed rest. I pulled the hot pink balls, which matched the color of her ruffled playsuit, out of her earlobes. Her nakedness soothed her into days and nights of unbroken sleep under lace and silk sheets. I promised her a translucent pearl, flannel blouse brocaded with white roses. If she would only be my mother I would restore her beauty in the image of the ocean tinted with moonlight and the debris of shooting stars. With each perfect stitch, she comes a little closer watching my fingers which are devoted only to her adornment. Love like hers will surely come my way.

If I lay on my back long enough staring at the ceiling it would become the floor of my mind from which I could observe the room and its inhabitants. Dizziness was an uncomfortable but necessary prelude to this state. Afterwards the pain between my legs felt like riding a bicycle with the seat too high. I preferred this explanation because it elided the structural necessity of someone's death. And I did have a pink bicycle which I frequently rode down the steep hill below the house breaking suddenly at the last minute in front of a stone wall at the bottom. Then I realized the folly of all temporary mental constructs when my mother became ill with a disease too terrible to name.

A dog ran past us, and then a man carrying a guitar and a bundle on his back. "That's all he owns," you said. "Every night he sleeps beside her on the sand, his only bed." Such devotion made our altar—candles, white roses, and the doll enthroned on a mound of seaweed glittering with abalone shells—seem theatrical. "But you sacrificed your innocence," you replied to my anxious silence. I had never thought of what was taken from me like that but when the border of her dress swirled into a wave cresting into the milky way, I was comforted. She licked the blood off my face and placed me in the dune hollow where she had prepared a bed of woven grass and feathers. In the song she sang the ruined years blossomed again into the acres of red and yellow tulips through which I had walked as a deliberating child.

The day she was supposed to come back from the hospital, I spent it waiting for her by the hall window. Leaning on my father's arm, wearing the gray coat patched at the elbows and looking frozen into the pallor of late winter snow, she finally returned. In her absence I had learned that even the shadow of her beauty protected me from the images of total destruction which my father had identified as the footage of a just war. I tried to imagine myself with all my skin peeling off as he explained the terrible consequences of revealing the hiding place of her lost beauty. In order to keep the disease from recurring I covered the mirror where I had first seen my face flush with her desire, crimson heartshaped lips puckering slightly, eyes a fearsome indigo.

The only antidote I know is devotion but it's not that easy. At the end of the ceremony I joined a throng of people gathered in front of the table where the cakes whose sweet essence had been consumed by the spirits were being cut into pieces for the hungry crowd. There a man singled me out from the few other whites present for the crime of trespassing. Pointing to the lines drawn in cornmeal on the floor, he told me that the maroons had used them to repel enemies from their encampments. "You think you're a special case," he said, reading me clearly. I looked over at the priest totally absorbed in handing out slices of cake on paper plates. He is my father, I wanted to say, but already the claim had turned to ashes in my mouth. This man chosen from all the others could not shield me from the implacable dead returning from the charred plantations.

Each room had a structural weakness which was not only invisible to the unknowing inhabitant but constantly shifting its position so that any assumption of stability was sheer folly. A longing undermined by the very next step. Perhaps the simple act of opening the closet door would reveal a pit of brackish water into which all my carefully washed and ironed school dresses had fallen and were tangled up and floating helplessly. My younger sister moved out of the bedroom she had shared with me for all of her five years after the floor gave way beneath her on her way to the bathroom and she fell into the basement where my father was polishing the family shoes. What happened then is a matter of conjecture because she moved into the attic afterwards and spoke only of nightmares which were by definition products of her own mind temporarily overwhelmed by the experience of falling between floors. Spiders suspended on filaments from a hole in the ceiling above her bed left the question open as to which room was more habitable.

I know the doll was working because when I woke up she was cradling me. It was dark and even the haunting aftermath of my last dream in which I wandered naked to the edge of an unidentifiable American city dissipated instantly in the sound of her waves hitting the piles of the wharf. She was underneath and all around me and I rested for the first time without straining toward oblivion. My body flowered, a white rose within hers. I wanted to wander all the beaches of the world to collect the tiniest, smoothest, most delicately fluted shells for her necklace. There I would hang them from translucent beads of blue and aqua, the crystal mirrors of the sea. There I would see myself in the perpetual loveliness of her face.

—Anna Wexler

Auteurs dans ce volume / Authors in this volume / Ekriven ki nan volim sa a:

Paul Laraque, Tontongi (Eddy Toussaint), Hugues St. Fort, Papadòs (Fritz Dossous), Jean-André Constant, Berthony Dupont, Marc Arena, Doumafis Lafontan, Nounous (Lenous Surprice), Yvon Joseph, Patrick Louis, Edner Saint-Amour, Charlot Lucien, Emmanuel Védrine, André Fouad, Rodelaire Octavius, Janvier Lesly Junior, Bobby Paul, Jean Saint-Vil, Franck Laraque, Jack Hirschman, Lee Chance, Glodel Mezilas, Melissa Beauvery, Cathy Delaleu, Jean-Dany Joachim, Roberto Strongman, Guamacice Délice, Huguens Louis-Pierre, Vilvalex Calice, Elsie Suréna, Denise Bernhardt, Duccha (Duckens Charitable), Suzy Magloire-Sicard, Michel-Ange Hyppolite, Patrick Sylvain, Barbara Victome, Jeanie Bogart, Gary Daniel, Johnny Bélizaire, Denizé Lauture, Fred Edson Lafortune, Jamie Moon, Pierre-Roland Bain, Idi Jawarakim, Danielle Legros-Georges, Edwald Delva, Oreste Joseph, Serge-Claude Valmé, Doug Tanoury, Prosper "Makendal" Sylvain, Jr., Brian Sangudi, Anna Wexler, Marilène Phipps.

Photos and paintings by / photos et peintures par / foto ak tablo pa: David Henry, Michel Doret, Don Gurewitz, Marilène Phipps, Blondèl Joseph.

A handful of writers and artists presented in this anthology is not of Haitian nationality, but their solidarity with Haiti is such that they have felt only pride to be included.

Une poignée des écrivains et artistes présentés dans cette anthologie n'est pas de nationalité haïtienne, mais leur solidarité à Haïti est telle qu'ils ne ressentent que de la fierté à y être inclus.

Gen yon ti pwaye ekriven ak atis ki nan antoloji sila a ki pa gen nasyonalite ayisyen, men solidarite yo avèk Ayiti tèlman fò ke yo santi fyète nou enkli yo ladan l.

Tanbou se réjouit de publier cette
pléthore de voix et de sensibilités
poétiques qui s'unissent dans ces
pages pour étaler la beauté des littératures
haïtiennes—dans leurs expressions créole,
française et anglaise—autant que la quête de la justice
et de l'authenticité de l'être. Chacune de ces voix est
une révélation qui invite à l'introspection.

Tanbou is delighted to publish this plethora of voices
and poetic sensibilities united in these pages to display
the beauty of Haitian literatures—in their Creole,
French and English expressions—as well as the quest
for justice and for authenticity of being. Each of these
voices is a revelation that invites introspection.

Tanbou fyè ke l pibliye tout kalite vwa ak sansiblite
pwetik sila yo ki ini yo nan paj liv sa a pou layite bèlte
literati ayisyen yo—nan ekspresyon kreyòl, franse
e angle yo—ansanm ak jefò pou chache lajistis ak
otantisite kiyès nou ye. Chak grenn vwa sa yo se yon
revelasyon ki envite nou antre anndan nanm nou.